KB038989

특수교육공학 ^{2판}

권충훈 · 박상희 · 박희정 · 강혜진 · 이재욱 · 서문진 · 신일근 공저

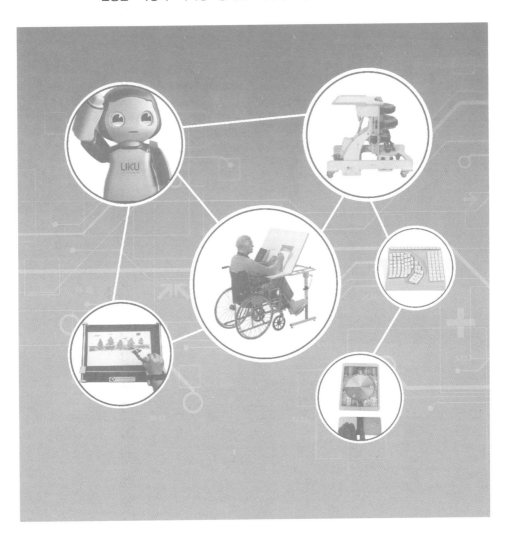

학지사

2판 머리말

 우리나라 각급 학교 교원양성과정은 국가의 「교원자격검정령」에 근거하여 교과목, 이수학점, 이수방법 등을 철저하게 관리하고 있다. 또한 이와 같은 사항들에 대하여 주기적으로 국가의 평가(교원양성기관 역량진단평가 등)를 받고 있다.

 '특수교육공학' 교과목은 국가의 관련 고시(유치원 및 초등 · 중등 · 특수학교 등의 교사자격 취득을 위한 세부기준)에 근거한 특수학교 교사 기본이수교과목 (총 15개) 중 1개 교과목이다. 장애영역별 교육 관련 교과목(시각장애학생교육 등) 10개와 함께 기본이수과목으로 지정된 교과목은 특수교육학, 특수교육 교육과정론, 장애학생 통합교육론, 특수대상학생 진단 및 평가, 특수교육공학이다. 그런 이유로, 우리나라의 거의 모든 특수학교 교사 양성기관에서는 교육과정을 편성 및 운영할 때 기본적으로 '특수교육공학' 교과목을 포함시키고 있다.

 특수학교 교사를 양성하는 교육기관(특수교육과, 교육대학원 등)에서 '특수교육공학' 교과목을 담당하고 있는 많은 교수자는 다른 교과목에 비해 해당 교과목 수업을 설계하고 실제 운영할 때 나름의 어려움을 경험하게 된다.

 우리나라에서 출간 보급된 특수교육공학 관련 전공도서가 타 교과목에 비해 상대적으로 매우 적기 때문이다. 그런 까닭에 '특수교육공학' 교과목 담당 교수자들은 제한된 특수교육공학 교재(역서 포함)와 함께 보조공학, 재활공학 관련 전공도서, 교육학 분야의 교육방법 및 교육공학 관련 교재 등을 부가적으로 결합하여 수업을 진행하고 있다.

2015년 처음 '특수교육공학'이라는 교과목 제목으로 출판 보급된 이 교재는 몇 차례 부분적인 수정 작업을 진행하여 보급하였다. 2019년 보급한 교재가 가장 최근의 교재다. 그동안 특수교육현장과 특수교육공학 관련 학문의 변화가 2판 개정 작업을 하는 동력으로 작용하였다. 교육과정(학)에서 교육과정(보다 구체적으로 교수 · 학습내용) 개정의 자료원(resource)으로 학습자의 변화, 사회 요구의 변화, 교과(관련 학문)의 변화 등을 제시하고 있다.

우리나라의 특수교육은 다른 선진국에 비해 관련 법령과 국가 단위 발전계획(제6차 특수교육발전 5개년 계획 등)에서 큰 발전을 거듭하고 있다. 최근 우리나라의 특수교육은 그러한 발전계획에 따라 '모두가 존중받는 교육여건 조성을 위해 국가책임 맞춤형 특수교육 실현'을 기조로 노력하고 있다. 국가의 특수교육 발전계획은 장애 영유아의 평등한 출발선 보장, 특수교육 수요자가 선택할 수 있는 다양한 교육환경 조성, 장애인과 비장애인의 고등 · 평생교육 격차 완화 등을 주요 목표로 제시하고 있다.

『특수교육공학(2판)』은 기존 교재의 큰 틀을 유지하고 있다. 제1부는 특수교육공학의 이론적 접근으로, 제2부는 장애유형별 적용 가능한 특수교육공학으로 구성되어 있다. 이 교재에서는 특수교육공학을 기본적으로 보조공학으로서의 특수교육공학과 수업설계로서의 특수교육공학으로 구분하여 접근하고 있다.

『특수교육공학(2판)』의 주요 특징(변화)은 다음과 같다.

첫째, 특수교육공학의 최근 동향(제6장)을 새롭게 포함시켜 제시하였다. 특수교육공학의 최근 동향으로 특수교육에서의 인공지능 기술의 활용 등을 소개하였다. 주요 내용으로는 인공지능의 개념, 인공지능 교육의 유형 및 특징, 특수교육에서의 인공지능 활용 등이다.

둘째, 특수교육 및 특수교육공학 관련 다양한 분야의 전문가들을 집필진에 보강하였다. 기존 집필진 이외에 장애영역별 특수교육 전문가들이 참여하였고, 특수교육 현장 전문가(특수교사 등)의 시각에서 교재 내용을 보완하였다.

셋째, 제2부 장애영역별 적용 가능한 특수교육공학(제7~13장)에서는 각 장애영역 아동 교육에 실제적이고 효과적으로 사용 가능한 보조공학(기기)과 교수·학습방법 이론 및 실제 기법 등을 소개하고자 노력하였다.

『특수교육공학(2판)』은 특수학교 교사, 특수교육 관련 전문가, 예비 특수교사, 특수교육대상학생의 보호자, 일반학교 교사 등에게 특수교육공학에 대한 이해의 폭을 넓혀 줄 것으로 기대된다. 기본적으로 교육의 3요소는 교수자-학습자-교육내용(교재)이다. 이 책이 특수교육공학 분야의 교육내용(교재)으로서의 작은 역할이라도 하여 특수교육과 특수교육공학의 발전에 도움이 되길 기대한다.

『특수교육공학(2판)』 집필 연구자들은 개정 작업을 다양한 네트워크 방법을 활용하여 집필 담당 영역과 다른 영역과의 논리성-연결성 확보를 위해 최선을 다해 진행하였다. 집필자들은 연구자로서 전공도서 출판 및 보급을 할 때 완벽한 것을 추구하는 것도 중요하지만, 다소 부족한 형태라도 그것을 수정하고 보급하는 과정도 중요하다고 생각한다. 특수교육, 특히 특수교육공학 관련 연구자 및 학교현장 교사(예비 특수교사 포함)들의 많은 지도편달과 격려를 부탁한다. 한편, 이 교재가 특수교육공학 분야에서 함께 연구하고 실제로 가르치고 배우는 분들에게 조금이나마 도움을 줄 수 있길 기대해 본다.

　2판 개정 저자들은 집필 작업을 하면서 특수교육 및 특수교육공학 관련 다양한 저서와 연구물을 인용하고 관련 사이트의 도움을 받았다. 특수교육 및 특수교육공학 관련 내실 있는 연구들을 진행하여 주신 많은 연구자분께 깊은 감사의 말씀을 드리고 싶다.

　이번 『특수교육공학(2판)』 집필 과정에 혼신의 노력을 다해 참여해 준 동료 연구자들께 격려와 감사의 마음을 전하고자 한다. 끝으로, 특수교육 관련 전공도서 출판 및 보급에 큰 도움을 주고 있는 학지사의 모든 관계자분께도 깊은 감사의 말씀을 드린다.

2024년 7월
저자 일동

1판 머리말

 교육의 3요소는 교수자, 학습자, 교육내용이다. 사실 무엇인가 가르칠 것이 있는 사람과 무엇인가 배울 것이 있는 사람이 결합되는 것이 교육현상이다. 여기에서 교수자와 학습자를 연결하는 장치가 교육내용(교재)이다. 그런 의미에서 교육내용(교재)은 그 중요성을 인정받게 된다.

 우리나라 교원자격증은 국가의 「교원자격검정령」에 의거하여 발급되고 있다. 즉, 모든 교원양성기관은 기본적으로 자격증 종별로 해당 예비교사들이 이수해야 할 교과목, 이수학점, 이수방법 등을 철저하게 관리하고, 또한 주기적으로 국가기관의 평가를 받고 있다.

 특수학교 정교사(2급) 교원자격증의 기본 이수 교과목은 특수교육학 등 총 11개 교과목이다. 이 기본 이수 교과목 중 '특수교육공학'이 포함되어 있다. 우리나라의 모든 특수학교 교사 양성기관에서는 교육과정 편성·운영 시 '특수교육공학' 교과목을 기본적으로 포함시키고 있다.

 우리나라의 특수교육은 다른 선진국에 비해 법률적 기반이나 양적 성장에서 큰 발전을 거듭하고 있다. 최근에는 그런 발전을 기반으로 하여 특수교육의 전문성과 책무성 강화, 그리고 특수교육대상자 개인에 초점을 맞춘 질적인 발전을 도모하고 있다. 그런 패러다임의 전환은 우리나라 특수교육 현장에 다양한 보조공학기기와 관련 서비스 활용의 도입 및 확대라는 결과를 가져오고 있다. 특수학교 교사, 관련 전문가, 특수교육대상자 부모 등은 다양한 보조공학기기 및 관련 서비스를 활용하여 보다 효과적으로 특수교육대상자의 교수·학습활동을 진행하고 지원하고 있다.

특수교육과 등 특수학교 교사를 양성하는 교육기관(특수교육과, 교육대학원 등)에서 특수교육공학 교과목을 담당하고 있는 많은 교원은 다른 교과목에 비해 이 교과목의 주교재를 선택하고 활용하는 데 더 큰 어려움을 겪고 있다고 할 수 있다. 이는 국내에 출간된 특수교육공학 관련 전공 교재의 종류가 타 교과목에 비해 매우 적다는 데 그 원인이 있다고 본다. 결국 특수교육공학 담당 교수자는 제한된 특수교육공학 교재(역서 포함)와 재활공학 관련 교재, 그리고 교육학 분야의 교육방법 및 교육공학 관련 교재 등을 부가적으로 결합하여 수업을 진행하고 있다.

이 교재 집필은 그런 이유에서 출발하였다. 지난 몇 년 전부터 특수교육공학 교과목을 담당하는 교원의 제안에 따라 약 2년간의 그룹 스터디 과정을 거치게 되었다. 공동 집필진은 그런 과정을 통해 특수교육과의 전체 교육과정 체계 속에서 특수교육공학의 성격, 개설목적, 주요 교수·학습 내용, 주요 교수·학습방법 등을 확인하는 과정을 거쳤다.

이 교재에서는 특수교육공학을 기본적으로 보조공학으로서의 특수교육공학과 수업설계로서의 특수교육공학으로 구분하여 접근하고 있다. 이런 이분법적 집필방향은 독자들이 아주 쉽게 확인할 수 있을 것이라 본다. 그런 맥락에서 이 교재는 크게 특수교육공학의 이론적 접근(제1부)과 장애유형별 적용 가능한 특수교육공학(제2부)으로 구성되어 있다. 제1부 특수교육공학의 이론적 접근은 특수교육공학의 기초(제1장), 보조공학으로서의 특수교육공학(제2장), 수업설계로서의 특수교육공학(제3장), 보편적 설계와 특수교육공학(제4장), 접근성과 특수교육공학(제5장)으로 제시되어 있다. 이 교재의 앞부분인

제1부 특수교육공학의 이론적 접근은 특수학교 교사, 특수교육 관련 전문가, 특수교육대상자 부모, 일반학교 교사 등에게 특수교육에서 교육공학의 접근에 대한 이해의 폭을 넓혀 줄 것으로 기대한다.

　제2부 장애유형별 적용 가능한 특수교육공학은 어느 장애유형과 어느 수준까지 제시할 것인가에 대한 많은 논의와 고민의 과정이 필요했다. 이 교재에서는 총 7개의 장애유형별로 적용할 수 있는 특수교육공학을 제시하고 있다. 「장애인 등에 대한 특수교육법」 제15조에는 총 11개 장애범주가 제시되어 있다. 이 중 가능하면 모든 장애유형에 적용 가능한 특수교육공학 아이디어에 대해 서술하고자 노력하였다. 그중 청각장애와 의사소통장애, 정서·행동장애와 자폐성장애를 통합하여 총 7개 장애유형들을 장으로 구분하여 교재 내용을 구성하였다.

　제2부의 제6장부터 제12장까지는 장애유형별 적용 가능한 특수교육공학 아이디어를 제시하였다. 이 부분에서는 각 장애유형의 이해, 장애유형별 특수한 교육적 요구분석을 한 다음, 그 장애 아동들을 위한 보조공학과 수업설계 아이디어를 구분하여 서술하고 있다.

　저자들은 이 교재를 집필하면서 기존의 특수교육 및 특수교육공학 관련 다양한 저서와 연구물을 인용하였다. 좋은 연구들을 미리 진행하여 주신 많은 연구자분께 지면을 통해 깊은 감사의 말씀을 드리고 싶다.

　저자들은 약 3년 전에 특수교육공학 교재 집필을 기획하였다. 저자들은 다양한 방법으로 자주 접촉하면서, 각자의 담당 부분과 다른 부분과의 조화로운 서술을 위해 나름 노력하면서 작업을 하였다. 연구자로서 연구작업을 진행할 때 완전하고 완벽한 것을 추구하는 것도 중요하지만, 다소 부족한 형태라도 그것을 내놓은 것 역시 중요하다고 생각한다. 특수교육, 특히 특수교육공학 관련 연구자 및 종사자분들의 많은 지도와 격려를 부탁한다. 한편 이 교재가 특수교육공학 분야에서 함께 연구하고 실제로 가르치고 배우는 분들에게 조금이나마 도움을 줄 수 있길 기대해 본다.

끝으로, 같은 분야 학문을 공부하는 남다른 인연으로 함께 생활하면서 연구하고 있는 동료 교수님들께 진심으로 존경과 감사를 전한다.

2015년 4월
저자 일동

차례

제1부

특수교육공학의 이론적 접근

제1장 특수교육공학의 기초 • 23

제4장 보편적 설계와 특수교육공학 • 115

장애유형별 적용 가능한 특수교육공학

제7장 시각장애 아동을 위한 특수교육공학 • 207

제12장 지적장애 아동을 위한 특수교육공학 • 391

제13장   건강장애 아동을 위한 특수교육공학 • 425

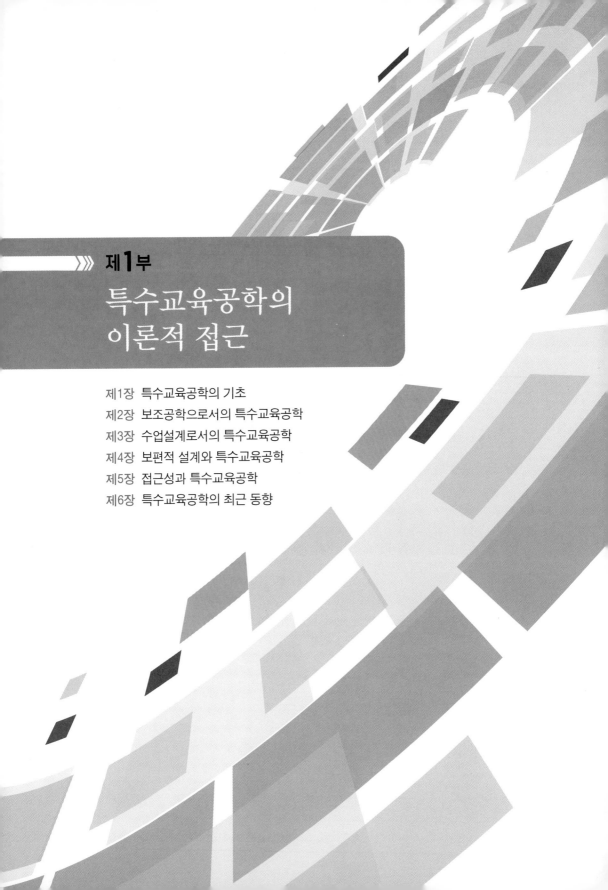

제1부
특수교육공학의 이론적 접근

제1장

특수교육공학의 기초

> **이 장의 개요**

『특수교육공학』의 첫 번째 장으로서, 이 장에서는 전체 교재의 이론적 접근을 진행하게 될 것이다. 좋은 개념은 좋은 이론을 만든다고 한다. 이 장에서는 특수교육공학을 이해하는 데 기초적인 과정으로 몇 가지 중요한 개념과 유형을 확인하게 될 것이다. 이 장의 주요 내용으로는 특수교육과 특수아동에 대한 이해, 교육공학과 특수교육공학의 개념 및 관계 확인, 특수교육현장에 적용가능한 특수교육공학의 분류 등이다.

> **이 장의 학습목표**

1. 특수교육과 특수아동의 개념을 설명할 수 있다.
2. 교육공학과 특수교육공학의 유사성과 차이점을 기술할 수 있다.
3. 특수교육현장에서 적용할 수 있는 특수교육공학의 분류를 논리적으로 설명할 수 있다.

인간은 다른 동물과 달리 개체 발생 이후 지속적으로 지식과 정보를 누적시키면서 문화를 발달시켜 오고 있다. 보통 인간의 문화발달 패러다임의 변화를 '불의 발견' → '문자의 발명' → '인쇄술의 발달' → '컴퓨터(또는 웹)의 발명'으로 설명하고 있다.

20세기, 인간은 그들이 발전시켜 온 고도의 과학지식을 교실장면에 적용하기 시작하였다. 에디슨은 전기를 이용한 다양한 발명품 등을 세상에 내놓았다. 이런 전기 공학적인 기계들은 교실상황에서 엄청난 효과성을 발휘하였다. 초기의 시청각매체들은 대부분 대집단교수를 가능하게 해 주었다. 즉, 교육내용을 확장 · 확대시켜 준 것이다.

특수교육은 일반교육과는 구별되는 '특별한' 교육을 말한다. 최근 특수교육 현장에서도 다양한 공학적인 기계(하드웨어)가 적용되면서 그 효율성을 인정받고 있다. 최근 특수교육은 양적 발달에서 질적 발달로 그 중심축을 바꾸고 있는 시점에 있다. 그 흐름에 가장 큰 역할을 할 수 있는 분야가 특수교육공학이 될 것이다. 이 장에서는 특수교육공학에 대한 기본적인 이해를 확장하고자 한다.

1. 특수교육의 이해

특수교육공학은 특수교육과 교육공학이 결합된 복합명사다. 그런 점에서 특수교육공학의 개념을 정의하고자 한다면, 특수교육과 교육공학의 개념을 먼저 정의한 후 결합하는 순서로 진행되어야 한다.

그림 1-1 특수교육공학의 개념 체계도

1) 특수교육의 개념

특수교육(特殊教育, Special Education)은 일반적인(General) 교육과정, 교육환경, 교육방법으로는 그 효과성을 담보할 수 없는 특수아동(Exceptional Children)을 대상으로 하는 교육을 가리킨다. 특수교육이라는 용어는 다양한 학자와 수많은 규정(법) 등에 의해 개념 정의가 진행되어 왔다. 여기에서는 우선 국내외의 특수교육 관련 법규상의 개념을 먼저 확인하고자 한다.

우리나라의 특수교육 관련 법률은 1977년 12월 31일 제정된 「특수교육진흥법」이다. 당시 법률(제2조)의 특수교육이란 "특수교육기관에서 제3조에 규정된 특수교육대상자에게 점자·구화 및 보장구 등을 사용하여 교육·교정(이하 '요육'이라 한다) 및 직업보도를 하는 것을 말한다."라고 규정되어 있다. 당시 법률의 제3조에서 정한 특수교육대상자는 시각장애자, 청각장애자, 정신박약자, 지체부자유자, 정서장애자, 언어장애자, 기타의 심신장애자였다.

1994년 전면 개정된 「특수교육진흥법」의 특수교육의 정의는 특수교육대상자의 특성에 적합한 교육과정·교육방법 및 교육매체 등을 통하여 교과교육·치료교육 및 직업교육 등을 실시하는 것을 말한다. 우리나라의 현재 특수교육 관련 법령은 「장애인 등에 대한 특수교육법」이다. 이 법령은 2007년 5월 25일 제정되어, 2008년 5월 26일 이후 시행되고 있다. 이 법령에서 특수교육은 다음과 같이 정의하고 있다.

>   '특수교육'이란 특수교육대상자의 교육적 요구를 충족시키기 위하여 특성에 적
> 합한 **교육과정** 및 제2호에 따른 **특수교육 관련 서비스** 제공을 통하여 이루어지는
> 교육을 말한다.
>
>   **'특수교육 관련 서비스'**란 특수교육대상자의 교육을 효율적으로 실시하기 위하여
> 필요한 인적 · 물적 자원을 제공하는 서비스로서 상담지원 · 가족지원 · 치료지원 ·
> 보조인력지원 · 보조공학기기지원 · 학습보조기기지원 · 통학지원 및 정보 접근지원
> 등을 말한다.
>
> (『장애인 등에 대한 특수교육법』 제2조 제2항)

    우리나라에서의 특수교육 개념은 법령의 변화에 따라 그 철학적 개념과 교
육활동의 범주가 변화되어 왔음을 알 수 있다. 다음은 특수교육의 개념을 정
의한 다양한 학자의 개념 정의를 살펴보고자 한다.

    Kirk와 Gallagher(1979)는 특수교육이란 특수아동의 잠재력을 개발하고 장
애를 교정하기 위해서 제공되는 일반학교 프로그램 이상의 보충적인 서비스
라고 정의하였다.

    김승국(1996)은 특수교육이란 정상에서 이탈되어 있는 아동에게 알맞은 학
교교육과정을 조정하거나 재구성하는 것이라 정의하였다. 한현민(2001)은 특
수교육이란 모든 교육의 보편성 및 공통성 외에 무엇인가 교육적으로 특별히
고려하여 이루어지는 교육적 행위라고 정의하였다. Smith(2004)는 특수교육
이란 특별한 욕구를 지닌 개별 아동에게 적합한 맞춤식 개별화된 교육을 제공
하는 것이라 정의하였다. Heward(2006)는 자신의 저서 『특수아동(Exceptional
Children)』에서 특수교육은 다양한 관점에서 정의되고 평가될 수 있는 복잡한
체제라고 설명하고 있다. 그는 특수교육을 중재로서의 특수교육과 교수로서
의 특수교육으로 설명하고 있다. Heward(2009)는 특수교육이란 개별적으로
계획하고, 특별히 고안하고, 집중적으로 제공하고, 목표지향적인 성격을 지닌
교수라고 정의하였다.

2) 특수아동에 대한 이해

많은 수의 아동으로 구성된 학급이나 단위학교에서는 아동들의 다양한 능력의 차이를 확인할 수 있을 것이다. 이는 수학에서 말하는 정상분포곡선 이론에서도 알 수 있다. 즉, 사례의 수가 많아질수록 평균점을 중간으로 하여 +, -의 분포가 이루어진다.

모든 아동은 그들의 능력과 요구가 다르다. 일반적인 능력이나 요구의 수준을 벗어난 아동들을 가르치는 활동은 매우 어렵고 도전적인 일이다. 이들이 특수아동이고, 그들의 요구에 맞는 교육활동이 특수교육이다.

김정권과 한현민(1996)은 특수아동이란 정신적·행동적·언어적·신체적·감각적 능력 또는 특성이 정상 아동과 비교하여 큰 '차이'가 있어 그들이 가진 잠재력을 최대한 발휘하게 하려면 학교교육(일반교육)의 수정이나 특별한 교육적 조치가 필요한 아동이라고 하였다. 여기에서는 특수아동의 능력이나 요구의 수준을 '차이'라는 용어를 사용하여 설명하고 있다는 점에서 인상적이다. Hallahan과 Kauffman(2003)은 특수아동이란 대부분의 일반적인 아동과는 다른 아동이라고 정의하였다. 특수아동이란 인간으로서의 온전한 잠재력을 실현하기 위해서 특수교육 및 그와 관련된 서비스가 필요한 아동을 의미한다고 하였다.

결론적으로 말하면, 모든 아동은 신체적인 특성이나 학습능력이 서로 다르다. 차이가 크지 않은 아동은 일반교육 프로그램을 통해서 학습활동이 가능하다고 볼 수 있다. 그러나 학습능력이나 신체적인 특성이 규준(평균)과 차이가 많이 나서 개별화된 교육 프로그램이 필요한 아동이 있는데, 이들을 특수아동이라 한다. 특수아동이란 규준에서 크게 떨어져 있는 아동이라는 점에서 '예외적인 아동(Exceptional Children)'이라 하며, 이는 학문적으로 장애 아동과 영재아동을 모두 포함한 용어다. 그러나 현실적으로나 법률적으로 영재아동을 제외한 장애 아동을 특수아동으로 확인하고 있다.

(1) 특수아동의 분류 및 기준

특수아동은「장애인 등에 대한 특수교육법」제15조(특수교육대상자의 선정)
에 의거하여 시각장애, 청각장애, 지적장애, 지체장애, 정서 · 행동장애, 자폐
성장애, 의사소통장애, 학습장애, 건강장애, 발달지체 그 밖에 두 가지 이상의
장애가 있는 경우 등 대통령령으로 정하는 장애로 분류되고 있다. 특수교육
현장에서는 특수아동에 대한 분류가 해당 부처 및 관련 기관에 따라 다르게
되는 경우가 있다. 여기서는「장애인 등에 대한 특수교육법」을 기준으로 하여
우리나라의「장애인복지법」과 미국「장애인교육법(IDEA)」의 특수아동 분류
내용을 비교하여 확인할 필요가 있어, 다음과 같이 제시한다.

표 1-1　특수아동 분류 비교

「장애인 등에 대한 특수교육법」 (2007)	「장애인복지법」 (2008)	미국「IDEA」 (2004)
• 시각장애	• 시각장애	• 시각장애
• 청각장애	• 청각장애	• 청각장애
• 지적장애	• 지적장애	• 지적장애
• 지체장애	• 지체장애	• 지체장애
	• 뇌병변장애	• 뇌병변장애
• 정서 · 행동장애		• 정서 · 행동장애
• 자폐성장애 (이와 관련된 장애를 포함)	• 자폐성장애	• 자폐성장애 (이와 관련된 장애를 포함)
• 의사소통장애	• 언어장애	• 의사소통장애
• 학습장애		• 학습장애
• 건강장애	• 신장장애	• 건강장애
	• 심장장애	
	• 호흡기장애	
	• 간장애	
	• 안면장애	
	• 장루요루장애	
	• 간질	

〈계속〉

「장애인 등에 대한 특수교육법」 (2007)	「장애인복지법」 (2008)	미국 「IDEA」 (2004)
• 발달지체		• 발달장애
• 그 밖에 두 가지 이상의 장애가 있는 경우 등 대통령령으로 정하는 장애	• 정신장애	• 농-맹
		• 중복장애
11개 장애영역	15개 장애영역	13개 장애영역

우리나라에서 특수아동을 분류하고 배치하는 기준은 「장애인 등에 대한 특수교육법」(시행령 별표)에서 확인할 수 있다.

표 1-2 특수아동 선정기준

장애영역	구체적인 선정기준
시각장애	시각계의 손상이 심하여 시각기능을 전혀 이용하지 못하거나 보조공학기기의 지원을 받아야 시각적 과제를 수행할 수 있는 사람으로서 시각에 의한 학습이 곤란하여 특정의 광학기구 · 학습매체 등을 통하여 학습하거나 촉각 또는 청각을 학습의 주요 수단으로 사용하는 사람
청각장애	청력 손실이 심하여 보청기를 착용해도 청각을 통한 의사소통이 불가능 또는 곤란한 상태이거나, 청력이 남아 있어도 보청기를 착용해야 청각을 통한 의사소통이 가능하여 청각에 의한 교육적 성취가 어려운 사람
정신지체	지적기능과 적응행동상의 어려움이 함께 존재하여 교육적 성취에 어려움이 있는 사람
지체장애	기능 · 형태상 장애가 있거나 몸통을 지탱하거나 팔다리의 움직임 등에 어려움을 겪는 신체적 조건이나 상태로 인해 교육적 성취에 어려움이 있는 사람
정서 · 행동장애	장기간에 걸쳐 다음 각 목의 어느 하나에 해당하여, 특별한 교육적 조치가 필요한 사람 가. 지적 · 감각적 · 건강상의 이유로 설명할 수 없는 학습상의 어려움을 지닌 사람 나. 또래나 교사와의 대인관계에 어려움이 있어 학습에 어려움을 겪는 사람 다. 일반적인 상황에서 부적절한 행동이나 감정을 나타내어 학습에 어려움이 있는 사람

〈계속〉

장애영역	구체적인 선정기준
정서 · 행동장애	라. 전반적인 불행감이나 우울증을 나타내어 학습에 어려움이 있는 사람 마. 학교나 개인 문제에 관련된 신체적인 통증이나 공포를 나타내어 학습에 어려움이 있는 사람
자폐성장애	사회적 상호작용과 의사소통에 결함이 있고, 제한적이고 반복적인 관심과 활동을 보임으로써 교육적 성취 및 일상생활 적응에 도움이 필요한 사람
의사소통장애	다음 각 목의 어느 하나에 해당하여 특별한 교육적 조치가 필요한 사람 　가. 언어의 수용 및 표현 능력이 인지 능력에 비하여 현저하게 부족한 사람 　나. 조음능력이 현저히 부족하여 의사소통이 어려운 사람 　다. 말 유창성이 현저히 부족하여 의사소통이 어려운 사람 　라. 기능적 음성장애가 있어 의사소통이 어려운 사람
학습장애	개인의 내적 요인으로 인하여 듣기, 말하기, 주의집중, 지각, 기억, 문제해결 등의 학습기능이나 읽기, 쓰기, 수학 등 학업 성취 영역에서 현저하게 어려움이 있는 사람
건강장애	만성질환으로 인하여 3개월 이상의 장기입원 또는 통원치료 등 계속적인 의료적 지원이 필요하여 학교생활 및 학업수행에 어려움이 있는 사람
발달지체	신체, 인지, 의사소통, 사회 · 정서, 적응행동 중 하나 이상의 발달이 또래에 비하여 현저하게 지체되어 특별한 교육적 조치가 필요한 영아 및 9세 미만의 아동
두 가지 이상 중복된 장애	그 밖에 두 가지 이상의 장애가 있는 경우 등 대통령령으로 정하는 장애

출처: 「장애인 등에 대한 특수교육법 시행령」 별표 〈개정 2022. 6. 28.〉

(2) 특수아동의 특수교육기관 배치 및 장애영역별 현황

「장애인 등에 대한 특수교육법」 제17조(특수교육대상자의 배치 및 교육)에 의거하여, 교육장 또는 교육감은 법 제15조에 따라 특수교육대상자로 선정된 자를 해당 특수교육운영위원회의 심사를 거쳐 일반학교의 일반학급, 일반학교의 특수학급, 특수학교에 배치하도록 하고 있다. 우리나라 특수아동의 배치현황은 다음 〈표 1-3〉과 같다.

| 표 1-3 | **특수아동의 배치 현황(배치기관별)** | | (단위: 명, %) |

연도	특수학교 및 특수교육지원센터	일반학교 배치 학생 수			전체 학생 수
		특수학급	일반학급	소계	
2014	25,827 (29.6)	45,803 (52.5)	15,648 (17.9)	61,451 (70.4)	87,278 (100)
2015	26,094 (29.6)	46,351 (52.6)	15,622 (17.7)	61,973 (70.4)	88,067 (100)
2016	25,961 (29.5)	46,645 (53.0)	15,344 (17.4)	61,989 (70.5)	87,950 (100)
2017	26,199 (29.3)	47,564 (53.2)	15,590 (17.4)	63,154 (70.7)	89,353 (100)
2018	26,337 (29.0)	48,848 (53.8)	15,595 (17.2)	64,443 (71.0)	90,780 (100)
2019	26,459 (28.5)	50,812 (54.7)	15,687 (16.9)	66,499 (71.5)	92,958 (100)
2020	26,615 (27.9)	52,744 (55.3)	16,061 (16.8)	68,805 (72.1)	95,420 (100)
2021	27,288 (27.8)	54,266 (55.3)	16,600 (16.9)	70,866 (72.2)	98,154 (100)
2022	28,233 (27.2)	57,948 (55.9)	17,514 (16.9)	75,462 (72.8)	103,695 (100)
2023	29,236 (26.7)	61,993 (56.5)	18,474 (16.8)	80,467 (73.3)	109,703 (100)

출처: 교육부(2023).

　　우리나라 특수아동의 장애영역별 현황은 「장애인 등에 대한 특수교육법」의 장애유형 분류에 의한 현황으로 확인하는 것이 가장 적절한 것으로 판단된다. 2023년 「특수교육연차보고서」(교육부) 자료에 기초하여 제시하면 다음과 같다.

표 1-4   연도별 특수교육대상자 배치 현황(장애영역별)   (단위: 명, %)

연도	시각 장애	청각 장애	지적 장애	지체 장애	정서· 행동 장애	자폐성 장애	의사 소통 장애	학습 장애	건강 장애	발달 지체	전체 학생 수
2016	2,035 (2.3)	3,401 (3.9)	47,258 (53.7)	11,019 (12.5)	2,221 (2.5)	10,985 (12.5)	2,089 (2.4)	2,327 (2.6)	1,675 (1.9)	4,940 (5.6)	87,950 (100)
2017	2,026 (2.3)	3,358 (3.8)	48,084 (53.8)	10,777 (12.1)	2,269 (2.5)	11,422 (12.8)	2,038 (2.3)	2,040 (2.3)	1,626 (1.8)	5,713 (6.4)	89,353 (100)
2018	1,981 (2.2)	3,268 (3.6)	48,747 (53.7)	10,439 (11.5)	2,221 (2.4)	12,156 (13.4)	2,081 (2.3)	1,627 (1.8)	1,758 (1.9)	6,502 (7.2)	90,780 (100)
2019	1,937 (2.1)	3,225 (3.5)	49,624 (53.4)	10,200 (11.0)	2,182 (2.3)	13,105 (14.1)	2,204 (2.4)	1,409 (1.5)	1,763 (1.9)	7,309 (7.9)	92,958 (100)
2020	1,908 (2.0)	3,132 (3.3)	50,693 (53.1)	9,928 (10.4)	1,993 (2.1)	13,917 (14.6)	2,404 (2.5)	1,226 (1.3)	1,785 (1.9)	8,434 (8.8)	95,420 (100)
2021	1,826 (1.9)	3,026 (3.1)	51,788 (52.8)	9,695 (9.9)	1,874 (1.9)	15,215 (15.5)	2,450 (2.5)	1,114 (1.1)	1,799 (1.8)	9,367 (9.5)	98,154 (100)
2022	1,753 (1.7)	2,961 (2.9)	53,718 (51.8)	9,639 (9.3)	1,865 (1.8)	17,024 (16.4)	2,622 (2.5)	1,078 (1.0)	1,948 (1.9)	11,087 (10.7)	103,695 (100)
2023	1,745 (1.6)	2,907 (2.6)	55,867 (50.9)	9,522 (8.7)	1,831 (1.7)	19,275 (17.6)	2,645 (2.4)	1,037 (0.9)	1,956 (1.8)	12,918 (11.8)	109,703 (100)

출처: 교육부(2023).

2. 교육공학의 이해

1) 교육공학의 의미

근대적 의미의 교육공학은 20세기 초반에 사용되기 시작하였다. 그리고 1960년대 이후 교육공학이 학문적으로 정립되기 시작하였다고 볼 수 있다. 교육공학이라는 용어는 미국 시청각교육국(Department of Audio-Visual Instruction: DAVI)의 회장이었던 Finn이 1960년 발표한 그의 논문「공학과 교수과정」에서 처음 사용하였다(유승우 외, 2013).

　'교육공학'이라는 용어는 '교육'과 '공학'의 복합명사다. 그런 관계로, 여기서는 간단히 '교육'과 '공학'의 개념을 먼저 정의하고자 한다.

　'교육'이라는 활동은 인류의 시작과 함께 시작되었을 것이다. 즉, 두 명 이상의 사람이 있다면 그중 한 명이 다른 한 명보다 많이 알고, 잘하는 내용이나 기능이 있을 것이다. 그 내용이나 기능을 가르치는 활동이 교육활동이다. 여기서 교육의 3요소, 무엇인가 가르칠 것이 있는 사람(교수자), 무엇인가 배울 것이 있는 사람(학습자), 가르치고 배우는 내용(교육내용 또는 교육과정)이 등장하게 된다.

　'교육'의 개념은 학자나 방식에 따라 다양하게 정의될 수 있다. 교육학계에서 합의하고 공유하고 있는 개념 정의는 다음과 같다. 첫째, 교육의 규범적 정의다. 이는 교육철학의 관심분야다. 교육이란 자아실현 또는 인간의 잠재가능성의 실현으로 정의한다. 둘째, 교육의 수단적 · 기능적 정의다. 이는 교육사회학의 관심분야다. 교육이란 문화유산의 전달 또는 사회화의 과정으로 정의한다. 셋째, 교육의 조작적 정의다. 이는 교육심리학의 관심분야다. 교육이란 인간행동의 계획적인 변화라고 정의한다.

　'교육공학'이라는 복합명사가 어색하게 들릴 수 있다. 이는 교육이라는 철학적이고 사변적인 영역에 '공학'이라는 과학적이고 객관적인 기법이 접목된 것으로 이해하기 때문이다. '전기공학' '건축공학' '유전공학' 등은 어울리는 조합 같지만, '교육공학'은 어딘가 부자연스럽게 인지되는 부분이 있다. 이는 '공학'의 개념을 하드웨어적인 '공학(engineering)'으로 이해하기 때문이다. '교육공학'에서 공학은 소프트웨어적인 '공학(technology)'으로 이해해야 한다.

　공학(technology)의 사전적 어원은 기예(craft) 및 기술(skill)을 뜻하는 'techne'와 학문을 뜻하는 'logos'의 합성어다. Galbraith(1967)는 공학의 개념을 "실제적 문제를 해결하기 위하여 과학적 지식 또는 조직화된 지식을 체계적으로 적용하는 것"으로 정의하였다. 이 정의는 크게 세 가지의 구분되는 특성을 지니고 있다. 첫째, 공학은 문제 해결에 초점을 맞춘다. 둘째, 공학은 과학적 지식 및 조직화된 지식에 바탕을 두고 있다. 셋째, 공학은 '체계적' '체제적' 접근을 강조하고 있다.

교육공학이라는 개념을 확인하기 위해, 교육과 공학의 개념을 먼저 정의하였다. 좋은 개념은 좋은 이론을 만든다고 확신하고 있다. 이제 교육공학의 개념을 정의하고자 한다. 1977년 미국 교육공학회(Association for Educational Communication & Technology: AECT)에서는 교육공학의 개념을 다음과 같이 제안하였다.

> 교육공학이란 모든 인간 학습에 포함된 문제들을 분석하고, 그 해결책을 구안하여, 실행하고, 평가하며, 관리하기 위하여 사람, 절차, 아이디어, 기자재 및 조직을 포함하는 복합적이며 통합적인 과정이다.

그로부터 20여 년의 시간이 흐른 후, 그간의 시대환경의 변화를 반영하여 1994년에 새로운 교육공학의 개념을 제안하였다.

> 교육공학이라는 용어 대신에 교수공학이라는 용어를 사용한다. 교수공학이란 학습을 위한 과정과 자원의 설계, 개발, 활용, 관리, 평가에 대한 이론과 실제다 (Seels & Richey, 1994).

AECT에서는 2004년에도 변화된 교육공학의 개념을 제시하였으나, 1994년 개념 정의가 교육공학의 의미를 확인하는 데 가장 적절하다고 판단된다. 교육공학은 그 목적을 학습에 두고 있으며, 그 구체물은 과정과 자원이고, 크게 설계, 개발, 활용, 관리, 평가 영역으로 구분된다는 것을 확인할 수 있다. 마지막으로 교육공학은 그 학문적 성격에 이론과 실제가 통합되어 있음을 알 수 있다. 교육공학의 개념을 정리하여 제시하면, 다음 [그림 1-2]와 같다.

그림 1-2 교육공학의 개념도

2) 교육공학의 발달과정

　교육공학의 발달과정은 시대별로 교육공학자들에 의해 규정되어 온 교육공학의 정의를 살펴보는 작업으로 확인할 수 있다. 현대적인 의미의 교육공학 발달과정은 견해에 따라 의견이 다를 수 있으나 대체로 다음 〈표 1-5〉와 같이 구분해 볼 수 있다.

표 1-5 교육공학의 발달과정

발달과정	주요 학자 및 내용	시기
시각교육기	• 시각교육운동 • 미국 전국교육연합회[NEA] 산하 시각교육국[DVI] 조직 • Hoban(1937), Visualizing the Curriculum 　(교육과정의 시각화 운동) • Hoban의 시각자료 분류표	1920년대 ~ 1930년대
시청각교육기	• 시각 + 청각 = 시청각교육운동 • Dale(1946)의 경험의 원추(Cone of Experience) 구안 • DVI(시각교육국) → DAVI(시청각교육국)	1940년대
시청각 교육통신기	• 커뮤니케이션 이론 도입 • 초기의 체제(system) 개념 도입 • 시청각 교육통신 용어 사용	1950년대 ~ 1960년대

〈계속〉

발달과정	주요 학자 및 내용	시기
시청각 교육통신기	• Finn(1960)이 '교육공학' 용어 최초 사용 • Berlo(1960)의 S-M-C-R 모델 제안 • Shannon과 Schramm(1964)의 '경험의 장' 모델 제안	
교수공학기	• 행동주의 심리학 확장 • 체제접근과 교수개발 이론 확대 • 미국 교육공학회(AECT)로 변경 • 프로그램 학습과 교수기계 발달 • 다양한 교수체제 모형 등장 및 적용	1970년대
교육공학기	• 컴퓨터의 교육적 활용 확대 • 인지심리학의 영향 • 교수공학의 정의와 영역 확정 • 인터넷의 확산, 원격(가상)교육 도입 • 테크놀로지의 눈부신 발달 • 교육현장에 구성주의 이론 접목(패러다임의 변화)	1980년대 이후

출처: 유승우 외(2017: 210).

3. 특수교육공학의 이해

1) 특수교육공학의 개념

김용욱(2005)은 특수교육공학이란 "장애를 가지고 있는 아동(학습자)의 효율적인 교육과 생활을 위해 사용되는 공학기기, 서비스, 수업의 전략과 실제"라고 정의하였다. 즉, 장애를 가진 학생들에게 적절한 교수방법 및 관련 공학 서비스를 제공하여 특수교육의 질적 효율을 제고할 수 있는 체계적이고 종합적인 서비스라고 할 수 있다. 특수교육공학의 개념에 대한 세부적인 내용은 다음과 같이 제시하고 있다.

첫째, 공학기기는 디지털 및 컴퓨터를 기반으로 하는 첨단공학(high technology)기기에서부터 휠체어와 같은 일반적으로 많이 활용되고 있는 기계

류 중심의 일반공학(medium technology)기기, 개조된 책상 및 식사도구와 같
은 간단한 개조 및 도움 장치만으로 장애를 가지고 있는 아동(학습자)들의 독
특한 요구를 수용할 수 있는 기초공학(low technology)기기 등을 포괄적으로
포함한다. 둘째, 서비스는 교수・학습을 위한 관련 소프트웨어를 포함한다.
또한 각종 공학기기를 운영하려면 관련 소프트웨어가 필요한 경우가 있는데,
이러한 소프트웨어를 활용하는 것에서부터 공학기기를 준비, 사용, 사후관리
하는 것까지 일련의 과정이 여기에 포함된다. 셋째, 전략과 실제는 '언제 어떻
게' 활용하면 좋을지에 대한 전문가의 선택 및 실제 적용이라고 할 수 있다.

　김남진과 김용욱(2010)은 특수교육공학의 정의를 특수교육 관련 법령에서
확인하고 제시하였다. 이는 가장 안정적이고 객관적인 특수교육공학의 개념
정의라고 할 수 있다.

　1994년 개정된「특수교육진흥법」(제2조 제1항)에 의하면 "특수교육이라 함은
특수교육대상자의 특성에 적합한 교육과정・교육방법・교육매체 등을 통하여
특수교육・치료교육 및 직업교육 등을 실시하는 것을 말한다."라고 정의하고
있다. 이 법령에서 특수교육공학은 '특수교육대상자의 특성에 적합한 교육매체'
라고 확인된다. 즉, 특수교육공학이란 '특수교육대상자를 대상으로 하는 특수교
육, 치료교육, 직업교육 등을 위해 활용되는 교육매체'라고 정의할 수 있다.

　2007년 제정된「장애인 등에 대한 특수교육법」(제2조 제1항)에 의하면, "특
수교육이란 특수교육대상자의 교육적 요구를 충족시키기 위하여 특성에 적
합한 교육과정 및 관련 서비스 제공을 통하여 이루어지는 교육"이라고 정의
하고 있다. 이 법령에서는 특수교육공학을 "특수교육대상자의 교육적 요구를
충족시키기 위해 제공되는 특수교육 관련 서비스"라고 확인할 수 있다.

　동법 제2조 제2항에서는 특수교육 관련 서비스에 대해 구체적으로 제시하
고 있다. '특수교육 관련 서비스'란 특수교육대상자의 교육을 효율적으로 실
시하기 위하여 필요한 인적・물적 자원을 제공하는 서비스로서 상담지원・
가족지원・치료지원・보조인력지원・보조공학기기지원・학습보조기기지
원・통학지원 및 정보 접근지원 등을 말한다.

표 1-6   특수교육공학의 개념

구분	특수교육공학 개념	비고
「특수교육진흥법」 (1994)	특수교육대상자를 대상으로 하는 특수교육, 치료교육, 직업교육 등을 위해 활용되는 교육매체	특수교육공학의 좁은 의미. 초기 매체론적인 정의
김용욱(2005)	장애를 가지고 있는 아동(학습자)의 효율적인 교육과 생활을 위해 사용되는 공학기기, 서비스, 수업의 전략과 실제	특수교육공학의 하드웨어, 소프트웨어 개념 포함
「장애인 등에 대한 특수교육법」(2007)	'특수교육 관련 서비스'란 특수교육대상자의 교육을 효율적으로 실시하기 위하여 필요한 인적 · 물적 자원을 제공하는 서비스로서 상담지원 · 가족지원 · 치료지원 · 보조인력지원 · 보조공학기기지원 · 학습보조기기지원 · 통학지원 및 정보 접근지원	특수교육공학의 개념의 폭을 넓힘. 특수교육공학의 수업설계론적 접근

2) 특수교육공학의 적용

특수교육공학이란 특수교육현장에 교육공학을 적용하는 것을 가리킨다. 특수교육의 대상자인 장애 아동의 경우 개인차가 일반아동보다 크므로 교육목표달성을 위해서는 교육공학적 접근이 더욱더 요구된다.

특수교육공학이란 장애를 가진 아동의 효율적인 교육과 생활을 위해 사용되는 공학기기, 서비스, 수업의 전략과 실제라고 정의할 수 있다. 이러한 특수교육공학은 장애학생들에게 많은 도움을 줄 수 있다. Lewis(1993)는 특수교육대상자들에게 제공할 수 있는 특수교육공학의 이점을 ABC모델로 설명하고 있다.

• 능력신장(Augment abilities)
• 여러 가지 매체로 대체하여 제공(Bypass)
• 보상 혹은 지원(Compensate for disabilities)

 장애 아동들은 학교, 가정, 사회에서 공학을 활용함으로써 자신의 능력을 펼칠 기회를 제공받고, 감각의 결손 때문에 생기는 여러 가지 불편을 다른 매체로 지원받을 수 있게 된다. 그리고 각종 공학기기를 통해 장애 때문에 할 수 없던 생활이나 활동들을 할 수 있게 된다.

 특수교육공학은 보조공학(AT)으로서의 역할이 더욱더 크다고 할 수 있다. 보조공학장치는 '테크 액트(Tech Act)'로 더 잘 알려진, 1988년 장애인을 위한 보조 관련 기술 법안에서 처음 정의한 후 1990년 「장애인교육법」에 관련 내용이 포함되었다. 보조공학장치는 상업적으로 기성화되고 개조된 여하를 막론하고 장애인의 기능적 능력을 증가, 유지 또는 향상시키기 위해 사용되는 어떤 부품, 장치의 일부분 또는 생산 시스템을 의미한다. 우이구(2005)는 특수교육현장에서 특수교육공학을 활용할 수 있는 분야를 기초생활 지원과 생활기능 향상, 의사소통 향상, 신체지능능력 향상, 이동능력 향상, 환경적응 및 조정, 교수·학습, 스포츠·레저·여가생활 등으로 제시하였다.

 이상과 같이 교육공학이 일반아동과 장애 아동에게 적용될 때 나타나는 적용형태 및 교육성과는 [그림 1-3]과 같다. 즉, 일반아동에 대한 특수교육공학의 적용은 각 아동의 일반학습능력의 차이를 극복할 수 있게 하여 완전학습을 유도할 수 있다. 그에 비하여 장애 아동에게 적용되는 특수교육공학은 보조공학적 측면을 강조하여 장애의 보완, 생활능력의 향상 등을 기대하는 교육성과라고 할 수 있다. 그것을 정리하여 보면 다음 [그림 1-3]과 같이 제시할 수 있다.

그림 1-3 일반아동과 특수아동의 교육공학 적용의 차이

3) 특수교육공학의 분류

특수교육공학은 학자들의 다양한 관점에 따라 여러 가지 유형으로 분류된다.
Blackhurst와 Hofmeister(1980)는 특수교육에서 활용하는 공학적 접근을 매체공학과 시스템공학으로 분류·제시하였다. 매체공학은 다양한 도구의 사용에 초점을 맞춘 것이며, 시스템공학은 교수·학습 활동에 대한 체계적인 접근에 초점을 맞춘 분류다.

김용욱(2005)은 특수교육공학의 개념을 정의하면서 특수교육공학을 공학기기, 서비스, 수업의 전략과 실제라는 세 가지 유형으로 분류한 바 있다. 공학기기는 장애 아동의 독특한 요구를 수용할 수 있는 첨단공학, 일반공학, 기초공학기기 등을 포함한다. 서비스는 교수·학습을 위한 관련 소프트웨어를 포함한다. 전략과 실제는 특수교육공학을 언제 어떻게 활용할 것인가에 대한 전문가의 선택과 실제 적용을 가리킨다.

나아가 김용욱(2005)은 특수교육공학을 수업공학, 교수공학, 보조공학, 의료공학, 정보공학으로 분류하였다. 이에 대한 구체적인 내용은 〈표 1-7〉과 같다.

표 1-7   특수교육공학 유형 분류

구분	내용
수업공학 (The Technology of teaching)	정확한 방법에 따라 적용되고 체계적으로 설계된 교수 접근
교수공학 (Instruction Technology)	체계적인 교수를 위해서 사용되고 적용되는 하드웨어 및 소프트웨어적 접근 등 각종 도구와 시스템의 활용
보조공학 (Assistive Technology)	장애를 가지고 있는 아동들의 기능적 능력에 대하여 증가, 유지, 개선하기 위해 사용되는 기기
의료공학 (Medical Technology)	장애를 가지고 있는 이들이 원활한 학습 및 생활을 할 수 있도록 사용되는 각종 의료적 기기 및 서비스
정보공학 (Information Technology)	여러 형태의 지식과 자료에 용이하게 접근할 수 있도록 해 주는 공학(예: 인터넷)

Bryant와 Bryant(2003)는 특수교육공학을 보조공학으로 파악하였으며, "장애를 가진 사람들을 보조하기 위해 과학, 공학, 그리고 다른 분야들을 적용하여 일련의 공정, 방법, 발명 등을 고안해 내는 것"이라고 정의하였다. 보조공학장치를 일곱 가지로 다음 [그림 1-4]와 같이 분류·제시하였다.

자세 잡기
(Positioning)

이동성
(Mobility)

보완/대체 의사소통장치
(AAC)

컴퓨터 접근장치
(Computer access)

적응놀이/게임
(Adaptive toys & games)

적응환경
(Adapive environment)

수업보조장치
(Instructionall aids)

보조공학(AT)

그림 1-4 보조공학의 분류체계

이상과 같이 특수교육공학의 분류 및 유형에 대한 선행연구들을 고찰해 본 결과, 장애 아동의 교육에 적용 가능한 특수교육공학 콘텐츠의 유형은 다음 [그림 1-5]와 같이 수업공학으로서의 특수교육공학과 보조공학장치로서의 특수교육공학으로 분류하여 제시할 수 있다. 이 분류체계는 Blackhurst와 Hofmeister의 매체공학과 시스템공학 분류와 유사하지만, 특수교육현장에 적용 가능성이 더 높다고 볼 수 있는 현장 중심의 분류라고 할 수 있다.

그림 1-5 **특수교육공학의 분류**

4. 특수교육현장에 적용 가능한 특수교육공학

이 부분에서는 특수교육공학을 '보조공학장치로서의 특수교육공학'과 '수업공학으로서의 특수교육공학'으로 분류·제시하였다. 이 장에서는 그 분류에 기준하여 실제 특수교육현장에 적용 가능한 특수교육공학적 아이디어를 제시하고자 한다.

1) 보조공학장치로서 특수교육공학

보조공학장치는 특수교육공학의 대표적인 유형으로 하드웨어적 성격이 강한 유형이다. 초기에는 장애 아동의 이동성 확보 등을 위하여 적용되어 오다가 최근 전기공학 및 정보통신기술의 발달 등에 기인하여 다양한 장애영역 지원과 학습능력 신장 등에 폭넓게 적용되고 있다.

보조공학장치로서의 특수교육공학은 장애 아동의 신체적·정서적·인지적 차이를 보완하기 위한 다양한 보조공학 서비스와 장치의 개발과 적용이라고 할 수 있다. 장애 아동 각각의 다양한 장애를 잘 파악하여 그것을 보충·보완할 수 있게 함으로써 학교현장에서 추구하는 교육목표를 달성하게 하는 것이다.

보조공학의 다양한 서비스와 장치는 장애를 가진 학습자들이 그들이 속한 환경과 상호작용할 수 있도록 지원과 보상을 해 주며 독립생활을 영위하는 데 도움을 준다. 보조공학은 기계, 전자, 마이크로프로세서가 내장된 장비, 그리고 비기계 및 전자보조기구, 특별한 교수자료, 서비스, 전략 등을 포함한다. 장애학생에게 보조공학을 적용할 때 발생하는 장점은 ① 학습의 효과성과 효율성 증대, ② 환경에 대한 접근의 용이성 신장, ③ 직장에서의 업무의 원활, ④ 독립성 신장, ⑤ 그 외 삶의 질 향상 등이다.

보조공학으로서의 특수교육공학이 그 효과성을 발휘하기 위해서는 특수학교 교사들이 보조공학장치별 내용, 주대상, 그리고 보조공학장치의 개발 · 선택 시 참여하는 전문가 등을 잘 정리 · 제시할 수 있어야 한다. 장애 아동의 다양한 장애영역과 개인별 능력 등을 감안하여 그들의 잠재성을 최대한 실현시킬 수 있도록 지원해야 한다. 궁극적으로 독립된 사회구성원으로서 삶을 영위할 수 있도록 교육해야 한다. 다음 〈표 1-8〉은 보조공학장치별 구체적인 내용을 제시한 것이다.

표 1-8 보조공학장치별 내용

구분	내용	주대상	참여 전문가
자세 잡기 (Positioning)	• 특정 기능 수행을 위한 적절한 자세 탐색	• 지체장애 아동 • 건강장애 아동 등	• 특수학교 교사 • 장애 아동 부모 • 물리치료사 등
이동성 (Mobility)	• 이동 및 행동작용 보조 • 책장 넘기기, 비행기 탑승 등	• 지체장애 아동 • 건강장애 아동 등	• 특수학교 교사 • 장애 아동 부모 • 재활 엔지니어 • 물리치료사 • 이동성 전문가 등
보완/대체 의사소통장치 (AAC)	• 발화 어려움 지원 • 비도구 사용 • 도구 사용	• 언어장애 아동 • 의사소통장애 아동	• 특수학교 교사 • 장애 아동 부모 • 언어(치료) 전문가 • 일반 엔지니어

〈계속〉

구분	내용	주대상	참여 전문가
컴퓨터 접근장치 (Computer access)	• 컴퓨터 접근 지원	• 시각장애 아동 • 청각장애 아동 • 지체장애 아동 • 지적장애 아동 • 건강장애 아동	• 특수학교 교사 • 장애 아동 부모 • 컴퓨터 전문가 • 매체 전문가 • 일반 엔지니어 등
적응놀이/ 게임 (Adaptive toys/games)	• 신체적·감각적 장애에 의해 또래집단과의 상호 작용 수준이 낮은 아동 지원	• 시각장애 아동 • 청각장애 아동 • 지체장애 아동 • 정서지체 아동 • 건강장애 아동 등	• 특수학교 교사 • 장애 아동 부모 • 게임 전문가 • 일반 엔지니어 등
적응환경 (Adaptive environment)	• 학습-사회-일상생활의 편 리성 지원	• 전 장애영역 아동	• 특수학교 교사 • 장애 아동 부모 • 일반 엔지니어 등
수업보조장치 (Instructionall aids)	• 학교, 직장에서 학습하는 데 직접 사용되는 장치 지원 • 각종 개별교수 • 보조장치	• 학습장애 아동 • 학습지진/부진을 동반하는 장애영역 의 아동	• 특수학교 교사 • 장애 아동 부모 • 수업설계 전문가 • 컴퓨터 전문가 • 일반 엔지니어 등

출처: Bryant, D. P. & Bryant, B. R. (2003).

특수교육공학으로서의 보조공학장치의 발전가능성은 매우 높으며, 그 적용 범위는 지속적으로 넓어질 것으로 기대되고 있다. 특수교육의 목적 달성을 위하여 보조공학장치의 역할과 위치를 확고히 하기 위한 방안으로 특수교육현장에서는 장애 아동들의 보조공학장치적 필요부분 탐색, 다양한 보조공학장치의 활용환경 조성, 보조공학장치에 대한 전문교육 및 연수 강화, 체계적인 과정을 통한 적용시스템 구축, 보조공학장치 활용을 위한 전문정보 구축 등이 요구된다고 할 수 있다.

2) 수업공학으로서의 특수교육공학

수업공학으로서의 특수교육공학을 특수교육장면에 적용할 수 있는 아이디어는 IEP의 작성과 활용이다. IEP는 특수아동뿐만 아니라 모든 아동에게 각자의 능력과 요구에 맞는 교육을 제공하기 위한 방법이다. 장애 아동은 개인 간 또는 개인 내의 차가 일반아동들보다 심하기 때문에 효과적인 교육을 위해서는 각 장애 아동의 구체적인 교육적 특성에 맞게 고안된 교육이 제공되어야 한다. 이는 독특한 교육적 욕구에 알맞게 계획된 교육과 관련 서비스를 장애 아동에게 제공하여 장애 아동의 발달가능성을 최대한으로 개발하기 위한 방안이라고 할 수 있다.

1975년 제정된 미국 「장애아교육법(PL 94-142)」부터 명문화된 IEP는 특수교육의 가장 중핵적인 활동이 되고 있다. 우리나라는 1994년 1월 7일 개정된 「특수교육진흥법」부터 IEP의 작성과 운영을 법제화함으로써, IEP의 활용은 이제 선택사항이 아닌 의무적인 교육활동이 되었다. 한국의 「특수교육진흥법 시행규칙」 제9조 제3항에서 규정하고 있는 개별화교육계획의 구성요소는 ① 대상아동의 인적사항, ② 현재의 학습수행 수준, ③ 장·단기 교육목표, ④ 교육의 시작과 종료 시기, ⑤ 교육의 방법 및 평가계획, ⑥ 기타 개별화교육운영위원회가 정하는 사항을 포함시킬 것을 규정하고 있다. 이는 미국의 「PL 94-142」에서 규정하고 있는 내용요소와 유사하다고 볼 수 있다.

그리고 1998년 고시된 제7차 특수학교 교육과정에서는 지식은 고정된 것이 아닌 대상과 상황에 따라 변형되고 재구성되어야 한다는 구성주의 철학에 따라 학생 개인의 능력과 특성에 부응한 적절한 교육을 제공하기 위해 국가수준의 교육과정을 학생 개인에게 적절한 교육계획으로 전환하도록 하고 있다. 특수교육현장에서 IEP의 작성과 운영은 학교교육과정의 핵심이 되고 있다. 특수교사 입장에서는 특수교육의 전문성을 표현할 수 있는 가장 중요한 교육적 서비스다.

특수학교 교사는 IEP의 작성과정에 수업설계 기법을 도입하여 보다 성공적

그림 1-6 Dick과 Carey의 수업설계모델

인 학습결과를 예견할 수 있게 해야 한다. 수업설계 이론 중에서 가장 대표적
이고 현장 적용성이 높은 모델은 Dick과 Carey(2001)의 모델이다.

특수교육현장에서 수업설계 아이디어를 적용할 경우, 분석단계인 ① 요구
사정, ② 교수분석 실시, ③ 학습자 및 환경 분석단계에서 일반아동을 위한 교
육에서보다 세밀하고 특수교육학적인 전문적인 기술들이 요구된다고 본다.

특수학교에 근무하는 교사들은 장애 아동의 교육적 성과를 위하여 요구사
정과 학습자 및 환경 분석을 위한 다양한 진단기법의 이론과 실제의 무장이
요구된다. 또한 교수분석단계에서 교수·학습 목적분류표(Taxonomy)에 대한
이론과 국가수준 교육과정, 그리고 장애 아동별 수준에 맞게 교육과정을 수정
하여 편성·운영할 수 있는 실제적인 기술을 연수·연구해야 한다. 아울러 학
습자의 환경에 대한 정확한 분석을 위하여 장애 아동과 관련된 다양한 인적자
원의 참여를 유도하고 보장하는 개방적인 태도를 가져야 한다.

장애 아동의 교육적 성과를 위하여 특수교육현장에서 적용할 수 있는 Dick
과 Carey(2001)의 수업설계 이론에 기초한 특수교육공학 아이디어를 그림으
로 제시하면 다음 [그림 1-7]과 같다.

그림 1-7　수업공학으로서의 IEP 작성 아이디어

5. 특수교육공학의 과제 및 미래

　이 교재에서 특수교육공학을 보조공학으로서의 공학과 수업공학장치로서의 공학으로 이분하여 제시하였다. 보조공학장치로서의 특수교육공학은 하드웨어적 매체론으로서 특수아동의 다양성을 극복할 수 있게 하여 다양한 가능성을 실현하고자 하는 노력이다. 수업공학으로서의 특수교육공학은 특수교육현장에 수업의 효율성을 높이기 위해 수업설계 아이디어를 도입하자고 주장하였다.

　최근에는 특수교육공학의 유형 중 수업공학적 특수교육공학에 무게중심을 두고 연구를 진행하였다고 할 수 있다. 그것이 특수교육공학의 발전지향점이 되어야 한다고 믿고 있기 때문이다. 또한 보조공학장치 등 매체론적 특수교육공학은 결국 교육의 목적 달성을 위한 수단적 부분요소라고 보기 때문이다.

　마지막으로, 장애 아동을 위한 특수교육현장에서 실제로 적용할 수 있는, 그리고 적용해야 하는 특수교육공학 콘텐츠 유형을 [그림 1-8] 특수교육공학

그림 1-8 특수교육공학의 체제와 과제

의 체제와 향후 과제로 제시하고자 한다. 이 그림이 본 연구의 정리 및 제언을 대표적으로 제시한다고 할 수 있다.

　최근 특수교육 연구와 현장에서 특수교육공학에 대한 관심과 실제 연구가 증가하고 있으며, 특수교육공학의 효율성이 확인되고 있다. 특히 보조공학장치가 주는 직간접적인 혜택들이 확인되면서, 특수교육현장에서 특수교육공학이 점점 필수적인 부분으로 인식되고 있다. 그러나 한국의 특수교육공학 연구 및 실제 활용은 아직 도입단계라고 할 수 있다. 이제는 한국의 특수교육서비스의 양적 성장과 걸맞게 질적 성장을 고민해야 할 때다. 그런 노력의 일환으로 특수교육공학에 대한 연구와 지원, 실제 활용이 절실히 요구된다고 본다. 이를 위해서는 무엇보다도 특수교육 일선 교사들의 특수교육공학에 대한 이론적 연구와 실제 활용의 실제적 기술이 요구된다. 또한 미국과는 달리 특수교육공학의 기기 및 서비스의 법제적인 보장이 되어 있지 않은 법적인 지원 부분도 수정해야 할 과제다.

　또한 국가수준의 특수교육공학 지원서비스 체제 구축도 요구된다. 특수교육현장에서 장애 아동의 학습의 양과 질적 향상이 국가수준 교육과정의 목적

달성을 가져다줄 것이다. 장애 아동의 학습지원을 위한 가장 강력한 수단인 특수교육공학에 대한 폭넓은 연구 지원, 기존 상품화된 보조공학장치의 보급 지원, 새로운 보조공학장치의 요구 수용 및 실제 개발 · 보급 · 대여 등의 서비스가 필요하다고 제언해 본다.

이 장의 연구과제

1. 오늘날 특수교육 이론 및 실제 영역에서 특수교육공학의 위치와 역할에 대한 보고서를 작성해 보자.

2. 교육학 분야의 교육공학과 특수교육공학의 차이에 대한 간단한 보고서를 준비해 발표해 보자.

3. 보조공학으로서의 특수교육공학과 수업공학으로서의 특수교육공학의 두 팀으로 나누어 토론해 보자.

참고문헌

교육부(2022). 제6차 특수교육발전 5개년 계획(2023-2027).

교육부(2023). 2023년 특수교육 연차보고서.

국립특수교육원(2018). 특수교육학 용어사전(개정판). 서울: (주)도서출판 하우.

권충훈(2006). 특수교육공학을 활용한 교수 · 학습방법. 2006학년도 특수학교(초등)1급 정교사과정 II (pp. 179-188). 경기: 국립특수교육원.

권충훈, 김훈희(2007). 장애 아동을 위한 특수교육공학 콘텐츠 유형 탐색. 한국콘텐츠학회 논문지, 7(8), 207-214.

김남진, 김용욱(2010). 특수교육공학. 서울: 학지사.

김남진, 김용욱(2017). 특수교육공학(2판). 서울: 학지사.

김승국(1996). 특수교육학. 서울: 양서원.

김용욱(2005). 장애학생을 위한 특수교육공학의 활용. 서울: 집문당.

김원경 외(2009). 최신특수교육학(2판). 서울: 학지사.

김원경, 신진숙, 박현옥, 김영걸, 김미숙, 윤광보, 김경화, 김정현, 옥정달, 박정식, 김정연, 곽승철, 한홍석, 박미혜, 변찬석(2023). 특수교육학개론. 경기: 수양재.

김정권, 한현민(공역).(1996). 특수아동의 이해와 교육. 서울: 도서출판 특수교육.

김진호, 박재국, 방명애, 서효정, 유은정, 이효신, 한경근 공역(2022). 최신 특수교육(12판). 서울: 시그마프레스.

우이구(2005). 특수교육공학을 활용한 교수 · 학습 지도. 교원연수자료. 경기: 국립특수교육원.

유승우, 임형택, 권충훈, 이성주, 이순덕, 전희정(2013). 교육방법 및 교육 공학(2판). 경기: 양서원

유승우, 임형택, 권충훈, 이성주, 이순덕, 전희정(2017). 교육방법 및 교육공학(제3판). 경기: 양서원.

이재욱(2021). 장애학생을 위한 테크놀로지 기반 교과교육 연구 동향 분석. 특수교육교과교육연구, 14(3), 101-128.

한현민(2001). 특수아동과 특수교육. 서울: 도서출판 특수교육.

「장애인 등에 대한 특수교육법」
「장애인 등에 대한 특수교육법 시행령」
「장애인 등에 대한 특수교육법 시행규칙」
「장애인복지법」
「특수교육진흥법」

AECT Definition and Terminology Committee. (2004). The meanings of educatinal technology.

Blackhurst, A. E., & Hofmeister, A. M. (1980). Technology in special education. In L. Mann & D. Sabatino (Eds.), *Fourth review of special education*. New York: Grune & Stratton.

Bryant, D. P., & Bryant, B. R. (2003). *Assistive technology for people with disabilities*. Boston, MA: Pearson Education, Inc.

Dick, W., Carey, L., & Carey, J. (2001). *The systematic design of instruction* (5th ed.), New York: Longman.

Galbraith, J. K. (1967). *The new industrial state*. Boston, MA: Houghton Mifflin.

Hallahan, D. P., & Kauffman, J. M. (2003). *Exceptional learners: Introduction to special education* (9th ed.). Boston: Allyn and Bacon.

Heward, W. L. (2006). *Exceptional Children: An Introduction to Special Education* (8th ed.). Upper Saddle River, NJ: Person Education, Inc.

Heward, W. L. (2009). *Exceptional Children: An Introduction to Special Education* (9th ed.). Upper Saddle River, NJ: Person Education, Inc.

Heward, W. L., etc.(2018). *Exceptional Children: An Introduction to Special Education* (11th ed.). Upper Saddle River, NJ: Person Education, Inc.

King, T. W. (1999). *Assistive technology: Essential human factors*, Needham Heights, MA: Allyn & Bacon.

Kirk, S. A., & Gallagher, J. J. (1979). *Educating exceptional children* (3rd ed.). Boston: Houghton Mifflin.

Lewis, R. (1993). *Special education technology: Classroom applications*. Belmont, CA: Wadsworth Pub.

Seels, B. B., & Richey, R. C. (1994). *Intructional Technology: The Definition and Domains of the Fields*. Washington DC: Association for Educational Communications and Technology.

Smith, D. D. (2004). *Introduction to Special education: Teaching in an age of opportunity* (5th ed.). Boston: Allyn and Bacon.

참고사이트

교육부. https://www.moe.go.kr
국립특수교육원. https://www.nise.go.kr
미국 교육공학회(AECT). https://aect.org
법제처. https://moleg.go.kr
에듀에이블. https://www.eduable.net

제2장

보조공학으로서의 특수교육공학

▶ 이 장의 개요

이 장에서는 특수교육공학을 보조공학으로 인식하고 그 이해의 폭을 넓히고자 하는 내용을 중심으로 전개한다. 보조공학으로서의 특수교육공학은 주로 하드웨어적 접근이다. 보조공학으로서의 특수교육공학은 특수교육대상자들의 일상생활 및 교육활동을 지원하는 기계나 도구라고 판단한 것이다. 이 장의 주요 내용은 보조공학의 개념, 보조공학의 장치와 서비스, 보조공학의 유형, 특수교육현장에서 보조공학을 적용하기 위한 사정모델 등이다.

▶ 이 장의 학습목표

1. 특수교육공학을 보조공학으로 인식하고 이를 설명할 수 있다.
2. 보조공학장치와 보조공학 서비스를 구분하여 기술할 수 있다.
3. 주요 보조공학 유형들을 논리적으로 구분하여 간단한 표로 제시할 수 있다.
4. 특수교육대상자들에게 보조공학을 적용할 때 사용되는 보조공학 사정모델을 실제로 적용할 수 있다.

제1장 특수교육공학의 기초에서 특수교육공학의 개념을 '보조공학으로서의 특수교육공학'과 '수업공학으로서의 특수교육공학'으로 구분하여 접근하였다. 제2장에서는 보조공학으로서의 특수교육공학에 대한 이해의 폭을 넓혀 가게 될 것이다.

  몇 해 전, SBS의 〈세상에 이런 일이〉라는 프로그램에서 심한 지체장애를 가진 택시기사님의 사연이 소개되었다. 소아마비를 가진 한 장애인이 운전 보조공학장치들을 이용하여 여유롭게 택시영업을 하는 감동적인 모습을 보여 준 것이다.

  제2장에서는 특수교육공학을 '보조공학으로서의 특수교육공학'으로 이해하는 입장에서 보조공학의 개념, 보조공학의 사정, 보조공학의 유형, 장애유형별 보조공학 적용 등을 확인해 보고자 한다.

1. 보조공학의 개념

  보조공학(Assistive Technology: AT)은 우리나라에서 정확한 개념 정의를 하고 있지 않은 실정이다. 그런 관계로 보조공학이 지나치게 확대 또는 축소되어 이해되고 있는 측면이 있다. 보조공학의 확대해석은 특수교육공학을 보조공학으로 동일시하여 이해하는 것이다. 보조공학의 축소해석은 특수교육공학을 보조공학장치로만 보는 것이다(김남진, 김용욱, 2017).

1) 사전적 개념 정의

  보조공학이라는 용어를 '보조'와 '공학'으로 분리하여 그 의미를 분명히 하고자 하는 작업을 진행해 보면 다음과 같다. 첫째, '보조'라는 용어를 『표준국어대사전』에서 찾아보면 다음과 같다.

보조(補助)|[보ː조]

「명사」

1. 보태어 도움. [비슷한 말] 보비(補裨).
   예시) 보조가 끊어지다.
   　　　국가에서 보조를 받다.
   　　　친구는 삼촌의 보조로 대학을 마쳤다.
2. 주되는 것에 상대하여 거들거나 도움. 또는 그런 사람.
   예시) 보조 병력, 보조 수단, 보조 장치

둘째, '공학'이라는 용어는 제1장에서도 살펴보았듯이, 공학(technology)의 사전적 어원은 기예(craft) 및 기술(skill)을 뜻하는 'techne'와 학문을 뜻하는 'logos'의 합성어다. Galbraith(1967)는 공학의 개념을 "실제적 문제를 해결하기 위하여 과학적 지식 또는 조직화된 지식을 체계적으로 적용하는 것"으로 정의하였다.

보조공학은 국립특수교육원(2009)에서 발행한 『특수교육학 용어사전』에서 다음과 같이 정의되고 있다.

보조공학(輔助工學)

장애인이 직면하는 문제들을 개선하기 위한 보조공학기기, 보조공학 서비스, 그리고 그와 관련한 학문 분야 등을 의미한다. 보조공학기기(assistive technology devices)란 장애인이 과제나 작업을 할 때 그것이 없으면 할 수 없거나, 또는 더 쉽고 나은 방법으로 할 수 있게 해 주는 등 장애인의 기능적 능력의 개선, 유지, 확대에 필요한 도구나 물품 및 생산 시스템이다. 보조공학 서비스(assistive technology devices)란 보조공학기기를 선택, 획득, 사용할 수 있도록 직접적으로

지원하는 서비스다. 보조공학이 활용되는 유형은 다음과 같다. ① 기초생활 지원, ② 의사소통 지원, ③ 신체지지 및 자세유지 지원, ④ 이동과 움직임 지원, ⑤ 감각 장애인을 위한 지원, ⑥ 환경적응 지원, ⑦ 교수 및 학습지원, ⑧ 컴퓨터 사용 지원, ⑨ 여가활동 지원, ⑩ 주택 및 직장환경 지원이다.

2) 법률적 개념 정의

여기서는 보조공학의 개념 정의를 법적 근거에 기초하여 정리·제시하고자 한다. 우리나라의 특수교육 관련 법령에서는 보조공학에 대한 분명한 정의를 내리고 있지 않다. 1994년 전면 개정된 「특수교육진흥법」에서는 특수교육의 개념을 다음과 같이 제시하였다.

「특수교육진흥법」

제2조(정의)

1. '특수교육'이라 함은 특수교육대상자의 특성에 적합한 교육과정·교육방법 및 교육매체 등을 통하여 교과교육·치료교육 및 직업교육 등을 실시하는 것을 말한다.

이 정의에서 보조공학의 모습을 확인하여 보면, 보조공학을 '특수교육대상자에게 적용하는 교과교육, 치료교육, 직업교육 등에 사용되는 교육매체'로 이해하고 있는 것으로 파악된다.

현행 「장애인 등에 대한 특수교육법」에서는 보조공학과 가장 가까운 개념으로 '특수교육 관련 서비스'라는 용어를 사용하고 있다.

> 「장애인 등에 대한 특수교육법」
>
> **제2조(정의)**
>
> 2. '특수교육 관련 서비스'란 특수교육대상자의 교육을 효율적으로 실시하기 위하여 필요한 인적·물적 자원을 제공하는 서비스로서 상담지원·가족지원·치료지원·보조인력지원·보조공학기기지원·학습보조기기지원·통학지원 및 정보접근지원 등을 말한다.
>
> **제28조(특수교육 관련 서비스)**
>
> ④ 각급 학교의 장은 특수교육대상자의 교육을 위하여 필요한 각종 교구, 각종 학습보조기, 보조공학기기 등의 설비를 제공하여야 한다.

우리나라 현행 「장애인 등에 대한 특수교육법」에서의 보조공학의 모습을 확인하여 보면, 특수교육의 효율성을 위해 제공되는 보조공학기기, 학습보조기기, 정보접근 등으로 이해된다. 또한 각급 학교의 장은 이와 같은 특수교육 보조공학 관련 설비를 제공해야 한다는 것을 분명히 밝히고 있다.

2. 보조공학: 장치와 서비스

미국의 특수교육 관련 법령 중 보조공학에 관한 개념 정의를 한 최초의 법령은 '테크 액트(Tech Act)'로 더 잘 알려진, 1988년 제정된 「장애인을 위한 테크놀로지 관련 지원법(Technology-Related Assistance for Individual with Disability Act, PL 100-407)」이다. 이후 1990년 「장애인교육법(IDEA)」에서도 보조공학에 대한 개념을 정의하고 있다.

최근 이 두 법령은 각각 「1998년 보조공학법(Assistive Technology Act of 1998)」과 「IDEA 2004(Individuals with Disabilities Education Improvement Act, PL 108-446)」로 개정되면서 보조공학에 대한 정의를 공유하고 있다. 또한 미국의

관련 법령에는 장애아동을 위한 공학의 광범위한 적용이 접근되어야 한다는
점, 그리고 보조공학의 범주에 물리적이고 장치적인 도구(보조공학장치)뿐만
아니라 이들을 적절히 제공하기 위한 서비스(보조공학 서비스)까지 포함되어
야 한다는 점을 주장하고 있다(김남진, 김용욱, 2010).

1) 보조공학장치

미국에서 '테크 액트(Tech Act)'로 더 잘 알려진, 1988년 제정된 「장애인을
위한 테크놀로지 관련 지원법(PL 100-407)」에서는 보조공학장치를 다음과 같
이 정의하고 있다.

> 보조공학장치란 상업적으로 기성화되고 개조된 여하를 막론하고 장애아동의 기
> 능적 능력을 증가, 유지 또는 향상시키기 위해 사용되는 어떤 부품, 장치의 일부분
> 또는 생산 시스템을 의미한다.

이 정의는 이동장애를 가지고 있는 사람들을 위한 전기휠체어에서부터 난
독증을 지닌 아이들을 위한 난독증 치료 소프트웨어 프로그램에 이르기까지
다양한 부품이나 장치를 포함하고 있다. 보조공학장치에 관한 정의를 하는
데는 다음과 같은 세 가지 구성요소들이 있다. 그것은 무엇이며, 어떻게 만들
어졌으며, 어떻게 사용되는가다.

Bryant와 Bryant(2003)는 보조공학장치에 관한 정의를 하는 데 다음 세 가
지 구성요소들이 있다고 제시하였다. 그것은 무엇, 어떻게, 용도다.

첫째, **무엇(what)**은 그 유닛 자체를 말한다. 그것은 하나의 아이템이 될 수도
있고(예를 들어, 시각장애인들이 움직이는 데 도움을 주는 후버지팡이), 하나의 장
비도 될 수 있고(예를 들어, 어깨와 팔이 자유롭게 움직이도록 어린이의 몸통을 지
지해 주는 코너 의자), 또는 어떤 생산 시스템(예를 들어, 음성인식 소프트웨어를

지닌 컴퓨터와 컴퓨터에 말을 하면 그것을 문자로 바꿔 주는 마이크 부착물)이 될 수 도 있다.

　둘째, **어떻게(How)**는 장치가 그 자체로 상점에서 파는 것인지(예를 들어, 판매상에게서 구입한 휠체어), 혹은 개조된 것인지(예를 들어, 모래사장에서도 사용할 수 있는 저압식 타이어를 장착한 휠체어), 그것도 아니면 주문 제작된 것인지(예를 들어, 고객의 특수한 필요에 맞추어 만들어진 휠체어)를 확인해야 한다. 여기서 중요한 점은 그 장치를 믿을 수 있는 판매자에게서 구입해야 하며 고객의 특수한 요구에 맞게 다른 장치와 응용할 수 있어야 한다는 것이다.

　마지막으로, **용도(Use)**는 사용자에게 알맞은 장치의 목적에 대해 다루고 있다. 장치는 사용자의 상태를 악화시키지 않도록, 기능을 강화하거나 현 상태를 유지하기 위한 용도로, 즉 장애를 가진 사람이 혼자서 할 수 없는 일을 할 수 있도록 하거나, 할 수 있는 일을 계속해서 할 수 있도록 도와주기 위한 것이다. 연방정부의 정의에 대한 실제적 해석은 다음과 같다. 즉, 보조공학장치란 장애인이 수행하기 어렵거나 하기 힘든 일을 할 수 있도록 도와주기 위해 구입하거나 제작한 기계다.

　Bryant와 Bryant(2003)는 보조공학장치의 일곱 가지 유형을 제시하였는데, 자세 잡기, 이동성, 보완/대체 의사소통장치, 컴퓨터 접근장치, 적응놀이와 게임, 적응환경, 수업보조장치가 그것이다. Bryant와 Bryant의 일곱 가지 보조공학장치 유형의 구체적인 내용은 다음 부분 보조공학의 유형에서 자세히 제시하고자 한다.

2) 보조공학 서비스

「IDEA」(1997)에서는 보조공학 서비스를 다음과 같이 정의하고 있다.

> '보조공학 서비스'라는 용어는 장애를 가진 사람들이 보조공학장치를 선택, 습득, 사용할 수 있도록 직접적으로 도와주는 것이다.
> - 각 개인의 일상적인 환경에서의 사람들에 대한 기능적 평가
> - 구매 또는 대여하기
> - 선택, 설계, 적응하기
> - 다른 치료방법이나 조정을 사용하거나 조화시키기
> - 장애를 가진 개인과 그 가족을 위한 훈련이나 기술적 보조
> - 전문가를 위한 훈련이나 기술적 보조

Bryant와 Bryant(2003)는 적응(adaption)이라는 용어를 많이 사용하였다. 그들은 적응은 수정이며, 수정이란 과제수행에 요구되는 필수적인 능력이 없는 사람들에게 과제를 수행할 수 있도록 하는 것이라 하였다. 그들이 말하는 적응은 보조공학장치로 이해할 수 있다. Bryant와 Bryant(2003)는 보조공학장치의 선택, 사용, 적용 시 고려해야 할 사항을 제시하고 있는데, 이런 고려사항을 보조공학 서비스로 볼 수 있다.

표 2-1 보조공학장치의 선택, 사용 시 고려사항

1. 적응의 목적
- 적응의 의도된 목적은 무엇인가?
- 적응이 필요한 특정 목표집단이 있는가?
- 어떤 과업을 위해서 적응이 사용되는 것인가(예를 들어, 읽기와 의사소통)?

2. 적응을 이용하기 위한 필요조건
- 사용자 또는 학생은 적응을 성공적으로 이용하기 위해서 어떤 능력을 갖춰야 하는가?

3. 환경적 접근가능성
- 적응은 다른 환경으로 이동이 가능한가?
- 적응은 쉽게 이동될 수 있는가?
- 여러 다른 환경에서 적응을 이용하기 위한 필요조건은 무엇인가(예를 들어, 전기, 가구)?

〈계속〉

4. 공학적 요소

- 적응은 전자 하드웨어나 소프트웨어를 포함하는가?
- 목소리 입력이나 출력이 가능한가?
- 사용자 또는 학생이 적응을 이용하려면 키보드를 사용할 수 있어야 하는가?
- 적응이 다른 공학적 요소들과 호환되는가?

5. 사용의 용이성

- 적응장치의 이용법을 배우기 쉬운가?
- 배우는 데 시간이 걸리는 공학적 요소들이 있는가(예를 들어, 프로그래밍)?
- 적응의 활용은 개인의 독립성을 촉진하는가?

6. 트레이닝 조건

- 사용자와 가족, 교사는 적응을 이용하기 위해 어느 정도의 훈련이 필요한가?
- 트레이닝에 뒤따르는 프로그램으로 어떠한 것이 필요한가?
- 기술적 결함이 발견되었을 때 기술지원이 가능한가?

7. 유지 조건

- 적응은 얼마나 내구성이 있는가?
- 적응은 얼마나 신뢰성이 있는가?
- 적응을 계속 이용하기 위해서 어떤 정기적 유지작업이 필요한가?
- 누가 유지할 것인가?
- 문제를 바로잡기 위해서 유지 작업에 걸리는 시간은?
- 어떤 '대체품'이 있는가?

Bausch와 Hasselbring(2004)은 다양한 보조공학장치를 지원할 수 있는 보조공학 서비스 제공자가 갖추어야 할 역량을 제시하였다. 이런 부분을 통해 보조공학 서비스의 내용을 확인할 수 있다.

- 보조공학을 추천받은 학생의 진단 및 평가
- 진단 및 평가를 통한 가장 적절한 장치의 선택
- 학교 교직원 또는 개별교사와의 상담
- 특정 보조공학장치의 사용에 대한 학생, 교사, 가족의 훈련
- 개별화교육 계획팀 구성원들과의 협력

- 학교 교직원에게 전문성 개발 교육 제공
- 보조공학장치의 구입
- 통합교육을 위한 교직원 간의 협력
- 교육과정의 적응과 수정
- 사후점검 및 평가실시(김남진, 김용욱, 2017)

3. 보조공학의 유형

특수교육 관련 연구자 및 종사자는 특수교육대상자에게 도움을 줄 수 있는 보조공학의 다양한 유형에 대해 알고 있어야 한다. 여러 가지 유형을 알고 있다는 것은 다양한 특수교육대상자의 교육적 요구에 적절한 보조공학을 적용할 가능성을 높여 주기 때문이다.

1) 김용욱의 유형

일반적으로 특수교육에서 활용하는 공학적 접근은 크게 매체공학과 시스템공학으로 분류할 수 있다(Blackhurst & Hofmeister, 1980). 매체공학은 다양한 도구의 사용에 초점을 맞춘 것이며, 시스템공학은 교수ㆍ학습 활동에 대한 체계적인 접근에 주목한다. 보조공학은 매체공학에 가까운 개념이며 분류다.

김용욱(2005)은 특수교육공학의 유형을 수업공학, 교수공학, 보조공학, 의료공학, 정보공학, 기타 공학도구로 분류하였다. 여기서 보조공학의 범주에 포함할 수 있는 것은 보조공학, 의료공학, 정보공학, 기타 공학도구라고 할 수 있다. 수업공학과 교수공학은 수업설계로서의 특수교육공학 영역으로 이해된다. 여기서 김용욱의 특수교육공학 분류 중 보조공학, 의료공학, 정보공학, 기타 공학도구를 간단히 살펴보면 다음과 같다.

보조공학(Assistive Technology)에는 다양한 형태의 서비스, 장애를 가진 학습자가 그들이 속한 환경에서 기능할 수 있도록 지원하기 위해 잘 설계된 도구들이 속할 수 있다. 보조공학은 기계, 전자, 마이크로프로세서가 내장된 장비, 그리고 비기계 및 전자보조기구, 특별한 교수자료, 서비스, 전략 등을 포함한다.

이와 같은 보조공학은 상업적인 제품 혹은 개인의 특성에 맞게 특별히 설계하여 직접 제작한 도구들이라 할 수 있는데, 예를 들어 의사소통을 지원할 수 있는 기기 및 서비스, 대체 키보드, 스위치, 언어치료사가 제공하는 서비스 등을 예로 들 수 있다.

김용욱(2005)은 특수교육대상자들에게 보조공학이 적용되었을 때 기대되는 장점을 제시하고 있다.

첫째, 학습의 효과성과 효율성을 높일 수 있다.
둘째, 환경에 대한 접근을 보다 용이하게 할 수 있다.
셋째, 직장에서 업무를 원활히 수행하게 할 수 있다.
넷째, 그들의 독립성을 향상시킬 수 있다.
다섯째, 그 외에 그들의 삶의 질을 향상시킬 수 있다.

의료공학(Medical Technology)은 특수교육대상자들을 위한 의료분야의 공학을 가리킨다. 공학의 발달은 의료분야에도 많은 진보를 가져왔다. 공학이 뒷받침된 외과상의 비약적인 발전은 특수교육대상자들을 보다 인간답게 살 수 있도록 돕거나 병원이나 다른 의료 환경 밖에서도 기능할 수 있게 해 준다.

가정이나 일상생활에서 의료공학을 사용하는 사람들을 흔히 볼 수 있다. 또한 학교에서도 그런 학습자들을 볼 수 있는데, 어떤 학생들은 산소공급을 하여 호흡을 보조해 주는 기계를 사용하거나, 공기의 통풍을 원활히 하는 장

치 등을 사용한다. 이 밖에 잠재적인 생명의 문제에 대해 보호자에게 경고를
해 주는 호흡관찰 모니터, 파장산소 농도계 등과 같은 것들도 있다. 그리고 어
떤 학생은 영양공급 보조기구를 활용하기도 한다. 튜브를 통하여 영양을 공
급하도록 도와주거나 인공항문을 통해 배설을 도와주는 것 등이다. 또한 어
떤 학습자들은 정맥치료기, 신장투석기를 사용하면서 교육 서비스를 받기도
한다.

정보공학(Information Technology)은 여러 가지 형태의 지식과 자료를 용이
하게 수집 · 활용할 수 있도록 해 준다. 김용욱은 정보공학의 대표적인 예로
에듀넷(http://www.edunet4u.net)을 들었다. 에듀넷에서는 교사 및 학생들이
수록된 데이터베이스를 자신의 요구에 맞추어 쉽게 활용할 수 있다. 특히 일
반교사 및 특수교사는 에듀넷에 있는 자료를 수업시간에 직접 이용하기도 하
고 자신이 만든 자료를 쉽게 공유할 수도 있다. 또 다른 예로 ERIC(Educational
Resources Information Center)의 데이터베이스, 국립특수교육원(http://www.
knise.kr)의 데이터베이스 등을 들 수 있다.

기타 공학도구로는 앞서 언급한 공학의 유형 외에 여러 가지 공학적 도구
와 서비스들이 관련 공학기술의 발전으로 새롭게 만들어지거나, 예전에는 다
소 사용하기 힘들었던 것들이 보편화되어 가고 있다. 예를 들어, 데이터베이
스 관련 프로그램은 누구나 손쉽게 자료를 저장하거나 관련할 수 있게 해 주
며, 또한 신속하게 정보를 검색할 수 있도록 한다. 워드 프로세서 프로그램은
문서를 쉽게 생성 · 편집할 수 있게 해 주며, 전자우편 및 팩스 서비스는 문서
자료를 먼 거리까지 쉽게 전달할 수 있게 해 준다.

2) Bryant와 Bryant의 일곱 가지 유형

Bryant와 Bryant(2003)는 보조공학장치를 일곱 가지로 구분하여 제시하였다.

표 2-2 보조공학장치 구분

구분	내용	주대상	참여 전문가
자세 잡기 (Positioning)	• 특정 기능 수행을 위한 적절한 자세 탐색	• 지체장애 아동 • 건강장애 아동 등	• 특수학교 교사 • 장애아동 부모 • 물리치료사 등
이동성 (Mobility)	• 이동 및 행동작용 보조 • 책장 넘기기, 비행기 탑승 등	• 지체장애 아동 • 건강장애 아동 등	• 특수학교 교사 • 장애아동 부모 • 재활 엔지니어 • 물리치료사 • 이동성 전문가 등
보완/대체 의사소통장치 (AAC)	• 발화 어려움 지원 • 비도구 사용 • 도구 사용	• 언어장애 아동 • 의사소통장애 아동	• 특수학교 교사 • 장애아동 부모 • 언어(치료) 전문가 • 일반 엔지니어
컴퓨터 접근장치 (Computer access)	• 컴퓨터 접근 지원	• 시각장애 아동 • 청각장애 아동 • 지체장애 아동 • 지적장애 아동 • 건강장애 아동	• 특수학교 교사 • 장애아동 부모 • 컴퓨터 전문가 • 매체 전문가 • 일반 엔지니어 등
적응놀이/ 게임 (Adaptive toys/games)	• 신체적 · 감각적 장애에 의해 또래집단과의 상호작용 수준이 낮은 아동 지원	• 시각장애 아동 • 청각장애 아동 • 지체장애 아동 • 정서지체 아동 • 건강장애 아동 등	• 특수학교 교사 • 장애아동 부모 • 게임 전문가 • 일반 엔지니어 등
적응환경 (Adaptive environment)	• 학습-사회-일상생활의 편리성 지원	• 전 장애영역 아동	• 특수학교 교사 • 장애아동 부모 • 일반 엔지니어 등
수업보조장치 (Instructionall aids)	• 학교, 직장에서 학습하는 데 직접 사용되는 장치 지원 • 각종 개별교수 • 보조 장치	• 학습장애 아동 • 학습지진/부진을 동반하는 장애영역의 아동	• 특수학교 교사 • 장애아동 부모 • 수업 설계 전문가 • 컴퓨터 전문가 • 일반 엔지니어 등

출처: Bryant, D. P. & Bryant, B. R. (2003).

(1) 자세 잡기(Positioning)

사람이 특정 기능을 수행하는 데 가장 적절한 자세를 찾는 것이다. 이러한 기능은 한 장소에서 다른 장소로 움직이는 것, 대화 중에 앉는 것, 음식을 먹는 것, 잠자는 것 등을 함의한다고 볼 수 있다. 장애인들은 특이한 신체적 조건을 가지고 있기 때문에 일상적인 기능을 수행할 때 그들의 특별한 신체적 특성에 맞게 최대한 편하고 효율성이 허용되는 것을 채택해야 한다. 직업적 물리치료사는 자세 잡기를 다루는 중요한 전문가 집단이다.

(2) 이동성(Mobility)

문자 그대로 움직이는 행동을 뜻한다. 인간은 행동하는 피조물이기 때문에 이동성이야말로 책 페이지를 넘기는 것에서부터 비행기에 탑승하는 것에 이르는 모든 것을 가능하게 해 주는 것이다. 이러한 보조장치는 다양한 환경에서 사람들이 움직일 수 있도록 이동성을 촉진시켜 준다. 대부분 사람이 보조장치의 이동성에 관해서 생각할 때 휠체어 등을 떠올리지만, 이동성 장치는 아이들의 스쿠터 보드나 전자방향 찾기나 의족이동성 도우미 등도 포함한다. 재활엔지니어, 물리치료사, 방향성 및 이동성 전문가, 그리고 엔지니어들은 이동성에 관한 사안이 토론될 때 아주 중요한 팀 구성원이다.

(3) 보완/대체 의사소통장치(AAC)

발화에 어려움이 있는 사람들도 서로 의사소통을 할 수 있도록 도와준다. 한번은 어떤 전문가가 말을 못 하는 사람들을 지칭할 때 '비언어적'이라는 용어를 사용했다. 그러나 'aug com'이라는 대체 의사소통장치 덕분에, 오늘날 '비언어적'이라는 단어의 사용은 시대에 뒤처지고 적절치 않게 되었다. aug com 장치를 의사소통에 사용하는 사람들의 이야기는 때때로 깊은 감동을 전하기도 한다. 난생처음으로 말로써 그들의 사랑을 확인해 보는 감동적인 일화에 대해 들어 보았을 것이다. 이처럼 보완/대체 의사소통장치가 이러한 목적 또는 다른 목적으로 사용될 때 갖는 영향력에 대해서 쉽게 알 수 있다.

(4) 컴퓨터 접근장치(Computer access)

장애로 인해 컴퓨터에 정상적인 접근이 불가능한 사람들이 컴퓨터를 사용하도록 도와준다. 예를 들어, 신체장애를 가진 사람들은 키보드를 통해 정보를 입력하는 기존의 방식 대신에 광선을 이용하여 단말기를 작동시키거나 움직이게 할 수 있다. 또는 스틱을 입에 물면 공기가 나오게 되어 키보드를 눌러 컴퓨터를 작동시킬 수 있다. 그리고 그들은 마이크를 사용하여 컴퓨터에 무슨 기능들을 사용할지를 명령하기도 한다. 시각장애인들이 컴퓨터를 사용하기 위해서는 다른 출력방법이 요구되는데, 문서를 말로 읽어 주어 컴퓨터에 접근할 수 있게 하는 방법은 중요한 기능이다. 컴퓨터에 접근하는 것은 다른 나라의 사람들과 의사소통을 하기 위한 일반적인 워드 프로세스에서부터 데이터 분석에 이르기까지 모든 종류의 사용을 가능하게 한다. 일반적으로 교육자들과 사회복지 전문가들은 이러한 영역에 도움을 주기 위해 참여하고 있다.

(5) 적응놀이와 게임(Adaptive toys/games)

장애를 가진 아이들이 게임을 하거나 장난감을 가지고 놀 수 있는 기회를 줌으로써 이러한 활동과 연관된 인지능력을 발달시킬 수 있도록 한다. 아이들은 놀이를 통하여 초기 인지발달을 이루어 나간다는 것은 누구나 안다. 앉고 서는 데 장애를 가진 아이가 친구들과의 놀이에서 소외되고 있음을 보았다면 그러한 소외가 아이들의 사회적·인지적 발달에 영향을 준다는 것 또한 잘 알고 있을 것이다. 반대로, 신체적 또는 감각적 차이점에도 불구하고 아이들이 어울려 놀고 있다면 보기 즐거운 광경일 것이다(몇몇 독자는 '보기 즐거운 광경'이 다소 과장의 느낌을 주는 표현이라고 여길지도 모른다. 그러나 일상적으로 노는 무리에서 소외되어 온 아이들이 친구들과 어울려 노는 장면을 독자들에게 직접 지켜보도록 함으로써 또 다른 어떤 결론을 내릴 수 있을 것이다).

(6) 적응환경(Adaptive environment)

어떤 사람이 매일 공부도 잘하고 학교생활에서 다른 사람과 잘 놀 수 있는 환경을 자기 마음대로 조작할 수 있는 장치나 도구의 사용을 의미한다. 예를 들어, 대다수의 사람은 소파에서 일어서는 수고 없이 TV 채널을 바꾸기 위해 리모컨을 사용한다. 장애를 가진 사람들 또한 똑같이 그러한 일을 하거나 불을 켜거나 끌 수 있고, 초인종을 누를 수 있고, 자기 침대를 정돈할 수 있고, 집에서나 학교 또는 직장에서 다양한 활동을 수행할 수 있다. 우리는 항상 '간단한 장치들(gad-gets)'을 이로운 장난감이라고 생각한다. 현실적으로 그러한 장난감들이 장애를 가진 사람들로 하여금 다양한 환경에서 자신의 능력을 '향상, 유지, 개선'시킬 수 있도록 도와주는 보조공학장치가 된다.

(7) 수업보조장치(Instructional aids)

학교에서 학생을, 직장에서 직원을 교육할 때 도움이 된다. 이러한 수업보조장치들은 또한 성인이 새로운 생활을 시작할 때 기능생활능력 훈련에도 도움을 준다. 어떻게 응용되든지 간에, 이러한 광범위한 분류항목에는 학습을 용이하게 하는 데 도움이 되는 장치들과 적응기술들이 포함되어 있다. 수업보조장치는 개인의 기능적 한계들을 보충해 주는 데 쓰이는 기술(예를 들어, 정보접근을 가능케 하는 독서 검색 프로그램)과 치료목적들로 쓰이는 기술(예를 들어, 수학 또는 독서 교육용 프로그램)을 포함하고 있다.

보조공학장치의 종류들은 종종 중복된다는 점을 주의해야 한다. 예를 들어, 자세잡기 및 이동성은 서로 긴밀하게 얽혀 있다. 적응 장난감들과 게임, 그리고 수업보조장치들도 마찬가지다. 따라서 대체할 만한 적응장치를 찾거나 분류 항목들에 대해 논의할 경우 보조공학장치들을 다룰 때는 항상 폭넓은 관점을 유지해야만 한다.

3) 보조공학 연속선상의 분류

Blackhurst(1997)는 보조공학장치에 적용된 기술력의 정도에 따라 고급, 중급, 저급, 무(無) 테크놀로지로 구분하고 있다.

- 고급 테크놀로지(high-technology)
  - 컴퓨터, 상호작용 멀티미디어 시스템 등의 정교한 장치
- 중급 테크놀로지(medium-technology)
  - 비디오 장치, 휠체어 등의 덜 복잡한 전기장치 혹은 기계장치
- 저급 테크놀로지(low-technology)
  - 덜 정교화된 기계 혹은 장치
- 무(無) 테크놀로지(no-technology)
  - 장치나 기기를 포함하지 않음
  - 체계적인 교수절차의 사용 혹은 물리치료사나 작업치료사와 같은 관련 서비스

4) 보조공학의 특성에 따른 분류

여기서는 보조공학의 특성이 관점에 따라 어떻게 다르게 구분될 수 있는지를 확인한다. 오길승 등(2009)의 『보조테크놀로지의 원리와 실제』라는 책에서는 다음과 같이 보조공학을 분류하고 있다.

(1) 보조 대(對) 재활(또는 교육) 테크놀로지

테크놀로지는 크게 두 가지 목적에 사용된다. 돕는 것(helping)과 가르치는 것(teaching)이다. 어떤 사람이 기능적인 활동을 수행하도록 돕는 테크놀로지는 보조 테크놀로지라는 용어로 불린다. 테크놀로지는 교육이나 재활과정에서도 사용될 수 있다. 이러한 경우에 보통 테크놀로지는 전체적인 교육이나 재활 계획 중의 한 부분에 불과하다.

(2) 초급에서부터 고급 테크놀로지

이를 정확하게 구분할 수 있는 선을 설정하기는 어렵지만, 만들기가 간단하고 구하기 쉬워 구입비용이 비싸지 않은 기구를 보통 '초급' 테크놀로지 기구

라고 하며, 반대로 만들기 어렵고 구하기 어려워 구입비용이 비싼 기구를 '고급' 테크놀로지 기구라고 한다.

(3) 하드 및 소프트 테크놀로지

보통 하드 테크놀로지는 구입하거나 수집이 가능하여 쉽게 이용할 수 있는 것을 말한다. 하드 테크놀로지에는 간단한 마우스 스틱에서부터 컴퓨터, 소프트웨어 등까지 해당한다. 반면에 소프트 테크놀로지는 의사결정, 전략, 훈련, 개념형성 등과 같은 인간적인 영역을 말한다.

(4) 실용제품 대(對) 도구

실용제품이란 '각 사람의 기술수준에 상관없이 사용할 수 있고, 그로 인해 그 사람에게 유익을 제공할 수 있는 기구'를 가리킨다. 반면에 도구는 그것을 사용하기 위해 어느 정도의 기술개발을 해야 한다. 예를 들어, 냉장고는 실용제품이고 기계톱 등은 도구다.

(5) 최소에서부터 최대 테크놀로지

보조 테크놀로지 서비스는 다양한 수준의 욕구를 충족시키기 위해 모색되고 고안된다. 어떤 경우에 보조 테크놀로지 기구는 일정한 과제를 수행하는 능력을 보완하거나 증대시키기 위해 사용된다. 반대로 어떤 보조 테크놀로지는 단순히 장애인의 잔존 기능을 보완하거나 증대시키는 수준이 아니라 그의 기능을 완전히 대체하기 위해 사용된다.

전통적으로 최소 테크놀로지와 같이 기능의 일부를 보완하거나 증대시키기 위한 기구는 보조기(輔助器, orthotic devices)라고 하고, 최대 테크놀로지와 같이 신체부위를 구조적으로, 기능적으로 완전히 대신하거나 대체하기 위해 사용되는 기구는 의장구(儀裝具, prosthetic devices)라고 한다.

(6) 일반적 대(對) 구체적 테크놀로지

일반적인 목적의 테크놀로지에는 자세유지 시스템, 제어 교류장치, 컴퓨터 등이 해당한다. 이러한 것은 광범위한 영역이나 분야 등에 활용되기 때문에 일반적 목적을 가진 것으로 분류된다. 반면 구체적인 목적의 테크놀로지란 특정 영역에서의 수행을 증진시키기 위해 개발된 기구를 말한다. 예를 들어, 의사소통기구, 수동 및 전동 휠체어, 음식 공급기, 청력보조기, 이동보조기 등이 있다.

(7) 상업적으로 시판되는 것에서부터 주문 제작되는 테크놀로지

상업적으로 시판되는 기구는 대량생산이 가능한 기구라는 것을 의미한다. 여기에는 일반 대중을 위해 개발된 상업용 기구와 장애인을 위해 개발되었지만 대량생산이 가능한 보조 테크놀로지 기구가 모두 포함된다.

상업적으로 시판되는 기구가 어떤 장애인의 욕구를 충족시킬 수 없다면 그 것을 개조하거나 변형시킬 수 있다. 개조나 변형은 간단할 수도 있지만 복잡할 수도 있다. 상업적으로 시판되지 않거나 개조나 변형이 불가능할 경우, 누군가가 직접 손으로 장애인에게 필요한 보조 테크놀로지 기구를 만들어야 한다. 이 경우 대량생산이 불가능하기 때문에 상업적으로 시판되는 기구보다 단가가 비싸진다.

4. 보조공학 사정

1) 일반적인 사정 이슈

대부분의 사정(査定)은 그 프로그램의 강점과 약점을 확인하고, 효율성을 결정하고, 기록 작업을 하고, 중재를 선택하고, 조사를 시행하기 위해서 이루어진다. 실제로, 보조공학 사정은 이 모든 이유로 이루어지고 있다. 이 부분에서는 사정이 이루어질 때 고려되어야 할 사정의 기본적인 개념들을 확인한다. 즉, 신뢰도, 타당도, 그리고 규준체계를 포함하는 기초적인 사정 개념을 확인하는 것이다.

　신뢰도는 특별한 부분을 측정하는 사정도구(예: 시험, 평정척도, 관찰체크리스트)의 일관성에 따라 밝혀진다. 보조공학 사정 동안, 검사도구가 내일이나 그 다음 날 시행된다고 해도 오늘과 같은 결과가 얻어지도록 평가도구가 일관된 값을 산출한다는 것은 중요하다. 신뢰성 없는 도구가 사용되었을 때, 수반하는 결정을 무효화시키고, 자료가 잘못되었다는 것이 드러난 획득된 자료로 중요한 결정이 내려질 수 있다.

　타당도는 도구로 측정하려는 것을 측정했을 때 밝혀진다. 교사가 학생의 읽기 능력에 대한 평정척도를 활용할 때, 보조공학 평가 팀은 척도의 결과가 학생의 읽는 기술을 나타낼 것이라고 기대한다. 만약 학생이 읽기 요청을 수행했을 때 훌륭하게 읽는 사람으로 판명되었음에도 척도의 결과가 서툴게 읽는 사람으로 나타난다면, 척도의 결과는 타당하지 않은 것이다.

　모든 평가는 **규준체계**(a frame of reference)가 있다. 규준 참조검사는 학생의 수행능력을 남학생이나 여학생의 또래집단과 비교한다(예: 검사의 표준화 또는 표준의 샘플). 표준 규준검사는 세부적인 기술의 숙달에 관한 수행능력을 평가한다. 규준이 없는 검사는 대신해서 개인의 내재된 수행능력에 대한 정보를 제공한다. 규준이 없는 측정의 예는 읽기실수분석표와 수학문제들의 오류분석표다.

2) 보조공학 사정의 특수한 이슈

　보조공학 사정은 일반적인 이슈들 이외 몇 가지 이슈들을 요구하게 된다. 첫째, 사정은 반드시 생태학적이어야 한다. 둘째, 보조공학 사정은 실용적이어야 한다. 셋째, 사정은 반드시 계속적으로 이루어져야 한다.

생태학적인 사정   생태학적인 사정은 핵심적인 철학으로서 어떤 종류의 행동도 혼자만의 장소나 고립된 상태에서 일어나지 않는다는 인식을 갖고 있다. 그래서 행동이 발생하는 인간의 다양한 환경을 고려한다. 생태학적인 사정은 특이하게 보조공학에 잘 맞는다. 장치들이 다양한 경우와 다수의 중요한 사람들과 관련되어 사용되기 때문이다(예: 전문가, 동료, 가족 구성원). 결과적으로, 효과적인 사정은 사용자에게 영향을 끼칠 사람들과 장치가 사용될 다양한 상황을 고려해야 한다.

실천적인 사정   보조공학 사정에 대한 기대를 가지고, 우리는 이것의 사전적 의미로서 '실천적인'이라는 용어를 사용한다. "실행하거나 행동하는 것과 관련되거나, 관계하는 것". 그래서 생태학적인 사정 아래서 나오는 생각들은 학생들의 행동이 나타날 상황(예: 교실, 직장)에서 장치들을 사용함으로써 현실적으로 계속되어야 한다. 실천적인 사정은 사용자들이 자연적인 환경에서 장치들을 사용하면서 경험을 얻는 것과 동시에, 장치로 훈련을 받는 것을 허용한다. 실천적인 사정은 또한 또 다른 보조공학 서비스가 있는 사용자들의 복합적인 환경에서 다양한 사람들(예: 선생님들, 동료들, 관리자들)과 함께 행해질 수 있게 장치로 훈련하는 것을 허락한다. 장치가 선택되고 사용자에게 맞춰진 후, 사정은 장치들이 사용될 복잡한 상황에서 계속된다.

계속적인 사정   사정의 주요 목적은 장애의 존재를 서류화하는 것과 대체할 만한 적격성 여부를 결정하는 것이다. 그러한 사정은 보통 한 번에 행해지고, 그 정보는 학생의 문서의 목적과 자료를 위해 안전하게 보관된다. 반면에, 보조공학 사정은 끝이 없다. 사정이 한 가지 형식이나 다른 형식으로 계속된다. 사정팀의 결정이 정확하고 장치가 효과적이고 올바른 방향으로 사용되고 있는지 확인하기 위해 장치의 사용이 감시되고 지속적으로 평가되기 때문이다.

이런 내용의 과정을 통해 우리는 기능적 제한이 있는 사람을 도와주기 위한 보조공학의 이점을 논의한다. 이 기술이 효과적이기 위해서는 개인적으로 잘 맞아야 한다. 다른 장치 및 서비스와 개인적으로 잘 맞물려야 한다. 또한 공학 적용이 효과적임을 확실시하기 위해, 즉 가정한 대로 적용이 개인에게 이익이 되고 있다는 것을 지속적으로 평가해야 한다. 보조공학을 가정시험으로서 사용하는 것에 대한 생각은, 언급한 대로 가정을 검사하는 것이다. 이런 관점에서, 보조공학 사정팀은 특정한 장치가 관련 장애와 기능적 제한을 보상하는 데 개인에게 이익이 될 것이라는 가정을 세운다. 가정은 그 또는 그녀가 배우고, 공부하고, 활동하는 환경에서의 개인과 환경에 대한 평가를 마친 후에 세워진다. 때때로 가정이 옳다는 것이 증명된다(즉, 장치가 도움이 되는). 그러나 때때로 가정은 틀리기도 한다(즉, 장치가 기대한 수행결과를 나타내지 못하는). 한편 비판적이기 때문에 아직도 너무 자주 간과되는 평가요소인 가정은 반드시 끝없이 지속적으로 평가되어야 한다.

5. 보조공학 사정모델

Bryant와 Bryant(2003)는 특수교육대상자들이 주어진 과제를 해결할 수 있도록 하는 많은 방법 중의 한 가지인 보조공학에 대한 책을 집필하였다. 이 책에서 적응이란 수정이고, 여기서 말하는 수정이란 과제수행에 요구되는 필수적인 능력을 가지지 못한 사람들이 과제를 해결할 수 있도록 하는 것이다. 그들은 보조공학을 포함하는 적응의 사용을 고려하고, 선택하고, 평가하는 적응 프레임워크를 논의하였다.

여기서는 적응 프레임워크라는 생소하고 어려운 용어보다는 보조공학 장치 및 서비스를 특수교육현장에 적용할 때 사용되는 사정모델로 이해하고, 대표적인 사정모델들을 살펴보고자 한다.

1) Joy Zabala 모델

Joy Zabala는 보조공학 실천가, 전문 개발자, 그리고 보조공학 및 리더십 분야의 전문가다. 그녀는 독립된 실천가로서 주정부 교육부, 학교, 보조공학 기술 소비자, 그리고 그 밖의 미국 전역과 해외에 전문적인 서비스를 제공하고 있다. 그녀는 또한 미국 여러 주정부와 연방정부의 연구과제 고문 및 자문위원회 위원으로 활동하고 있다. 그녀는 QIAT(Quality Indicators for Assistive Technology, http://indicators.knowbility.org/)연합과 SETT 프레임워크의 창립위원이기도 하다. QIAT는 전 세계의 보조공학 전문가와 사용자, 그리고 사용자의 부모가 질문과 답을 해 놓은 뉴스그룹이다.

Joy Zabala의 SETT 모델은 학생(Student), 환경(Environment), 과업(Tasks), 도구(Tools)의 머리글자를 따 명명한 모델이다. 이 모델은 특수교육현장에서 교사 및 관리자가 보조공학장치 및 서비스를 적용할 때 매우 단순하면서도 나름 효과적이다.

SETT 모델은 [그림 2-1]과 같이 정리하여 제시할 수 있다.

그림 2-1 Joy Zabala의 SETT 모델

2) Bryant와 Bryant 모델

Joy Zabala의 SETT 모델은 보조공학 장치 및 서비스를 적용할 때, 매우 단순하면서도 나름의 효과성을 기대할 수 있는 모델이다. 그러나 지나치게 요소 제시

형인 모델로서 특수교육현장에서 교사나 보호자가 적용하기에는 한계가 있다.

Bryant와 Bryant(2003)는 보조공학 장치 및 서비스의 사정모델로 SETT 모델보다는 더 체제적이고 역동적인 모델을 제시하였다. 그들의 보조공학 사정모델을 그림으로 제시하면 [그림 2-2]와 같다.

그림 2-2   Bryant와 Bryant의 보조공학 사정모델

[그림 2-2]는 Bryant와 Bryant(2003)의 책에 나와 있는 표를 구조화하여 그려 본 것이다. 원래 책자에 나와 있는 표와 보조공학 사정의 예를 보면 다음과 같다.

표 2-3   Bryant와 Bryant의 보조공학 사정모델과 그 적용의 예

상황별 구체적인 요구사항		개인별 독특한 특성		적응
과업	필수능력	기능적 능력	기능적 한계	단순한 것에서부터 복잡한 것으로
양치하기	• 칫솔과 치약 잡기 • 칫솔에 치약을 짜기 • 이 닦기 • 입 헹궈 내기	• 시각 • 청각 • 인지적인 과업 완수능력	• 잡기 • 세부적인 움직임 • 난이도 계열화하기	• 조정된 손잡이 • 단계별 점검표 • 전동칫솔

Bryant와 Bryant의 보조공학 사정모델은 특수교육현장에서 다양한 교육적 요구를 가진 특수교육대상자에게 과업성취를 지원하기 위한 보조공학 장치 및 서비스를 선정하는 데 큰 도움을 줄 수 있을 것으로 기대된다. 또한 이 모델은 특수교육대상자뿐만 아니라 일반학생들의 교수·학습 활동 지도에도 적용하면 학습력 향상에 큰 도움을 줄 수 있을 것으로 기대된다.

3) Raskind와 Bryant 사정모델

보조공학 사정은 시간과 상황들에 걸치는 다양한 요소에 대한 역동적인 상호작용을 인지하는 다각적인 사정모델을 포함해야 한다. 이미 제시한 바와 같이 보조공학장치를 선택하고자 할 때 다음과 같은 요인 등이 반영된다.

- 사용자의 특별한 강점, 약점, 특별한 능력, 선행되는 경험 또는 지식, 흥미
- 수행되는 특별한 과업(예: 읽기, 쓰기, 운동 등)
- 특별한 장치의 질(예: 신뢰성, 편안함, 기술적 지지, 가격)
- 특별한 상호작용 내용[예: 장소(학교, 집, 직장) 시간(한 학기 또는 평생)]

Raskind와 Bryant(2002)는 다음 [그림 2-3]과 같은 보조공학 사정모델을 제시하였다.

Tasks(과업)	Individual(개인)
수행되는 구체적인 과업/기능들 (예: 읽기, 쓰기, 기억력), 그리고 과업들과 관련된 필수적인 기술들	개인의 구체적인 강점, 약점, 특별한 능력, 선행 경험 또는 지식, 그리고 흥미
Device(장치)	Context(상황)
구체적인 장치 (예: 신뢰성, 작동 용이성, 기술적인 지원, 가격)	구체적인 접촉의 상황 (학교, 집, 공부하는 환경에 걸친 반년 또는 평생의 같은 시간에 관한)

그림 2-3 Raskind와 Bryant의 보조공학 사정모델

(1) 과업(Tasks)

지구상에서 숨 쉬고 살아가면서 사람들은 매우 많은 기능과 일을 한다. 이것들은 개인적 기능, 학업적, 놀이, 일에 속하고 그 이상이기도 하다. 제2장에

서 본 것처럼 각각의 일은 더 큰 일을 이루게 하는 필수적 기술(사실, 더 작은 일들)을 갖고 있다. 생태학적 사정의 부분은 어떤 일이 행해졌는지, 어떤 상황에서 무슨 내용의 과업이 이루어졌는지, 그러한 상황에서 누가 의미 있는 사람인지 밝히는 일이다. 이런 일(과업)들의 문서는 개인의 삶과 활동들을 상황에 맞게 계획하는 것을 제공한다.

(2) 상황(Context)

보조공학 사정을 도입했을 때 상황은 주요한 고려점이다. 구체적인 상호작용 상황(학교, 집, 그리고 학습 환경; 그리고 그것이 반년 만에 끝날지, 평생 할지)들이 보조공학기구가 개인의 하루하루의 일과에 얼마나 잘 맞는지를 사정팀이 조사하는 것에 의해서 평가되어야 한다. 사정팀이 보조공학도구가 개인의 일상생활에 얼마나 잘 맞는지, 예를 들어 한 소년이 휠체어를 사용한다면 그의 운동성 필요에 따라 그가 가는 모든 다양한 장소가 고려되어야 할 것이다. 그의 학교 친구들은 어떻게 배치되어야 할 것인가? 그의 집은 어떻게 생겼을까? 어떤 보조장치가 필요할 것인가? 확실히 많은 질문을 받게 될 것이다. 만일 어린 소녀가 논쟁적인 의사소통장치를 사용한다면 그녀의 의사소통 필요를 충족시키기 위해 그 장치에 무엇이 장착되어야 할 것인가? 누가 그녀의 의사소통 파트너가 될 것인가? 그 장치를 어떻게 귀에 잘 맞게 할 것인가? 그녀가 사는 곳 이내에서 이런 내용과 관련해 질문이 생길 것이다. 이러한 또는 다른 질문들이 고려될 때 사람과 기술은 더욱 정확한 관점에서 만나게 된다.

(3) 개인(Individual)

장치를 사용하게 될 개인이 사정의 중점이다. 개인의 특수한 강점과 다양한 분야에서의 기능적 제한(예: 감각, 감정, 인지적, 운동적) 이전의 경험, 그리고 흥미 등 이러한 모든 것이 사정팀에 의해 평가되어야 한다. 개인의 누적된 기록은 이런 모든 영역에서 우선 고려되는 정보일 것이다. 예를 들어, 특수한 교육을 받아 온 고등학생이 3학년 때 평가받은 이후로 학창시절 내내 12번도 넘는 재평가를 받아 왔다. 그리고 수년에 걸친 많은 일화적인 자료가 있다. 부가적인 사정을 하기 전에 이러한 자료는 전체적으로 재검되어 추출되어야 한다. 만일 부족한 점이 나타나면 부가적인 자료수집의 필요가 나타나고, 부가적인 평가가 치러져야 한다.

(4) 장치(Device)

보조공학 사정팀은 선택할 수 있는 장치가 많다. 팀 구성원이 사정하는 동안 사용할 수 있는 잠재적 기술로 시작할 수 있기 때문에 좋은 점이다. 불행히도, 모든 보조공학장치가 똑같이 창조된 것은 아니다. 장치 자체가 평가되는 것이 필요하다. Raskind와 Bryant는 장치의 유형을 시험하는 데 사용될 수 있는 척도를 만들었다. 보조공학 사정팀 구성원은 그들이 묘사한 장치의 유형을 위한 체크리스트를 만들어야 한다. 개인적 경험, 문학적 재검토, 사용자와의 인터뷰를 통해 보조공학 사정팀 구성원은 장치의 다양성을 평가할 수 있고, 의견을 결정할 때 그 평가를 이용할 수 있다.

6. 보조공학 적용 고려사항

특수교육전문가가 특수교육에서 보조공학을 실제로 적용할 때, 여러 가지 요인 및 문제를 조망감 있게 살펴보는 것이 중요하다. 모든 보조공학의 적용 시 고려되어야 할 사항을 살펴보면 다음과 같다.

1) 다양한 상황의 고려

미리 언급했듯이, 어떤 장치가 사용될 곳에서의 다양한 상황을 살펴보는 것이 중요하다. 그렇게 하기 위해 각 개인이 일하고 노는 곳에서의 다양한 상황을 파악할 수 있어야 하며, 기대되는 일들을 수행하기 위해 필요한 기술들을 조사할 수 있어야 한다. 평가자는 각 일이 조사된 각기 다른 상황들 속에서 행해지는 과정에서의 빈도(매일, 매주 또는 매달)를 파악하게 된다.

또 이전 단락에서 파악된 환경들을 아우르는 보조공학장치의 잠재적 유용성을 예상하길 희망할 것이다. 이 부분에서 조사된 영역들은 시간에 대한 장치들의 보상의 효과, 호환성, 사회적 정합성, 이동성, 지지 요구사항, 잠재적 적절성 등이 될 수 있을 것이다(Raskind & Bryant, 2002). 공학이 한번 파악되고 실행되면, 우리는 그 공학의 적용이 미리 파악된 환경들을 가로질러 일반화되는 정도를 조사하고 싶어 할 것이다.

2) 강점과 약점에 관한 고려

다양한 학업적 · 인지적 과업들을 가로지르는 각 개인의 강점과 약점을 파악하는 것 역시 중요하다(예: 듣기, 기억, 조직, 신체적 · 운동 근력). 각 개인의 행동을 아는 사람은 흥미영역에서의 개인능력을 평가할 수 있을 것이다. 생태학적 전망을 얻기 위해서는 그러한 수준의 장치를 완성하기 위한 한 명 이상의 평가자가 더 나을 것이다.

그 장치로부터의 정보는 보조공학에 의해 기인될 수 있는 잠재적 영역의 어려움들을 파악하기 위해 사용될 수 있다. 또한 조사는 특정 어려움에 대처하기 위해 강조될 수 있는 장치에 대해 강한 영역들을 파악하는 것을 도와줄 수 있다. 세팅을 위한 요구사항들이나 필요한 능력들이 학생을 위해 파악되고 강점과 약점들이 고려되어야 하는 상황에서 이것은 특히 중요하다.

3) 공학 경험에 관한 고려

보조공학장치 경험 이전의 개개인을 파악하는 것 역시 도움이 될 수 있다. 사정팀 구성원은 평가될 개인과 대화를 해야 한다. 토의에 근거하여, 조사자는 특정 장치들을 사용하는 곳에서의 개개인의 특이사항들을 평가하게 된다.

이것은 언어 구사, 독서, 기억, 유동성, 조직성 등의 영역들에서 느끼는 어려움을 상쇄하기 위한 잠재력을 가진 다양한 장치를 파악함으로써 성취될 수 있을 것이다.

4) 공학 특성에 대한 고려

보조공학 사정에서 자주 간과되는 한 요소는 바로 장치 그 자체다. 이미 언급했듯이 사람들은 특정 장치가 행해져야 하지만 기술 의존성, 기술적 지원, 기록, 질의 우수성이 보이지 않을 때 좌절할 수 있다. 신뢰성, 목적의 효과, 호환성, 선별, 동작의 용이성, 기술적인 지원 등 영역의 사정에서 사용되는 특정 장치들을 조사하는 것 역시 중요하다. 우리는 기술은 믿을 수 없는 것이고 쇼룸에 남겨진 최상의 것이라는 점을 주지시킨 Raskind와 Bryant의 의견에 동의한다.

5) 개인과 공학의 조화에 대한 고려

모든 보조공학 사정은 특정 어려움들을 상쇄하고 특정 업무들을 수행하는 동안에 이루어지는 각 개인과 장치 사이의 상호작용을 조사해야 한다. 일련의 질문들이 상호적 효과, 흥미, 사용의 용이성, 작용적 용이성 또는 숙달, 행동적 반응(Raskind & Bryant, 2002) 등과 관련하여 질문될 수 있다. Raskind와 Bryant는 정확성/질, 스피드/효율, 용이성 등을 강화하기 위한 장치의 성능을 조사하기 위해서 장치의 원칙에 대해 안내한다. 앞선 요건들의 기술적 능력들은 각 개인의 강점과 소질 등을 파악하기 위한 것이며, 그 기술들이 제대로 작동하지 않거나 검사 대상자가 그 기술을 사용하는 데서 오류를 범할 때 각 개인이 그때의 난점들을 어떻게 잘 극복하는가를 평가한다. 이때의 또 다른 특정 관심사는, 평가 대상자가 그 기술의 가치를 제대로 인식하는지, 기술 사용에 흥미를 느끼는지 등에 관한 것이다. 기술의 효과는 대상자가 관심을 보이지 않거나 무감각할 때 논쟁상의 문젯거리가 된다. 또한 대인기술 매치는 장치의 존재 유무와 함께 개인의 비교 내용을 포함해야 한다. 보조공학장치의 목적은 수행능력을 향상시키기 위한 것으로, 향상 또는 무향상 등에 대한 내용이 문서화되는 것이 중요하기 때문이다.

이 장의 연구과제

1. 장애유형별 특수교육대상자에게 적용할 수 있는 보조공학 유형을 분류해 보고, 실제 적용되고 있는 보조공학장치를 조사하여 발표해 보자.

2. 특수교육현장에서 특수교육대상자에 대한 보조공학 사정 작업을 실제 진행하여, 보고서를 작성하여 발표해 보자.

참고문헌

교육부(2022). 제6차 특수교육발전 5개년 계획(2023-2027)

교육부(2023). 2023년 특수교육 연차보고서.

국립특수교육원(2009). 특수교육학 용어사전. 서울: 도서출판 하우.

국립특수교육원(2018). 특수교육학 용어사전(개정판). 서울: (주)도서출판 하우.

권충훈, 김훈희(2006). 특수교육공학장애아동을 위한 보조공학. 경기: 양서원.

김남진, 김용욱(2010). 특수교육공학. 서울: 학지사.

김남진, 김용욱(2017). 특수교육공학(2판). 서울: 학지사.

김용욱(2005). 장애학생을 위한 특수교육공학의 활용. 서울: 집문당.

김원경, 신진숙, 박현옥, 김영걸, 김미숙, 윤광보, 김경화, 김정현, 옥정달, 박정식, 김정연, 곽승철, 한홍석, 박미혜, 변찬석(2023). 특수교육학개론. 경기: 수양재.

김진호, 박재국, 방명애, 서효정, 유은정, 이효신, 한경근 공역(2022). 최신 특수교육(12판). 서울: 시그마프레스.

대한보조공학기술학회(2021). 보조기기서비스개론. 서울: 계축문화사.

오길승, 남용현, 오도영, 남세현(2009). 보조테크놀로지의 원리와 실제. 서울: 학지사.

유승우 임형택, 권충훈, 이성주, 이순덕, 전희정(2017). 교육방법 및 교육공학(제3판). 경기: 양서원.

육주혜, 이근민, 김소영, 이진현, 오현정, 유성문, 성기창(2021). 보조공학서비스. 서울: 학지사.

정경희, 송병섭(2020). 특수교육현장에서의 교육용 보조공학기기 교사용 매뉴얼 개발을 위한 기초 연구. 재활복지공학회논문지, 14(3), 230-237.

정동훈(2019). 특수교육 보조공학 연구 동향 분석: 2010~2018년 특수교육 학술지 게재 논문을 중심으로. 특수교육교과교육연구, 12(2), 223-245.

한국보조공학사협회(2016). 보조공학총론(2판). 서울: 학지사.

「장애인 등에 대한 특수교육법」

「장애인 등에 대한 특수교육법 시행령」

「장애인 등에 대한 특수교육법 시행규칙」

「특수교육진흥법」

Bausch, M. E., & Hasselbring, T. S. (2004). Assistive technology: Are the necessary skills and knowledge being developed at the preservice and inservice levels? *Teacher Educational and Special Education*, *27*(2), 97−104.

Blackhurst, A. E. (1997). Perspective on technology in Special education. *Teaching Exceptional Children*, *29*(5), 41−48.

Blackhurst, A. E., & Hofmeister, A. M. (1980). Technology in special education. In L. Mann & D. Sabatino (Eds.), *Fourth review of special education*. New York: Grune & Stratton.

Bryant, D. P., & Bryant, B. R. (2003). *Assistive technology for people with disabilities*. Boston, MA: Pearson Education, Inc.

Galbraith, J. K. (1967). *The new industrial state*. Boston: Houghton Mifflin.

Raskind, M., & Bryant. B. R. (2002). *Functional evaluation for assistive technology*. Austin, TX: Psycho−Educational Services.

Heward. W. L., etc.(2018). *Exceptional Children: An Introduction to Special Education* (11th ed.). Upper Saddle River, NJ: Person Education, Inc.

참고사이트

광주광역시 보조기기센터. https://www.gjat.or.kr
국립재활원 중앙보조기기센터. https://knat.go.kr
국립특수교육원. https://www.nise.go.kr
서울시 보조기기센터. http://www.seoulats.or.kr
에듀넷. http://www.edunet4u.net
에듀에이블. https://www.eduable.net
Joy Zabala 소개. http://www.joyzabala.com
QIAT. http://indicators.knowbility.org

제3장

수업설계로서의 특수교육공학

⊙ 이 장의 개요

이 장에서는 특수교육공학을 수업설계로 인식하고 그 이해의 폭을 넓히고자 하는 내용을 중심으로 전개한다. 제2장의 보조공학으로서의 특수교육공학은 주로 하드웨어적 접근이었다. 반면 제3장의 수업설계로서의 특수교육공학은 소프트웨어적인 성격이 강하다. 또한 수업설계로서의 특수교육공학은 특수교육현장에서의 체제적인 접근을 강조하게 된다. 이 장의 주요 내용은 학습과 수업의 개념, 수업설계의 이해, 주요 수업설계 모형, 특수교육현장에서의 수업설계 아이디어, 특수교육 수업설계 실제 등이다.

⊙ 이 장의 학습목표

1. 특수교육현장에서의 수업설계의 중요성을 설명할 수 있다.
2. 특수교육현장에서 적용 가능한 주요 수업설계 모형을 그림으로 나타낼 수 있다.
3. 수업설계 아이디어를 활용하는 특수교육 교육방법론을 논리적으로 설명할 수 있다.

제3장에서는 특수교육공학을 수업설계 측면에서 이해하고 접근한다. 제2장에서는 특수교육공학을 보조공학 측면에서 이해하고 기술하였다. 보조공학으로서의 특수교육공학은 하드웨어적 성격이 강하다고 할 수 있다. 수업설계로서의 특수교육공학은 그에 비해 소프트웨어적 성격이 짙다고 할 수 있다.

교육기관의 가장 기본적인 목적은 학습이다. 형식교육의 가장 대표적인 형태인 학교뿐만 아니라, 다양한 교육활동이 전개되는 가정이나 학원 등에서도 학습자의 학습의 양과 질의 향상을 위해 노력한다.

특수교육은 특수한 학습자의 교육적 요구를 수용하는 교육이다. 즉, 일반교육의 일반아동보다 더 다양하고 복잡한 수업요소에 대한 체제적인 접근이 필요하다. 그런 점에서 수업설계의 이론 및 실제 기법들은 특수교육현장에서 꼭 필요한 내용이다.

이 장에서는 수업설계로서의 특수교육공학을 살펴볼 것이다. 주요 내용은 수업설계의 이해, 특수교육현장에서의 수업설계 적용, 주요 특수교육 수업설계론 등이다.

1. 학습과 수업

교육기관의 기본적인 목적은 학습자의 학습의 양과 질을 향상시키는 것이다. 학습이라는 개념은 다양하게 정의되지만, 보통 다음의 정의에 동의하고 있다.

> 학습이란 주어진 환경 속에서 계속적인 경험으로 일어나는 행동의 변화를 말한다. 단, 그러한 행동의 변화는 타고난 반응경향, 성숙 또는 피로나 약물에 의한 일시적인 변화로는 설명될 수 없다(Hilgard & Bower, 1975).

　앞의 학습의 정의에서 확인할 수 있는 것은 크게 세 가지다. 첫째, 행동의 변화다. 이것은 행동주의 심리학의 영향으로 관찰 가능한 행동에 초점을 두고 있음을 알 수 있다. 둘째, 환경과의 상호작용을 강조하고 있다. 즉, 인간은 후천적인 연습이나 경험을 통해 학습이 일어나는 것을 알 수 있다. 그래서 성숙에 의한 변화는 학습에서 제외된다. 셋째, 영속적인 변화다. 학습이라는 작용에서 일시적인 변화, 약물이나 알코올 등에 의한 변화는 제외된다. 학습의 개념을 분명히 하기 위해서 그림으로 나타내면 다음 [그림 3-1]과 같다.

　수업(授業)은 학습을 목표로 하는 활동이다. 수업과 유사한 용어로는 '교수'가 있다. 수업 또는 교수는 영어의 'instruction'을 번역한 것으로 문맥에 따라 혼용해서 사용한다. 영어의 어휘 teaching을 '교수'로, instruction을 '수업'으로 사용하는 경우도 있다.

　수업에 대한 정의는 다양하다. 주요 심리학파, 즉 행동주의, 인지주의, 구성주의에서 학습의 정의는 모두 다르다. 그러나 교육학 분야에서 동의하는 학습의 개념으로 대표적으로 인용되는 정의는 다음 세 가지다. 첫째, Corey(1971)는 수업을 "개인이 구체적인 조건하에서, 또는 구체적인 상황에 대한 반응으로서 특정 행동을 나타내게 하거나 그 행동에 관여할 수 있게 하기 위하여 그

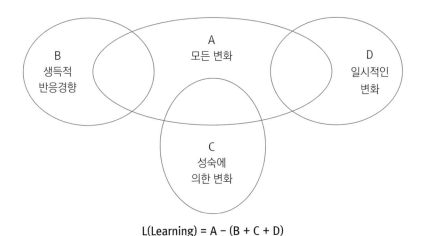

$$L(Learning) = A - (B + C + D)$$

그림 3-1　학습의 개념

의 환경을 의도적으로 조작하는 과정"으로 정의하였다. 둘째, 대표적인 수업 이론가인 Gagné(1975)는 수업을 "학습자의 내적 학습과정을 지원하기 위해 의도적으로 설계·정렬된 외적 사상의 집합"으로 정의하였다. 셋째, 진위교(1988)는 여러 가지 선행 정의를 분석·종합하여 핵심 아이디어들을 포함하는 수업의 정의를 제시하였다. 그에 의하면 수업이란 목표로 설정한 행동유형의 변화, 즉 학습이 인간 학습자에게 일어나도록 그의 내적 과정에 맞추어 그의 외적 조건과 상황을 설계·개발·관리하는 과정이라고 하였다.

수업과 학습의 차이점을 확인하여 보면 다음과 같다.

첫째, 수업은 의도적이지만 학습은 의도적인 경우도 있고 무의도적인 경우도 있다. 우선 수업이라는 문자의 의미는 '일을 주는 것(授業)'이다. 준다는 것은 최소한 무엇인가를 누구에게 준다는 말을 전제로 한다. 즉, 수업은 주어야 할 내용과 대상을 이미 전제로 한다. 그러나 학습은 우리가 정의에서 보았듯이 이미 환경과의 상호작용을 포함하고 있기에 의도성을 확신할 수 없다.

둘째, 수업에 대한 연구는 실제 교육이 이루어지는 교실의 현상에 관심을 가지고 있으나, 학습에 대한 연구는 기본적으로 연구실이나 실험실에서의 실험장면에 관심을 가진다. 물론, 학습심리학의 다양한 이론이나 기법 등은 교실상황의 수업장면에서 유용하게 사용하게 된다.

셋째, 수업은 처방적(處方的)이지만, 학습은 기술적(記述的)이다. 여기서 처방(prescription)이라는 말은 뚜렷한 목적과 그 목적을 달성해야 할 현재의 요구를 바탕으로 어떻게 해야 하는지를 제시한다는 점을 강조한다. 학습이 기술적(descriptive)이라고 하는 것은 현재의 상황에 대한 설명만 하는 것을 강조한다(변영계, 김영환, 손미, 2007).

2. 수업설계의 이해

1) 교육학과 심리학

J. F. Herbart(1776~1841)는 보통 '교육학의 아버지'라고 불린다. 그는 1806년에『일반교육학(Allgemetic Padagogik)』이라는 책을 출판함으로써 근대적인 교육학을 정립하였다고 평가받고 있다. Herbart는 그의 저서『교육학 강의요강』(1835)의 서문에서 "과학으로서의 교육학은 실천철학과 심리학에 의한다. 전자는 도야의 목적을, 후자는 진로와 방법을 가르친다."라고 하였다. 그가 교육학의 체계를 수립할 때, 교육목적론은 철학(윤리학)에서, 교육방법론은 심리학에서 찾았다는 것을 알 수 있는 내용이다.

그림 3-2 Herbart의 교육학 체계도

교육학은 인간행동의 변화를 추구하는 응용학문이다. 다양한 학문의 이론 및 실천기법을 지속적으로 도입하여 발전을 거듭하였다. 심리학은 인간의 행동을 연구하는 학문으로, 심리학 분야에서 발전되어 온 아동발달 이론, 학습 이론 등은 교육학 분야의 주요 기초 배경으로 활용되었다.

교육학과 심리학의 관계를 역사적인 측면에서 고찰하여 보면, ① 화합기 → ② 이산기 → ③ 재화합기 → ④ 수업강조기로 구분할 수 있다. 이 경로를 연도순으로 정리하여 보면, 20세기 초반을 화합기, 1930년대를 이산기, 1940년대 이후를 재화합기, 1960년대를 수업강조기로 분류할 수 있다.

교육학과 심리학의 관계의 변화를 그림으로 나타내면 다음 [그림 3-3]과 같다.

그림 3-3 교육학-심리학 관계 흐름도

20세기 초반은 새로운 과학 또는 학문으로서의 심리학이 성립된 시기로 심리학이 교육을 포함한 사회의 문제 해결에 기여할 수 있다는 정열과 희망을 표시하였다. Dewey의 아동중심 교육사상과 실천방법 등은 발달심리학과 교육 실제의 화합의 증거로 볼 수 있다. Thorndike는 시행착오설 및 측정운동 등 교육문제에 대하여 과학적 방법을 적용해야 한다고 강조하였다.

1930년대는 이른바 심리학의 논쟁기로, 심리학자들은 교육 실제의 문제보다는 특정한 이론적 근거를 정립하는 데 주된 관심을 가졌다. 조건형성 이론, 형태주의 심리학 등은 각각 그 이론의 타당성을 밝히기 위하여 쥐, 고양이, 개, 비둘기, 침팬지 등의 동물을 사용하여 실험실 연구를 수행하였다. 당시의 심리학은 순수과학으로 분류되면서 교육학과의 인연이 잠시 멀어졌다.

1930년대에서 1940년대 초까지의 이론 형성 및 논쟁은 제2차 세계대전의 발발로 사라지게 되었다. 전쟁은 이론에서 실제적인 문제의 해결로 관심을 돌리게 하였다.

1957년 소련의 인공위성 Sputnik의 발사는 심리학에 교육 실제의 개선에 적극적으로 참여하라는 묵시적인 압력을 준 것 같다. 한편으로는 이러한 사회적 · 시대적 요청에 따라, 다른 한편으로는 학습 이론을 교육 실제의 개선에 직접적으로 응용할 수 있다고 보는 Skinner 등의 노력에 따라 1960년대에는 학습 이론보다는 수업 이론의 수립에 더 큰 관심을 갖게 되었다.

2) 수업설계의 개념 및 필요성

수업설계(Instructional Design: ID)는 교사가 수업을 더욱 일관성 있고 신뢰감 있게 계획하고 진행하기 위해 체계적이고 체제적인 청사진을 만들어 가는 활동이라 할 수 있다. 수업설계를 좁은 의미로 접근하면, 특정한 학습자를 대상으로 특정한 교과내용을 전달하고자 할 때 가장 좋은 수업방법을 결정하는 것이 된다. 수업설계를 넓은 의미로 확대하여 보면 수업을 통해 학습자가 무엇을 학습해야 하는지, 수업목표를 달성하기 위해 교사가 어떤 수업활동, 수업전략, 수업자료를 제공해야 하는지, 그리고 수업목표 달성 여부를 어떻게 판단할 것인지의 답을 찾아 가는 과정이다(박숙희, 염명숙, 2007). 결국 수업설계는 수업을 처음부터 끝까지 일관성 있게 계획함으로써 수업의 효과를 증진시키는 활동이라고 할 수 있다.

수업설계는 수업목표 달성을 위한 최적의 환경을 계획한다는 점에서 가치가 있다. 즉, 질 높은 수업을 계획하고 개발하기 위해 전문적이고 체계적인 지식과 과정을 적용한다는 측면에서 필요성이 제기된다. 더불어 다음과 같은 측면에서도 수업설계의 가치와 필요성이 제기된다.

첫째, 수업설계는 학습자의 요구와 실제 문제 해결에 필요한 수행능력을 반영하는 수업목표를 선정할 기회를 제공한다.

둘째, 수업설계는 설정된 목표와 그에 맞는 수업내용, 수업방법, 수업매체 및 평가 간의 일관성 있는 유기적 통합을 위해 필요하다.

셋째, 수업설계는 학습자에게 적합한 수업을 계획하게 함으로써 학습자의 적극적인 수업참여를 유도하고 궁극적으로 수업의 효과를 높인다.

넷째, 수업에 관한 전체적인 청사진을 제공함으로써 관련된 사람들 사이의 원활한 의사소통을 가능하게 한다.

다섯째, 수업설계는 수업과정 중에 일어날 수 있는 오류나 잘못을 미리 찾아내어 이를 교정할 기회를 제공한다(유승우 외, 2013).

3) 수업설계 주요 모형

1960년대 이후, 학교교육현장에서는 수업의 효과성 및 효율성에 관심을 가지게 되었다. 학교교육과정은 Dewey를 중심으로 한 경험중심 교육과정에서 Bruner를 중심으로 한 학문중심 교육과정으로 전환되었다. 그 후 다양한 수업설계 모형이 등장하고 적용되고 발전되어 오고 있다. 여기서는 수많은 수업설계 모형 중 주요 세 가지 수업설계 모형을 제시하고자 한다. 즉, 모든 수업설계 이론 및 모형의 기본이 되는 ADDIE 모형, 교과 단원이나 단위시간 수업의 교육 프로그램을 설계하는 데 가장 유용한 Dick과 Carey의 모형, 수업장면에서 교수매체의 활용 아이디어를 제공해 주는 ASSURE 모형이다.

(1) ADDIE 모형

모든 수업설계 모형은 모형이 적용되는 상황과 설계전략 및 검증 측면에서 다소간의 차이가 있으나, 분석(analysis), 설계(design), 개발(development), 실행(implementation), 평가(evaluation)의 공통 요소들을 포함하고 있다(Molenda, Pershing & Reigeluth, 1996). 그래서 수업설계의 공통 요소들의 영문 첫 음절을 따서 그 모형의 명칭을 ADDIE 모형이라 일반적으로 소개하고 있다. ADDIE 모형은 다음 [그림 3-4]와 같이 제시할 수 있다.

그림 3-4 수업설계의 기본 모형: ADDIE 모형

- 분석단계: 분석단계에는 요구분석(needs analysis), 학습자분석, 환경분석, 직무 및 과제 분석이 포함된다.
- 설계단계: 설계는 분석단계에서 나온 산출물을 창조적으로 종합하는 과정이다. 설계단계에는 수행목표의 명세화, 평가도구의 설계, 프로그램의 구조화 및 계열화, 수업전략과 매체의 선정 등이 포함된다. 설계단계에서는 교육훈련의 전체 모습, 즉 설계명세서를 만들어 낸다.
- 개발단계: 개발단계는 설계단계에서 결정된 설계명세서에 따라 실제 수업에서 사용할 수업자료나 수업 프로그램을 제작하는 단계다. 개발단계에서는 먼저 수업자료의 초안(draft) 또는 시제품(prototype)을 개발하여 형성평가(pilot test)를 실시하고 프로그램을 수정한 뒤 마지막으로 최종 산출물, 즉 완제품을 제작하는 과정을 포함한다.
- 실행단계: 실행단계는 개발단계에서 완성된 최종 산출물인 수업자료나 프로그램을 실제 교수·학습 현장에 적용하는 단계다. 실행단계는 개발된 수업자료나 프로그램이 교육과정 속에 설치되어 계속적으로 유지될 수 있도록 관리하는 활동도 포함한다.
- 평가단계: 평가단계는 최종 수업산출물이 의도한 목적을 충실히 달성하였는지를 확인하는 단계다. 이를 위해 수업 프로그램의 가치를 판단하는 총괄평가를 실시한다.

(2) Dick과 Carey의 체제적 수업설계 모형

수업설계 모형은 ADDIE 모형을 기반으로 발전되어 왔다. Dick과 Carey의 체제적 수업설계 모형은 수업모형 중 단위시간(lesson)이나 교육 프로그램을 설계하는 데 유용하게 적용할 수 있는 모형이다. Dick과 Carey의 모형은 체제적 접근에 입각한 절차적 수업설계 모형으로서, 효과적인 수업 프로그램을 개발하는 데 필요한 일련의 단계들과 그 단계들 간의 역동적인 관련성에 초점을 맞추고 있다. Dick과 Carey의 모형은 1978년 이후 매 5년 정도의 간격으로 수정과 보완을 반복해 오고 있다.

　　Dick과 Carey의 수업설계 모형은 초보자나 수업 경험이 적은 교수 설계자에게 매우 유용할 수 있게 수업설계 단계를 세분화하여 제시하고 있다. 그런 관계로 Dick과 Carey의 모형은 실제 수업장면에 적용할 가능성이 높다고 평가되고 있다. 즉, Dick과 Carey의 모형은 수업설계 훈련을 위한 기본적인 수업설계 모형이다. 이 모형은 일반 교실뿐만 아니라 특수교육현장에서도 수업의 효과성과 효율성을 담보할 수 있는 수업설계 기법으로 큰 도움을 줄 수 있을 것이다.

　　Dick과 Carey의 수업설계 모형은 다음 [그림 3-5]와 같이 제시할 수 있다.

그림 3-5　Dick과 Carey의 수업설계 모형

출처: Dick, W., Carey, L., & Carey, J. (2009).

(3) ASSURE 수업매체 활용

　　수업은 학습자로 하여금 학습의 양과 질을 확대시키는 것을 목적으로 하는 활동이다. 수업설계에서 학습목표 달성을 위한 학습내용을 전달할 수 있는 수업매체를 선택하는 것은 효과적인 수업을 위한 필수적인 활동이다.

　　ASSURE 모형은 수업매체와 관련 자료들을 효과적이고 체계적으로 활용하기 위한 절차적인 모형이다. Heinich와 그의 동료들(2002)이 수업장면에서 수업매체를 활용하여 원하는 수업목적에 도달할 수 있도록 교육 구성요소들을 어떻게 체계적·체제적으로 조직하는가에 초점을 두고 제안한 모형이다. 이 ASSURE 모형은 매우 체계적으로 절차가 제시되기 때문에 수업 경험이 적은 초보 교수자도 교육현장에서 쉽게 활용할 수 있는 실천적인 수업설계 모형으

로 평가된다. 그래서 이 ASSURE 모형을 따르면 교수자들이 수업에서 수업매체를 효과적으로 사용할 수 있음을 보장(assure)해 준다는 의미도 내포하고 있다(강이철, 2011). ASSURE 모형은 다음 [그림 3-6]과 같이 제시할 수 있다.

A	S	S	U	R	E
학습자분석 (Analyze Learner)	목표진술 (State Objectives)	수업방법, 매체, 자료의 선정 (Select Method, Media and Materials)	매체와 자료의 활용 (Utilize Media and Materials)	학습자의 참여 유도 (Require Learner Participation)	평가와 수정 (Evaluation and Revise)

그림 3-6 ASSURE 모형

- 학습자분석: 학습자의 특성은 수업설계 요인 중 가장 중요한 요인이다. 수업설계 장면에서 분석해야 할 학습자의 특성은 학습자의 일반적 특성(연령, 학년, 직업, 지위, 사회경제적 요인 등), 출발점 행동, 학습양식 등이다.
- 목표진술: 수업매체의 체계적인 활용을 위한 두 번째 단계는 학습자가 달성해야 할 수업목표를 구체적으로 설정하고, 학습의 결과로 습득하게 될 새로운 지식과 경험을 명확하게 진술하는 것이다. 수업목표 진술은 주로 메이거(Mager)식의 구체적인 목표진술로 진행되며, 학습대상자, 행동, 학습조건, 평가기준의 네 가지 요소가 포함된다.
- 수업방법, 매체, 자료의 선정: 수업매체 활용 장면에서 학습자의 특성을 파악하고, 수업목표를 구체적으로 진술하고 나면, 이제 어떤 수업방법과 수업매체를 선택하여 활용할 것인지, 수업매체와 수업방법을 실행하기 위해 어떤 교재를 활용할 것인지를 결정해야 한다. 어떤 수업방법, 수업매체를 선택하여 활용할 것인지는 수업목표, 수업내용, 학습대상자, 교수자의 교육관, 교수·학습 환경 등에 영향을 받게 된다.
- 매체와 자료의 활용: 사용할 매체와 자료가 선택·결정되면, 이 매체와 자료를 수업에서 어떻게 활용할 것인가를 구체적으로 계획해야 한다. 수업매체의 효과적 제시를 위해서는 수업 전에 자료를 점검하고 내용과 제시

순서 등을 정하여 미리 시연해 보는 노력이 요구된다. 또한 자료를 사용하기 위한 기자재나 시설, 환경을 미리 점검하고 정비해야 한다.

- 학습자의 참여 유도: 학습은 교수내용의 일방적인 전달로만 이루어지는 것이 아니라, 학습자가 학습과정에 능동적으로 참여할 때 더욱 효과적으로 진행될 수 있다. 따라서 가장 효율적인 학습상황은 학습자가 목표달성을 위해 능동적으로 참여할 수 있도록 실제행동을 요구하는 것이다. 교수자는 학습자로부터 반응을 유도할 수 있는 학습자료를 제공하거나 자료를 제시한 후 연습기회를 제공하고, 학습자의 반응에 대해 적절한 피드백을 제공하는 방법 등을 통해 수업 참여 기회를 높여 줄 수 있다.

- 평가와 수정: 모든 교육활동의 마지막 단계는 평가활동과 그에 따른 수정작업이다. 수업매체 활용에서도 수업매체와 수업방법 등에 대한 평가를 실시하여 사용한 특정 매체가 학습자의 목표달성에 도움이 되었는지, 흥미 유발에 효과적이었는지, 학습자 참여를 유도하였는지 등의 관점에서 평가하는 것이다. 평가의 결과가 다음 수업활동의 매체 및 방법 적용에 반영되어 수정과정이 진행된다.

3. 특수교육현장에서의 수업설계 아이디어

특수교육은 일반교육 체제로는 교육목적 달성에 어려움을 겪을 수 있는 특수아동을 대상으로 하는 교육이다. 특수교육은 '특수한 교육적 요구'를 가진 학습자에게 적절한 교육이다. 그런 관점에서, 특수교육현장은 일반교육에서보다 수업설계 아이디어 적용이 더 요구되는 교육현장이다.

한국특수교육교과교육학회(2009)는 특수교육과 수업설계(관련 요소의 변화 관점)라는 주제로 특수교육현장에서의 수업설계 아이디어를 제시하였다. 수업설계의 가장 중요한 체제적 시각에서 특수교육(수업)의 하위요소들(학습자, 교수자, 교육내용, 환경 등)을 살펴볼 수 있는 부분이다.

1) 학습자

수업에서 가장 본질적인 요소는 학습자이다. 수업설계는 학습자 개개인으로 하여금 어떻게 학업성취를 향상시킬 것인가에 초점을 두고, 학습자 개개인의 특성들이 수업전략이나 전달방법에 일치하는 것을 주요 과업으로 하기 때문이다. 특수교육에서 '학습자'는 바로 특수교육을 요구하는 장애학생이다. 장애학생은 특별한 요구(special needs)를 지닌 학생으로 심신의 장애로 인해 교과 및 교과 외 활동 등을 그들의 요구수준에 맞게 조정하여 제공된 교육내용, 교육방법 및 교육매체를 통해 체험하게 되는 교육적 체험의 주체다.

전통적인 특수교육은 학습자인 특수교육 요구아동을 인간병리의 관점에서 파악하여 왔다. 이러한 인간병리는 과학적인 관리, 행동주의적인 모델, 합리적인 검사를 통해 일반학교의 교육 프로그램에서 실패한 아동에게 '장애'라는 명칭을 부여하고, 그들만의 새로운 체제를 갖추어 교육하는 것이 합리적이라는 학습자관을 통하여 일반 주류의 보통교육에 참여하지 못하는 실패의 원인을 학습자의 병리적인 조건에서 찾는 관점이다.

반면, 현재의 장애학생에 대한 관점은 인간병리에서 교육병리 혹은 조직병리로 그 속성이 변화되고 있다. 이는 학교가 그 역량의 부족으로 인해 다양한 교육적 요구를 가진 학생의 교육에 적절히 대응하지 못한 데서 비롯한 교육의 실패 및 조직의 실패에 기인하는 관점으로 대치된 것이다.

2) 교수자

교수자는 개체가 집단 전체의 평균에서 일탈된 정도에 따라 비정상(장애)으로 규정된 특수교육 요구학생에게 '진단평가처방'이라는 원칙하에 과제분석이라는 절차를 통해 수동적으로 지식 및 정보를 주입하는 중재 수행자의 역할을 하여 왔다. 중재 수행자로서의 역할은 지금까지 특수교육의 실천모형, 즉 아동 개개인의 병리적 조건을 전제로 하여 아동의 장애를 객관적으로 정확히 진단하고 그 진단의 결과에 기초하여 아동이 '할 수 있는 것'과 '할 수 없는 것'을 확인하고, 그에 상응한 처방전으로 철저히 계획되고 통제된(위계화된) 프로그램을 개발하고, 이 프로그램의 위계적 순서에 한 치의 어긋남이 없이 교수·학습 활동을 전개해야만 하는 중재 수행자로 인식되어 왔다.

이와 같은 기술공학적 합리성에 기초하여 장애 아동을 진단·평가·처방하고 과제분석이라는 절차를 통해 특수교육 요구학생에게 수동적으로 교육을 주입하는 종래의 중재 수행자 역할은 변화되고 있다. 최근의 특수교육 교수자는 교실생활 문화에서 중심적이며 지배적인 역할 수행자로 그 의미가 재고되고 있으며, 교수자의 결정과 행동이 교육의 성패를 가름하는 결정적인 요인으로 여겨지고 있다. 따라서 최근에 교실생활 환경에서 교수자가 수행하는 학습자, 교과(내용), 환경(맥락)과의 상호작용 과정, 교수자의 개인적·실제적 지식에 대한 광범위한 연구는 교수자가 자신의 세계를 이해하는 방식이 그들의 교실경험을 구조화하는 방식과 아동, 부모, 동료, 행정가와 상호작용하는 방식에 어떤 영향을 미치는가에 초점을 두고 있다.

결국 교수자는 자신의 축적된 경험과 많은 자료에서 수집된 생각들을 결합하여 교실문화 속에서 실제적인 지식을 창출하고, 실제적인 문제에 직면하여 그 의미를 탐색하고, 실행할 수 있는 대안을 마련하여, 그 결과에 대한 교육적인 가치판단을 한다. 따라서 교수자는 기술공학적 합리성에 의한 지식의 전달자에서 학습자, 교과(내용), 그리고 환경의 상호작용적 맥락 속에서 실제적 지식을 가진 '반성적 전문가 모델'로서의 속성의 변화를 보이고 있다.

3) 교과(내용)

수업설계에서 교과(내용)의 모습은 단순 매체(교과서)에서 다양한 매체(교과서, 자료, 멀티미디어 자료, 웹 자료, 지역사회 자원 등)로서, 수업에서의 활동과 지식 전달체로서의 교과가 아닌 교육적 체험과 해석의 매개물로서 학생의 수준과 관련하여 적절하게 해석·변형·재조직이 가능한 의미형성체로서의 교과, 탈맥락화된 교과에서 생생하게 살아 움직이는 맥락화된 교과의 모습으로 변화되고 있다.

특수교육현장의 수업설계에서는 교수자와 학습자 간의 매체인 교수·학습 내용이 일반교육에서보다 그 중요성이 더 클 것이다. 일반교육이나 특수교육이나 교육활동의 목적은 학습자의 학습의 양과 질의 향상일 것이다. 국가의 교육과정상 교육목표 및 교육내용의 체계는 거의 동일하다. 그런 상황에서 특수교육에서는 정해진 교육목표 달성을 위해 선정된 교육내용을 어떤 형태로 학습자에게 전달하느냐가 성공 여부를 결정하게 될 것이다. 교수자는 학습자의 기능적 능력, 기능적 한계, 그리고 선호하는 학습형태 등을 고려하여 그에 적절한 교과(내용)를 선정하고 조직하는 노력을 지속적으로 진행하여야 한다. 결국 특수교육 교수자는 교육과정 수정능력을 필수적으로 갖추고 있어야 한다.

4) 환경(맥락)

환경(맥락)은 학습자, 교수자, 그리고 교과(내용)와 항상 상호작용적·상호보완적 영향을 미치는 중요한 요소다. 환경은 교육적 체험의 장을 마련하는 심리적·물리적 상황에서의 교육환경이다. 물리적 환경이든 심리적 환경이든 '환경'은 특수교육 요구학생의 교육의 품질을 좌우하는 중요한 관건이 되고 있다. 물리적 환경은 장애를 가진 특수교육 요구학생의 교육 접근권을 확보하는 측면에서 대단히 중요하다. 일반학생에게는 너무도 당연하고 자연스럽게 이루어질 수 있는 교육의 접근권이 장애를 가진 특수교육 요구학생에게는 교육적 접근의 장애물로 변질되어 교육기회의 박탈이라는 현상을 빚을 수도 있기 때문이다.

또한 심리적 환경은 특수교육 전달체제의 다양화, 즉 교류교육, 통합교육, 일반학교 순회교육 등의 특수교육 서비스 제공방법의 다양화에 따라 더욱 중요한 환경으로 부각되고 있다. 일반인과 일반학생의 특수교육 요구학생에 대한 심리적 환경이 개선되지 않고서는 특수교육의 질적 발달을 기대하기는 어렵다.

4. 주요 특수교육 수업설계 적용 방법론

특수교육은 일반교육 프로그램을 통해서는 그 교육적 성과를 기대하기 어려운 특수교육대상자들을 대상으로 진행하는 특별한 교육 프로그램이다. 특수교육에서 적용되고 있는 수업설계의 주요 원리와 방법론을 살펴보고자 한다.

1) 특수교육의 주요 원리

1975년 미국 의회에서 「전장애아교육법(Education for All Handicapped Children Act: EAHCA)」인 공법 94-142가 통과되었다. 이 법은 역사상 특수교육에 가장 큰 영향을 미친 법으로 인정된다. 1975년 이후, 미국 의회는 다섯 번이나 「전장애아교육법」을 재인준하였으며, 1990년 개정 시에는 이 법의 이름을 「장애인교육법(The Individuals with Disabilities Education Act: IDEA)」으로 바꾸었다. 「장애인교육법」은 2004년 「장애인교육향상법(The Individuals with Disabilities Education Improvement Act)」이라는 이름으로 재인준되었다.

미국 「장애인교육법」은 여러 번 개정을 거치면서 변화되어 왔지만, 큰 틀에서는 그 원리를 유지하고 있다. 이 원리는 미국뿐만 아니라 전 세계, 특히 우리나라 특수교육의 기본적인 원리로 작용되고 있다.

(1) 배제 금지(Zero Reject)

학교는 장애를 가진 모든 아동을 아무도 배제하지 않고 교육해야 한다. 즉, 만 6세부터 17세에 해당하는 모든 장애 아동은 장애의 성격이나 정도에 상관없이 무상의 공교육을 받아야 하며, 주정부가 3세부터 5세 아동에게 교육을 제공하거나 18세부터 21세의 아동에게 공교육을 제공하는 경우 모든 장애 아동도 동등하게 교육적 혜택을 받아야 한다. 또한 각 주의 교육기관은 출생 후부터 21세까지의 장애 아동과 장애를 가지고 있을 것으로 의심되는 아동들을 찾아내어 진단과 평가를 할 책임이 있다. 이것을 아동발견체계(child find system)라고 한다.

(2) 비차별적 판별 및 평가(Nondiscriminatory Identification and Evaluation)

학교는 인종, 문화 및 언어에 관련된 편견이 없는 다양한 진단과 평가방법을 사용하여 장애 아동을 판별함으로써 장애 아동이 판별절차상에서 보호받도록 해야 한다. 이것을 '평가절차상의 보호'라고 한다.

(3) 무상의 적절한 공교육(Free, Appropriate Public Education: FAPE)

모든 장애 아동은 장애의 유형과 정도에 상관없이 무상의 적절한 공교육(FAPE)을 받아야 한다. 또한 학교는 각 아동의 교육적 요구에 맞게 구성된 개별화교육 프로그램(Individualized Educational Program: IEP)에 따라 적절한 공교육을 제공해야 한다.

(4) 최소제한환경(Least Restrictive Environment: LRE)

장애의 정도와 특성 때문에 분리시켜야 하는 경우를 제외하고, 장애 아동은 가능한 한 비장애 아동들과 함께 최소제한환경(LRE)에서 교육을 받아야 한다. 법은 아동이 학업적 활동과 비학업적 활동에서 어느 정도로 비장애 아동과 함께 교육을 받을지 장애 아동의 개별화교육 프로그램에 명시하도록 요구하며, 분리할 경우에는 타당한 근거를 제시하도록 한다. 각 장애 아동이 자신의 교육적 요구에 따라 최소제한환경에서 교육받는 것을 보장하기 위해서 교육청은 연계적 배치와 서비스의 대안을 제공해야 한다.

(5) 적법절차에 의한 보호(Due Process Safeguards)

학교는 장애 아동과 부모들의 권리를 보호하기 위해서 특수교육에 관련된 진단과 배치 전에 부모의 동의를 받게 되어 있으며, 아동의 장애에 대한 모든 정보는 비밀로 하되 부모에게는 모두 공개하도록 하고 있다. 만약 학교에서 실시한 진단과 평가의 결과에 대해 동의하지 않을 경우, 공적 자금으로 독립적 평가를 요구할 권리가 있다. 또한 진단·평가·배치·특수교육 프로그램 및 관련 서비스에 관하여 학교와 부모가 동의하지 않으면 부모는 정당한 법의 절차에 따라 공청회 등을 요구할 수 있다.

(6) 공동 의사결정(Parent and Student Participation and Shared Decision Making)

학교는 장애 아동의 교육 프로그램을 계획하고 실시할 때 장애 아동과 그의 부모를 참여시켜서 교육환경의 배치, 개별화교육 프로그램의 목표 및 관련 서비스 등에 대해 의사를 표현할 수 있도록 하고, 공동으로 의사결정을 해야 한다(Heward, 2009).

2) 특수교육 방법론

특수교육은 일반교육과는 다른 특별한 교육 프로그램이다. 특수교육은 일반교육의 보편성과 더불어 특수교육대상자의 독특한 교육적 요구를 수용하기 위한 특수성이 있다. 그런 면에서 교육방법은 기본적으로 일반교육과 다를 바가 없다. 특수교육에서 사용되는 특별한 교육방법론으로 통합교육 방법, 개별화교육계획, 개별화전환교육계획을 소개하고자 한다.

(1) 통합교육 방법

특수교육대상자들은 각자의 교육적 요구와 필요에 따라 여러 가지 배치 형태로 교육이 진행되어야 한다. 일반적인 교육환경 측면에서 볼 때 일반학급이라는 최소한의 제한적인 배치에서부터 특별한 분리된 시설에 수용하는 가장 제한이 큰 수준에 이르기까지의 다양한 배치 형태가 하나의 연계적인 서비스 체계를 이루고 있다.

특수교육의 연계적 서비스 체계는 다음 [그림 3-7]과 같다.

그림 3-7 특수교육의 연계적 서비스 체계

출처: 이소현, 박은혜(2011).

　오늘날 특수교육의 가장 큰 특징은 통합교육이다. 특수교육은 더 이상 분리교육을 전제로 이루어지는 교육이 아닌 통합교육을 중심으로 발전되어 가고 있다. 통합교육은 한마디로 규정하고 이해하기 어려운 개념으로 특수교육 관련 문헌 및 여러 학자에 의해 다양하게 정의되고 있다. 일반적으로 통합교육이란 장애학생들과 일반학생(비장애학생)들이 함께 생활하고 교수 · 학습함으로써 서로를 이해하고 편견 없이 상호협조하여 공동체 의식을 함양하고자 하는 교육환경을 의미한다. 「장애인 등에 대한 특수교육법」에서는 "통합교육이란 특수교육대상자가 일반학교에서 장애유형 · 장애정도에 따라 차별을 받지 아니하고 또래와 함께 개개인의 교육적 요구에 적합한 교육을 받는 것을 말한다."라고 정의하고 있다.

　통합교육과 관련된 유사한 용어로는 정상화(normalization), 최소제한환경(LRE), 주류화(mainstreaming), 통합교육(inclusion) 등이 있다. 정상화는 모든 인간이 문화적으로 정상적인 수단을 사용해야 한다는 철학적 신념에서 비롯되었다. 1960년부터 전 세계적으로 장애인들이 가능한 한 정상적인 사회에서 함께 생활해야 한다는 움직임이 일어났다. 최소제한환경(Least Restrictive Environment: LRE)은 미국의 「전장애아교육법(EHA)」에 명시된 법적 용어로,

장애학생을 교육할 때 다양한 교육서비스 전달체계를 마련해야 하며 장애학 생들이 또래의 일반학생들과 최대한 상호작용할 수 있는 환경을 만들어 줘야 한다는 것이다. 주류화(mainstreaming)는 1980년대부터 주장된 일반교육주도 (Regular Education Initiative: REI)의 흐름과 함께 장애학생이 특수교육환경에 속해 있지만 일반교육환경에 주로 배치되어 교육을 받게 하는 방식을 말한다. 1990년대부터 특수교육대상자들의 교육에서 통합교육(inclusion) 혹은 완전 통합(full inclusion)이라는 개념이 정립되었다. 통합교육은 장애학생을 최대한 일반교육 교실에서 교육시키기 위해 모든 노력을 다하는 것이다.

특수교육에서의 특별한 교육방법론인 통합교육은 몇 가지 단계를 거쳐 진 행하게 된다. 물리적 통합, 사회적 통합, 정서적·행동적 통합, 교육적·학업 적 통합 단계다. 물리적 통합이란 장애학생을 일반학생과 함께 일반학교 내 일반학급 및 특수학급에 배치한다는 장소적 의미가 있다. 사회적 통합이란 같 은 학급에 배치된 또래들과 개인적으로 상호작용하고 이러한 긍정적 상호작 용을 통해 일반학생들과 관계를 형성할 수 있도록 만들어 주는 단계다. 정서 적·행동적 통합은 장애학생들이 같은 학급 내에서 행해지는 교육활동의 목 적이나 가치들을 공유하고 다른 학생들과 감정적으로 연결되어 있는 단계를 말한다. 마지막으로 교육적·학업적 통합은 장애학생이 모든 교육적 활동을 일반학생과 똑같이 수행해야 하거나 수행할 수 있는 것은 아니지만 유사한 활 동이나 일반학생이 받는 교육의 내용과 일관된 수행을 하는 상태를 말한다(김 동일 외, 2010).

특수교육에서 통합교육은 나름의 중심 개념으로 자리 잡아 가고 있다. 그 러나 아직은 여러 한계와 해결해야 할 과제들이 있다고 할 수 있다. 대표적인 한계와 과제는 다음과 같다. 첫째, 통합교육의 양적 확대와 장애이해 교육의 확대, 둘째, 통합교육의 질적 향상을 위한 노력, 셋째, 교사 간 협력의 필요 및 통합교육 담당교사 양성 체제 구축, 넷째, 특수교육의 연속적 지원체제 보완 등이다.

(2) 개별화교육계획

　개별화교육은 1975년 미국 「전장애아교육법」의 장애 아동 교육의 여섯 가지 원리, 즉 '배제 금지, 비차별적 평가, 무상의 적절한 공교육, 최소제한환경, 적법절차에 의한 보호, 부모와 학생의 참여'에 근거하여 특수교육대상자는 무상의 적절한 공교육을 받아야 하며, 각 특수교육대상자에게 각자의 교육적 요구에 적절한 개별화교육 프로그램을 제공하도록 하고 있다(Heward, 2009).

　우리나라 역시 개별화교육의 중요성을 인식하여 특수교육대상자의 교육권을 확립하고 특수교육대상자의 독특한 교육적 요구에 적합한 개별화교육을 실시하기 위해 노력하고 있다. 우리나라에서는 1977년 「특수교육진흥법」이 제정됨에 따라 특수교육대상자의 교육기회의 평등이 확보되었으나, 각 대상자의 개별적인 요구를 수용하기에는 제한적이었다. 1994년 「특수교육진흥법」이 전면 개정되면서 개별화교육에 관한 조항이 신설되어 개별화교육의 수립과 운영이 법적 근거를 갖추게 되었다. 이후 2007년 「장애인 등에 대한 특수교육법」이 제정되면서 특수교육대상자의 개별화교육 프로그램은 더욱더 강조되고 있다.

　「장애인 등에 대한 특수교육법」 제2조 제7호에서는 '개별화교육'이란 "각급학교의 장이 특수교육대상자 개인의 능력을 계발하기 위하여 장애유형 및 장애특성에 적합한 교육목표·교육방법·교육내용·특수교육 관련 서비스 등이 포함된 계획을 수립하여 실시하는 교육을 말한다."라고 정의하고 있다.

　특수교육의 특별한 교육방법인 개별화교육계획의 주요한 기능은 다음과 같다. 첫째, 개별화교육계획은 특수교육대상자를 위하여 특별히 고안된 교육(교육과정 및 특수교육 관련 서비스)을 보장하기 위한 계획서다. 둘째, 특수교육대상자의 교육성취를 점검하고 평가하는 평가계획서다. 셋째, 특수교육대상자와 보호자의 권리를 옹호하는 문서다. 넷째, 개별화교육 지원팀의 개별화교육 프로그램 실행에 대한 책무성을 강화하는 문서다. 다섯째, 개별화교육 지원팀(교사, 학부모 등)의 협력적 체계를 구축하고 의사소통을 돕는 문서로서의 기능이 있다(정은희, 2010).

표 3-1 개별화교육계획 양식의 예시

개별화교육계획_(예시)

(1) 대상학생		(2) 위원회			
이름		직위	성명		승인
소속		교장			
학년/반		교감			
생년월일		부장			
주소		담임교사			
전화		특수교사			
장애영역 (장애인등록증)		보호자			
장애정도		개별화교육 시작시기 및 종결시기			
(3) 진단평가 결과					
영역	**도구명**	**검사일**	**검사 결과**		
지능검사	K-WISC Ⅲ	20○○. ○○. ○○.	전체 IQ:		
사회적응능력검사	사회성숙도검사	20○○. ○○. ○○.	지적장애학생환산점수:		
운동능력검사	오세레츠키 운동능력검사	20○○. ○○. ○○.	운동능력에 어려움 없음		
발병 원인 및 시기	교사면담	20○○. ○○. ○○.	어머니의 장애 유전		
건강상태	교사면담	20○○. ○○. ○○.	건강상의 문제 없음		
행동관찰	교사의 관찰 및 부모면담	20○○. ○○. ○○.	자폐성향이 있으며 고집이 세서 자신이 원하지 않는 일은 하지 않으려고 함 / 유아성향이 남아 있어 자신이 좋아하는 사람과 팔짱을 끼고 있는 것을 좋아함 / 말을 시작하고자 하는 의도는 있으나 사용하는 어휘의 수가 매우 제한적임		
부모 요구사항	교과학습	생활에 필요한 읽기·쓰기·셈하기			
	통합교육	친구들과 사이좋게 지내기			
	전환교육	사회적응능력 신장을 통한 독립적인 생활태도 희망			
종합의견		사회적응능력 신장 및 기본교육과정을 바탕으로 한 교육과정 편성이 요구됨			

특수교육대상자 개별화교육계획의 구성요소는 「장애인 등에 대한 특수교육법 시행규칙」 제4조 제3항에서 제시하고 있다. 구성요소는 특수교육대상자의 인적사항과 특별한 교육지원이 필요한 영역의 현재 학습 수행 수준, 교육목표, 교육내용, 교육방법, 평가계획 및 제공할 특수교육 관련 서비스의 내용과 방법 등이다.

특수교육대상자의 개별화교육계획 양식은 특수교육이 이루어지는 교육기관이나 대상자, 교사의 여건 등을 고려하여 다양하게 작성하여 사용할 수 있다. 개별화교육계획의 일반적인 양식(예시)은 〈표 3-1〉과 같다.

(3) 개별화전환교육계획

특수교육의 최종목표는 특수교육대상자들로 하여금 우리 사회에서 자립된 삶을 영위하도록 지원하는 것이다. 그래서 특수교육의 꽃은 취업이라는 말이 있다. 특수교육대상자들이 독립적이고 통합된 삶을 살아가기 위한 가장 중요한 요인은 직장에 취직하는 것이다. 특수교육대상자의 취업은 매우 어려운 과업이다.

2023년 특수교육 연차보고서 자료에 근거하여 보면, 고등학교 및 전공과 졸업 특수교육대상자의 진로 현황은 다음 〈표 3-2〉와 같다.

표 3-2 고등학교 및 전공과 졸업 특수교육대상자 진로 현황　　(단위: 명, %)

구분		졸업자 수	진학		취업		비진학·미취업자 수
			진학자 수 (대학/전공과)	진학률 (%)	취업자 수	취업률 (%)	
고등학교	특수학교	2,076	1,202	57.9	45	5.1	829
	특수학급	3,354	1,883	56.1	483	32.8	988
	일반학급	1,098	676	61.6	58	13.7	364
	계	6,528	3,761	57.6	586	21.2	2,181
전공과	특수학교	2,268	34	1.5	1,087	48.7	1,147
	특수학급	103	4	3.9	87	87.9	23
	계	2,371	38	1.6	1,174	50.3	1,159
전체		8,899	3,799	42.7	1,760	34.5	3,340

※ 진학률 = (당해년도 졸업자 중 진학자 수 / 당해연도 졸업자 수) × 100
※ 취업률 = {취업자 수 / (졸업자 수 - 진학자 수)} × 100
※ 출처: 교육부(2023).

일반교육에서 보편적으로 사용하고 있는 용어인 '진로교육'을 특수교육 분야에서는 1980년대부터 '전환교육'이라는 용어로 사용하는 경향을 보인다. 전환(transition)이란 한 가지 조건이나 장소에서 다른 조건이나 장소로 변화해 가는 과정이며, 개인은 생애를 통해 이러한 전환의 다양한 형태를 경험하게 되고, 그 과정을 통해 발전해 나간다(조인수, 2005).

전환교육은 특수교육대상자들의 독립생활, 진로설정, 지역사회 참여 등 성인기의 요구사항들에 대하여 대상자들을 준비시키는 데 그 목적이 있다. 이를 위해서는 교육, 의료, 직업, 복지, 심리 서비스 등 다양한 분야의 지원이 필수적이다. 특수교육대상자에게 효과적인 전환계획과 서비스를 촉진, 개발, 지원하고 구조화된 서비스를 제공하기 위해서는 특수교육대상자의 현재, 미래의 삶과 관련 있는 모든 이의 긴밀한 연계와 협력이 이루어져야 한다.

전환교육 또한 특수교육대상자들의 다양성에 기초하여 개별화된 전환교육이 필수적이다. 특수교육의 최종적 목적인 특수교육대상자의 사회통합을 가능하게 하는 직업 취득을 위한 특별한 교육방법론이 '개별화전환교육계획'이다. 개별화 전환교육 및 계획에 참여하는 주요 구성원은 특수교육대상자, 가족구성원, 특수교육 교사, 중등학교 교육 담당자(일반학급 담임 등), 학교 상담교사, 지역사회 직업 관련 담당자 등이다. 특수교육대상자의 체계적인 전환교육이 이루어지기 위해서는 계획되는 개별화전환교육계획에 다음의 특징들이 포함되어야 한다.

① 전환계획은 장애학생과 장애가족이 중등 이후 교육과 고용, 지역사회 생활에 참여할 수 있는 프로그램을 포함한다.
  - 전환계획 수립 시 특수교육대상자에 관해 잘 아는 사람(부모, 후견인)을 포함한다.
② 전환계획에는 지역사회에서 기능적으로 활용할 수 있는 기술을 습득하기 위한 연간 목표와 단기 목표가 포함되어야 한다.
③ 전환계획에는 적절한 기관 의뢰, 직무배치, 직업현장에서의 훈련, 직무에 대한 것을 포함한다. 또한 특수교육대상자들의 전환과정 각 단계에

서 책임을 질 사람에 대해 명시한다.

④ 전환계획은 졸업하기 5~7년 전에 개발되어야 하고, 그에 따른 종단적인 계획이어야 한다.

⑤ 전환계획은 학령기에는 개별화교육계획(IEP)의 일부분이 되며, 지역사회 서비스를 받을 때는 개별화재활계획의 일부분이 된다.

⑥ 전환계획에서는 전환 서비스에 참여하는 모든 기관의 협력이 이루어지도록 계획한다.

⑦ 장애학생과 부모가 쉽게 이해할 수 있도록 친숙한 용어로 서술한다(김동일 외, 2010).

특수교육대상자의 개별화전환교육계획(ITP) 양식은 특수교육이 이루어지는 교육기관이나 대상자, 교사의 여건 등을 고려하여 다양하게 작성하여 사용할 수 있다. 개별화전환계획의 일반적인 양식(예시)은 다음 〈표 3-3〉과 같다.

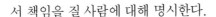 **표 3-3** 개별화전환교육계획 양식(예시)

학생 일반 정보								
이름	생년월일		성별		장애명		과정	
민수	2002. ○○. ○○.		남성		지적장애 (과거등급 1급)		일반 고등학교	
최초 전환됨	교장	교사	부모	진로전담 교사	특수교육 실무사	의사	언어 치료사	직업 평가사
	김○○	이○○	김○○	서○○	김○○			박○○
진로 · 직업 평가	구분	도구명	실시일	주요 결과				
	직업흥미 검사	VISIT	20○○. ○○. ○○.	흥미 직군	음식, 제조			
				흥미 직종	세차, 음악, 생산, 조립, 음료			
	적응행동 검사	NISE- SAB	20○○. ○○. ○○.	적응행동지수	개념적(77), 사회적(79), 실제적 (67), 전체(70, 저조한 수준)			
	지능검사	K-WISC- IV	20○○. ○○. ○○.	IQ 지수	언어이해(68), 지각추론(76), 작 업기억(79), 처리속도(59), 전체 지능(69, 매우낮음)			
	전환능력 검사	NSE- TEEMH	20○○. ○○. ○○.	전환능력검사지수 [원점수평균(백분위점수)]	자립 3.8(70%), 직업 3.6(66%), 계 속 교육 2.2(42%), 공통 4.0(76%)			

〈계속〉

당사자 · 보호자 상담	날짜	내용
	200○. ○○. ○○.	학생 기본 정보 및 특성 파악을 위한 학생대상 기초상담 실시
	200○. ○○. ○○.	전환 방향 및 전환 목표 설정을 위한 학부모 상담 실시
	200○. ○○. ○○.	전환 목표 일부 수정을 위한 학부모 상담 실시

진로 · 직업 교육계획		
구분		현행 수준
자립		자기관리, 가정생활에서는 독립적으로 수행 가능하고 지역사회생활은 간헐적 지원, 여가생활, 건강관리는 제한적으로 지원이 필요하며, 자립에서의 하위영역 중에는 돈 관리에 있어서 전반적인 지원을 필요로 한다.
직업		조리할 음식을 정하고, 재료를 준비한 후, 조리 도구 및 기기를 안전하게 사용하여 조리하기를 연속해서 다섯 번 교사의 도움 없이 수행할 수 있다.
계속교육		〈생략〉
공통		〈생략〉
성인기 삶의 목표	직업	하루에 4시간 정도 학교, 식당 등에서 급식보조 및 주방보조의 업무를 수행할 것이다.
	자립	공동생활가정에서 동료들과 함께 생활하기를 원한다. 또한 지역사회 스포츠 센터 또는 복지관 등의 지역사회기관에서 여가활동을 수행하고, 마트에서 필요한 물건을 구입할 수 있으며 이러한 활동을 수행하기 위해 대중교통 수단을 이용할 것이다.
	계속교육	고등학교 졸업 이후 복지관에서 평생교육을 받는 데 필요한 능력을 습득하고 활용할 것이다.
	공통	지역사회에서의 자립, 직업, 계속교육에 필요한 대인관계기술을 습득할 것이다.
장기(연간) 목표	직업	하루에 2시간 학교식당에서 주방보조 업무를 수행한다.
	자립	마트에 필요한 물건을 사기 위해 대중교통 수단을 이용한다.
	계속교육	〈생략〉
	공통	다양한 상황에서 타인이 싫어하는 행동을 구별할 수 있다.
단기 목표	직업	할당된 과제 목록에 대한 자기관리 체크리스트를 사용해 연속해서 다섯 번 아무런 촉구 없이 모든 과제를 시작할 수 있다.
	자립	교통카드를 사용하여 연속해서 5번 교사의 도움 없이 헬로 마트에 가는 3번 버스를 탈 수 있다.
	계속교육	〈생략〉
	공통	교사의 지시에 따라 정해진 시간 동안 코 파기 행동을 하지 않을 수 있다.
서비스 기간		시작일 2023. 4. 1. 종료일 2023. 12. 22.
책임자		특수학교 교사/직업재활사(직업)

작성일   200○년 ○○월 ○○일

출처: 박희찬 외(2023: 216-217).

> ### 이 장의 연구과제
>
> 1. 교수자 입장에서 학습과 수업의 개념을 정리하고, 수업 전문가로서의 교수자의 자
>   질에 대해 발표해 보자.
>
> 2. 특수교육현장에서 수업설계의 이론 및 실제 기법의 필요성과 역할에 대한 간단한
>   보고서를 준비해 발표해 보자.
>
> 3. 특수교육현장(특수학급)에서 진행되고 있는 주요 특수교육 방법론을 장애유형별
>   로 팀을 나누어 발표 및 토론해 보자.

참고문헌

강이철(2011). 교육방법 및 교육공학의 입문. 경기: 양서원.

경기도교육청(2008). 개별화전환교육(ITP)의 이해와 실제(경기도교육청 장학자료).

교육부(2022). 제6차 특수교육발전 5개년 계획(2023-2027).

교육부(2023). 2023년 특수교육 연차보고서.

국립특수교육원(2018). 특수교육학 용어사전(개정판). 서울: (주)도서출판 하우.

권순황, 박재국, 조홍중, 한경임, 박상희(2013). 최신 특수교육 교과교재 연구 및 지도법.
　　　　서울: 일문사.

김남진, 김용욱(2017). 특수교육공학(2판). 서울: 학지사.

김동일, 손승현, 전병운, 한경근(2010). 특수교육학개론. 서울: 학지사.

김원경, 신진숙, 박현옥, 김영걸, 김미숙, 윤광보, 김경화, 김정현, 옥정달, 박정식, 김
　　　　정연, 곽승철, 한홍석, 박미혜, 변찬석(2023). 특수교육학개론. 경기: 수양재.

김진호, 박재국, 방명애, 서효정, 유은정, 이효신, 한경근 공역(2022). 최신 특수교육(12판).
　　　　서울: 시그마프레스.

김형일(2020). 전환교육의 이해와 실행(3판). 경기: 교육과학사.

김형일(2020). 특수교육 현장 교사를 위한 개별화교육의 계획과 실행. 서울: 학지사.

류지헌, 김민정, 임태형(2023). 수업역량 강화를 위한 교육방법 및 교육공학. 서울: 학지사.

박숙희, 염명숙(2007). 교수·학습과 교육공학. 서울: 학지사.

박희찬, 김라경, 송승민, 이정은, 이현주, 박영근, 배세진(2023). 장애학생을 위한 전환교육의 이해와 적용. 서울: 학지사.

변영계, 김영환, 손미(2007). 교육방법 및 교육공학(3판). 서울: 학지사.

옥정달, 유장순(2015). 국내 특수교육의 수업설계 관련 연구 동향 분석. 특수교육교과교육연구, 8(3), 133-153.

유승우, 임형택, 권충훈, 이성주, 이순덕, 전희정(2013). 교육방법 및 교육공학. 경기: 양서원.

유승우, 임형택, 권충훈, 이성주, 이순덕, 전희정(2017). 교육방법 및 교육공학(제3판). 경기: 양서원.

이소현, 박은혜(2011). 특수아동교육(3판). 서울: 학지사.

정동영, 강경숙, 남윤석, 박중휘, 오세웅, 유장순, 이미선, 이옥인, 정인숙, 정해동, 조규영, 진홍신(2016). 특수교육 교과 교재연구 및 지도법(2판). 경기: 교육과학사.

정은희(2010). 특수교육학개론. 서울: 학지사.

조인수(2005). 장애인 삶의 질 향상을 위한 전환교육. 대구: 대구대학교 출판부.

진위교(1988). 교육방법·교육공학. 서울: 정민사.

최성규(2015). 통합교육 시대의 특수교육 교과교육 효율성을 전제한 특수교육적 지원방안. 한국청각언어장애교육연구, 6(2), 1-21.

한국특수교육교과교육학회(2009). 특수교육 교과 교재연구 및 지도법. 경기: 교육과학사.

한경화, 김새봄, 정명철, 정혜원, 김영미, 김혜리(2019). 개별화교육계획-교육과정-수업과 연계한 특수교육 과정중심평가. 경기: 교육과학사.

한국교육공학회(2005). 교육공학 용어사전. 경기: 교육과학사.

한정선, 김영수, 주영주, 강명희, 조일현, 이정민(2011). 21세기 교사를 위한 교육방법 및 교육공학. 경기: 교육과학사.

「장애인 등에 대한 특수교육법」
「장애인 등에 대한 특수교육법 시행령」
「장애인 등에 대한 특수교육법 시행규칙」
「특수교육진흥법」

Corey, S. M. (1971). The nature of instruction. In M. D. Merrill (Ed.), *Instructional design: Readings*. Englewood Cliffs, NJ: Prentice-Hall.

Dick, W., Carey, L., & Carey, J. O. (2009). *The Systematic Design of Instruction* (7th ed.), Upper Saddle River, NJ: Pearson.

Gagné, R. M. (1975). *Essentials of learning for instruction* (Expanded ed.), Hinsdale, Il: The Dryden Press.

Heinich, R., Molenda, M., Russell, J. D., & Smaldino, S. E. (2002). *Instructional media and technologies for learning* (7th ed.). Upper Saddle River, NJ: Merrill Prentice.

Heward, W. L. (2009). *Exceptional Children: An Introduction to Special Education* (9th ed.). Upper Saddle River, NJ: Pearson Education, Inc.

Heward, W. L., etc. (2018). *Exceptional Children: An Introduction to Special Education* (11th ed.). Upper Saddle River, NJ: Person Education, Inc.

Hilgard, E. R., & Bower, G. H. (1975). *Theories of learning.* Englewood Cliffs, NJ: Prentice-Hall.

Molenda, M., Pershing, J., & Reigeluth, C. (1996). Designing instructional system. In R. Craig (Ed.), *Training and development handbook* (4th ed.). New York: McGraw-Hill.

참고사이트

교육부. https://www.moe.go.kr
국립특수교육원. https://www.nise.go.kr
에듀에이블. https://www.eduable.net
한국교육과정평가원. https://www.kice.re.kr

제**4**장

보편적 설계와 특수교육공학

⟩ 이 장의 개요

이 장에서는 최근 특수교육공학 분야에서 가장 활발하게 논의되고 연구되고 있는 「보편적 설계 (Universal Design: UD)」에 대해 공부하게 될 것이다. 보편적 설계는 건축학 분야에서 시작된 인본주의적 개념으로서 모든 인간(비장애인, 장애인, 노인, 아이 등)에게 추가적인 변화 없이 최대한 편리하게 사용하게 하고자 하는 아이디어다. 보편적 설계는 이후 그 적용 범위를 확대하여 장애아동을 위한 교육과정 및 수업 분야에도 적용되기 시작하였다. 그것이 보편적 학습설계(UDL)다. 이 장의 주요 내용은 보편적 설계의 개념, 등장배경, 유사 용어, 보편적 설계의 주요 원리 및 지침, 보편적 학습설계의 원리 및 적용, 통합교육에서의 보편적 설계의 적용 등이다.

⟩ 이 장의 학습목표

1. 보편적 설계의 개념, 등장 배경, 유사 용어를 설명할 수 있다.
2. 보편적 설계의 주요 원리를 말할 수 있고, 각 원리의 적용사례를 조사하여 발표할 수 있다.
3. 보편적 설계의 아이디어가 수업설계 분야에 적용된 보편적 학습설계의 원리를 확인하고,
   보편적 학습설계에 근거한 수업지도안을 작성할 수 있다.
4. 통합교육현장에서 적용되고 있는 보편적 설계 아이디어를 제시할 수 있다.

제4장은 최근 특수교육 분야에서 활발하게 논의되고 적용되고 있는 '보편적 설계(Universal Design: UD)'에 대해 공부하는 장이다. 보편적 설계는 아직 일반인들에게는 낯선 용어지만, 건축학이나 (특수)교육학 분야 연구자 및 종사자에게는 제법 익숙한 용어다. 보편적 설계는 이미 우리 생활 속에 많이 들어와 있다. 우리가 미처 인식하지 못할 뿐 우리 생활 곳곳에 인간을 배려하기 위한 UD가 적용된 제품들이 숨어 있다.

그림 4-1   수도꼭지에 숨어 있는 보편적 설계

현재 우리가 대부분 사용하고 있는 수도꼭지는 손잡이를 위로 올렸다 내리면서 물을 틀고 잠글 수 있다. 좌우로 살짝 돌리면 온수와 냉수도 조절할 수 있다. 손잡이 하나로 물을 틀고, 잠그고, 온도를 조절할 수 있어서 매우 편리하다. 과거의 수도꼭지는 돌리는 형태였다. 그리고 온수와 냉수가 나오는 손잡이가 나뉘어 있었다. 돌릴 때 손잡이가 너무 미끄럽고 힘이 들어가자, 손잡이를 쉽게 잡고 돌릴 수 있도록 홈을 팠다. 홈을 파는 것으로도 부족하자 지금과 같이 손잡이 하나로 온수·냉수를 조절할 수 있고, 누르는 것만으로 물을 틀 수 있는 수도꼭지를 만들어 냈다. 팔이 하나 없는 사람들도, 손에 힘이 없는 사람들도 쉽게 쓸 수 있는 수도꼭지가 된 것이다.

그림 4-2 문고리에 반영된 보편적 설계

　문고리에서도 UD를 발견할 수 있다. 요즘 나오는 문고리들은 위아래로 누르면 문이 열린다. 손에 힘이 없어도, 손가락이 펴지지 않아도 쉽게 문을 열 수 있다. 동그랗게 생겨서 힘주어 잡고 돌려야만 열리던 과거의 문고리와는 다르다.

　보편적 설계는 건축학 분야에서 시작된 인본주의적 개념으로 모든 인간(비장애인, 장애인, 노인, 아이 등)에게 추가적인 변화 없이 최대한 편리하게 사용하게 하고자 하는 아이디어다.

　보편적 설계는 특수교육공학 분야에서 가장 의미 있게 논의되고 있는 개념이다. 특수교육공학과 동일한 개념으로 이해되기도 할 정도다. 이 보편적 설계는 하드웨어적 측면과 소프트웨어적 측면을 함께 가지고 있다고 할 수 있다. 즉, 초기 건축학 분야에서 시작된 보편적 설계는 시설물이나 상품 등에서 장애인들이 비장애인들과 동일하게 사용할 수 있게 하는 원리와 결과물이었다. 그런 보편적 설계는 특수교육현장(교실 등)에서의 수업방법이나 교육과정에 투영되면서 소프트웨어적 측면이 강조되는 방향으로 전환되고 있다.

　이 장의 주요 내용은 보편적 설계(UD)의 개념, 보편적 설계의 주요 원리 및 적용, 보편적 학습설계(UDL)의 원리 및 적용사례 등이다.

1. 보편적 설계의 개념, 등장 배경, 유사 용어

여기에서는 보편적 설계(Universal Design)에 대한 이해의 폭을 넓히고자 우선적으로 보편적 설계의 개념을 정의하고자 한다. 그다음 보편적 설계의 등장 배경을 확인한다. 마지막으로 보편적 설계와 유사한 용어를 확인함으로써 보편적 설계에 대한 조망감을 형성하게 될 것이다.

1) 보편적 설계의 개념

'보편적 설계'라는 용어는 '보편적'이라는 용어와 '설계'라는 용어가 결합된 용어다. '보편적'이라는 용어를 『표준국어대사전』에서 찾아보면 다음과 같다.

> **보편적(普遍的)|[보：편적]**
>
> 「관형사 · 명사」
>
> 1. 두루 널리 미치는. 또는 그런 것.
> 2. 모든 것에 공통되거나 들어맞는. 또는 그런 것.
>
> [비슷한 말] 일반적

'설계'라는 용어는 교육공학에서 널리 사용하는 '수업설계'라는 개념에서 그 내용을 잘 확인할 수 있다. '설계'라는 용어는 두 가지의 중요한 특징이 있다. 첫째, 사전계획성이라는 특징, 둘째, 요소들의 합(合)이라는 특징이다.

『특수교육학 용어사전』에서 확인한 보편적 설계의 개념은 다음과 같다.

보편적 설계(普遍的 設計)

제품과 환경을 개조하거나 또는 추가적인 특별한 설계 없이도 모든 사람이 최대한 편리하게 사용할 수 있도록 설계하는 공학적 개념이다. 이 개념은 건축학에서 비롯된 것으로 무장애 설계, 통합 설계, 혹은 모든 사람을 위한 설계라고도 한다. 장애인이든 비장애인이든 모든 사람의 다원적인 요구와 변화하는 유동적 요구를 포용할 수 있는 공통 설계요인을 최대한 반영하여야 한다. 보편적 설계를 적용하기 위한 기본 원리는 다음과 같다.

- 공평한 사용(어떤 집단의 사용자들에게도 유용하고 시장성이 있음)
- 융통성 있는 사용(광범위한 개인의 능력이나 기호에 유연하게 적응될 수 있어야 함)
- 단순하고 직관적인 사용(사용자의 경험, 지식, 언어능력 또는 일반적인 집중도에 관계없이 이해하기 쉬움)
- 인식가능한 정보(주위 여건이나 사용자의 지각능력에 상관없이 필요한 정보를 효과적으로 전달함)
- 실수에 대한 포용(우발적이거나 의도하지 않은 작동으로 발생할 수 있는 부정적 결과를 최소화함)
- 적은 신체적 노력(신체적 피로를 최소화하기 위해 효율적이고 편안하게 사용함)
- 접근과 사용 가능한 크기와 공간(사용자의 신체 크기, 자세, 운동성에 상관없이 접근, 도달, 작동, 사용할 수 있는 적당한 크기와 공간의 제공)

최근에는 보편적 설계의 개념 적용 범위가 넓어져 장애학생들만을 대상으로 하는 특수교육이 아니라, 처음부터 모든 학생을 위한 보편적 설계에 기반한 학습(universal design for learning)이 강조되고 있다.

출처: 국립특수교육원(2009).

보편적 설계라는 용어는 노스캐롤라이나 주립대학교의 보편적 설계 센터 (Center for Universal Design: CUD)의 설립자인 Mace가 1985년에 처음 사용한 것으로 확인된다. Mace는 소아마비 장애인으로서 자신이 겪은 어려움을 바탕으로 건축학 분야에서 창안한 보편적 설계라는 개념을 다음과 같이 제안하였다. 요즘 교육부 등에서 많이 사용하고 있는 무장애(barrier-free)라는 용어를 포함하고 있음을 알 수 있다.

> 보편적 설계란 장애를 가지고 있거나 그렇지 않은 모든 사람에게 매력적이고 기능적인 건물이나 시설을 별도의 비용이 거의 없이 설계하는 방법이다.

출처: Mace, R. L. (1985).

보편적 설계라는 용어는 1990년대에 이르러 그 개념이 확산하면서, 다양한 연구자에 의해 약간씩 차이를 보이며 개념이 정립되어 왔다. 주요 연구자들의 보편적 설계의 개념을 정의해 보면 다음 〈표 4-1〉과 같다.

표 4-1 주요 연구자의 보편적 설계 개념

연구자	보편적 설계 개념
Mace (1985)	• 연령과 능력에 상관없이 최대한 많은 사람이 사용할 수 있는 환경과 제품을 만들기 위한 접근 • 건축에서의 보편적 설계는 건축물의 모든 구성요소가 장애를 가지지 않은 것(ability)과 장애를 가진 것(disability)의 정도를 고려하지 않고 모든 사람이 사용할 수 있도록 하는 것
Lobbovich (1993)	• 장애인 및 노인의 증가와 같은 인구구조의 변화와 법적 요구에 대한 해결책 • 다양한 능력을 가진 사람들 간의 차이를 제거하고 지원성, 접근성, 안정성 등의 원리를 고려하도록 요구하는 새로운 디자인 철학

〈계속〉

연구자	보편적 설계 개념
Wilkoff & Abed (1994)	• 새로운 요소들이 환경에 도입되는 것이 아니라 기존 요구들의 기능을 향상시킨 디자인 • 장애를 가진 사람뿐 아니라 모든 사람을 위한 안정하고 기능적이며 편리한 환경을 만드는 것
Langmuir (1996)	• 다수의 존엄성과 독립성을 증진시키는 디자인 • 제품의 원래 상태를 변화시키지 않고 사용자의 특별한 요구를 수용할 수 있는 디자인 • 미적으로 즐거움을 줄 수 있는 디자인 • 최적의 요구를 수용하는 디자인 • 소비자를 이해하는 디자인 • 지속적인 디자인
Whitehouse (1996)	• 모든 사람을 위한 디자인으로, '하나의 크기가 모두를 충족시키는 단일화가 아닌 모든 이의 요구에 최대한 반응하는 디자인' • 가능한 모든 자원이 한 시점에 최대한 많은 사람이 접근가능한 환경을 만드는 디자인
Reuschel (1996)	• 노인과 신체적 장애가 있는 사람들이 환경이나 제품을 이용할 때 장애를 느끼지 않도록 사물을 창조, 배열하는 것
Moore (1996)	• 모든 사람을 환영하는 장소나 제품이 보편성을 포함해야 하며, 모든 사람의 요구를 평등하게 반영하는 디자인

출처: Cobington, G., & Hannah, B. (1997).

보편적 설계라는 용어는 이후 많은 분야에서 논의가 이루어지고 있으며, 법률적인 용어로 개념화되어 왔다. 보편적 설계의 초기 개념은 건축학 분야에 제한되었으나, 점차 도시설계를 비롯한 다양한 분야로 확대되어 왔다. 미국의 「보조공학법(Assistive Technology Act of 1998)」에서는 보편적 설계를 다음과 같이 정의하고 있다.

보편적 설계란 가능한 기능적 능력으로 가장 광범위한 범주의 사람들에 의해 사용 가능한 제품과 서비스를 설계하고 전달하는 개념 또는 철학을 의미하며, 직접 사용할 수 있는 제품과 서비스, 그리고 보조공학과 함께 사용할 수 있는 제품과 서비스를 포함한다.

2) 보편적 설계의 등장 배경

강병근(2008)은 보편적 설계는 장애인 편의시설에 대한 부작용 때문에 등장했다고 주장하였다. 덴마크와 스웨덴에서 1959년에 시작된 장애인 건축에 대한 설계 기준의 법제화 시도는 1960년대 초반(1960년 독일과 스위스, 1961년 미국, 1963년 이탈리아, 1964년 네덜란드 등)에 전 세계적으로 확산하였다.

미국의 '접근가능한(accessible / usable)' 설계 기준은 장애물의 제거범위 등에 대한 한계는 있었지만 매우 강력한 영향력을 지닌 시설물 설계 기준으로서의 역할을 훌륭하게 해냈다. 특히 미국이 1973년 개정한 「장애인재활법」 제504조는 미연방과 관련된 사업에서 장애인의 차별을 금지하였고, 1977년 이 법이 시행되면서 장애인의 권리의식이 높아져 사회 전반에 걸친 광범위한 장애인 권리운동이 확산하기도 하였다.

그러나 이러한 장애인 권리운동과 강력한 설계 기준은 1970년대 후반에 접어들면서 지나치게 장애인 편의시설 중심으로 설계가 특화되고 있다는 비판이 미국 건설업계에서 강하게 형성되기 시작하였다. 특히 편의시설 설치기준이 장애인만을 대상으로 한 설계 기준으로 적용 및 인식되어서 임대주택의 경우 장애인 입주자가 이주하면 그 집을 빌리러 오는 사람이 없게 되고, 심지어는 함께 살고 있는 가족 또한 사용하기 어렵게 되거나 병원의 병실과 같은 특수하고 익숙하지 않은 설계에 대한 반발이 나타나기 시작하였다.

그런 관계로, 장애인만을 위한 여러 가지 지침이나 법안들은 많은 이로 하여금 불편함과 심지어 거부감을 느끼게 하였다. 이런 문제점들을 해결하기 위한 것이 보편적인 설계를 하는 계기가 되었고, 미국 기준협회와 보편적 설계의 최초 제안자인 Mace 등이 '특정인을 대상으로 한 특정 설계'를 '모두를 위한 보편적인 설계'로 바꾸는 운동을 전개하게 되었다.

3) 보편적 설계의 유사 용어

보편적 설계는 다양한 용어로 불린다. 이들 유사 용어를 확인하는 것은 보편적 설계의 개념을 명확하게 정의하는 데 큰 도움이 된다. 김남진과 김용욱(2010)은 보편적 설계의 동의어들을 다음 [그림 4-3]과 같이 제시하였다.

그림 4-3 보편적 설계의 동의어들

출처: 김남진, 김용욱(2017).

강병근(2008)은 보편적 설계의 이론적 개념을 확인하면서 다음과 같은 다양한 유사 용어를 제시하였다. 첫째, '생애주기 디자인(life span design: 어린이부터 노인까지 사용할 수 있는 환경과 상품 디자인)'으로서 생애주기가 변하여도 무리 없이 수용할 수 있는 디자인을 의미하고, 유사 용어로 '초세대적 디자인(trans-generation)'도 사용되고 있다. 둘째, '융통 또는 가변성 디자인(adaptive design: 요구에 따라 생활환경 자체를 변할 수 있게 만든다는 디자인)'으로서 단순한 추가 또는 변경만으로 진화가능한 생활환경 디자인을 의미하고, 유사 용어로는 '적응가능한 디자인(adaptable design)'이 있다. 셋째, '첨가적 디자인(additive/expandable design: 수요자의 요구 변화를 점진적으로 수용하는 디자인)'이다.

이외에도 유럽에서 널리 사용되고 있는 '모두를 위한 설계(design for all: 모든 범위의 능력이나 상황에 있는 사람들에게 편리한 환경이나 서비스를 제공하는 디자인)' '접근가능한 디자인(accessible design: 일상생활에 제약을 받는 사람들의 설계요구에 맞추어 환경이나 서비스를 확장한 디자인)' '포괄적인 디자인(inclusive design: 만인의 요구에 대응하는 포괄적인 디자인)' 등이 보편적 설계와 유사 용어로 사용되고 있다고 주장하였다.

2. 보편적 설계의 주요 원리 및 지침

보편적 설계는 원리와 지침을 통해 구체화된다. 여기서는 학계에서 나름 동의하고 있는 보편적 설계의 일곱 가지 원리와 30개 지침을 구분하여 살펴볼 것이다.

1) 보편적 설계의 주요 원리

보편적 설계의 주요 원리는 노스캐롤라니아 주립대학교의 보편적 설계 센터(Center for Universal Design: CUD)에서 제시하였다. 보편적 설계 센터는 1997년 보편적 설계의 일곱 가지 원리와 30개의 상세 지침을 제시하였다. 먼저 보편적 설계의 일곱 가지 원리의 내용을 살펴보면, 다음 〈표 4-2〉와 같다.

표 4-2 보편적 설계의 일곱 가지 원리

원리	내용
제1원리 공평한 사용 equitable use	서로 다른 능력을 가지고 있는 다양한 사람들에게 유용하게 사용될 수 있는 설계
제2원리 사용상의 융통성 flexibility in use	개별적으로 다양한 선호와 능력에 따라서 조정할 수 있는 설계
제3원리 간단하고 직관적인 사용 simple, intuitive use	사용자의 경험, 지식, 언어, 기술, 집중력 등에 관계없이 이해하기 쉬운 설계

〈계속〉

원리	내용
제4원리 쉽게 인지할 수 있는 정보 perceptible information	사용자들의 지각능력이나 주변 조건에 관계없이 필요한 정보를 효과적으로 전달할 수 있는 설계
제5원리 오류에 대한 포용성(관용) tolerance for error	우연적이거나 의도하지 않은 행동에 의한 부정적인 결과나 위험을 최소화할 수 있는 설계
제6원리 적은 신체적 노력 low physical effort	최소한의 육체적 노력으로 효율적이고 편리하게 사용할 수 있는 설계
제7원리 접근과 사용을 위한 크기와 공간 size and space for approach and use	사용자의 신체 크기, 위치, 이동성에 상관없이 접근, 도달, 조작, 사용할 수 있는 여유 있는 적절한 크기와 공간을 제공하는 설계

2) 보편적 설계의 구체적인 지침

보편적 설계 센터에서는 보편적 설계의 일곱 가지 원리에 근거한 구체적인 30개 지침을 제시하여, 관련 연구자 및 종사자들에게 보다 친절한 안내를 하고 있다. 보편적 설계의 30개 지침을 살펴보면, 다음 〈표 4-3〉과 같다.

표 4-3 보편적 설계의 30가지 지침

원리	지침
제1원리 공평한 사용	• 모든 사용자가 똑같이 사용할 수 있는 방법을 제공한다. 가능하면 동일한 것으로, 그렇지 못할 경우에는 동등한 것으로 제공한다. • 어떤 사용자도 분리되거나 낙인 찍히지 않도록 한다. • 모든 사용자에게 사적 자유, 보호, 안전이 똑같이 확보되는 설비를 제공한다. • 모든 사용자에게 매력적으로 설계한다.
제2원리 사용상의 융통성	• 사용방법에서 선택사항을 제공한다. • 오른손잡이나 왼손잡이가 모두 접근해서 사용할 수 있도록 한다. • 사용자의 정확성을 촉진한다. • 사용자의 속도에 맞추어 적응된 양식을 제공한다.

〈계속〉

원리	지침
제3원리 간단하고 직관적인 사용	• 불필요한 복잡성을 제거한다. • 학습자의 기대와 직관에 일관되게 제시한다. • 문해 및 언어 능력의 다양한 수준에 맞게 조정하도록 한다. • 일관된 중요도로 정보를 배열한다. • 과제수행 동안과 이후에 효과적인 촉진과 피드백을 제공한다.
제4원리 쉽게 인지할 수 있는 정보	• 필수정보는 여러 형태(그림, 구어, 촉각 등)를 사용하여 중복적으로 제시한다. • 필수적 정보와 배경 간에 적절한 대비가 이루어지도록 한다. • 필수정보의 가독성(legibility)을 최대화한다. • 요소들의 제시방법을 차별화하여 중요한 정보가 명확하게 전달되도록 한다. • 감각장애 아동들이 사용하는 다양한 기술이나 장비들과 호환성을 갖도록 한다.
제5원리 오류에 대한 포용성 (관용)	• 위험이나 오류를 최소화하도록 요소들을 배치한다. 많이 사용되는 요소는 가장 근접하게 배치하고, 오류요소들은 제거, 분리, 가리도록 한다. • 위험이나 오류에 대해 경고한다. • 오류를 방지할 수 있는 도움을 제공한다. • 주의해야 하는 과제에서 무의식적인 반응이 나오지 않도록 한다.
제6원리 적은 신체적 노력	• 신체자세를 바르게 유지할 수 있도록 한다. • 조작을 위해 적절한 힘을 사용하도록 한다. • 반복적인 행동을 최소화한다. • 지속적인 신체적 노력을 최소화한다.
제7원리 접근과 사용을 위한 크기와 공간	• 앉거나 서 있는 사용자에게 중요한 요소들이 명확하게 보이도록 한다. • 앉거나 서 있는 사용자가 모든 요소에 편리하게 접근할 수 있도록 한다. • 손의 크기와 손을 쥐는 정도에 따라 조정할 수 있도록 한다. • 보조장비나 개인적 지원을 사용할 수 있는 적절한 공간을 제공한다.

출처: Center for Universal Design (1997).

보편적 설계의 일곱 가지 기본 원리와 30개의 구체적 지침은 보편적 설계를 사용하고자 하는 연구자나 교사들에게 중요한 자료가 되고 있다. 이 교재에서는 원리별 예시를 제시하지 않고 있다. 이 교재를 가지고 공부하는 학생들은 원리별 예시를 찾아보는 것이 연구과제가 될 것으로 기대한다.

3. 보편적 학습설계의 원리 및 적용

보편적 설계는 그 출발점을 건축학에 두고 있다. 초기 보편적 설계는 장애인들의 시설물, 상품 등에 그 범위를 두고 연구 및 논의가 진행되었다. 최근에는 장애 아동의 교육과정 및 수업 등에도 보편적 설계 아이디어가 접목되고 있다. 여기에서는 보편적 학습설계의 등장배경과 개념, 주요 원리 및 적용, 보편적 설계와 통합교육 비교, 통합교육에서의 보편적 설계 등에 대해 서술한다.

1) 보편적 학습설계의 등장 배경과 개념

보편적 설계(Universal Design)는 1985년 Mace에 의해 창안되어 장애인의 접근성 강화를 위한 의미 있는 사회운동으로 확대되고 있다. 특수교육의 발달과정은 분리교육 시기에서 정상화(normalization) 운동과 탈시설화(deinstitutionalization) 과정, 최소제한적 환경(LRE), 주류화(mainstreaming), 일반교육주도 정책 등을 거쳐 통합교육으로 이동하고 있다.

보편적 설계는 건축학 분야에서 출발하였지만, 모든 사용자의 접근성과 편리성을 강화하는 방향으로 확대되어, 특수교육에서의 교육과정과 수업 분야까지 그 개념과 원리(지침)들이 확산됐다. 이런 과정에서 등장한 용어가 '학습을 위한 보편적 설계(Universal Design for Learning: UDL)'다.

'보편적 학습설계'라는 용어는 1989년 미국의 국립일반교육접근센터

(The National Center for Accessing the General Education Curriculum)에서 최초로 사용하였다고 한다. 미국의 응용특수공학센터(Center for Applied Special Technology: CAST)에서는 장애인을 포함한 모든 사람에게 교육의 기회를 확대하기 위해 공학을 사용할 것을 주장하였고, 일반교육과정에의 접근·참여·진전도를 촉진시키기 위한 교육과정 설계방법으로 '학습을 위한 보편적 설계(UDL)'를 제안하였다.

정해진(2004)은 보편적 학습설계란 기존의 보편적 설계의 개념을 두 가지 측면에서 확장시킨 것이라고 주장하였다. 첫째는 교육과정에 내재한 융통성(built-in-flexibility)의 개념을 적용하는 것이고, 둘째는 교실에서 정보에 대한 접근성의 향상뿐만 아니라 학습에 대한 접근성을 향상시킨 개념이라고 하였다. 김남진과 김용욱(2010)은 보편적 학습설계란 다양한 특성을 가진 모든 학생이 동등하게 교육과정에 접근하고 참여하는 과정을 통해 바람직한 교육적 결과를 극대화할 수 있도록 계획단계에서부터 학생들의 일반성과 특수성을 고려하는 설계라고 정의하였다.

보편적 학습설계(UDL)는 건축학 개념에서 주창된 보편적 설계를 교육영역에서 활용하고자 하는 패러다임으로서 모든 학습자가 일반교육과정을 수행할 때 부딪히게 되는 높은 장벽을 개선하기 위한 방법이며, 융통성 있는 수업목적, 수업방법, 수업자료, 평가를 학습자 차이에 따라 조절한 상세 계획을 말한다. 이 중 '보편적'이라는 개념은 모든 사람을 위한 한 가지의 최적화된 해결책을 의미하는 것이 아니라, 장애학생을 포함하여 가능한 한 다양한 학습자가 공통의 환경에서 학습할 수 있도록 교육과정 및 학습환경을 탄력적으로 설계하는 것을 말한다. 보편적 학습설계는 장애학생만을 대상으로 하는 특수교육을 일반교육과 분리된 이원적 체계로 설계하기보다는 다양한 특성을 가진 모든 학생이 일반교육과정에 접근할 수 있도록 계획단계에서부터 학생들의 다양한 범위를 보다 확장하여 교육과정이나 교수법 등을 설계하는 과정이 포함된다.

2) 보편적 학습설계의 주요 원리 및 적용

Rose와 Mayer(2002)는 보편적 학습설계의 주요 세 가지 원리로 복합적인 내용제시방법, 복합적인 표현방법, 복합적인 참여방법의 제공을 제안하였다. 그들이 제시한 보편적 학습원리와 적용된 교수방법의 예는 다음 〈표 4-4〉와 같다.

표 4-4 보편적 학습설계 원리와 적용된 교수방법

보편적 학습설계 원리	보편적 학습설계 원리가 적용된 교수방법
복합적인(다양한) 내용제시방법 multiple methods of presentation	• 복합적인 예 제공 • 정보의 중요한 특징 강조 • 복합적인 매체와 형태 제공 • 배경지식 및 맥락에 대한 정보 제공
복합적인(다양한) 표현방법 multiple methods of expression	• 융통성 있는 수행 모델 제공 • 연습을 지원하는 기회 제공 • 지속적이고 관련된 피드백 제공 • 기술시연을 위한 융통성 있는 기회 제공
복합적인(다양한) 참여방법 multiple methods of engagement	• 내용과 도구의 선택사항 제공 • 적절한 목표수준 제공 • 보상의 선택 제공 • 학습상황의 선택 제공

출처: Rose, D. & Mayer, R. (2002).

김남진과 김용욱(2010)은 노석준(2006) 등의 연구를 바탕으로 보편적 설계와 보편적 학습설계를 비교하여 제시하였다. 보편적 학습설계를 이해하는 데 의미 있는 비교라고 평가된다.

보편적 설계 및 보편적 학습설계 모두 접근과 참여의 수단 측면에서 추가적인 조정이 필요 없도록 사전에 설계되어야 한다는 점에서는 공통점이 있다. 그러나 활용 측면에서 보편적 설계는 남의 도움 없이 아동 스스로 사용 가능하도록 하는 것이 중요하지만, 보편적 학습설계에서는 아동 스스로 접근수단을 조정하되 교수자가 아동들의 학습진도를 점검하고 어떤 속성들을 활성화할 수도 있다고 하였다. 그리고 도전 측면에서 일반적인 보편적 설계에서는 예측되는 모든 장애물을 제거하는 데 중점을 두지만, 보편적 학습설계에서는 접근한 장애물은 제거하되 아동의 분발을 위한 적절한 도전이 유지되도록 해야 한다는 차이가 보인다고 평가하였다.

표 4-5 보편적 설계(UD)와 보편적 학습설계(UDL)의 차이

구분	보편적 설계(UD)	보편적 학습설계(UDL)
접근과 참여 수단	• 생산물과 환경은 부가적인 조정이 필요 없이 모든 사람에 의하여 사용될 수 있게 한다.	• 교육과정은 교사에 의한 추가적인 조정이 필요 없이 모든 학습자에게 활용가능해야 한다.
활용	• 사용자들이 모든 접근을 통제하며, 다른 사람들의 도움이 없거나 거의 필요하지 않다.	• 학습자들이 접근수단을 통제하지 않지만 교사들은 교수와 촉진, 학습자들의 학습에 대한 평가를 계속한다.
도전	• 만약 제거할 수 없다면 최소화한다. • 접근에 대한 장애는 될 수 있는 대로 없앤다. • 가장 좋은 설계는 가장 쉽게 광범위한 접근을 제공한다.	• 몇몇 인지적인 도전이 여전히 유지되어야 한다. • 접근에 대한 장애들은 없어져야 하지만 적합하고 적당한 도전은 유지되어야 한다. • 만약 접근이 너무 없다면 학습은 더 이상 일어나지 않을 것이다.

출처: 김남진, 김용욱(2017).

3) 보편적 설계와 통합교육

김용욱(2008)은 보편적 설계의 아이디어를 통합교육에서 찾을 수 있다고 주장하였다. 그는 통합교육은 모든 학생을 위한 교육이고 보편적 설계는 모든 사람을 위한 설계로, 통합교육과 보편적 설계는 그 철학적 배경, 목적, 대상 및 방법 등에서 공통적인 특성을 공유한다고 주장하였다. 그가 주장한 보편적 설계와 통합교육의 공통점은 다음 〈표 4-6〉과 같다.

| 표 4-6 | 보편적 설계와 통합교육의 공통점 |

구분	보편적 설계	통합교육
철학적 배경	• 인간중심 사고 • 인간의 다양성 포용	• 인간의 다양성 인정 (인본주의 패러다임)
대상	• 모든 생활영역 (제품, 서비스, 거주, 교육, 고용 등)	• 장애학생을 포함한 모든 학생
목적	• 참여, 접근, 사용 보장	• 통합, 동등한 학습기회 제공
방법	• 원리 　- 기능지원 디자인 　- 수용가능한 디자인 　- 접근가능한 디자인 　- 안전한 디자인 • 원칙 　- 동등한 사용 　- 사용상의 융통성 　- 손쉬운 이용 　- 정보이용의 용이 　- 안정성 　- 힘들이지 않는 조작 　- 적절한 크기와 공간	• 교육과정 　- 원리: 수용가능한 · 접근가능한 디자인 　- 원칙: 동등한 사용, 사용상의 융통성 • 교수 · 학습 운영 　- 원리: 기능지원 디자인 　- 원칙: 손쉬운 이용, 정보이용의 용이, 안정성 • 교육환경 　- 원리: 접근가능한 · 안전한 디자인 　- 원칙: 힘들이지 않는 조작, 적절한 크기와 공간

출처: 김용욱(2008).

4. 통합교육에서의 보편적 설계의 적용

오늘날 특수교육은 통합교육 패러다임에서 진행되고 있다. 현행 「장애인 등에 대한 특수교육법」 제2조(정의)에서 확인하여 보면 그 내용을 더 분명하게 확인할 수 있다.

「장애인 등에 대한 특수교육법」

제2조(정의)

1. '특수교육'이란 특수교육대상자의 교육적 요구를 충족시키기 위하여 특성에 적합한 교육과정 및 제2호에 따른 특수교육 관련 서비스 제공을 통하여 이루어지는 교육을 말한다.

6. '통합교육'이란 특수교육대상자가 일반학교에서 장애유형·장애정도에 따라 차별을 받지 아니하고 또래와 함께 개개인의 교육적 요구에 적합한 교육을 받는 것을 말한다.

통합교육은 장애학생을 포함한 모든 학생의 다양성을 인정하고 그들의 교육적 요구에 적합한 교육을 제공하기 위한 것으로, 현재의 통합교육이 효과적으로 이루어지기 위해서는 보편적 설계에 기초하여 특수교육 및 통합교육에 대한 이론 및 실제적인 접근의 변화가 필요하다고 할 수 있다. 즉, 이론적으로 장애를 인간의 다양성과 차이성의 한 구성요소로 인정하고 수용하며, 교육의 실제에서 누구도 배제되지 않는 교육과정과 수업을 설계 및 실행해야 한다는 책무성의 변화가 먼저 이루어져야 한다.

김용욱(2008)은 통합교육에서 보편적 설계의 적용 방향과 그 실제에 대하여 교육과정 측면, 교수·학습 측면, 교육환경 측면으로 구분하여 제시하였다.

1) 교육과정 측면: 보편적 설계 적용

보편적 설계에 기초하여 통합교육을 재조명해 보면 통합교육의 근본 목적은 단지 일반학급에서 장애학생을 위하여 특수교육 서비스를 실시하는 것이 아니라 문제행동을 포함한 폭넓은 범위의 학생 간 차이를 일반학급 내에서 보편적인 것으로 수용하는 것이라고 할 수 있다. 이러한 통합교육이 실현되기 위해서는 모든 학생이 학교의 구성원에 포함되어 활동하고 참여할 수 있도록 학습자들의 다양한 요구와 다양성을 수용하고 처음부터 개개인 학생의 특성을 구분하거나 분리하지 않는 토대가 갖추어져야 한다. 이를 위하여 가장 먼저 고려되어야 할 것은 학교교육의 기본적인 틀인 교육과정에서의 '보편성'을 고려하는 것이다.

통합교육에서의 교육과정은 장애학생을 포함한 모든 학생이 동등하게 접근하고 사용상의 융통성이 있도록 설계되어야 한다. 교육과정 측면에서 보편적 설계의 적용방향에 대해 좀 더 구체적으로 살펴보면 다음과 같다.

(1) 보편적 교육과정 설계

통합교육에서 장애학생과 비장애학생, 학습부진학생과 학습우수학생 등 모든 학생을 고려하여 이들에게 적합한 교수적 경험을 제공할 수 있는 보편적인 교육과정으로 설계되어야 한다. 즉, 장애학생에게 기본교육과정 또는 일반교육과정과 기본교육과정의 수정 및 재구성에 의한 교육과정을 제공하는 것이 아니어야 하며, 학습부진학생의 경우에도 일반교육과정 수준의 하향조정에 의한 교육과정을 제공하는 것이 아니어야 한다. 처음부터 모든 학생의 다양한 능력과 요구를 고려한 교육과정이 되어야 한다. 그래서 교육과정에 대한 수정 없이도 다양한 학생의 요구에 부합할 수 있는 교육과정이 계획·개발되어야 할 것이다. 이를 위한 교육과정 설계의 구체적 실행방안으로 구성주의 기반 교육과정과 수준별 교육과정을 제안한다.

① 구성주의 기반 교육과정

구성주의 기반 교육과정은 학습자의 학습에 대한 주인의식, 학습에서의 적극적 참여, 자기주도성을 강조하며, 이를 바탕으로 학습자에게 다양하고 의미 있는 경험을 제공하여 개인의 독특성과 창조성을 이끌어 내는 교육과정이다. 또한 학습자들의 다양성을 최대한 수용하여 학습자의 요구와 특성을 바탕으로 융통성 있게 교육과정이 설계되고 운영될 수 있는 특징을 내포하고 있다. 이러한 구성주의 기반 교육과정의 주요 원칙과 특성들은 보편적 설계의 기본 원칙인 '동등한 사용' '사용상의 융통성'과 같은 맥락으로 볼 수 있기 때문에 통합교육을 위한 교육과정 설계 및 운영의 구체적인 방향이라고 할 수 있다.

② 수준별 교육과정

수준별 교육과정은 학습자 개개인의 능력, 관심, 흥미, 진로 등에 맞는 학습 내용과 방법을 통하여 학습동기를 유발하고 학습활동을 강화하는 것으로 모든 학생에게 알맞은 속도로 학습하도록 할 수 있고, 자기주도적으로 학습활동을 하며 교수 · 학습 태도를 기를 수 있는 교육과정이다. 이를 통하여 학생 개개인의 성장 잠재력과 교육의 효율성을 극대화할 수 있다.

(2) 디지털 교과서와 매체

디지털 교과서는 텍스트뿐만 아니라 교재의 내용을 동영상, 애니메이션, 가상현실, 하이퍼링크 등 첨단 멀티미디어 기능으로 통합해 제공할 수 있고, 다양한 학습보조 자료와 사회 각 분야 최신 정보 및 지식 DB의 정보를 활용하여 학습할 수 있는 다양성과 융통성의 특성이 있기 때문에 다양한 교육적 요구를 지닌 장애학생들에게 그들의 요구에 적합한 교육을 제공할 수 있을 것으로 기대된다.

2) 교수 · 학습 운영 측면: 보편적 설계 적용

보편적 설계를 적용할 수 있는 교수 · 학습은 모든 학생의 학습 진보가 일어날 수 있도록 운영되고, 이를 위해 융통성 있는 교육과정 접근을 위한 다양한 대안이 마련되어 필요에 따라 선택할 수 있도록 해야 한다. 즉, 교수 · 학습의 운영에서 학습내용 제시 방식, 의사표현 방식, 학생들의 참여 및 상호작용 등에 하나의 방식이 아닌 다양한 대안을 마련하여 학습자들이 요구에 맞는 방법을 필요에 따라 선택해 학습에서 진보가 일어날 수 있도록 설계되어야 한다. 교수 · 학습 운영 측면에서 보편적 설계의 적용 방향에 대해 좀 더 구체적으로 살펴보면 다음과 같다.

첫째, 학습내용의 제시에서 탄력적인 설명 수단이 제공되어야 한다. 수업은 다양한 능력의 학습자들에게 접근되고 유용하도록 설계되어야 한다. 따라서 다양한 학습자의 요구를 수용하기 위해 학습내용의 제시에서 복잡한 개념을 줄이고 중요한 개념을 중심으로 디지털 텍스트, 설명문이 있는 오디오, 설명이 있는 이미지와 그래픽 등의 다양한 방법으로 설명 수단이 제공되어야 한다.

둘째, 학습자의 의사표현에서 탄력적인 표현 수단이 제공되어야 한다. 다양한 특성을 지닌 학습자들에게 학습에서의 타인과의 의사소통을 위해 특정의 단일한 표현방법이 아닌 말하기, 쓰기, 그리기, 컴퓨터를 이용한 의사표현 등 다양한 방식의 표현 수단이 제공되어야 한다.

셋째, 학습자의 참여를 위한 탄력적인 참여 수단이 제공되어야 한다. 학습자들의 지적발달 경험과 정도, 교육 및 사회·문화적 배경 등에서의 다양한 특성을 고려하여 교육과정의 신기성과 친숙성, 지원과 도전의 균형, 융통성 있는 교수·학습 자료 등이 제공되고 학습 흥미와 동기를 향상시키기 위해서는 탄력적인 참여 수단이 제공되어야 한다.

넷째, 학습자의 교육 진보 평가방법에서도 보편적인 설계가 이루어져야 한다. 즉, 교육에서 학습자의 학업적 성취를 평가하는 도구와 방법 또한 모든 학생이 접근할 수 있도록 보편적으로 설계되어야 한다. 이를 위해서는 평가 양식, 평가에 사용되는 기기나 자료, 평가 시간이나 환경이 다양화되어야 한다.

다섯째, 교수·학습 활동에 참여하는 일반교사와 특수교사 및 장애학생과 비장애학생 등 다양한 구성원 간의 보편적인 상호작용과 협력이 이루어져야 한다. 즉, 통합교육에서 장애학생을 포함한 모든 학생에게 직접적이고 실질적인 교수를 제공하는 일반교사와 특수교사 간의 협력은 교육방법의 공유와 협력적인 교수를 제공할 수 있고 모든 학생을 통합하게 한다.

3) 교육환경 측면: 보편적 설계 적용

교육환경 측면에서 보편적 설계는 학습의 모든 구성원이 지원적이고 편리한 교육환경에서 통합교육이 이루어질 수 있도록 설계되어야 할 것이다. 교육환경 측면에서 보편적 설계의 적용 방향을 물리적 환경과 인적 환경을 중심으로 좀 더 구체적으로 살펴보면 다음과 같다.

첫째, 물리적 환경과 학습 및 학교생활에서의 접근성 확보와 이를 위한 지원을 보장할 수 있도록 설계되어야 한다. 먼저 장애학생이 일반학교 및 통합학급에 통합될 수 있도록 경사로, 출입구, 화장실 등의 장애학생 편의시설 제공을 통한 물리적 접근성이 확보되어야 한다. 다음으로 학습과 학교생활에 참여하고 효과적으로 활동하기 위해 이에 필요한 각종 학습도구 및 보조공학의 지원이 이루어져야 한다.

둘째, 장애학생과 비장애학생 간의 사회적 관계 형성 및 상호작용이 촉진되도록 설계되어야 한다. 즉, 학습자 간의 원활한 관계 형성 및 다양한 상호작용은 학습의 모든 구성원이 환영받고 통합적이 되는 교육 분위기를 형성하고,

그림 4-4 통합교육에서 보편적 설계의 아이디어

나아가 통합교육이 추구하는 학업적 진보와 더불어 사회적 관계 형성을 촉진하여 진정한 사회적 통합이 이루어질 수 있게 한다.

김용욱(2008)이 제시한 통합교육에서의 보편적 설계의 아이디어를 그림으로 정리하여 제시하면 [그림 4-4]와 같다.

이 장의 연구과제

1. 우리 주변의 시설물과 상품 중에서 찾아볼 수 있는 보편적 설계의 예시를 조사하고, 그 예시들을 보편적 설계의 원리 및 지침에 의해 분류하여 발표해 보자.

2. 보편적 설계와 보편적 학습설계의 유사점과 차이점 등에 대한 간단한 보고서를 준비해 발표해 보자.

3. 보편적 설계 아이디어가 통합교육현장에서 어떻게 적용되고 효과를 발휘하고 있는지에 대하여 팀을 나누어 발표 및 토론해 보자.

참고문헌

강병근(2008). 보편적 디자인(Universal Design)의 이론적 배경과 철학적 개념. 한국특수교육학회 2008 추계학술대회 자료집.

강종구, 강성구 공역(2023). 모든 학생 학습을 위한 보편적 학습 설계와 통합교육. 서울: 학지사.

경기도교육청(2020). 유니버설디자인 가이드라인. 양평: 휴먼컬처아리랑.

교육부(2022). 제6차 특수교육발전 5개년 계획(2023-2027).

교육부(2023). 2023년 특수교육 연차보고서.

국립특수교육원(2009). 특수교육학 용어사전. 서울: 도서출판 하우.

국립특수교육원(2018). 특수교육학 용어사전(개정판). 서울: 도서출판 하우.

김남진, 김용욱(2010). 특수교육공학. 서울: 학지사.

김남진, 김용욱(2017). 특수교육공학(2판). 서울: 학지사.

김남진, 김용욱 역(2018). 보편적 학습설계 기반 수업. 서울: 학지사.

김동일, 손승현, 전병운, 한경근(2010). 특수교육학개론-장애 · 영재아동의 이해. 서울: 학지사.

김동일, 손지영, 윤순경(2008). e-러닝에서 보편적 설계의 적용에 대한 사용성 평가-시각, 청각, 지체장애 대학생을 중심으로. 특수교육저널: 이론과 실천, 9(2), 97-127.

김용욱(2008). 통합교육을 위한 방법론적 접근: 보편적 설계. 한국특수교육학회 추계학술대회.

김원경, 신진숙, 박현옥, 김영걸, 김미숙, 윤광보, 김경화, 김정현, 옥정달, 박정식, 김정연, 곽승철, 한홍석, 박미혜, 변찬석(2023). 특수교육학개론. 경기: 수양재.

김진호, 박재국, 방명애, 서효정, 유은정, 이효신, 한경근 공역(2022). 최신 특수교육(12판). 서울: 시그마프레스.

노석준 역(2006). 보편적 학습설계교사들과 교육전문가들을 위한 지침서. 서울: 아카데미프레스.

노석준(2006). 보편적 설계원리의 교수-학급에의 적용: 보편적 학습설계(UDL). 제11회 이화특수표육학술 대회 자료집.

민천식, 권택환, 신재한(2014). 특수교육공학. 경기: 교육과학사.

박재국, 김경희, 김소희(2006). 통합교육을 위한 유니버설 디자인에 관한 교사의 인식. 특수교육재활과학연구, 45(4), 191-213.

유승우, 임형택, 권충훈, 이성주, 이순덕, 전희정(2017). 교육방법 및 교육공학(제3판). 경기: 양서원.

이학준, 김남진, 김용욱(2017). 보편적 설계의 철학과 보편적 학습설계의 교육철학. 특수교육저널: 이론과 실천, 18(2), 25-40.

정해진(2004). 학습에 있어서의 보편적 설계. 장애 아동과 테크놀로지, 제4호, 16-18.

한국특수교육학회(2008). 통합교육을 위한 방법론적 접근: 보편적 설계(Universal Design). 한국특수교육학회 2008년 추계학술대회 자료집.

「장애인 등에 대한 특수교육법」
「장애인 등에 대한 특수교육법 시행령」
「장애인 등에 대한 특수교육법 시행규칙」

Blackhurst, E. (1997). Perspectives on technology in special education. *Teaching Exceptional Children*.

Center for Universal Design. (1997). *Environments and products for all people.* Raleigh: North Carolina State University.

Cobington, G., & Hannah, B. (1997). *Access by Design.* New York: Van Nostrand Reinhold.

Hall, T. E., Robinson, K. H., Gordon, D. (2024). *Universal Design for Learning in the Classroom* (2nd ed.). New York: Guilford Publications.

Heward, W. L. (2009). *Exceptional Children: An Introduction to Special Education* (9th ed.). Upper Saddle River, NJ: Pearson Education, Inc.

Heward. W. L., etc. (2018). *Exceptional Children: An Introduction to Special Education* (11th ed.). Upper Saddle River, NJ: Person Education, Inc.

Mace, R. L. (1985). Universal design: Barrier free environment for everyone. *Designers West, 33*(1), 147–152.

Mace, R., Pace, R., & Shaake, C. (1996). *Residential Remodeling and Universal Design: Making Homes More Comfortable and Accessible.* Upper Darby, PA: Diane Pub Co.

Rose, D., & Mayer, A. (2002). *Teaching every student in digital age: University design for learning.* Alexander, VA: Association for Supervision and Curriculum Development (ASCD).

참고사이트

국립특수교육원. https://www.nise.go.kr
서울특별시 유니버설디자인센터. https://www.sudc.or.kr
에듀에이블. https://www.eduable.net
웹접근성 연구소. https://www.wah.or.kr:444
표준국어대사전. http://stdweb2.korean.go.kr

접근성과 특수교육공학

◉ 이 장의 개요

이 장에서는 특수교육공학에 접근하는 제도적 장치로서 접근성에 관해 살펴볼 것이다. 이 장의
주요 내용으로는 접근성의 이해, 외국의 장애인 접근권 발달과 관련 법, 우리나라 장애인 접근권
관련 법률, 웹 접근성과 무인정보단말기 접근성 등이다.

◉ 이 장의 학습목표

1. 접근성의 개념과 필요성을 설명할 수 있다.
2. 특수교육대상아동에게 접근권 관련 법률의 중요성과 적용 등에 대해 논리적으로 설명할 수
   있다.
3. 웹 접근성과 무인정보단말기 접근성을 설명할 수 있다.

제5장에서는 특수교육공학에 접근하는 제도적 장치로써 접근성을 살펴보고자 한다. 특수교육공학은 특수교육대상아동에게 적합한 접근성으로 구현될 수 있다.

이에 따라 1절은 접근성의 이해로써 장애인 접근권의 개념, 장애인 접근권의 필요성에 대해 이동권, 편의시설 접근, 정보 접근으로 살펴보고, 장애인 접근권과 관련 법의 필요성에 대해 살펴볼 것이다. 2절은 장애인 접근권에 영향을 미친 비엔나 선언 및 행동 계획(1993)의 주요 내용과 미국, 유럽의 주요 국가의 관련 법 및 일본의 장해자(障害者) 기본법에 대해 알아볼 것이다. 3절은 정보 접근의 개념 및 관련 법률 등에 대해 살펴보고자 우리나라 장애인 접근권 관련 법률을 장애인 이동권, 시설(설비)에 대한 접근권, 정보 접근권으로 나눠 살펴볼 것이다.

정보 접근권은 특수교육현장에서 양질의 특수교육공학을 실현해 나가는 데 중요한 구심점으로 4절에서는 웹 접근성과 무인정보단말기 접근성을 중심으로 정보 접근권을 높일 수 있는 방안을 살펴볼 것이다.

1. 접근성의 이해

접근성(Accessibility)은 웹이나 앱 등에서 제공하는 정보를 신체적 · 기술적 여건과 관계없이 장애인 등이 비장애인과 동등하게 접근하고 이용할 수 있도록 보장하는 것을 의미한다.

1) 장애인 접근권의 개념

　장애인 접근권은 인간으로서의 존엄과 가치 및 행복을 추구할 권리를 보장받기 위하여 장애인이 시설과 설비를 다른 사람의 도움 없이 동등하게 이용하는 한편, 다른 사람의 도움 없이 정보에 자유롭게 접근할 수 있는 권리다. 장애인 접근권은 법률적으로 장애인의 자유로운 이동과 시설이용에 필요한 편의를 제공받으며, 의사표현과 정보이용에 필요한 통신, 수어통역, 자막, 점자 및 음성도서 등 모든 서비스를 제공받을 권리를 갖는다.

　장애인 접근권은 편의시설을 장애인 등이 생활을 영위함에 있어 이동과 시설이용의 편리를 도모하고 정보 접근을 용이하게 하기 위한 시설과 설비로 규정하고 이러한 편의시설을 설치하여야 하는 구체적인 대상물로 도로, 공원, 공공건물 및 공중이용시설, 공동주택, 교통수단, 통신시설 등을 둔다.

　일반적으로 장애인은 장애로 인하여 파생되는 여러 가지 제약으로 비장애인 중심으로 설치된 사회적 제반 시설을 이용하는 것에 제약이 따를 수 있으므로 장애인들의 사회적응에 대한 불편이나 제약을 최소화하기 위하여 법률적으로 편의시설에 관한 규정을 두고 있다.

2) 장애인 접근권의 필요성

　장애인 접근권은 무장애(barrier-free)라는 이념에 영향을 받고 있다. 장애인의 사회참여는 개인적인 손상이나 기능적 장애에 의한 것이 아니라 장애인을 둘러싼 사회적 환경에 따라 나타나는 사회적 편견이나 사회생활에서 불이익에 따라 제한을 받는다. 그러므로 장애인이 어려움 없이 사회환경에서 자유롭게 편의시설이나 정보에 접근할 수 있도록 하기 위해 장애인 접근권이 필요하다.

　장애인의 접근성을 높이는 최선의 방법은 장애인을 위한 편의시설 접근이나 이동을 법으로 보장하는 것이다.

장애인 접근법은 환경적 장벽을 장애인에 대한 차별로서 이를 불법으로 규정하고 있다. 하지만 법적 구속력으로 장애인 접근권이 보장되는 것은 아니다. 장애인 접근권은 국가뿐 아니라 사회구성원의 이해와 협력이 없이는 효율적인 지원을 기대할 수 없다.

장애인 접근권의 궁극적 목표는 장애인의 완전한 사회참여와 평등을 통한 사회통합이다. 장애인 접근권은 이동권과 편의시설 접근권, 정보 접근권으로 살펴볼 수 있다.

(1) 이동권

이동권은 장애인에게 이동에 필요한 보행로 등을 포함한 각종 교통수단에서부터 정보통신시설 및 주거 등 공공건축물에 이르기까지 생활하면서 반복해서 사용하는 생활필수시설을 장애인이 이용하는 데 어려움이 없도록 만드는 것이다.

(2) 편의시설 접근

장애인 편의시설 설치의 시작은 「심신장애자복지법」(1981)으로서 같은 법 제13조는 '도로 · 공원 · 공공건물 · 교통시설 · 통신시설 · 기타 공중이 이용하는 시설을 설치하는 자는 심신장애자가 이를 편리하게 이용할 수 있는 시설이나 설비를 갖추도록 노력하여야 한다.'라고 권고하고 있다. 하지만 이 조항은 법적인 규정일 뿐 이에 대한 지침이나 처벌이 없는 선언적인 내용이었다.

편의시설에 대한 법령과 관련 법은 보건복지부령으로 「장애인 편의시설 및 설비의 설치기준에 관한 규칙」(1995)이 시행되면서부터 법적으로 장애인의 이동권을 보장받고 있다. 그러나 현실 사회에서 장애인은 여전히 사회생활 전반에 걸쳐 이동과 시설이용 정보 등의 접근을 포괄적으로 보장받지 못하고 있다.

(3) 정보 접근

정보 접근권은 의사표현과 정보이용에 필요한 통신, 수화통역, 자막, 점자, 및 음성도서 등 모든 서비스를 받을 권리다.

정보통신기술의 비약적인 발달은 장애인의 삶의 질에 도움을 주고 있다. 다양한 정보통신기술 서비스는 이동능력에 제한이 있는 장애인에게 사회참여의 기회를 제공하고 있으며, 서비스 전달체계를 네트워크화함으로써 서비스 전달의 유효성을 높이고, 장애인들에게 사회적 의사소통에 참여할 수 있는 기회를 넓혀 주고 있다. 특히, 특수교육공학은 특수교육대상아동의 교육적 요구를 충족시키며 학력 신장의 가능성을 높이고 있다. 특수교육공학의 영역으로 교수공학, 수업공학, 보조공학, 생산적 도구공학, 의료공학, 정보공학 등의 제반 영역은 장애인 접근권과 밀접한 관계를 맺고 있다.

특수교육대상자의 요구를 이동성과 접근성에 대한 요구, 적응성과 입력도구에 대한 요구, 교수에 대한 요구, 창의적 표현수단에 대한 요구로 구분하고 있다(Belson, 2003). 이동성과 접근성은 특수교육대상아동 요구의 기본적 영역으로 일상생활에 보다 접근성이 높은 교육공학에 만족도를 보인다. 또한 휠체어, 제어수단으로 쓰이는 스위치나 음성작동 시스템 또는 장애학생의 편의를 위해 수정된 기기들과 같은 이동성과 접근성 보조기구들은 특수교육보조공학에 밀접한 관계가 있다.

3) 장애인 접근권과 관련 법

특수교육공학이 효과를 얻기 위해서는 특수교육대상아동에게 이동성과 접근성을 장애인 접근권으로 보장해 주어야 한다. 특수교육공학이 실효를 거두기 위해서는 특수교육대상아동의 이동성과 접근성을 높여 주는 장애인 접근권이 준수되어야만 한다. 장애인 접근권이 보장받아야만 특수교육대상아동에게 정보기기의 활용과 보조공학서비스 지원관리의 설립 및 운영의 내실화가 이루어질 수 있으며 장애인 접근권 확보를 위한 예산을 지원받을 수 있다.

이러한 문제들을 해소하기 위해서는 관련 제도의 개선 못지않게 장애인 접근권을 보장하는 강제성을 지니는 법률 제정이 필요하다.

따라서 장애인 접근권은 장애인에게 이동과 편의시설 이용 및 정보를 능동적으로 보장받을 수 있는 관련 법을 제정하고 강제성이 부여되어야 하며, 구체적인 집행 장치가 규정될 필요가 있다.

2. 외국의 장애인 접근권 발달과 관련 법

1) 비엔나 선언 및 행동 계획

비엔나 세계인권회의(World Conference on Human Rights, Vienna)는 1993년 171개 정부대표와 유엔인권기구 및 국가인권기구, 민간단체 등 7,000여 명이 참석한 가운데 비엔나 선언 및 행동 계획을 발표하였다. 비엔나 세계인권회의에서 발표한 비엔나 선언과 행동 계획(Vienna Declaration and Programme of Action: VDPA)은 참석자 전원합의로 얻어진 결과로서 제1부 39개 항과 제2부 100개 항으로 구성되어 있다.

비엔나 선언과 행동 계획은 인권의 보편성을 재확인하고, 인권보호를 위한 강력한 이행방안을 제도적 장치로 보강했으며, 국제사회에서 대두되는 새로운 인권규범을 명문화하였다. 이에 따라 인권측면에서 권리를 쉽게 침해받는 사람들의 인권보호, 인권교육의 강화, 경제·사회·문화적 권리의 향유를 측정하기 위한 접근권을 강조하고 있다. 이는 전 세계의 국가에 영향을 주었다. 비엔나 선언 및 행동 계획 제2부의 12절의 2에서는 '사회 모든 부문에 대한 적극적 참여를 포함해서, 장애인들이 차별받지 않고, 모든 인권과 기본적 자유를 평등하게 누릴 수 있도록 하는 데 특별한 관심이 주어져야 한다.'라고 명시하고 있다. 비엔나 선언 및 행동 계획의 장애인의 권리에 대한 주요 내용은 〈표 5-1〉과 같다.

표 5-1 비엔나 선언 및 행동 계획에서 주요 내용

제3부 II. 평등, 존엄 그리고 관용

E. 장애인의 권리

1. 세계인권대회는 모든 인권과 기본적 자유는 보편적이고 따라서 따로 규정을 두지 않더라도 장애인들을 포함하는 것임을 재확인한다. 모든 사람은 평등하게 태어나고 생명과 복지, 교육과 노동, 독립적인 삶과 사회 모든 측면에 대한 적극적인 참여에 대하여 똑같은 권리를 가진다. 그러므로 장애인에 대한 어떠한 직접적 차별이나 기타 소극적인 차별적 처우도 그 권리에 대한 침해다. 세계인권대회는 각국 정부가 필요한 경우에는 장애인에게 이들 및 기타 권리에 대한 접근을 보장해 줄 입법을 채택하거나 체계화할 것을 촉구한다.

2. 장애인은 어디에나 있다. 장애인들은 육체적이건, 재정적이건, 사회적이건 혹은 심리적인 것이든, 사회에 대한 완전한 참여를 배제하거나 제약하는 사회적으로 결정된 모든 장애물의 제거를 통하여 평등한 기회를 보장받아야 한다.

3. 총회가 제37차 회기에 채택한 「장애인에 관한 세계행동 계획(the World Programme of Action concerning Disabled Persons)」을 상기하면서 세계인권대회는 총회와 경제사회이사회가 「장애인을 위한 기회의 평등화에 관한 표준규칙」 초안(the draft Standard Rules on the Equalization of Opportunities for Persons with Disabilities)을 1993년 회합에서 채택할 것을 촉구한다.

2) 미국

(1) 「재활법」(1973)

「재활법」(The Rehabilitation Act of 1973)은 장애인의 정보 접근권과 관련된 최초의 법이다. 「재활법」은 장애인에게 시민으로서의 기본적인 권리를 부여하고 장애인을 비장애인과 함께 주류 사회에 통합시키는 데 목적이 있다. 이 시기에 미국은 캠퍼스 운영이 전산화되기 시작함으로써 컴퓨터가 장애인에게 접근가능해야 한다는 것을 법으로 규정한다.

(2) 「장애인 통신법」(1982)

「장애인 통신법」은 정보 접근권을 직접적으로 명시한 최초의 법이다. 이 법은 공공기관 및 시설에 설치되는 모든 전화는 보청기와 호환되어야 할 것과 장애인을 위한 특수 이용자 기기를 적정 가격으로 이용할 수 있도록 규정한다.

(3) 「미국 장애인법(Americans with Disabilities Act)」(1990)

미국의 차별금지 및 평등권 실현은 연방헌법 수정 제14조에 규정된 법의 평등보호에 근거를 두고 있으며 이는 1964년의 「시민권법」에서 그 영역을 확대하고 구체화되었다. 이러한 시민권법의 차별금지조치는 「미국장애인법(ADA)」에 반영되어 장애인에 대한 차별금지법제의 골격을 이룬다.

과거 장애차별을 금지하는 「재활법」(1973)이 주정부와 연방정부, 이들과의 계약기관들에게만 적용된 반면 「미국 장애인법」은 장애인의 시민권을 공공부문뿐만 아니라 모든 사회영역, 즉 민간부문에서도 보장할 것을 규정한다.

이 법은 정보통신뿐만 아니라 건축, 교통 등 모든 물리적 장벽 제거에 관한 내용이 제시되어 있다.

「미국 장애인법」은 공공부문과 민간부문을 가리지 않고 장애인의 생활에 영향을 미치는 전 부문에서 차별을 없애기 위한 의지가 반영되어 있다. 내용면에서 살펴보면 장애를 이유로 한 차별을 강력히 금지하면서도 적용대상이 부담하여야 할 비용을 고려하여 면책사유와 유예기간을 두고 있다. 「미국 장애인법」의 주요 내용은 〈표 5-2〉와 같다.

표 5-2 「미국 장애인법」 주요 내용

Title I: 고용상의 장애인차별금지
종업원을 고용하는 사용자에게 유자격 장애인에 대하여 고용과 관련된 모든 기회에서 비롯되는 편익을 다른 사람과 동일하게 제공하도록 하고 있다.

Title II: 공공서비스(public service) 제공상 장애인차별금지
주정부나 지방정부는 장애인에 대하여 공공교육, 고용, 공공교통, 레크리에이션, 보건의료조치, 사회서비스, 법원, 투표, 지역회의 등 그들의 모든 기능에 있어서 동등한 편익을 향유할 수 있는 동등한 기회를 제공하도록 요구하고 있다.

Title III: 민간제공 공공편의시설 및 서비스 제공상 장애인차별금지
공공기관이 운영하는 시설이나 제공하는 서비스가 아니라 민간이 운영하는 공공 편의시설, 일정 종류의 교육과정과 시험, 교통수단, 상업시설 등에 대하여 장애인에 대한 배제, 분리

〈계속〉

및 불평등 취급 등의 차별행위를 금지하고 신·개축 건축물에 대한 기준을 설정하고 정책
과 관행 및 절차에 대한 합리적인 수정 의무를 부과하고 지각장애가 있는 사람과의 효과적
인 의사소통수단을 마련하는 등의 접근성을 높이도록 의무를 부과하고 있다.

Title IV: 전기통신의 이용권 보장
청각 및 언어능력 장애를 가진 사람들에 대하여 전화통화 서비스 및 연방정부의 재정보조
를 받는 공공서비스의 T.V. 공고에 대한 장애인의 접근권을 보장하고 있다.

(4)「미국 장애인 재활법(Rehabilitation Act Amendmant)」(1998)

미국은 1986년 지원고용을 경쟁적 고용이 불가능한 상태에 있거나 심한 장
애로 인하여 고용이 제한되는 중증장애인을 대상으로 통합된 작업장에서 계
속적인 지원 서비스를 제공하도록「재활법」을 개정하였다.

「재활법」개정은 1973년에 제정된「재활법」에 'electronic curb cuts' 법률
이라고 불리는 508조를 추가하여 개정하였다. 「재활법」508조(Section 508 of
Rehabilitation Act, 1998)는 모든 전자 정보기술의 데이터와 정보를 비장애인
에게 제공되는 것과 동등하게 장애인에게 제공하도록 의무화하는 것이 주
요 내용이다. 이 조항에 따라 정보통신장비 및 기기 제조업자와 서비스 제공
자는 장애인이 사용할 수 있도록 제품과 서비스를 개발하여 제공해야 하며,
연방정부는 정보기술을 장애인들도 비장애인과 동등하게 접근할 수 있도록
보장해야 한다. 또한 전자 및 정보기술의 접근성 권고 위원회(Electronic and
Information Technology Access Advisory Committee: EITAAC)는 건물, 교통, 고
용, 의료, 교육 등에서 장애인과 비장애인 간의 차별을 없애기 위해 전자 및
정보기술의 접근성 표준을 제정하여 홍보하고 있다.

(5)「21세기 통신 및 비디오 접근성 법」(2010)

「미국 장애인법」은 인터넷 등이 활성화되지 않은 1990년도에 제정되어 인
터넷, 휴대폰 등 주요 정보통신 제품과 서비스가 명시되지 않았다. 이에 따라
정보통신 제품과 서비스, 웹사이트에 대한 장애인 차별을 없애고자「21세기

통신 및 비디오 접근성 법(The 21st Century Communication & Video Accessibility Act of 2010)」을 제정하였다. 「21세기 통신 및 비디오 접근성 법」은 통신 접근(Communication Access)과 비디오 프로그래밍 접근(Video Programming Access) 2개 분야로 제시된다.

「21세기 통신 및 비디오 접근성 법」은 통신 접근 분야에서 청각 및 언어장애인에 대한 인터넷 기반 통신중계 서비스 보장, 고급화된 통신 서비스와 장비의 접근성 준수, 접근성 미준수 시 장애인의 민원 제기 및 조사, 스마트폰에 대한 접근성 준수, 시청각 중복 장애인의 통신 이용 보장, 재난 접근 자문위원회 구성·운영 등을 규정한다. 비디오 프로그래밍 접근 분야는 비디오 프로그래밍 및 재난 접근성 자문위원회 구성, 화면해설 및 닫힌 자막 제공, 디지털 방송수신 장비에서의 사용자 인터페이스(UI) 등을 규정하고 있다.

「21세기 통신 및 비디오 접근성 법」은 미국 장애인은 통신 및 비디오 분야에서 비장애인과 동등하게 접근권을 보장받을 수 있도록 한다. 이 법의 효력은 미국에만 영향을 미치고는 있지만 다른 나라의 장애인 접근권 보장에 영향을 미치고 있다.

3) 유럽

e-유럽 행동계획 2002(e-Europe Action Plan 2002)는 공공 웹사이트인 WAI(Web Accessibility Initiatives)에 지침을 채택하여 준수하도록 하고 있다.

국가별 장애인 접근권은 다음과 같다.

(1) 영국

영국은 「장애인 차별 금지법(Disability Discrimination Act)」을 1995년 제정하였다. 이 법에 의하면 고용, 상품, 시설, 서비스 제공, 교육, 교통수단 등에 대한 장애인 차별금지를 포괄적으로 규정하고 있다. 장애권리위원회(The Disability Rights Commission: DRC)는 온라인상으로 제공되는 모든 정보 및 서비스 제공 시에는 접근성을 준수하도록 하고 있다. 또한 시각장애인기관 (Royal National Institute for the Blind: RNIB)에서는 웹 접근성 인증마크 제도를 시행하고 있다.

또한 장애인 차별에 대해 다음과 같이 규정하고 있다.

① 장애인에게 서비스 제공을 거절한 경우
② 장애인에게 낮은 수준의 서비스를 제공한 경우
③ 장애인에게 덜 유리한 조건을 제공한 경우
④ 장애인이 사용하기 불가능하거나 비합리적으로 어려운 서비스나 설비를 개선하지 못한 경우

이와 같은 경우는 서비스 제공자가 장애인에게 불법적인 차별을 가한 것으로 제재를 가한다.

(2) 덴마크

사회보장제도가 일찍부터 발달한 덴마크의 장애인 접근권은 다음과 같이 실천되고 있다.

- 보편적 접근
  - 공공부문의 정보와 서비스는 장애인을 포함한 모든 사람들이 접근할 수 있도록 한다.
  - 정보통신 기기는 공공부문이나 민간부문에 상관없이 공공장소에 설치될 경우 장애인을 포함한 모든 사람이 사용할 수 있도록 한다.
- 전산망에 대한 접근
  - 공공부문과 사용자 간에 전산망을 통한 접촉이 활성화되도록 한다.
  - 원격 전산망의 활용으로 장애인들에게 근로기회를 제공할 수 있도록 장려되어야 한다.

- 보편적 설계 촉구
  - 정보통신기술의 활용과 개발은 보편적인 설계를 하여 장기적으로 불편을 줄여 나가야 한다.
  - 정보기술 제품의 성능 안내문에 장애인을 위한 접근성에 관한 내용을 명시한다.
  - 단기적으로 정보통신기술이 갖고 있는 잠재력에 관심을 갖고 광범위하게 적용될 수 있도록 한다.
- 각종 장애에 대한 고려
  - 보편적 설계 원칙에 준하는 제품의 개발 시 특정 장애인이 차별받지 않도록 주의하며 기능적으로 유연성을 최대한 제공한다.
- 특정 서비스를 위한 기술 개발
  - 공공서비스를 통해 제공되지 않는 장애인의 특정한 요구를 충족시키기 위해 보장구 기술의 수준을 높여야 한다.

4) 일본

1993년 비엔나 선언 및 행동 계획에서 장애인 접근권과 장애인의 접근권 보장에 대한 사회적 책임을 제기한 이후, 2002년 일본 아시아태평양 지역대회에서 '아시아태평양 장애인 10년(1883~2002) 행동계획안' 이행에 대한 종결과 평가에 따른 보고 내용이 채택되었다.

이에 따라 일본에서는 장애인의 완전한 사회참여라는 평등을 통한 사회통합을 구현하기 위해 장애인들의 사회참여를 제한하는 부적절한 사회환경을 개선하고자 하는 움직임이 본격적으로 나타났다.

일본은 정보 접근권으로「장해자(障害者) 기본법」이 있다.「장해자 기본법」의 내용은 다음과 같다.

국가 및 지방 공공단체는 장애인이 원활히 정보를 이용하고 의사를 표시할 수 있도록 전기통신 및 방송의 역무 이용에 관한 장애인의 편리증진, 장애인에 대한 정보제공시설의 정비 등 필요한 시책을 강구하여야 한다.

이 법은 장애인의 정보 접근을 보장하는 보편적 서비스를 기본방침으로 웹 사이트의 보편적 접근성에 대한 기본 조건을 제시하고 있다. 또한 정보장애를 해소하기 위한 표준화 연구 위원회가 설치되어 있으며 전기통신 접근성 위원단(Telecommunication Accessibility Panel: TAP)은 1999년부터 정보격차를 제거하기 위해 웹 접근성 지침을 제공하고 있다. 이에 따라 2000년부터 일본의 모든 관공서와 공공기관은 우정성이 만든 웹 콘텐츠 접근성 지침을 준수하고 있다.

3. 우리나라 장애인 접근권 관련 법률

특수교육공학이 효과를 거두기 위해서는 기본적으로 장애인 접근권이 보장되어야 한다. 장애인 접근권은 사회적으로 이동, 시설(설비)이용 및 정보활용에 약자인 특수교육대상아동을 사회로부터 분리시켜 특수하게 취급하는 것이 아니라 그들에게 균등한 기회를 제공하는 것이다.

1) 장애인 접근권과 이동권

우리나라 역시 「미국 장애인법」과 영국의 「장애인 차별 금지법」 등의 동향에 맞춰 「장애인 차별금지 및 권리구제 등에 관한 법률」을 제정했다. 특히, 「국가정보화 기본법」 제32조(장애인 · 고령자 등의 정보 접근 및 이용 보장) 및 「장애인 차별금지 및 권리구제 등에 관한 법률」 제21조(정보통신 · 의사소통에서의 정당한 편의제공의무) 등은 특수교육대상아동들이 특수교육공학에 접근하는 데 법적으로 보장하고 있다.

장애인 이동권과 관련하여「장애인 등에 대한 특수교육법」제28조(특수교육 관련 서비스)와 동법 시행령 제27조(통학 지원)는 특수교육대상자를 위한 통학 지원 대책을 마련하고, 통학 지원을 원활하게 할 수 있도록 통학차량을 지원하거나 통학비를 지급하도록 하며 특수교육대상자가 현장체험학습, 수련회 등의 교외 활동에 참여할 수 있게 조치를 취하도록 규정하고 있다.

통학 및 교통편의와 관련하여「장애인차별금지 및 권리구제 등에 관한 법률」제14조(정당한 편의제공 의무)는 장애인의 통학 및 교육기관 내에서의 이동 및 접근을 위해 이동용 보장구의 대여 및 수리를 제공하도록 하고 있으며 제19조에서는 이동 및 교통수단 등에서의 차별금지를 법으로 규정하고 있다. 또한 동법 시행령 제8조(정당한 편의의 내용)는 통학과 관련된 교통편의 제공과 교육활동에 필요한 모든 공간에서 필요한 이동수단을 제공하도록 하고 있다.

우리나라 장애인 이동권 관련 주요 내용은 〈표 5-3〉과 같다.

표 5-3   우리나라 장애인 이동권 관련 법률 주요 내용

「장애인 등에 대한 특수교육법」(법률 제18992호, 2022. 10. 18., 일부개정)

제28조(특수교육 관련서비스)

⑤ 각급학교의 장은 특수교육대상자의 취학 편의를 위하여 통학차량 지원, 통학비 지원, 통학 지원인력의 배치 등 통학 지원 대책을 마련하여야 한다.

「장애인 등에 대한 특수교육법 시행령」(대통령령 제33406호, 2023. 4. 18., 일부개정)

제27조(통학 지원)

① 교육감은 각급학교의 장이 법 제28조제5항에 따른 통학 지원을 원활하게 할 수 있도록 통학차량을 각급학교에 제공하거나 통학 지원이 필요한 특수교육대상자 및 보호자에게 통학비를 지급하여야 한다.

② 각급학교의 장은 특수교육대상자가 현장체험학습, 수련회 등 학교밖 활동에 참여할 수 있도록 조치를 취하여야 한다.

「장애인차별금지 및 권리구제 등에 관한 법률」(법률 제18334호, 2021. 7. 27., 일부개정)

제14조(정당한 편의제공 의무)

① 교육책임자는 당해 교육기관에 재학 중인 장애인의 교육활동에 불이익이 없도록 다음 각 호의 수단을 적극적으로 강구하고 제공하여야 한다.

　1. 장애인의 통학 및 교육기관 내에서의 이동 및 접근에 불이익이 없도록 하기 위한 각 종 이동용 보장구의 대여 및 수리

제19조(이동 및 교통수단 등에서의 차별금지)

① 「교통약자의 이동편의증진법」 제2조제5호 및 제6호에 따른 교통사업자(이하 "교통사업자"라 한다) 및 교통행정기관(이하 "교통행정기관"이라 한다)은 이동 및 교통수단 등을 접근·이 용함에 있어서 장애인을 제한·배제·분리·거부하여서는 아니 된다. 〈개정 2010. 5. 11.〉

② 교통사업자 및 교통행정기관은 이동 및 교통수단 등의 이용에 있어서 보조견 및 장애인 보조기구 등의 동승 또는 반입 및 사용을 거부하여서는 아니 된다.

③ 교통사업자 및 교통행정기관은 이동 및 교통수단 등의 이용에 있어서 장애인 및 장애인 관련자에게 장애 또는 장애인이 동행·동반한 보조견 또는 장애인보조기구 등을 이유로 장애인 아닌 사람보다 불리한 요금 제도를 적용하여서는 아니 된다.

④ 교통사업자 및 교통행정기관은 장애인이 이동 및 교통수단 등을 장애인 아닌 사람과 동 등하게 이용하여 안전하고 편리하게 보행 및 이동을 할 수 있도록 하는 데 필요한 정당 한 편의를 제공하여야 한다.

⑤ 교통행정기관은 교통사업자가 장애인에 대하여 이 법에 정한 차별행위를 행하지 아니하 도록 홍보, 교육, 지원, 감독하여야 한다.

⑥ 국가 및 지방자치단체는 운전면허시험의 신청, 응시, 합격의 모든 과정에서 정당한 사유 없이 장애인을 제한·배제·분리·거부하여서는 아니 된다.

⑦ 국가 및 지방자치단체는 장애인이 운전면허시험의 모든 과정을 장애인 아닌 사람과 동 등하게 거칠 수 있도록 정당한 편의를 제공하여야 한다.

⑧ 제4항 및 제7항을 적용함에 있어서 그 적용대상의 단계적 범위 및 정당한 편의의 내용 등 필요한 사항은 대통령령으로 정한다.

「장애인차별금지 및 권리구제 등에 관한 법률 시행령」(대통령령 제33367호, 2023. 3. 30., 일부개정)

제8조(정당한 편의의 내용)

② 법 제14조제1항제6호에 따라 교육책임자가 제공하여야 하는 사항은 다음 각 호와 같다. 〈개정 2018. 6. 19.〉

　2. 통학과 관련된 교통편의

　3. 교육기관 내 교실 등 학습시설 및 화장실, 식당 등 교육활동에 필요한 모든 공간에서 이동하거나 그에 접근하기 위하여 필요한 시설·설비 및 이동수단

2) 시설(설비)에 대한 접근권과 학교 시설(설비)의 기준

(1) 시설(설비) 접근권

장애인은 비장애인과 동등한 인간으로서의 권리를 가지며 장애인이 동등하게 사회적 존재로서의 삶을 누릴 권리를 보장받는다. 접근권은 서비스에 대해 욕구를 가진 사람들이 시설(서비스)을 이용할 수 있는 기회에 대한 권리로서 일상적인 생활 속에 장애인이 모든 시설물을 제한 없이 이용할 수 있는 기본적인 권리를 의미한다. 이들 주요 내용을 담고 있는 관련 법률을 살펴보면 〈표 5-4〉와 같다.

표 5-4 「장애인·노인·임산부 등의 편의증진 보장에 관한 법률」 주요 내용

「장애인·노인·임산부 등의 편의증진 보장에 관한 법률」(법률 제16257호, 2019. 1. 15., 일부개정)

제1조(목적)
이 법은 장애인·노인·임산부 등이 일상생활에서 안전하고 편리하게 시설과 설비를 이용하고 정보에 접근할 수 있도록 보장함으로써 이들의 사회활동 참여와 복지 증진에 이바지함을 목적으로 한다.

제3조(편의시설 설치의 기본 원칙)
다음 각 호의 자(이하 "시설주등"이라 한다)는 장애인등이 공공건물 및 공중이용시설을 이용할 때 가능하면 최대한 편리한 방법으로 최단거리로 이동할 수 있도록 편의시설을 설치하여야 한다.
  1. 시설주
  2. 제7조에 따른 대상시설의 설치를 위하여 「건축법」 등 관계 법령에 따른 허가나 처분(「건축법」 제29조에 따른 협의를 포함한다)을 신청하는 등 절차를 진행 중인 자

제4조(접근권)
장애인등은 인간으로서의 존엄과 가치 및 행복을 추구할 권리를 보장받기 위하여 장애인등이 아닌 사람들이 이용하는 시설과 설비를 동등하게 이용하고, 정보에 자유롭게 접근할 수 있는 권리를 가진다.

〈계속〉

제6조(국가와 지방자치단체의 의무)

국가와 지방자치단체는 장애인등이 일상생활에서 안전하고 편리하게 시설과 설비를 이용하고, 정보에 접근할 수 있도록 각종 시책을 마련하여야 한다.

제16조(시설이용상의 편의 제공)

① 장애인등이 많이 이용하는 공공건물 및 공중이용시설의 시설주는 휠체어, 점자(點字) 안내책자, 보청기기 등을 갖추어 두고 장애인등이 해당 시설을 편리하게 이용할 수 있도록 하여야 한다.

② 제1항에 따라 휠체어, 점자 안내책자, 보청기기 등을 갖추어 두어야 하는 공공건물 및 공중이용시설의 범위와 휠체어, 점자 안내책자, 보청기기 등 갖추어 두어야 할 용품의 종류 등은 보건복지부령으로 정한다.

③ 제1항에 따른 휠체어, 점자 안내책자, 보청기기 등의 이용료는 무료를 원칙으로 하되, 수리 비용 등을 고려하여 실비로 할 수 있다.

제16조의2(장애인에 대한 편의 제공)

장애인은 대통령령으로 정하는 공공건물 및 공중이용시설을 이용하려는 경우에는 시설주에게 안내 서비스, 한국수어 통역 등의 편의 제공을 요청할 수 있다. 이 경우 시설주는 정당한 사유가 없으면 이에 따라야 한다. 〈개정 2016. 2. 3〉

제17조(장애인전용주차구역 등)

① 시설주등은 주차장 관계 법령과 제8조에 따른 편의시설의 설치기준에 따라 해당 대상시설에 장애인전용주차구역을 설치하여야 한다.

　「장애인·노인·임산부 등의 편의증진 보장에 관한 법률」에서는 장애인·노인·임산부 등이 일상생활에서 안전하고 편리하게 시설과 설비를 이용할 수 있도록 국가와 지방자치단체는 각종 시책을 마련하여야 하며, 장애인 등이 많이 이용하는 공공건물 및 공중이용시설의 시설주는 휠체어, 점자(點字) 안내 책자, 보청기기 등을 갖추어 두고 해당 시설을 편리하게 이용할 수 있도록 하여야 한다고 규정하고 있다. 또한 장애인은 대통령령으로 정하는 공공건물 및 공중이용시설을 이용하려는 경우에는 시설주에게 안내 서비스, 한국수어 통역 등의 편의 제공을 요청할 수 있으며, 시설주 등은 시설에 장애인전용주차구역을 설치하여야 한다고 명시하였다.

「장애인·노인·임산부 등의 편의증진 보장에 관한 법률」은 단순 편의시설에 관련된 법이 아니라 장애인의 접근권을 보장한다는 점에서 의의가 있다.

(2) 특수교육 관련 시설(설비) 접근권

「특수학교 시설·설비 기준령」,「장애인 등에 대한 특수교육법」,「장애인차별금지 및 권리구제 등에 관한 법률」에는 특수교육대상학생을 위한 시설(설비) 접근권 관련 규정이 있다. 이 법률들은 특수교육대상학생들이 교육활동에 불이익이 없도록 학교 시설, 설비를 갖춰야 함을 명시하고 있다.

구체적으로 살펴보면,「특수학교 시설·설비 기준령」에는 특수학교의 시설·설비에 관한 기준을 명시하고 있다. 특히 제4조(교육 관련 시설의 종류 및 기준)에는 학교가 학생의 교육을 위하여 설치하여야 하는 시설의 종류 및 그 기준을 규정하였고, 제5조(안전 및 편의 시설·설비의 종류 및 기준)에는 안전 및 편의를 위하여 설치하여야 하는 시설·설비의 종류 및 그 기준을 명시하였다. 「특수학교 시설·설비 기준령」주요 내용은 〈표 5-5〉와 같다.

표 5-5 「특수학교 시설·설비 기준령」주요 내용

「특수학교 시설·설비 기준령」(대통령령 제29950호, 2019. 7. 2.)

제2조(교지)

① 제1조에 따른 특수학교(이하 "학교"라 한다)의 교지는 교사용 대지와 체육장용 대지를 합한 용지로서 교사의 안전·방음·환기·채광·소방·배수 및 학생의 통학에 지장이 없는 입지이어야 한다. 〈개정 2016. 12. 5.〉

② 교지의 기준면적은 학급(「장애인 등에 대한 특수교육법」 제25조제2항 또는 제3항에 따른 순회교육을 위한 순회학급은 제외한다) 수에 따라 다음 각 호의 구분에 따른 면적으로 한다. 다만, 유치부만을 설치·운영하는 학교의 경우에는 학교에 두는 시설·설비 및 체육장을 확보하는데 지장이 없는 면적으로 한다. 〈개정 2016. 12. 5., 2019. 7. 2.〉

  1. 12학급 이하: 4천제곱미터

  2. 12학급 초과 24학급 이하: 4천제곱미터 + (12학급을 초과하는 학급 수 × 3백제곱미터)

  3. 24학급 초과: 7천6백제곱미터 + (24학급을 초과하는 학급 수 × 2백제곱미터)

③ 학교에는 학생의 체육활동에 지장이 없는 체육장을 두되, 그 시설·설비기준은 특별시·광역시·특별자치시·도 및 특별자치도교육감(이하 "시·도교육감"이라 한다)이 따로 정

〈계속〉

한다. 다만, 유치부만을 설치·운영하는 학교에 놀이실이 있는 경우에는 체육장을 두지 아니할 수 있다. 〈개정 1997. 4. 4., 2001. 1. 29., 2007. 3. 27., 2016. 12. 5., 2019. 7. 2.〉

④ 제2항 본문의 규정에 의한 교지의 기준면적을 확보할 수 없는 특별한 사유가 있고, 교육에 지장이 없다고 관할청이 인정하는 경우에는 기준면적의 3분의 1의 범위안에서 이를 감축할 수 있다. 〈개정 1997. 4. 4.〉

제3조(실습지) 학교는 학생의 진로 및 직업 교육을 위하여 동물 사육 또는 식물 재배 등 실습지에서의 실습이 필요한 경우에는 해당 실습을 위한 실습지를 갖추어야 한다.

제4조(교육 관련 시설의 종류 및 기준)

① 학교가 학생의 교육을 위하여 설치하여야 하는 시설의 종류 및 그 기준은 별표 1과 같다. 다만, 지역의 여건 및 학생의 장애 유형 등을 고려하여 시설의 종류별 면적기준을 3분의 1의 범위에서 시·도 조례로 정하는 바에 따라 완화하거나 강화하여 적용할 수 있다. 〈개정 2007. 3. 27., 2016. 12. 5.〉

② 제1항의 각 시설에 두어야 할 설비·비품등의 품목·수량등은 시·도교육감이 따로 정한다. 〈개정 1998. 11. 3., 2007. 3. 27.〉

제5조(안전 및 편의 시설·설비의 종류 및 기준) 학교가 학생 등의 안전 및 편의를 위하여 설치하여야 하는 시설·설비의 종류 및 그 기준은 별표 2와 같다.

제7조(기준 미달 학교에 대한 조치) 시·도교육감은 「초·중등교육법」 제63조 또는 「유아교육법」 제30조에 따라 이 영의 기준에 미달하는 사립의 학교에 대해서는 일정한 기간을 정하여 이 영에 의한 기준에 적합하도록 시정 또는 변경을 명할 수 있고, 정당한 사유 없이 지정된 기간 내에 이행하지 아니한 학교에 대해서는 학생정원의 감축 또는 학생모집의 정지 등을 명할 수 있으며, 행정 및 재정 지원정책에 이를 반영할 수 있다.

제8조(규제의 재검토) 교육부장관은 다음 각 호의 사항에 대하여 다음 각 호의 기준일을 기준으로 3년마다(매 3년이 되는 해의 기준일과 같은 날 전까지를 말한다) 그 타당성을 검토하여 개선 등의 조치를 하여야 한다.

또한 「특수학교 시설·설비기준령」 제8조(규제의 재검토)는 3년마다 타당성을 검토하도록 되어 있다. 한편, 「특수학교시설·설비기준령」에 제시되어 있는 교육 관련 시설의 종류 및 기준은 〈표 5-6〉과 같다.

표 5-6 교육 관련 시설의 종류 및 기준(제4조 제1항 관련) 주요 내용

시설의 종류	설치기준	면적기준
1. 보통교실	학급 수에 상당하는 수	각 교실마다 50제곱미터 이상 (유치부만을 설치·운영하는 학교의 경우에는 25제곱미터)
2. 특별교실 음악실, 미술실, 과학실, 가사실 및 치료지원실 등	학교 특성에 따라 설치	각 교실마다 66제곱미터 이상
3. 시청각교실	학교 특성에 따라 설치	각 교실마다 99제곱미터 이상
4. 도서실	학교 특성에 따라 설치하며, 보통교실과 겸용하는 형태로 설치할 수 있음	총 열람 좌석은 20석 이상
5. 상담실(심리검사실을 포함한다)	학교 특성에 따라 설치	각 실마다 50제곱미터 이상
6. 직업교육실	중학교 과정 이상의 학교에만 설치 학교당 2실 이상 설치	각 교육실마다 66제곱미터 이상
7. 관리용 시설 교장실, 교무실(서무실 및 행정실을 포함한다), 숙직실 및 창고 등	학교 실정에 따라 설치	학교의 규모에 따라 알맞은 면적으로 설치
8. 놀이실	유치부를 설치·운영하는 학교에만 설치 다만, 학생의 놀이를 위한 별도의 시설이 있는 경우에는 설치하지 않을 수 있음	66제곱미터 이상
9. 보건실	1실 이상 설치	

비고: 위 시설 외에 강당·체육관·점자인쇄실·특별활동실·교수준비실 및 자료보관실 등 교육 관련 시설을 둘 수 있다.

「장애인 등에 대한 특수교육법」 제28조(특수교육 관련서비스)에는 장애인용 각종 교구, 각종 학습보조기, 보조공학기기 등의 설비를 제공하고, 기숙사를 설치·운영할 수 있음을 규정하였다. 동법 시행령 제16조(통합교육을 위한 시설·설비 등)에서는 통합교육을 받는 특수교육대상자의 교내 이동이 쉽고, 세면장·화장실 등과 가까운 곳에 특수학급을 설치하여야 하며, 정보 접근을 위한 기기, 의사소통을 위한 보완·대체기구 등의 교재·교구를 갖추어야 한다고 명시하였다.

「장애인차별금지 및 권리구제 등에 관한 법률」 제14조(정당한 편의제공 의무)에는 장애로 인한 학습 참여의 불이익을 해소하기 위한 확대 독서기, 보청기기, 높낮이 조절용 책상, 각종 보완·대체 의사소통 도구 등의 대여 및 보조견의 배치나 휠체어의 접근을 위한 여유 공간을 확보해야 함을 명시하였다.

우리나라 특수교육 관련 시설(설비) 접근권 관련 법률 주요 내용은 〈표 5-7〉과 같다.

표 5-7　우리나라 특수교육 관련 시설(설비) 접근권 관련 법률 주요 내용

「장애인 등에 대한 특수교육법」(법률 제18992호, 2022. 10. 18., 일부개정)

제28조(특수교육 관련서비스)

④ 각급학교의 장은 특수교육대상자의 교육을 위하여 필요한 장애인용 각종 교구, 각종 학습보조기, 보조공학기기 등의 설비를 제공하여야 한다.

⑥ 각급학교의 장은 특수교육대상자의 생활지도 및 보호를 위하여 기숙사를 설치·운영할 수 있다. 기숙사를 설치·운영하는 특수학교에는 특수교육대상자의 생활지도 및 보호를 위하여 교육부령으로 정하는 자격이 있는 생활지도원을 두는 외에 간호사 또는 간호조무사를 두어야 한다.

「장애인 등에 대한 특수교육법 시행령」(대통령령 제33406호, 2023. 4. 18., 일부개정)

제16조(통합교육을 위한 시설·설비 등)

① 일반학교의 장은 법 제21조제2항에 따라 통합교육을 실시하는 경우에는 특수교육대상자의 교내 이동이 쉽고, 세면장·화장실 등과 가까운 곳에 위치한 66제곱미터 이상의 교실에 특수학급을 설치하여야 한다. 다만, 배치된 특수교육대상자의 수 및 그 학교의 여건 등을 고려하여 시·도 조례로 정하는 바에 따라 44제곱미터 이상의 교실에 학급을 설치할 수 있다.

② 일반학교의 장은 법 제21조제2항에 따라 통합교육을 실시하는 경우에는 배치된 특수교육대상자의 성별, 연령, 장애의 유형·정도 및 교육활동 등에 맞도록 정보 접근을 위한 기기, 의사소통을 위한 보완·대체기구 등의 교재·교구를 갖추어야 한다.

〈계속〉

「장애인차별금지 및 권리구제 등에 관한 법률」(법률 제18334호, 2021. 7. 27., 일부개정)

제14조(정당한 편의제공 의무)

① 교육책임자는 당해 교육기관에 재학 중인 장애인의 교육활동에 불이익이 없도록 다음
각 호의 수단을 적극적으로 강구하고 제공하여야 한다.

　3. 장애로 인한 학습 참여의 불이익을 해소하기 위한 확대 독서기, 보청기기, 높낮이 조
절용 책상, 각종 보완 · 대체 의사소통 도구 등의 대여 및 보조견의 배치나 휠체어의
접근을 위한 여유 공간 확보

3) 정보 접근권

　정보의 접근성은 특수교육대상자의 잠재성과 가능성을 최대한으로 신장시
켜 나가는 데 중요하다. 「장애인 차별 금지 및 권리구제 등에 관한 법률」 제20조
및 제21조에서는 정보 접근에서의 차별금지, 정보통신 · 의사소통 등에서의
정당한 편의 제공 의무에 대하여 규정하고 있다. 동법 시행령 제14조에서는
정보통신 · 의사소통에서의 정당한 편의 제공의 단계적 범위 및 편의의 내용
에 대하여 규정하고 있다.

　이러한 법은 이동통신단말장치의 응용 소프트웨어 등 유 · 무선 정보통신
을 모든 사람들이 동등하게 접근 이용할 수 있도록 편의 제공을 명시하고 있
다. 「장애인복지법」 제22조(정보에의 접근)는 국가와 지방자치단체의 장애인
이 정보에 원활하게 접근하기 위해 필요한 지원 등에 대한 내용을 규정하고
있다. 또한 「지능정보화 기본법」 제46조와 동법 시행령 제34조, 제36조는 장
애인 · 고령자 등의 지능정보서비스 접근 및 이용 보장, 정보통신접근성 품질
인증 기준에 대하여 규정하고 있다.

　우리나라의 정보 접근권과 관련된 법률 주요 내용은 〈표 5-8〉과 같다.

| 표 5-8 | 우리나라 정보 접근권 관련 법률 주요 내용 |

「장애인차별금지 및 권리구제 등에 관한 법률」(법률 제18334호, 2021. 7. 27., 일부개정)

제20조(정보 접근에서의 차별금지)

① 개인·법인·공공기관(이하 이 조에서 "개인 등"이라 한다)은 장애인이 전자정보와 비전자정보를 이용하고 그에 접근함에 있어서 장애를 이유로 제4조제1항제1호 및 제2호에서 금지한 차별행위를 하여서는 아니 된다.

제21조(정보통신·의사소통 등에서의 정당한 편의제공의무)

① 제3조제4호·제6호·제7호·제8호가목 후단 및 나목·제11호·제19호·제20호에 규정된 행위자, 제13호·제15호부터 제17호까지의 규정에 관련된 행위자, 제10조제1항의 사용자 및 같은 조 제2항의 노동조합 관계자(행위자가 속한 기관을 포함한다. 이하 이 조에서 "행위자 등"이라 한다)는 당해 행위자 등이 생산·배포하는 전자정보 및 비전자정보에 대하여 장애인이 장애인 아닌 사람과 동등하게 접근·이용할 수 있도록 한국수어, 문자 등 필요한 수단을 제공하여야 한다. 이 경우 제3조제8호가목 후단 및 나목에서 말하는 자연인은 행위자 등에 포함되지 아니한다. 〈개정 2016. 2. 3., 2017. 9. 19.〉

② 행위자 등은 정보통신망을 통하여 정보나 서비스를 제공할 때 이동통신단말장치(「전파법」에 따라 할당받은 주파수를 사용하는 기간통신역무를 이용하기 위하여 필요한 단말장치를 말한다)에 설치되는 응용 소프트웨어 등 대통령령으로 정하는 유·무선 정보통신을 장애인이 장애인 아닌 사람과 동등하게 접근·이용할 수 있도록 하는 데 필요한 정당한 편의를 제공하여야 한다. 〈신설 2021. 7. 27.〉

④ 「방송법」 제2조제3호에 따른 방송사업자와 「인터넷 멀티미디어 방송사업법」 제2조제5호에 따른 인터넷 멀티미디어 방송사업자는 장애인이 장애인 아닌 사람과 동등하게 제작물 또는 서비스를 접근·이용할 수 있도록 폐쇄자막, 한국수어 통역, 화면해설 등 장애인 시청 편의 서비스를 제공하여야 한다. 〈개정 2010. 5. 11., 2016. 2. 3., 2021. 7. 27.〉

⑤ 「전기통신사업법」에 따른 기간통신사업자(전화서비스를 제공하는 사업자만 해당한다)는 장애인이 장애인 아닌 사람과 동등하게 서비스를 접근·이용할 수 있도록 통신설비를 이용한 중계서비스(영상통화서비스, 문자서비스 또는 그 밖에 과학기술정보통신부장관이 정하여 고시하는 중계서비스를 포함한다)를 확보하여 제공하여야 한다. 〈개정 2010. 5. 11., 2013. 3. 23., 2017. 7. 26., 2021. 7. 27.〉

「장애인차별금지 및 권리구제 등에 관한 법률 시행령」(대통령령 제33367호, 2023. 3. 30., 일부개정)

제14조(정보통신·의사소통에서의 정당한 편의 제공의 단계적 범위 및 편의의 내용)

② 법 제21조제1항에 따라 제공하여야 하는 필요한 수단의 구체적인 내용은 다음 각 호와 같다. 〈개정 2016. 8. 2.〉

〈계속〉

1. 누구든지 신체적·기술적 여건과 관계없이 웹사이트를 통하여 원하는 서비스를 이용할 수 있도록 접근성이 보장되는 웹사이트
2. 한국수어 통역사, 음성통역사, 점자자료, 점자정보단말기, 큰 활자로 확대된 문서, 확대경, 녹음테이프, 표준텍스트파일, 개인형 보청기기, 자막, 한국수어 통역, 인쇄물음성변환출력기, 장애인용복사기, 화상전화기, 통신중계용 전화기 또는 이에 상응하는 수단

③ 제2항제2호에 따른 필요한 수단은 장애인이 요청하는 경우 요청받은 날부터 7일 이내에 제공하여야 한다.

⑦ 공공기관 등은 법 제21조제3항에 따라 장애인이 행사 개최하기 7일 전까지 지원을 요청하는 경우에는 한국수어 통역사, 문자통역사, 음성통역사 또는 보청기기 등 필요한 수단을 제공해야 한다. 〈개정 2016. 8. 2., 2023. 3. 30.〉

⑧ 법 제21조제4항에 따른 장애인 시청 편의 서비스의 구체적인 내용은 다음 각 호와 같다. 〈신설 2011. 5. 19., 2016. 8. 2., 2023. 3. 30.〉
1. 청각장애인을 위하여 방송의 음성 및 음향을 화면에 글자로 전달하는 폐쇄자막
2. 청각장애인을 위하여 방송의 음성 및 음향을 손짓, 몸짓, 표정 등으로 전달하는 한국수어 통역
3. 시각장애인을 위하여 화면의 장면, 자막 등을 음성으로 전달하는 화면해설

「장애인복지법」(법률 제19400호, 2023. 5. 2., 일부개정)

제22조(정보에의 접근)

① 국가와 지방자치단체는 장애인이 정보에 원활하게 접근하고 자신의 의사를 표시할 수 있도록 전기통신·방송시설 등을 개선하기 위하여 노력하여야 한다.

② 국가와 지방자치단체는 방송국의 장 등 민간 사업자에게 뉴스와 국가적 주요 사항의 중계 등 대통령령으로 정하는 방송 프로그램에 청각장애인을 위한 한국수어 또는 폐쇄자막과 시각장애인을 위한 화면해설 또는 자막해설 등을 방영하도록 요청하여야 한다. 〈개정 2016. 2. 3.〉

③ 국가와 지방자치단체는 국가적인 행사, 그 밖의 교육·집회 등 대통령령으로 정하는 행사를 개최하는 경우에는 청각장애인을 위한 한국수어 통역 및 시각장애인을 위한 점자 및 인쇄물 접근성바코드(음성변환용 코드 등 대통령령으로 정하는 전자적 표시를 말한다. 이하 이 조에서 같다)가 삽입된 자료 등을 제공하여야 하며 민간이 주최하는 행사의 경우에는 한국수어 통역과 점자 및 인쇄물 접근성바코드가 삽입된 자료 등을 제공하도록 요청할 수 있다. 〈개정 2012. 1. 26., 2016. 2. 3., 2017. 12. 19.〉

④ 제2항과 제3항의 요청을 받은 방송국의 장 등 민간 사업자와 민간 행사 주최자는 정당한 사유가 없으면 그 요청에 따라야 한다.

〈계속〉

⑤ 국가와 지방자치단체는 시각장애인과 시청각장애인(시각 및 청각 기능이 손상된 장애인을 말한다. 이하 같다)이 정보에 쉽게 접근하고 의사소통을 원활하게 할 수 있도록 점자도서, 음성도서, 점자정보단말기 및 무지점자단말기 등 의사소통 보조기구를 개발·보급하고, 시청각장애인을 위한 의사소통 지원 전문인력을 양성·파견하기 위하여 노력하여야 한다. 〈개정 2019. 12. 3.〉

⑥ 국가와 지방자치단체는 장애인의 특성을 고려하여 정보통신망 및 정보통신기기의 접근·이용에 필요한 지원 및 도구의 개발·보급 등 필요한 시책을 강구하여야 한다.

「지능정보화 기본법」(법률 제18298호, 2021. 7. 20.)

제46조(장애인·고령자 등의 지능정보서비스 접근 및 이용 보장)

① 국가기관등은 정보통신망을 통하여 정보나 서비스를 제공할 때 장애인·고령자 등이 다음 각 호의 유·무선 정보통신을 쉽게 이용할 수 있도록 접근성을 보장하여야 한다. 〈개정 2024. 3. 26.〉

　1. 웹사이트

　2. 이동통신단말장치(「전파법」에 따라 할당받은 주파수를 사용하는 기간통신역무를 이용하기 위하여 필요한 단말장치를 말한다. 이하 같다)에 설치되는 응용 소프트웨어

　3. 이용자의 조작에 따라 서류 발급, 정보 제공, 상품 주문·결제 등의 사항을 처리하기 위하여 설치하는 무인정보단말기(이하 "무인정보단말기"라 한다)

　4. 「출판문화산업 진흥법」 제2조제4호에 따른 전자출판물

　5. 제1호부터 제4호까지에 준하는 것으로서 대통령령으로 정하는 유·무선 정보통신

② 지능정보서비스 제공자는 그 서비스를 제공할 때 장애인·고령자 등의 접근과 이용의 편익을 증진하기 위하여 노력하여야 한다.

③ 정보통신 또는 지능정보기술 관련 제조업자는 정보통신 또는 지능정보기술 관련 기기 및 소프트웨어(이하 "지능정보제품"이라 한다)를 설계, 제작, 가공할 때 장애인·고령자 등이 쉽게 접근하고 이용할 수 있도록 노력하여야 한다. 이 경우 장애인·고령자 등이 별도의 보조기구 없이 지능정보제품을 이용할 수 없는 경우에는 지능정보제품이 보조기구와 호환될 수 있게 노력하여야 한다.

④ 국가기관등은 지능정보제품을 구매할 때 장애인·고령자 등의 정보 접근과 이용 편의를 보장한 지능정보제품의 우선 구매를 촉진하기 위하여 필요한 시책을 마련하여야 한다.

⑤ 「전기통신사업법」 제2조제8호에 따른 전기통신사업자는 장애인·고령자 등의 지능정보서비스 접근 및 이용 편의 증진을 위하여 노력하여야 한다.

⑥ 과학기술정보통신부장관은 장애인·고령자 등의 지능정보서비스 접근 및 이용 편의 증진을 위한 지능정보제품 및 지능정보서비스의 종류·지침 등을 정하여 고시하여야 한다.

⑦ 제4항에 따른 우선 구매 대상 지능정보제품의 검증기준, 검증절차, 구매촉진 및 그 밖에 필요한 사항은 대통령령으로 정한다.

[시행일: 2025. 3. 27.] 제46조

〈계속〉

제46조의2(장애인·고령자 등의 무인정보단말기 이용 편의 제공)

① 무인정보단말기를 설치·운영하는 자는 무인정보단말기 이용을 보조할 수 있는 인력을 배치하거나 실시간 음성 안내서비스를 제공하는 등 장애인·고령자 등의 정보 접근 및 이용 편의를 증진하기 위한 조치를 하여야 한다.

② 과학기술정보통신부장관은 무인정보단말기를 설치·운영하는 자가 제1항의 조치를 정당한 사유 없이 이행하지 아니하는 경우 시정명령을 할 수 있다.

③ 과학기술정보통신부장관은 무인정보단말기에 대한 장애인·고령자 등의 정보 접근 및 이용 편의 보장 현황에 관한 실태조사를 정기적으로 실시하여야 한다.

④ 제1항에 따른 설치·운영자의 단계적 범위와 장애인·고령자 등의 정보 접근 및 이용 편의를 증진하기 위한 조치, 제2항에 따른 시정명령의 기간·방법·절차, 제3항에 따른 실태조사의 방법·절차 및 그 밖에 필요한 사항은 대통령령으로 정한다.

[본조신설 2024. 3. 26.]

[시행일: 2025. 3. 27.] 제46조의2

「지능정보화 기본법 시행령」(대통령령 제32627호, 2022. 5. 9.)

제34조(장애인·고령자 등의 지능정보서비스 접근 및 이용 보장)

① 법 제46조제1항에서 "웹사이트와 이동통신단말장치(『전파법』에 따라 할당받은 주파수를 사용하는 기간통신역무를 이용하기 위하여 필요한 단말장치를 말한다. 이하 같다)에 설치되는 응용 소프트웨어 등 대통령령으로 정하는 유·무선 정보통신"이란 다음 각 호의 유·무선 정보통신을 말한다. 〈개정 2021. 6. 10.〉

  1. 웹사이트

  2. 이동통신단말장치에 설치되는 응용 소프트웨어

  3. 이용자의 조작에 따라 서류 발급, 정보 제공, 상품 주문·결제 등의 사항을 처리하기 위하여 설치하는 무인정보단말기

  4. 『출판문화산업 진흥법』 제2조제4호에 따른 전자출판물

② 과학기술정보통신부장관은 제1항 각 호의 유·무선 정보통신에 대한 장애인·고령자 등의 접근성을 보장하기 위하여 다음 각 호의 업무를 수행해야 한다.

  1. 접근성 실태조사

  2. 접근성 표준화 및 기술개발 지원

  3. 접근성 보장을 위한 교육 및 컨설팅

  4. 그 밖에 접근성을 보장하기 위하여 필요한 업무

제36조(정보통신접근성 품질인증 기준)

① 법 제47조제1항에 따른 정보통신접근성 품질인증(이하 "정보통신접근성 품질인증"이라 한다)의 기준은 정보통신접근성 품질인증 대상인 유·무선 정보통신에 관련된 다음 각

〈계속〉

호의 기준을 말한다.

1. 모든 콘텐츠가 시각 · 청각 등의 장애유형 또는 나이에 관계없이 사용자가 인식할 수 있을 것
2. 모든 콘텐츠가 시각 · 청각 등의 장애유형 또는 나이에 관계없이 사용자가 운용할 수 있는 방법으로 제시되어 있을 것
3. 사용자가 쉽게 이해할 수 있도록 콘텐츠 제어방식을 구성할 것
4. 다양한 방법의 기술로 콘텐츠에 접근할 수 있도록 견고하게 만들 것

　최근에 공공기관 및 음식점 등에서 많이 사용하고 있는 무인정보단말기의 접근성을 높이기 위한 법률이 제정되었다. 「장애인차별금지 및 권리구제 등에 관한 법률」 제15조 3항에는 무인정보단말기를 설치 · 운영하는 경우 장애인이 장애인 아닌 사람과 동등하게 접근 · 이용할 수 있도록 하는 데 필요한 정당한 편의를 제공하여야 한다고 명시하고 있으며, 동법 시행령 제10조의2에는 무인정보단말기 편의 제공에 대한 구체적인 내용이 명시되어 있다. 우리나라 무인정보단말기 접근권 관련 법률 주요 내용은 〈표 5-9〉와 같다.

표 5-9　우리나라 무인정보단말기 접근권 관련 법률 주요 내용

「장애인차별금지 및 권리구제 등에 관한 법률」(법률 제18334호, 2021. 7. 27., 일부개정)

제15조(재화 · 용역 등의 제공에 있어서의 차별금지)

③ 재화 · 용역 등의 제공자는 무인정보단말기(터치스크린 등 전자적 방식으로 정보를 화면에 표시하여 제공하거나 서류발급, 주문 · 결제 등을 처리하는 기기를 말한다)를 설치 · 운영하는 경우 장애인이 장애인 아닌 사람과 동등하게 접근 · 이용할 수 있도록 하는 데 필요한 정당한 편의를 제공하여야 한다. 〈신설 2021. 7. 27.〉

「장애인차별금지 및 권리구제 등에 관한 법률 시행령」(대통령령 제33367호, 2023. 3. 30., 일부개정)

제10조의2(재화 · 용역 등의 제공자의 단계적 범위 및 정당한 편의의 구체적인 내용 등)

② 법 제15조제3항에 따라 재화 · 용역 등의 제공자가 제공해야 하는 정당한 편의의 구체적인 내용은 다음 각 호와 같다. 다만, 「건축법 시행령」 별표 1 제3호에 따른 제1종 근린생활시설 또는 같은 표 제4호에 따른 제2종 근린생활시설 중 재화 · 용역 등의 제공자가 해당 근린생활시설 용도로 쓰는 바닥면적의 합계가 50제곱미터 미만인 시설의 경우 무

〈계속〉

인정보단말기와 호환되는 보조기기 또는 소프트웨어를 설치하거나 무인정보단말기 이용을 보조하는 인력을 배치하여 장애인이 장애인 아닌 사람과 무인정보단말기를 동등하게 접근 · 이용할 수 있도록 하는 경우에는 다음 각 호의 편의를 제공하는 것으로 본다.

1. 「지능정보화 기본법 시행령」 제34조의2제2항에 따라 과학기술정보통신부의 고시로 정하는 검증기준의 준수
2. 무인정보단말기 전면(前面) 및 하부에 휠체어 접근이 가능하도록 휠체어 발판과 무릎이 들어갈 수 있는 공간 확보 또는 별도의 공간 확보 없이도 무인정보단말기 화면 내의 시각 정보를 인식하고 물리적 조작을 할 수 있도록 하는 보조기기 또는 소프트웨어 설치
3. 시각장애인이 감지할 수 있도록 다른 바닥과 구분되는 재질의 바닥재 설치
4. 무인정보단말기 전면에 점자블록 또는 음성안내장치 설치
5. 무인정보단말기의 오류 발생 등 이용 과정에서 도움이 필요한 경우 이를 해결하기 위한 한국수어 · 문자 · 음성 등 의사소통 수단의 제공
6. 장애인이 이용할 수 있는 무인정보단말기라는 것과 그 이용 방법을 알리는 안내문 게시 또는 전자적 신호 제공

③ 재화 · 용역 등의 제공자는 제2항 각 호의 정당한 편의를 제공하는 과정에서 무인정보단말기와 호환되는 보조기기 또는 소프트웨어를 설치하거나 무인정보단말기 이용을 보조하는 인력을 배치하여 장애인이 장애인 아닌 사람과 무인정보단말기를 동등하게 접근 · 이용할 수 있도록 노력해야 한다.

[본조신설 2023. 3. 30.]

이상과 같이 특수교육대상학생들의 접근성을 위해 이동 접근권, 시설 및 설비 접근권, 정보 접근권을 제도적으로 보장하고 있다.

4. 웹 접근성과 무인정보단말기 접근성

1) 웹 접근성

웹의 창시자 버너스 리(Tim Berners-Lee)가 웹을 '장애에 구애 없이 모든 사람들이 손쉽게 정보를 공유할 수 있는 공간'이라고 정의하였듯이 웹은 모든 사람들이 쉽게 접근할 수 있도록 제작되어야 한다(웹 접근성 연구소, 2021). 하지

만 장애학생들은 웹에 접근하는 것이 어려워 정보에 뒤처지는 경우가 발생하고 있다. 이에 따라 장애인을 비롯한 모든 사용자가 웹 상에서 제공되는 모든 정보에 접근할 수 있도록 보장하는 웹 접근성을 높이려는 노력이 필요하다.

우리나라는 「지능정보화기본법」에 웹 접근성 준수를 명시하고 있으며, 웹 접근성을 높이기 위한 방안으로 한국형 웹 콘텐츠 접근성 지침(KS X OT0003, 2022)이 국립전파연구원의 방송통신표준화지침 제18조의 규정에 따라 2005년 12월 21일에 제정되었고, 2022년 12월 28일에 개정되었다. 이 지침에는 인식의 용이성(perceivable), 운용의 용이성(operable), 이해의 용이성 (understandable), 견고성(robust)과 같은 원칙 4개를 비롯하여 지침 14개, 검사 항목 33개가 제시되어 있다.

인식의 용이성(perceivable)

인식의 용이성은 사용자가 장애 유무 등에 관계없이 웹사이트에서 제공하는 모든 콘텐츠를 동등하게 인식할 수 있도록 제공하는 것을 의미한다. 인식의 용이성은 대체 텍스트, 멀티미디어 대체수단, 적응성, 명료성의 4가지 지침으로 구성되어 있다.

인식의 용이성 관련 지침 및 검사항목

지침(4개)	검사항목(9개)
5.1. 대체 텍스트	5.1.1. (적절한 대체 텍스트 제공) 텍스트 아닌 콘텐츠는 그 의미나 용도를 인식할 수 있도록 대체 텍스트를 제공해야 한다.
5.2. 멀티미디어 대체수단	5.2.1. (자막 제공) 멀티미디어 콘텐츠에는 자막, 대본 또는 수어를 제공해야 한다.
5.3. 적응성	5.3.1. (표의 구성) 표는 이해하기 쉽게 구성해야 한다.
	5.3.2. (콘텐츠의 선형구조) 콘텐츠는 논리적인 순서로 제공해야 한다.
	5.3.3. (명확한 지시사항 제공) 지시사항은 모양, 크기, 위치, 방향, 색, 소리 등에 관계없이 인식될 수 있어야 한다.

〈계속〉

지침(4개)	검사항목(9개)
5.4. 명료성	5.4.1. (색에 무관한 콘텐츠 인식) 콘텐츠는 색에 관계없이 인식될 수 있어야 한다.
	5.4.2. (자동 재생 금지) 자동으로 소리가 재생되지 않아야 한다.
	5.4.3. (텍스트 콘텐츠의 명도 대비) 텍스트 콘텐츠와 배경 간의 명도 대비는 4.5 대 1 이상이어야 한다.
	5.4.4. (콘텐츠 간의 구분) 이웃한 콘텐츠는 구별될 수 있어야 한다.

운용의 용이성(operable)

운용의 용이성은 사용자가 장애 유무 등에 관계없이 웹사이트에서 제공하는 모든 기능을 운용할 수 있도록 제공하는 것을 의미한다. 운용의 용이성은 입력장치 접근성, 충분한 시간 제공, 광과민성 발작 예방, 쉬운 내비게이션, 입력 방식의 5가지 지침으로 구성되어 있다.

운용의 용이성 관련 지침 및 검사항목

지침(5개)	검사항목(15개)
6.1. 입력장치 접근성	6.1.1. (키보드 사용 보장) 모든 기능은 키보드만으로도 사용할 수 있어야 한다.
6.1. 입력장치 접근성	6.1.2. (초점 이동과 표시) 키보드에 의한 초점은 논리적으로 이동해야 하며, 시각적으로 구별할 수 있어야 한다.
	6.1.3. (조작 가능) 사용자 입력 및 컨트롤은 조작 가능하도록 제공되어야 한다.
	6.1.4 (문자 단축키) 문자 단축키는 오동작으로 인한 오류를 방지하여야 한다.
6.2. 충분한 시간 제공	6.2.1. (응답시간 조절) 시간제한이 있는 콘텐츠는 응답시간을 조절할 수 있어야 한다.
	6.2.2. (정지 기능 제공) 자동으로 변경되는 콘텐츠는 움직임을 제어할 수 있어야 한다.
6.3. 광과민성 발작 예방	6.3.1. (깜빡임과 번쩍임 사용 제한) 초당 3~50회 주기로 깜빡이거나 번쩍이는 콘텐츠를 제공하지 않아야 한다.

〈계속〉

지침(5개)	검사항목(15개)
6.4 쉬운 내비게이션	6.4.1. (반복 영역 건너뛰기) 콘텐츠의 반복되는 영역은 건너뛸 수 있어야 한다.
	6.4.2. (제목 제공) 페이지, 프레임, 콘텐츠 블록에는 적절한 제목을 제공해야 한다.
	6.4.3. (적절한 링크 텍스트) 링크 텍스트는 용도나 목적을 이해할 수 있도록 제공해야 한다.
	6.4.4. (고정된 참조 위치 정보) 전자출판문서 형식의 웹 페이지는 각 페이지로 이동할 수 있는 기능이 있어야 하고, 서식이나 플랫폼에 상관없이 참조 위치 정보를 일관되게 제공·유지해야 한다.
6.5. 입력 방식	6.5.1. (단일 포인터 입력 지원) 다중 포인터 또는 경로기반 동작을 통한 입력은 단일 포인터 입력으로도 조작할 수 있어야 한다.
	6.5.2. (포인터 입력 취소) 단일 포인터 입력으로 실행되는 기능은 취소할 수 있어야 한다.
	6.5.3. (레이블과 네임) 텍스트 또는 텍스트 이미지가 포함된 레이블이 있는 사용자 인터페이스 구성요소는 네임에 시각적으로 표시되는 해당 텍스트를 포함해야 한다.
	6.5.4. (동작기반 작동) 동작기반으로 작동하는 기능은 사용자 인터페이스 구성요소로 조작할 수 있고, 동작기반 기능을 비활성화할 수 있어야 한다.

이해의 용이성(understandable)

이해의 용이성은 사용자가 장애 유무 등에 관계없이 웹 사이트에서 제공하는 콘텐츠를 이해할 수 있도록 제공하는 것을 의미한다. 이해의 용이성은 가독성, 예측 가능성, 입력 도움의 3가지 지침으로 구성되어 있다.

이해의 용이성 관련 지침 및 검사항목

지침(3개)	검사항목(7개)
7.1. 가독성	7.1.1. (기본 언어 표시) 주로 사용하는 언어를 명시해야 한다.
7.2 예측 가능성	7.2.1. (사용자 요구에 따른 실행) 사용자가 의도하지 않은 기능(새 창, 초점에 의한 맥락 변화 등)은 실행되지 않아야 한다.

〈계속〉

지침(3개)	검사항목(7개)
	7.2.2. (찾기 쉬운 도움 정보) 도움 정보가 제공되는 경우, 각 페이지에서 동일한 상대적인 순서로 접근할 수 있어야 한다.
7.3. 입력 도움	7.3.1. (오류 정정) 입력 오류를 정정할 수 있는 방법을 제공해야 한다.
	7.3.2. (레이블 제공) 사용자 입력에는 대응하는 레이블을 제공해야 한다.
	7.3.3. (접근가능한 인증) 인증 과정은 인지 기능 테스트에만 의존해서는 안 된다.
	7.3.4. (반복 입력 정보) 반복되는 입력 정보는 자동 입력 또는 선택 입력할 수 있어야 한다.

견고성(robust)

견고성은 사용자가 콘텐츠를 이용할 수 있도록 기술에 영향을 받지 않아야 함을 의미한다. 견고성은 문법 준수, 웹 애플리케이션 접근성의 2가지 지침으로 구성되어 있다.

견고성 관련 지침 및 검사항목

지침(2개)	검사항목(2개)
8.1. 문법 준수	8.1.1. (마크업 오류 방지) 마크업 언어의 요소는 열고 닫음, 중첩 관계 및 속성 선언에 오류가 없어야 한다.
8.2. 웹 애플리케이션 접근성	8.2.1. (웹 애플리케이션 접근성 준수) 콘텐츠에 포함된 웹 애플리케이션은 접근성이 있어야 한다.

출처: 국립전파연구원(2022b).

웹 접근성은 최근 우리나라에서 세계 최초로 개발되고 있는 AI 디지털교과서에도 고려되고 있다. AI 디지털교과서 접근성 가이드라인에는 시각장애, 청각장애, 운동장애(지체장애, 뇌병변장애 등), 인지장애(지적장애, 자폐성장애 등) 사용자를 위한 접근성 준수 사항을 비롯해 다양한 환경 및 보조 기술과의 호환성, 접근성 준수를 위한 장애인 사용자의 참여 등의 필수 준수 사항을 명시하고 있다. AI 디지털교과서 접근성 가이드라인은 〈표 5-10〉과 같다.

표 5-10　AI 디지털교과서 접근성 가이드라인

구분	필수 준수 사항
시각장애 사용자를 위한 접근성 준수	시각자료 접근을 위해 대체 텍스트를 제공해야 함
	가독성이 좋은 고딕 형식의 서체를 제공해야 함
	시각자료, 멀티미디어 자료에 학습 과제 또는 문제 해결을 위한 정보를 포함하고 있는 경우 대체 텍스트가 아닌 화면 해설 스크립트를 제공해야 함
	초점 이동과 기능 제어를 위한 접근 가능한 조작을 지원해야 함
	표의 행과 열의 맨 윗부분에는 해당 수치에 대한 정보를 제공하는 헤더를 삽입함
	텍스트가 포함된 이미지가 스캔되어 있는 경우 이를 스크린리더가 접근할 수 있도록 함
	정보를 조직적으로 탐색할 수 있도록 단축키 또는 메뉴를 포함함
	단락 구분을 해야 할 상황이라면 단락대로 스크린리더가 접근할 수 있도록 함
청각장애 사용자를 위한 접근성 준수	동영상이나 음성 콘텐츠에는 동등한 내용의 자막을 제공해야 함
	청각적 지시 사항에 대해 대체 수단을 제공해야 함
	단원별 핵심 용어나 중요 학습 내용 등에 대해 수어 설명을 별도로 제공해야 함
운동장애 (지체장애, 뇌병변장애 등) 사용자를 위한 접근성 준수	사용자가 키보드 또는 대안적 입력 장치(스위치 등)를 사용하는 경우에는 AI 디지털교과서에서 제공하는 모든 기능을 동등한 수준으로 사용할 수 있도록 해야 함
	시간적 제한이 있는 콘텐츠의 경우, 사용자가 시간제한 기능이 동작되지 않도록 조작하거나 제한된 시간을 늘릴 수 있도록 해야 함
인지장애 (지적장애, 자폐성장애 등) 사용자를 위한 접근성 준수	사용자가 키보드 또는 대안적 입력 장치(스위치 등)를 사용하는 경우에는 AI 디지털교과서에서 제공하는 모든 기능을 동등한 수준으로 사용할 수 있도록 해야 함
	핵심적인 학습 콘텐츠를 음성을 통해 학습할 수 있도록 해야 함
	콘텐츠의 레이아웃은 일관성 있게 제시하고, 메뉴에서 다양한 구성 요소가 제시되는 경우 메뉴에 대한 설명을 별도로 제공해야 함

〈계속〉

구분	필수 준수 사항
다양한 환경 및 보조 기술과의 호환성	웹 표준 문법 및 웹 호환성을 준수하여 구축해야 함
	사용자 인터페이스 컴포넌트는 보조공학기기(기술)와 모바일 기기에서 제공하는 접근성 기능을 이용하여 동등하게 사용할 수 있도록 호환성을 고려하여 개발해야 함
	첨부 파일 또는 학습 자료를 외부 앱을 통해 활용하는 경우, 외부 앱과의 콘텐츠 접근성을 보장해야 함
접근성 준수를 위한 장애인 사용자의 참여	장애인 사용자가 다양한 모바일 기기에서 실제 보조공학기기(기술)를 이용하여 콘텐츠를 이용해 보고 접근가능 여부를 평가해야 함
	AI 디지털교과서 개발 진행 과정과 개발 후 검증 과정에서 장애인 사용자의 참여를 보장해야 함

출처: 계보경 외(2023).

2) 무인정보단말기 접근성

최근 공공기관, 음식점 등에서의 무인정보단말기(키오스크) 설치가 늘어나고 있다. 이러한 상황에서 모든 사람들이 무인정보단말기를 불편함 없이 사용할 수 있어야 하지만 장애 아동들은 무인정보단말기 사용에 어려움을 겪고 있다. 휠체어를 타고 있는 지체장애 아동은 무인정보단말기의 디스플레이 위치가 높아 화면을 볼 수 없고, 조작 버튼 위치가 높아 조작이 어렵다. 그리고 시각장애 아동은 음성, 점자 지원이 되지 않고, 화면 색 대비가 뚜렷하지 않아 무인정보단말기의 화면상 내용을 파악하는 데 어려움을 겪으며, 청각장애 아동은 무인정보단말기 고장 시 도움을 청할 방법이 없다(웹 접근성 연구소, 2021).

이에 따라 무인정보단말기 접근성 지침(KS X 9211, 2022, 국가표준)이 국립전파연구원의 산업표준심의회에서 「산업표준화법」 제10조의 규정에 따라 2016년 7월 25일에 제정되었고, 2022년에 개정되었다. 이 지침은 장애인을 비롯한 모든 사람들이 무인정보단말기에 접근가능하도록 설계하는 방법을 제시하고 있다. 무인정보단말기 접근성 설계 원칙은 〈표 5-11〉과 같다.

표 5-11　무인정보단말기 접근성 설계 원칙(접근성 요구사항)

접근성 요구사항	내용	예시
시각을 필요로 하지 않는 방법 제공	시각을 필요로 하는 무인정보단말기는 시각을 사용하지 않고도 이용할 수 있는 한 가지 이상의 방법이 제공되어야 한다.	청각 또는 촉각을 이용하는 방법
시력이 현저히 낮아도 이용할 수 있는 방법 제공	시각을 필요로 하는 무인정보단말기는 시력이 현저히 낮아도 이용할 수 있는 한 가지 이상의 방법이 제공되어야 한다.	확대된 시각정보 제공, 고대비의 시각정보 제공
색의 인식을 필요로 하지 않는 방법 제공	시각을 필요로 하는 무인정보단말기는 색을 인식하지 못해도 이용할 수 있는 한 가지 이상의 방법이 제공되어야 한다.	색상 코드(colour code)로 구분되는 기능을 색이 아닌 수단으로도 구분할 수 있는 방법 제공
청각을 필요로 하지 않는 방법 제공	청각을 필요로 하는 무인정보단말기는 청각을 사용하지 않고도 이용할 수 있는 한 가지 이상의 방법이 제공되어야 한다.	시각 또는 촉각을 이용하는 방법
청력이 현저히 낮아도 이용할 수 있는 방법 제공	청각을 필요로 하는 무인정보단말기는 청력이 현저히 낮아도 이용할 수 있는 한 가지 이상의 방법이 제공되어야 한다.	청각정보의 명료성 향상, 배경소음 감소, 음량 조절 범위 확대 또는 고음 영역의 확대 등
발성을 필요로 하지 않는 방법 제공	발성을 필요로 하는 무인정보단말기는 발성을 할 수 없어도 이용할 수 있는 한 가지 이상의 방법이 제공되어야 한다.	키보드, 펜 또는 터치 사용자 인터페이스를 사용하는 방법
과도한 조작과 힘을 필요로 하지 않는 방법 제공	수동 조작을 필요로 하는 무인정보단말기는 사용자의 큰 힘을 필요로 하지 않는 방법이 제공되어야 한다.	한 손 조작, 순차적인 키 조작, 음성 명령 등
손닿는 범위 내에 작동부 배치	손으로 조작해야 하는 무인정보단말기의 모든 작동부는 사용자의 손이 닿을 수 있는 범위 내에 배치되어야 한다.	휠체어 사용자의 필요를 고려하기, 터치스크린 등
광과민성 발작 가능성 차단	시각을 필요로 하는 무인정보단말기는 일부 사용자의 광과민성 발작을 최소화할 수 있는 한 가지 이상의 방법이 제공되어야 한다.	번쩍임이 있는 영역의 크기와 초당 번쩍임 횟수 제한
낮은 인지 능력으로도 이용할 수 있는 방법 제공	무인정보단말기는 사용자가 쉽고 간편하게 사용할 수 있는 방법이 제공되어야 한다.	조정 가능한 타이밍, 오류 표시 및 오류 정정, 그리고 논리적인 초점 이동 순서 등
개인정보 보호	무인정보단말기는 사용자의 개인정보가 보호될 수 있도록 설계되어야 한다.	개인 청취용 이어폰 사용, 숨겨진 문자 읽지 않기 등

출처: 국립전파연구원(2022a).

무인정보단말기 접근성에 대한 요구와 법률 제정에 따라 배리어프리 (barrier-free) 무인정보단말기가 출시되고 있다. 배리어프리 무인정보단말기는 고대비 화면 변경 지원, 긴급 호출 기능, 점자 키패드 적용, 볼륨 조절 및 이어폰 단자, 근접 센서로 고객 접근 확인 후 안내 멘트 송출, 수어 솔루션 제공, 리프트 설치로 높이 조절 가능 등의 기능이 있어 장애 아동들의 무인정보단말기에 대한 접근성을 높여 준다. 배리어프리(barrier-free) 무인정보단말기 예시는 [그림 5-1]과 같다.

그림 5-1 배리어프리(barrier-free) 무인정보단말기

출처: 신도테크노(https://sindohtechno.co.kr/sub/pop_product.php?idx=40).

이 장의 연구과제

1. 특수교육현장과 관련하여 접근성의 개념과 필요성을 발표해 보자.

2. 접근권 관련 법률이 지역사회 및 특수교육현장에서 준수되고 있는지 조사하여 발표해 보자.

3. 현재 특수교육대상아동이 겪는 웹과 무인정보단말기의 접근성의 현실을 조사하고, 웹과 무인정보단말기의 접근성을 높일 방안을 토론해 보자.

참고문헌

계보경 외(2023). AI 디지털교과서 개발 가이드라인. 대구: 한국교육학술정보원.

국립전파연구원(2022a). 무인정보단말기 접근성 지침(KS X 9211). 전남: 국립전파연구원.

국립전파연구원(2022b). 한국형 웹 콘텐츠 접근성 지침 2.2.(KS X OT0003). 전남: 국립전파연구원.

국립특수교육원(2006). 장애학생을 위한 보조공학의 실제. 제13회 국제세미나, 경기: 국립특수교육원.

국립특수교육원(2011). 보조공학 활용수업 국제비교. 경기: 국립특수교육원.

권순황(2006). 특수교육교과교재 연구 및 지도법. 서울: 일문사.

김남진(2007). 국내 장애인의 정보 접근권 현황과 개선방안 연구. 중복·지체부자유아교육, 47, 89-105.

김남진, 김용욱(2010). 특수교육공학. 서울: 학지사.

김현진,권순황(2010). 장애 아동 부모의 동반의존성 연구. 특수아동교육연구 제12권(4), 451-470.

여광응, 권순황 외(2003). 특수아동의 심리학적 이해. 서울: 학지사.

웹 접근성 연구소(2021). 무인정보단말기 정보 접근성 안내.

이필상, 권순황 외(2015). 청각장애 아동 교육의 이해. 서울: 학지사.

정무성, 양현택, 노승현(2007). 장애인복지개론. 경기: 학현사.

정일교, 김만호(2007). 장애인복지론. 경기: 양서원.

조광자(2008). 장애차별금지법과 장애인의 경제적 복지: 미국의 미국장애인법과 소득
　　보장정책의 긴장관계를 중심으로, 한국사회복지정책학회, 34, 109-131.

조원탁, 김형수, 이형하, 조준(2005). 사회복지법제론. 경기: 양서원.

채현탁, 백윤철, 김한양(2011). 사이버대학 장애학생의 웹 접근권 강화 방안: 헌법상
　　장애인 접근권 보장을 중심으로, 토지공법연구 제52집, 445-461.

「대한민국 헌법」

「심신장애자복지법」

「장애인·노인·임산부 등의 편의증진 보장에 관한 법률」

「장애인 등에 대한 특수교육법」

「장애인 등에 대한 특수교육법 시행령」

「장애인복지법」

「장애인차별금지 및 권리구제 등에 관한 법률」

「장애인차별금지 및 권리구제 등에 관한 법률 시행령」

「장애인 편의시설 및 설비의 설치기준에 관한 규칙」

「지능정보화 기본법」

「지능정보화 기본법 시행령」

「특수학교 시설·설비 기준령」

Amy, G. Dell., Deborah, A. N., & Jerry, G. P. (2011). 특수교육 보조공학(*Assistive
　　technology in the classroom: enhancing the school experiences of students
　　with disabilities*). (정동훈 역). 서울: 시그마프레스. (원저는 2008년에 출판).

Belson, S. I. (2003). *Technology for exceptional learners*. Boston, MA: houghton Mifflin.

Bryant, D. P., & Bryant, B. R. (2006). 특수교육공학(*Assistive technology for people
　　with disabilities*). (권충훈, 김훈희 역). 경기: 양서원. (원저는 2003년에 출판).

Evans, J. F. (1998). *Changing the lens. American Annals of the Deaf*, vol. 143-3,
　　246-254.

Jordan, K. I. (1994). *Statement on full inclusion*. Gallaudet research institute
　　occasional Paper 94-2. Gallaudet University, Washington, D.C.

Lawrence A. B., Laura B. C., & Linda B. J. (2011). 통합교육을 위한 보조공학(*Assistive
　　technology: access for all students*). (노석준, 나경은 역). 서울: 동문사. (원저
　　는 2010년에 출판).

참고사이트

107 손말이음센터. http://www.relaycall.or.kr/home/main.asp

107 손말이음센터 통신중계서비스. http://www.relaycall.or.kr/info/introduce.asp

21세기 통신 및 비디오 접근성 법안. http://fcc.gov/cgb/dro/cvaa.html

미국GSA, 섹션508. http://www.section508.gov

미국 장애인법. http://www.ada.gov

신도테크노. https://sindohtechno.co.kr

웹 접근성 연구소. https://www.wah.or.kr/

한국웹접근성인증평가원. https://www.wa.or.kr/

제6장

특수교육공학의 최근 동향

◇ 이 장의 개요

이 장에서는 최근 특수교육공학 분야에서 연구되고 있는 인공지능 관련 특수교육공학에 대해 살펴볼 것이다. 인공지능은 삶 전반에 많은 변화를 가져오고 있으며 특수교육에도 인공지능 기술의 활용이 활발하게 논의되고 있다. 이에 따라 특수교육 현장에서 인공지능을 정확히 이해하고, 활용할 수 있는 능력이 요구된다. 이 장의 주요 내용은 인공지능의 개념, 인공지능 교육의 유형 및 특징, 특수교육에서의 인공지능 활용 등이다.

◇ 이 장의 학습목표

1. 인공지능의 개념, 역사를 설명할 수 있다.
2. 인공지능 교육의 유형, 특징을 파악하고 설명할 수 있다.
3. 특수교육에서의 인공지능 활용을 이해하고 인공지능 기술을 특수교육에 적용할 수 있는 방안을 제시할 수 있다.

제6장에서는 최근 우리의 삶 전반에 걸쳐 큰 변화를 가져오고 있는 인공지능을 특수교육과 관련하여 살펴보고자 한다. 알파고, ChatGPT 등 인공지능은 빠르게 발달하고 있으며, 산업 전반에 많은 영향을 끼치고 있다. 교육계에서도 인공지능 관련 교육이 활발히 논의되고 있으며, 인공지능의 기술이 가져올 교육의 변화에 대해 기대감이 크다. 인공지능의 발달은 특수교육 대상 학생들에게 큰 기회가 될 수 있으며, 이에 따라 인공지능을 정확히 이해하고, 활용할 수 있는 능력이 특수교육 현장에 요구된다.

따라서 1절에서는 인공지능의 개념과 역사에 대해 알아보고, 2절에서는 인공지능 교육의 유형과 특징을 살펴보고자 한다. 3절에서는 특수교육에서의 인공지능 활용에 관한 이해를 통해 인공지능 기술을 특수교육에 적용할 수 있는 방안을 제안하고자 한다.

1. 인공지능의 개념과 역사

1) 인공지능의 개념

인공지능은 다양하게 정의되어 왔다. 최초로 인공지능 용어를 사용한 존 매커시(John McCarthy)는 인공지능을 '기계를 인간 행동의 지식에서와 같이 행동하게 만드는 것'으로 정의하였다(소효정 외, 2023). Russell과 Norvig(2021)은 네 가지 범주(인간적 사고, 인간적 행동, 합리적 사고, 합리적 행동)로 분류하여 정의하였다(한선관, 류미영, 김태령, 2021). 즉, '인간적 사고'는 생각하는 기계를 만드는 연구와 기술이고, '인간적 행동'은 인간과 같은 지능적 특징(기억, 지각, 인식, 이해, 학습, 연상, 추론, 계획, 창조 등)을 기계에 이식하기 위한 연구와 기술이라는 것이다. 또한 '합리적 사고'는 컴퓨터를 좀 더 똑똑하게 만드는 연구와 기술이며, '합리적 행동'은 사람이 수행했을 때 지능이 필요한 일을 기계에게 시키고자 하는 연구와 기술이라는 것이다(한선관 외, 2021). 공민수와 신창훈(2021)은 인공지능을 '인간이 지닌 지적능력의 일부 또는 전체, 혹은 그렇게 생각되는 능력을 인공적으로 구현한 것'이라고 정의하였다. 종합해 보면, 인공지능은 인간의 다양한 지능의 일부, 또는 전체를 인공적으로 구현한 것이라고 정의할 수 있다.

　인공지능과 자주 사용되는 용어로는 머신러닝, 딥러닝이 있다. 이들의 관계는 [그림 6-1]과 같다. 머신러닝(Machine learning, 기계학습)은 인공지능 기술들 중 하나로, 인간이 스스로 학습하듯 기계가 다양한 경험을 통해 얻은 데이터로부터 세운 지식을 구축하는 기술이며, 머신러닝 학습의 방법으로는 지도 학습, 비지도 학습, 강화 학습 등이 있다. 지도 학습(Supervised Learning)은 컴퓨터에게 미리 정답을 알려 주며 학습시키는 것을 말하고, 비지도 학습(Unsupervised Learning)은 컴퓨터가 많은 데이터를 스스로 학습하고 답을 찾는 과정이며, 강화 학습(Reinforcement Learning)은 컴퓨터에게 미리 정답을 알려 주지 않은 상태에서 목표에 근접한 행동을 했을 때 보상을 줘서, 인공지능이 스스로 원인(행동)과 결과(목표)의 관계를 학습하도록 한 것이다(공민수, 신창훈, 2021; 소효정 외, 2023).

　딥러닝(Deep learning, 심층학습)은 머신러닝 중 인공신경망 원리에 기반한 기술로서 인간의 뇌에 있는 신경망의 원리를 모방하여 인공신경망으로 학습

그림 6-1　인공지능, 머신러닝, 딥러닝의 관계
출처: 소효정 외(2023), 전수진 외(2020).

의 모든 과정을 인간의 개입 없이 기계 스스로 수행하는 것으로 대표적인 예로 알파고가 있다(전수진 외, 2020).

인공지능은 약인공지능(Weak AI)과 강인공지능(Strong AI)으로 분류된다. 약인공지능은 특정 분야에 인공지능 기술을 접목하여 생활을 유용하게 만드는 것이다. 대표적인 예로는 인공지능 스피커, 스마트폰 얼굴 인식, 자율주행 자동차, 챗봇 등이 있다. 강인공지능은 스스로 행동하고 학습이 가능하며, 인간 또는 인간 이상의 지성 수준을 가진 로봇으로 영화 속에서 봤던 인간의 모습을 하고 인간 이상의 지성과 능력을 지닌 로봇을 예로 들 수 있다(공민수, 신창훈, 2021; 한선관 외, 2021).

2) 인공지능의 역사

2016년 알파고, 2022년 ChatGPT의 등장으로 우리에게 깊은 인상을 준 인공지능의 역사는 1950년대로 거슬러 올라간다. 앨런 튜링(Alan Turing)은 1950년 튜링 테스트를 통해 상대가 누구인지 알 수 없는 환경에서 인간 심판관이 인간과 기계와 대화를 나눈 후 누가 인간이고 기계인지 구별하지 못한다면 기계에 지능이 있다고 판단할 수 있다고 하며 기계의 지능에 대한 고찰을 제안하였다. 이후 1956년에 존 매커시(John McCarthy)가 다트머스 회의에서 '인공지능'이라는 용어를 처음 제안하였으며, 1966년에 조셉 와이젠바움(Joseph Weizenbaum)이 '엘리자(ELIZA)'라는 챗봇을 탄생시킴으로써 인공지능 인기가 매우 높아졌다(소효정 외, 2023; 한선관, 류미영, 김태령, 2021; 한선관 외, 2021).

인공지능의 역사는 〈표 6-1〉과 같이 크게 세 시기로 분류할 수 있다. 1956~1970년대는 1차 붐이 일어난 시기로 단순 제어 프로그램 수준이었고, 2차 붐이 일어난 1980~1990년대에는 기존 데이터를 기반으로 판단하는 '고전적 AI'와 기계가 스스로 학습하는 '머신러닝 AI' 수준으로 발달하였으며, 3차 붐인 2000년대 이후에는 머신러닝 중 인공적 신경망에 기반한 '딥러닝 AI'가 등장하여 인공지능 분야에 큰 영향을 주었다(소효정 외, 2023).

표 6-1　인공지능의 역사

	시기	AI 수준	활용 사례
1차 붐	1956~1970년대	단순제어 프로그램	튜링기계, 체스게임
2차 붐	1980~1990년대	고전적 AI	질문에 대한 응답 대화 프로그램, 지식 베이스로 판단 및 추론하는 지능형 교수 시스템
		머신러닝 AI	표본 데이터를 활용하여 지식, 규칙 기계학습, 교육용 로봇, 챗봇, 학습자 중심 피드백
3차 붐	2000년대 이후	딥러닝 AI	적응형 학습 관리 시스템

출처: 소효정 외(2023).

생성형 AI(Generative AI) 기술을 바탕으로 한 챗봇인 ChatGPT(Chat Generative Pre-trained Transformer)는 2022년 11월 출시 후 5일 만에 100만 명, 2주 만에 200만 명이 사용하며 폭발적인 인기를 얻었고(정제영 외, 2023), ChatGPT로 인해 생성형 AI 기술의 발달 및 대중화를 알리는 계기가 되었다. 이전의 인공지능이 주어진 데이터를 분석하고, 이를 기반으로 예측, 분류 등을 수행하는 것이 주된 역할이었다면, 생성형 AI는 사용자의 명령어를 통해 사용자의 의도를 파악하고, 이를 기반으로 새로운 유형의 이미지, 텍스트, 오디오, 영상 등의 콘텐츠를 만드는 역할을 한다(김용성, 2023).

2. 인공지능과 교육

1) 인공지능 교육의 유형

인공지능은 눈부신 발전을 거듭하고 있으며, 여러 산업 분야에 영향을 끼치고 있다. 교육계 역시 인공지능으로 인해 많은 변화가 있으며, 인공지능 관련 여러 교육들이 생겨나고 있다. 한선관 등(2021)은 인공지능 교육의 유형을 인공지능 이해 교육, 인공지능 활용 교육, 인공지능 가치 교육으로 구분하였다.

인공지능 이해 교육은 인공지능 자체에 대해 학습하는 교육이다. 인공지능 이해 교육의 목표는 인공지능의 기본 개념과 원리를 이해하고, 인공지능을 효과적으로 활용하는 능력과 함께, 인공지능이 인간 사회에 선하게 기여하도록 하는 태도를 함양해, 창의적, 합리적으로 문제를 해결하는 데 필요한 인공지능 소양을 기르는 것이다. 인공지능 이해 교육의 영역별 내용은 〈표 6-2〉와 같다.

표 6-2 인공지능 이해 교육의 영역별 내용

영역	내용
지식	개념, 용어, 원리, 알고리즘의 이해
기능	코딩, 개발, 구축, 시뮬레이션의 실습
태도	허용성, 협업, 도전, 소통, 배려 등의 가치

출처: 한선관, 류미영, 김태령(2021).

인공지능 활용 교육은 인공지능 기술, 서비스 등을 활용해 실생활의 문제를 해결하는 역량을 기르는 교육이다. 인공지능 활용 교육의 유형은 교육적으로 활용되는 분야에 따라 '인공지능 교과 활용 교육' '인공지능 융합 교육' '인공지능 기반 교육' '교육 정책 업무의 인공지능 활용'으로 나뉜다. '인공지능 교과 활용 교육'은 교과 교육에 인공지능을 활용해 교과의 목표 달성에 도움을 주고자 하는 방법으로, 인공지능 스피커를 활용한 영어회화 수업을 예로 들 수 있다. '인공지능 융합 교육'은 기초 학문의 지식과 기능을 인공지능 지식 체계-기술과 융합해 생활의 문제, 직업의 문제, 산업의 응용 등의 인공지능 서비스 및 결과를 도출하는 교육 방법으로, 인공지능 기반의 얼굴 표정 인식 기술을 적용하여 졸음운전하는 운전자에게 위험 알림을 주는 시스템을 구현하는 것 등이 있다. '인공지능 기반 교육'은 인공지능 기술이 적용된 튜터링 시스템을 이용해 학습자의 학습을 도와주고 교사의 협업에 효과적인 교육 활동을 진행하는 방법으로 인공지능 튜터가 학생 개별적 특성에 맞게 맞춤형으로

지원하는 것을 예로 들 수 있다. '교육 정책 업무의 인공지능 활용'은 축적된 데이터를 바탕으로 교육 정책 업무에 인공지능을 활용하는 것으로, 인공지능 얼굴인식을 통한 자동 출결 시스템 관리가 있다.

인공지능 교육의 마지막 유형인 '인공지능 가치 교육'은 인공지능이 사회에 미치는 영향과 윤리적인 이슈를 제대로 파악하고, 바람직한 가치와 관점을 갖도록 교육하는 것이다. 인공지능에 의해 변화되는 인간 삶의 윤리적 고찰을 통해 인공지능에 관한 관점, 태도, 가치를 주요 내용으로 다룬다. 소효정 등 (2023)은 인공지능 가치 교육을 세 가지 영역(인공지능의 양면성, 인공지능의 편향성, 인공지능의 딜레마)으로 나눌 수 있다고 하였다. 인공지능의 양면성은 인공지능이 우리 사회에 미치는 긍정적 영향과 부정적 영향을 모두 이해하는 것이고, 인공지능의 편향성은 데이터 기반 알고리즘이 특정 목적을 위해 편향적으로 수집 및 사용될 수 있음을 의미한다. 인공지능 딜레마는 인공지능으로 인해 어느 선택을 하더라도 윤리적으로 만족할 수 없는 상태에 이르는 현상을 의미한다(소효정 외, 2023; 전수진 외, 2020).

2) 인공지능 교육의 특징

인공지능은 교육 설계, 학습 내용, 학습 방법, 학습 평가 등 교육계 전반에 큰 변화를 가져오고 있으며, 특히 인공지능 도입으로 학생 개개인의 특성과 성취에 적합한 맞춤형 학습에 대한 기대감이 크다. 인공지능이 학생의 특성을 분석하여 학생 맞춤형 교육 설계를 하고, 이를 바탕으로 학생에 적합한 자료 제시 및 맞춤형 평가가 가능해진다. 인공지능 교육의 특징을 구체적으로 살펴보면 다음과 같다(김용성, 2023; 류지헌, 김민정, 임태형, 2023; 소효정 외, 2023; 정제영 외, 2023).

첫째, 맞춤형 학습을 위한 학습자 개개인 분석이 가능해지고, 학습 역량을 높이며, 학습 효과를 극대화할 수 있다. 인공지능을 통해 학습자 개개인의 지식, 학습 성향, 학습 속도, 동기 수준 등의 데이터를 수집하고 분석하여 맞춤형 교육을 위한 정보를 확보할 수 있다. 이러한 학습자 분석을 통해 학습 결손을 사전에 예방할 수 있게 된다.

둘째, 학습자별로 학습내용의 난이도나 수준이 달라지는 적응적 학습 내용(adaptive contents)과 수업의 진도나 제공되는 콘텐츠의 순서가 조정되는 적응적 학습 순서(adaptive sequence)의 실현이 가능하다. 즉, 인공지능이 학습자에게 적합한 학습 경로를 제공하고, 개인화된 콘텐츠를 제작 및 추천하며, 또한 자주 틀리는 문제를 분석하여 해당 부분을 집중적으로 학습할 기회를 제공한다. 이에 따라 강점은 더욱 강화하고, 약점은 체계적으로 보완되어 완전한 학습을 가능하게 한다.

셋째, 평가 문항들이 학습자의 수행 정도에 따라 달라지는 적응적 학습평가(adaptive assessment)가 가능해져, 문제 해결의 성공률이 높은 학습자는 문제의 난이도를 높이고, 문제 해결에 어려움을 보이는 학습자는 난이도가 낮은 문제들을 제공할 수 있다. 또한 지능형 튜터링 시스템(Intelligent Tutoring Systems: ITS)을 적용한 AI 튜터는 학습하는 주제와 관련된 연습문제를 출제하고, 채점까지 할 수 있으며, 학습한 내용에 대한 평가 루브릭을 제작하여 평가의 객관성을 유지할 수 있도록 도와준다.

넷째, 학습자들을 고려한 개별적 학습 동기 부여가 가능해진다. 교사가 학생들의 개별적 특성에 맞게 맞춤형으로 동기를 부여하는 것은 매우 어려운 일이다. 그러나 인공지능은 수합한 데이터를 통해 학생 흥미를 고려한 학습 콘텐츠와 게임형 퀴즈 등을 제작하여 학생들의 학습 의욕을 높일 수 있다.

다섯째, 학생이 학습 중 어려운 내용이 있을 경우 실시간으로 일대일 질의응답이 가능해진다. 예전에는 모르는 것이 있다면 바로 질문하고 답을 구하는 것이 상당히 어려웠다. 하지만 학생이 필요할 때 AI 튜터에게 언제든지 질문할 수 있고 즉시 질문에 대한 정답을 얻을 수 있다.

여섯째, 인공지능을 활용한 교육을 통해 학생들의 고차원적인 사고 학습이 가능해진다. 탐구학습, 문제기반학습 등에서 어려움을 겪는 학습자가 인공지능 매체들로부터 자신의 학습 성취 수준에 적합한 보조 설명을 얻고, 절차상 도움을 받아 사회문제들을 탐구하고 해결할 수 있다. 또한 미술, 음악, 정보 수업 등에서 창작활동에 어려움을 느끼는 학생들이 Quick Draw, Auto Draw, Chrome Music Lab 등의 인공지능 플랫폼으로부터 지원을 받아 창작활동에 보다 쉽게 접근할 수 있다.

일곱째, 인공지능 도구 활용으로 교사의 교수 · 학습자료 개발이 보다 쉬워진다. 예를 들어, 교사는 수업 영상 자료를 제작하는 과정에서 네이버 클로바 더빙(Clova Dubbing)의 AI 목소리로 텍스트를 음성으로 손쉽게 변환할 수 있으며, 캡컷(capcut)의 AI 편집 도구로 영상 배경 삭제, 영상 합성, 영상 효과 주기 등이 간편해져 교수학습자료 개발이 용이해진다.

이러한 인공지능 교육의 특징은 우리나라가 세계 최초로 개발하고 있는 AI 디지털 교과서의 AI 튜터의 주요 기능에 담겨 있다. AI 튜터는 AI를 이용해 학생의 학습상태를 분석하여 부족한 부분의 원인을 찾아 이를 개선할 수 있는 전략을 조언해 주는 서비스다. 주요 기능으로는 질의 · 응답, 추가 학습자료 제공, 학습 전략 제안, 학습 진도 모니터링, 피드백 및 성취평가, 오답노트 제공 등이 있다.

표 6-3 AI 튜터 주요 기능

주요 기능	내용 및 예시
질의 · 응답	AI 튜터에게 궁금한 내용을 질문하면 AI 튜터가 즉각적으로 답변을 제공하는 기능으로, 특히 학생이 특정 개념에 대해 궁금한 점이나 이해하지 못한 부분이 있을 때 언제든지 도움을 받을 수 있는 기능 제공
추가 학습자료 제공	학습 과정에서 이해가 잘 안되거나 보충 설명이 필요한 내용에 대해 추가적으로 학습자료를 제공하는 기능으로, 개념에 대한 부연 설명, 연습 문제, 관련 학습 자료 추천 등을 통해 학습을 보완하는 기능 제공
학습 전략 제안	학생의 과목별 맞춤형 학습지원을 위해 학습 수준과 목표에 맞게 개별적인 학습 전략을 제안하는 기능으로, 학생의 학습 과정과 결과에서 분석된 데이터를 바탕으로 성취도를 평가하고 강·약점을 식별하여 적절한 학습 전략을 제공

〈계속〉

주요 기능	내용 및 예시
학습 진도 모니터링	학생의 학습 계획 대비 학습 진도 상황을 모니터링하는 기능으로, 개별 학습 과정에서 분석된 학습 수행도, 학습 참여도 등의 주요 학습 활동 지표에서 부족한 부분을 개선하기 위한 정보 제공
피드백 및 성취평가	학습 진도 모니터링 과정마다 분석된 부족한 부분에 대해 시의적절한 피드백과 To do 리스트를 제공하고, 학습 성취평가 정보를 제공함과 동시에 분석된 데이터를 기반으로 개선이 필요한 항목에 대해 추가적인 학습 방향을 안내
오답노트 제공	학생이 풀었던 문제를 함께 분석하고, 틀린 부분에 대한 설명을 제시할 수 있는 기능으로 학습 과정마다 오답노트가 작성 및 누적되어 지난 시간에 틀렸던 내용을 다시 확인할 수 있으며, 이를 통해 자신의 부족한 부분을 지속적으로 개선할 수 있는 기능을 제공

출처: 계보경 외(2023).

3. 인공지능과 특수교육

1) 특수교육에서의 인공지능 활용

특수교육 현장에서 인공지능 활용은 장애학생들에게 새로운 기회를 제공한다. 즉, 인공지능 기술은 장애를 보완하고, 학습의 접근성을 높이며, 학업성취 및 취업 등에 긍정적인 영향을 주어 장애학생의 통합교육과 사회 통합에 기여한다. 특수교육에서의 인공지능 활용 측면에서 살펴보면 다음과 같다(권정민, 이영선, 2020; 김용성, 2023; Fichten et al., 2021).

첫째, 인공지능 기술은 다양한 성취 수준 및 특성을 지닌 장애학생들에게 맞춤형 교육을 지원한다. AI 튜터는 장애학생의 학습 특성을 분석하고, 학생 맞춤형 교육 설계 및 교육 내용을 제공한다. 이해가 부족한 내용을 장애학생이 반복 연습하여 숙달할 수 있도록 돕고, 질의응답을 실시간으로 제공하여 즉각적 피드백을 제공한다. 또한 인공지능은 학생에 적합한 평가 문항을 제공 및 자동 채점하여 특수교사가 학생 맞춤형 평가를 할 수 있도록 지원한다.

둘째, 인공지능 기술은 장애를 조기에 진단할 수 있도록 돕는다. 장애를 조기에 진단해 빠른 시일에 특수교육적 지원을 제공하는 것은 매우 중요하다. 인공지능은 다양한 데이터 분석으로 자폐성장애, 학습장애 등을 조기에 진단하여 적합한 교육을 빠르게 제공하고, 학습 격차를 줄이는 데 기여한다.

셋째, 인공지능은 장애학생의 의사소통을 돕는다. 인공지능은 의사소통에 어려움을 겪는 청각장애, 지체장애, 자폐성 장애학생 등이 상대방의 표정, 제스처, 맥락을 이해하고, 의미 있는 소리를 구별할 수 있도록 지원한다.

넷째, 인공지능 기술은 스스로 이동하는 데 어려움을 겪는 장애학생들에게 도움을 제공한다. 스마트 안경, 스마트 휠체어, 보행 보조 로봇 등의 인공지능 기술은 시각장애, 지체장애학생들에게 주변 환경 정보를 안내하고, 개별 맞춤형 신체 보조, 자율 주행 등의 도움을 제공하여 독립 보행의 가능성을 높여 준다.

다섯째, 인공지능은 장애학생의 자기관리에 도움을 제공하여 독립성을 향상시킨다. 스마트홈, 식사 보조 로봇 등은 장애학생들의 환경 접근성을 높여 가전제품 조작, 독립적인 식사 등이 가능하도록 지원한다.

인공지능은 장애 유형별로 적합한 지원을 제공하여 장애학생들이 학업적, 생활적 장벽을 극복하고 독립적으로 수행할 수 있도록 도움을 준다. 장애 유형별 특수교육에서의 인공지능 활용을 살펴보면 다음과 같다(권정민, 이영선, 2020; 김용성, 2023; 류지헌, 김민정, 임태형, 2023; 한경근, 2017; 한선관 외, 2021; Fichten et al., 2021; Huka et al., 2022; Panjwani-Charani & Zhai, 2021).

청각장애학생은 STT(Speech-To-Text, 음성 텍스트 변환) 앱, 스마트 안경, 자동 자막 생성 기능이 있는 영상 편집 프로그램, 수화번역기 앱, 인공지능 보청기, 인공지능 입술판독 기술 등을 통해 독립적으로 학업 및 의사소통을 수행할 수 있다.

• STT 앱을 활용하여 교사의 설명 및 대화하고 있는 상대방의 음성 정보

를 텍스트로 수집하여 보다 독립적으로 학업 및 의사소통을 수행할 수 있다.

- 대화 상대방의 음성이 실시간 자막으로 표시되는 스마트 안경을 활용하여 타인과 원활한 의사소통을 할 수 있다. **예** 씨사운드 스마트 안경
- 자동 자막 생성 기능이 있는 영상 편집 프로그램을 활용하여 청각장애학생이 이해하기 쉬운 교수학습 영상을 제작할 수 있다. **예** vrew
- 수화를 알기 쉽게 번역해 주는 수화번역기 앱을 활용하여 청각장애학생이 건청인과 대화할 기회를 높일 수 있다. **예** 수화번역기 앱
- 인공지능 보청기의 딥러닝 기술로 학생 개인에 적합한 청취 환경을 제공하여 타인과 구어로 의사소통할 수 있다. **예** 이볼브 AI
- 인공지능 입술 판독 기술을 통해 청각장애학생의 독순술을 도와 의사소통 기회를 높인다. **예** 구글 딥마인드의 자동 입술 판독 기술

시각장애학생은 주변 정보를 음성으로 안내해 주는 앱, 스마트 안경, 인공지능 스피커, 보행 내비게이션 앱, 온라인 쇼핑 도우미 앱 등을 통해 음성의 지원을 받아 학업 수행 및 주변 정보 파악, 독립 보행, 온라인 쇼핑 등을 할 수 있다.

- 주변 정보를 음성으로 안내해 주는 앱을 통해 눈앞의 장면, 사물, 사람, 텍스트 등의 정보를 음성으로 인식할 수 있다. **예** 설리번+, Seeing AI 앱
- 저시력 장애인용 스마트 안경의 윤곽선 강조, 확대 · 축소, 색 반전/대비 등의 기능을 활용해 저시력 학생이 시각적으로 주변 인식률을 높일 수 있다. **예** 릴루미노 글래스
- 광학적 문자 판독 기술이 적용된 스마트 안경을 통해 시각장애학생이 주변 문서, 사물, 사람을 음성으로 인식할 수 있다. **예** Envision Glasses
- 스마트홈 기술과 인공지능 스피커를 활용해 음성으로 명령하여 일상생활 전자제품들을 작동시킬 수 있다.

- 방향 정보, 실시간 경로 안내 등이 음성으로 제공되는 시각장애인 보행 내비게이션 앱을 활용하여 시각장애학생은 자신이 있는 위치를 정확히 파악하고 보행할 수 있다. 예 G-EYE+앱
- 음성으로 원하는 물건을 입력하면 물건을 추천하고, 쇼핑몰의 상세정보를 음성으로 안내해 주는 온라인 쇼핑 도우미 앱을 활용해 스스로 온라인 쇼핑을 할 수 있다. 예 픽포미 앱

의사소통장애학생은 다양한 의사소통 보조 앱, 머신러닝 기술 등을 통해 타인과 원활한 의사소통을 할 수 있다.

- 사용자가 할 말을 예측해 단어, 문장을 추천해 주는 앱을 활용하여 타인과 의사소통할 수 있다. 예 Spoken ACC 앱
- 발음이 부정확한 학생들의 말을 이해할 수 있는 말로 변화시켜 주는 앱을 활용해 원활하게 의사소통할 수 있다. 예 Voiceitt 앱
- 얼굴의 다양한 표정 변화를 구분하여 음성 및 텍스트로 산출하는 머신러닝 기술을 활용해 의사소통할 수 있다. 예 Google의 Project Euphonia
- 고가의 아이 트래커 장비 없이 스마트앱을 활용하여 눈의 왼쪽, 오른쪽, 위쪽 등을 바라보는 시선으로 의사소통할 수 있다. 예 Look to Speak 앱

지체장애학생은 인공지능 휠체어, 식사 보조 로봇, 웨어러블 보행 보조 로봇, 인공지능 스피커, 의사소통 보조 앱 등을 통해 이동 및 보행, 식사, 의사소통 등을 보다 독립적으로 수행할 수 있다.

- 눈 응시, 음성 인식으로 인공지능 휠체어를 조작할 수 있고, 자율주행할 수 있다.
- 식사 보조 로봇의 도움을 받아 스스로 식사할 수 있다. 예 Obi 식사 보조 로봇

- 웨어러블 보행 보조 로봇의 도움을 받아 독립 보행을 할 수 있다. **예** 엔젤렉스
- 스마트홈 기술, 인공지능 스피커, 스마트 버튼 등을 활용하여 일상생활 전자제품들을 작동시킬 수 있다.
- 의사소통의 어려움을 겪는 지체장애학생들이 의사소통 보조 앱의 도움을 받아 의사소통할 수 있다. **예** Voiceitt, Spoken ACC, Look to Speak, Look to Speak 앱

자폐성장애학생은 조기 진단 시스템, 이미지 변환 앱, 표정 인식, 소셜 로봇 등을 통해 조기 진단이 가능하고, 학업 수행, 의사소통, 사회적 관계 등을 개선할 수 있다.

- 음성을 텍스트로 변환하고, 다시 이미지로 변환하는 앱을 통해 이미지로 학업 수행 및 타인과 의사소통할 수 있다. **예** 헬픽토(Helpicto) 앱
- 자폐성장애학생의 유전정보, 움직임, 상동행동, 걸음걸이 등을 인공지능이 분석하여 자폐성장애를 조기에 진단할 수 있다. **예** AI리빙랩(Living Lab)
- 표정인식 앱의 도움으로 얼굴 표정에서 감정을 이해할 수 있다.
  예 EMOFACE Play & Learn Emotions 앱
- 소셜 로봇과 자폐성장애학생과의 상호작용을 통해 자폐성장애학생의 사회적 의사소통 능력을 함양시켜 또래 관계가 향상될 수 있다.
  예 리쿠(LIKU)

학습장애학생은 조기 진단 시스템, 광학 문자 판독, 음성합성기술, 텍스트를 이미지, 영상으로 변환해 주는 프로그램, 마인드맵 프로그램, 지능형 튜터링 시스템 등을 통해 학습장애 조기 진단이 가능하고, 음성, 이미지, 마인드맵 등으로 학생 맞춤형 교육을 받을 수 있다.

- 읽기 능력 검사, 청각 분석을 통한 음운 인지 검사, 발화 분석을 통한 유창성 검사 등을 통해 학습장애를 조기에 진단할 수 있다. 예 레서(lesser)
- 광학 문자 판독, 음성합성기술로 책의 내용을 음성으로 안내받아 책을 보다 쉽게 읽을 수 있다. 예 클로바 램프(CLOVA Lamp)
- 텍스트를 이미지, 영상으로 변환해 주는 프로그램을 활용하여 학습장애 학생들의 텍스트 이해도를 높일 수 있다. 예 Bing, vrew, PICTORY
- 텍스트를 마인드맵으로 변환해 주는 프로그램을 활용하여, 학습장애학생들이 텍스트를 보다 쉽게 이해할 수 있다. 예 Chatmind
- 지능형 튜터링 시스템(ITS)이 학생의 학업 분석 및 맞춤형 콘텐츠를 제공하여 학습장애학생 맞춤형 교육을 할 수 있다. 예 똑똑 수학탐험대, 노리(KnowRe)

특수교육현장에서 인공지능 활용이 원활히 이루어지기 위해서는 인공지능 프로그램 및 장비를 학교에 보급하고, 이들을 잘 활용할 수 있도록 지속적인 교육 및 안내가 필요하다. 또한 많은 인공지능 프로그램이 한국어 기반 서비스를 지원하도록 정책적 지원이 있어야 하며, 인공지능이 장애인에 대해 편향되고, 왜곡된 데이터를 학습하지 않도록 데이터 관리하는 것이 필요하다. 중요한 것은 모든 교육이 인공지능만으로는 대체할 수 없다는 것을 분명히 인식하여 특수교사의 역할 및 지도의 중요성을 간과하지 않아야 한다(권정민, 이영선, 2020; 김용성, 2023).

2) 특수교육에서의 인공지능 활용 예시

챗GPT(ChatGPT)

챗GPT는 OpenAI가 개발한 생성형 AI 챗봇이다. 챗GPT로 어려운 내용의 텍스트를 발달장애학생들이 이해할 수 있는 수준으로 변경할 수 있다. 또한 수업 자료에 적합한 퀴즈를 5지 선다형 등의 형식으로 문제 작성을 요청할 수 있으며, 챗GPT가 작성한 루브릭 평가 기준으로 학생들의 수행을 객관적으로 평가할 수 있다. 유의점으로는 챗GPT가 제공한 결과물은 오류가 있는 등 완벽하지 않을 수 있으므로 반드시 사용자가 내용을 꼼꼼히 살펴보고 수정해야 한다.

명령어 입력(위키백과 참조)

5지 선다형 퀴즈

결과물

루브릭 평가표

출처: https://Chat.openai.com

엔트리(entry)

엔트리는 우리나라에서 개발한 블록 코딩 소프트웨어다. 블록 코딩으로 손쉽게 인공지능을 접할 수 있어 인공지능 이해 교육에 활용할 수 있다. 엔트리에는 번역, 읽어 주기, 비디오 감지(사람 인식, 사물 인식, 손 인식, 얼굴 인식), 오디오 감지(음성 인식)와 관련된 인공지능 블록이 있으며, 특히 읽어 주기 블록을 사용하면 텍스트로 입력한 내용을 다양한 목소리의 음성으로 읽어줘 학습에 어려움을 가진 장애학생들이 이해하기 쉬운 콘텐츠를 제작할 수 있다. 또한 엔트리로 이미지, 텍스트, 소리 등을 모델 학습하기가 가능하여 학생 맞춤형 콘텐츠를 제작할 수 있다. 예를 들어, '안녕하세요' '태블릿 주세요' '물먹고 싶어요'와 관련된 동작을 각각 이미지 모델 학습을 시켜 학생이 해당되는 동작을 하면 관련 음성이 재생되는 보완대체의사소통 콘텐츠를 제작할 수 있다.

출처: https://playentry.org/

브루(vrew)

브루는 영상편집 프로그램으로, 자동 자막 기능이 있다. 즉, 영상을 삽입하면 인공지능이 자동으로 자막을 생성해 주기 때문에 자막이 있는 교수학습 영상을 손쉽게 제작 가능하다. 청각장애학생들은 영상에 제공되는 자동 자막을 통해 수업 내용을 이해하는 데 도움을 받을 수 있으며, 브루의 자동 자막 기능은 비대면 수업 때도 유용하게 사용할 수 있다.

출처: https://vrew.voyagerx.com/ko/

오토드로우(AutoDraw)

오토드로우는 그림을 그리는 것을 도와주는 웹이다. 사용자가 그림을 그리면, 인공지능이 화면 상단에 예쁜 그림을 추천해 준다. 그림을 그리는 것에 어려움을 가진 장애학생들은 오토드로우의 자동 그림 추천 기능의 도움을 받아 미술 교과 시간에 다양한 그림을 그릴 수 있다. 또한 교사는 오토드로우의 자동 그림 추천 기능을 활용해서 장애학생들이 이해하기 쉬운 이미지가 있는 교수학습자료를 제작할 수 있다. 컴퓨터뿐만 아니라 스마트기기에서도 사용 가능하다.

출처: https://www.autodraw.com/

룩 투 스피커(Look to Speak)

룩 투 스피커는 구글에서 만든 시선 추적 기술을 활용한 의사소통 보조 앱이다. 왼쪽, 오른쪽, 위쪽 등을 바라보는 시선을 통해 문구를 빠르게 선택할 수 있다. 학생에 적합한 문구를 자유롭게 작성 가능하며, 의사소통에 어려움을 가진 지체장애학생이 평소에 자주 쓰는 문구를 왼쪽, 오른쪽, 위쪽을 바라보는 시선으로 선택해 음성으로 출력하여 다른 사람들과 의사소통할 수 있다.

출처: 룩 투 스피커 앱

똑똑 수학탐험대

똑똑 수학탐험대는 인공지능을 활용한 초등수학 수업 지원 시스템으로 학습활동 결과 분석을 통해 학습자 맞춤형 콘텐츠를 추천하고, 교사에게는 교과활동, 교구활동, 평가 진행 등의 활동이 이루어질 수 있도록 지원한다. 또한 진단평가 및 탐험 활동 결과를 바탕으로 학생 개인별 수준에 맞는 학습 콘텐츠를 제공하고, 학습활동 현황, 진단분석, 평가 결과를 분석해 시각화된 정보를 제공한다. 교과활동과 연계해 수업 및 과제 해결에 이용 가능한 다양한 디지털 수업 교구를 제공한다. 수학 학습에 어려움을 겪는 장애학생들은 똑똑 수학탐험대의 맞춤형 학습 시스템을 통해 수학 학습에 도움을 받을 수 있다.

출처: https://www.toctocmath.kr/

설리번+(Sullivan Plus)

설리번+는 시각장애인을 위한 시각 보조 앱으로, 스마트기기 카메라를 통해 인식된 정보를 텍스트와 음성의 형태로 제공한다. 또한 AI 모드, 문자 인식, 문자 스캔, 얼굴 인식, 이미지 묘사, 색상 인식, 빛 밝기, 돋보기 기능 등이 있으며, 안드로이드, iOS 스마트기기에서 모두 사용 가능하다. 시각장애학생은 설리번+를 활용해 스마트폰 카메라로 촬영한 주변 풍경, 상대방 모습, 텍스트 등을 음성으로 인식할 수 있다.

출처: 설리번+ 앱

인공지능(AI) 활용 장애학생 진로탐색 앱

인공지능(AI) 활용 장애학생 진로탐색 앱은 장애학생 진로탐색을 위한 앱으로 대전특수교육원에서 제작하였다. 바리스타, 사무보조원, 세탁원 등 총 21종 직업에 대한 데이터와 자료를 이용하여 인공지능 학습 데이터를 구축하고 머신러닝 트레이닝을 한다. 또한 직업소개 애니메이션 시청, 미니 게임 수행, 학습 평가 등을 통해 얻어진 성취 데이터를 기반으로 인공지능 코디네이터 꿈돌이가 학생이 가장 좋아하는 직업과 가장 성취도가 높은 직업 군을 제시한다.

앱 다운로드 링크

출처: 대전특수교육원(2021).

클로바 램프(CLOVA Lamp)

클로바 램프는 네이버 클로바의 인공지능 기술이 있는 조명이다. 광학 문자 판독, 음성합성기술로 책에서 펼쳐진 페이지의 글자를 인식해서 음성으로 안내해 준다. 또한 번역 기능이 있어 영어책은 한국어로, 한국어책은 영어로 번역해서 읽어 준다. 손가락으로 모르는 단어를 가리키며 뜻을 알려달라고 요청하면, 해당 단어의 뜻을 안내해 준다. 책 읽는 데 어려움을 가진 지적장애, 학습장애 학생들은 클로바 램프를 통해 책의 내용과 모르는 단어를 음성으로 안내 받아 책을 보다 쉽게 읽을 수 있다.

출처: https://clova.ai/ko/products/clova_lamp.html

AI 감성로봇 리쿠(LIKU)

리쿠는 상대방의 행동, 표정, 말에 관심을 갖고 상호작용하는 감성로봇으로 상대방의 얼굴을 인식하고, 기분을 알 수 있다. 또한 리쿠 자신의 욕구, 감정이 주변 환경에 따라 계속 변하며, 풍부한 표정을 지을 수 있다. 리쿠는 학생과 대화하고, 교감하며 감성을 공유할 수 있어 사회관계에 어려움을 겪는 장애학생들이 리쿠와 감정을 교류하면서 사회성 연습을 할 수 있다. 또한 동화 구연, 율동, 동요, 안전교육 로봇 코딩 수업, 영어 학습 등이 가능하다.

출처: https://www.torooc.com/

이 장의 연구과제

1. 인공지능의 개념과 역사를 발표해 보자.

2. 인공지능이 교육에 주는 긍정적인 면과 부정적인 면에 대해 토론해 보자.

3. 장애학생에 적합한 인공지능 기술을 찾아보고, 인공지능 기술을 적용한 IEP를 작성해 보자.

참고문헌

계보경 외(2023). AI 디지털교과서 개발 가이드라인. 대구: 한국교육학술정보원.

공민수, 신창훈(2021). 세상에서 가장 쉬운 AI 앱 수업. 서울: 앵글북스.

권정민, 이영선(2020). 장애인을 위한 인공지능 활용 동향. 한국초등교육, 31, 187-202.

김용성(2023). 챗GPT 충격, 생성형 AI와 교육의 미래. 경기: 프리렉.

김진규, 윤길근, 박형근(2021). 인공지능 시대의 인재 혁명. 경기: 교육과학사.

대전특수교육원(2021). 인공지능(AI) 활용 장애학생 진로탐색 학습 콘텐츠 활용서 및 학습자료. 대전: 대전특수교육원.

류지헌, 김민정, 임태형(2023). 수업역량 강화를 위한 교육방법 및 교육공학. 서울: 학지사.

소효정, 이재영, 이정민, 임규연, 정재삼(2023). 미래사회를 위한 교육의 방법과 테크놀로지. 경기: 교육과학사.

전수진, 김한성, 장병철, 김학인, 한창수, 박광현, 김완재, 이현아, 손지원(2020). 중등교사용 KERIS와 시작하는 인공지능 교육. 대구: 한국교육학술정보원.

정동훈, 채희태, 김희규(2016). 지체장애 학생의 이해와 교육. 서울: 시그마프레스.

정제영, 조현명, 황재운, 문명현, 김인재(2023). 챗GPT 교육혁명 ChatGPT를 활용한 하이터치 하이테크 미래교육. 서울: 포르체.

한경근(2017). 인공지능 테크놀로지 시대의 중도·중복장애학생 교육을 위한 제언. 지체·중복·건강장애연구, 60(3), 47-65.

한국교육학술정보원(2023). 2023년 똑똑!수학탐험대 서비스 활용 가이드. 대구: 한국교육학술정보원.

한선관, 류미영, 김태령(2021). AI사고를 위한 인공지능 교육. 서울: 성인당.

한선관, 류미영, 김태령, 고병철, 서정원(2021). 놀랍게 쉬운 인공지능의 이해와 실습. 서울: 성인당.

한선관, 이정원, 장명현(2021). 한눈에 보이는 인공지능 그림책. 서울: 성인당.

Fichten, C., Pickup, D., Asunsion, J., Jorgensen, M., Vo, C., Legault, A., & Libman, E.(2021). State of the Research on Artificial Intelligence Based Apps for Post-Secondary Students with Disabilities. *Exceptionality Education International*, *31*(1), 62-76.

Huka, G., Chege, A., Bundi, D., Kitaria, D., & Muchiri, G. (2022). Implementation of AI-Based assistive technologies for learners with physical disabilities in areas of innovation and special schools: a practical design thinking approach. African *Journal of Science, Technology and Soccial Science*, *2*(2), 73-76.

Jain, P., Darbari, H., & Bhavsar, V. C. (2017). Cognitive support by language visualization: A case study with hindi language. 2017 2nd International Conference for Convergence in Technology (pp. 110-115), Mumbai, India.

Panjwani-Charani, S., & Zhai, X. (2021). AI for Students with Learning Disabilities: A Systematic Review. In X. Zhai & J. Krajcik (Eds.), *Uses of Artificial Intelligence in STEM Education*. Oxford, UK: Oxford University Press.

Russell, S. J., & Norvig, P. (2021). 인공지능: 현대적 접근방식(*Artificial Intelligence: A Modern Approach*). (류광 역). 경기: 제이펍. (원저는 2020년에 출판).

참고사이트

네이버클로바. https://clova.ai/ko/products/clova_lamp.html
노리 홈페이지. https://www.knowre.co.kr
똑똑 수학탐험대. https://www.toctocmath.kr
리쿠. https://www.torooc.com
엔트리 홈페이지. https://playentry.org
위키백과. https://ko.wikipedia.org/wiki
AutoDraw. https://www.autodraw.com

ChatGPT. https://Chat.openai.com

Look to Speak 앱

Sullivan Plus 앱

vrew. https://vrew.voyagerx.com/ko

제2부
장애유형별 적용 가능한 특수교육공학

제7장

시각장애 아동을 위한 특수교육공학

⊚ 이 장의 개요

이 장에서는 시각장애 아동을 위한 특수교육공학에 관해 살펴볼 것이다. 이 장의 주요 내용은 시각장애 아동에 대한 이해, 시각장애 아동의 특수한 교육적 요구, 시각장애 아동을 위한 보조공학, 시각장애 아동을 위한 수업설계 및 교수·학습지원 방안 등이다.

⊚ 이 장의 학습목표

1. 시각장애 정의의 구성요소를 기술할 수 있다.
2. 시각장애의 특성에 따른 교육적 요구에 대해 설명할 수 있다.
3. 시각장애의 특성에 따른 보조공학의 역할과 쓰임을 설명할 수 있다.
4. 시각장애 아동의 시각적 특성을 반영한 수업설계 및 교수·학습지원 방안을 설명할 수 있다.

경험의 많은 부분이 시각적인 것이라 할지라도 잔존시력과 시각 이외의 감각을 통하여 충분한 경험과 일상생활의 영위가 가능하다. 그러므로 시각장애 아동의 교육에서는 그들의 잔존시력과 시각 이외의 감각을 최대한 활용하여 경험의 양과 질을 극대화하고, 일상생활의 적응을 효율적으로 할 수 있도록 지도하여야 한다. 이에 이 장에서는 시각장애의 정의와 분류체계를 통해 시각장애의 특성을 살펴보고자 한다. 또한 시각장애에 따른 경험과 일상생활 적응의 장애 요인을 알아보고, 이러한 장애의 축소 또는 해소할 수 있는 보조공학을 제안하고자 한다. 마지막으로 보조공학기기를 활용하여 시각장애 아동에게 적합한 수업설계 및 교수학습 방안의 교육적 조치를 제안한다.

1. 시각장애의 정의와 분류

일반적으로 사람의 시각은 시력과 시야에 의해 결정된다. 시력은 물체의 존재나 형상을 인식하는 눈의 능력으로 얼마나 정확하고 명료하게 볼 수 있는지를 의미하고, 시야는 정면의 한 점을 응시할 때 눈에 보이는 범위를 의미한다. 따라서 시각장애를 정의할 때에는 시력과 시야가 고려되어야 한다. 우리나라 시각장애의 정의로「장애인복지법」및「장애인 등에 대한 특수교육법」을 살펴보면 다음과 같다.

심신장애의 발생 예방과 심신장애자의 재활 및 보호에 관하여 필요한 사항을 정함으로써 심신장애자의 복지증진에 기여함을 목적으로 1981년「심신장애자복지법」이 제정되었으며, 1989년 '심신장애자'라는 용어를 '장애인'으로 변경하고, 이에 따라 이 법의 제명을「장애인복지법」으로 변경하였다. 동법 시행령이 1982년에 처음으로 시각장애 기준을 제시하였으며, 1999년 전면 개

정을 거쳐, 2003년 일부 개정되었다. 〈표 7-1〉에 시각장애인의 기준을 제시
하였다.

표 7-1 「장애인복지법 시행령」의 시각장애 기준

「심신장애자복지법 시행령」 [1982. 제정]	「장애인복지법 시행령」 [1999. 전부개정]	「장애인복지법 시행령」 [2003. 일부개정]
가. 두 눈의 시력(만국식 시력표에 의하여 측정한 것을 말하며 굴절이상이 있는 자에 대하여는 교정시력에 대하여 측정한 것을 말한다. 이하 같다)이 각각 0.1 이하인 자	가. 나쁜 눈의 시력(만국식 시력표에 의하여 측정한 것을 말하며 굴절이상이 있는 사람에 대하여는 교정시력을 기준으로 한다. 이하 같다)이 0.02 이하인 사람	가. 나쁜 눈의 시력(만국식 시력표에 따라 측정된 교정시력을 말한다. 이하 같다)이 0.02 이하인 사람
나. 한 눈의 시력이 0.02 이하, 다른 눈의 시력이 0.6 이하인 자	나. 좋은 눈의 시력이 0.2 이하인 사람	나. 좋은 눈의 시력이 0.2 이하인 사람
다. 두 눈의 시야가 각각 10도 이내인 자	다. 두 눈의 시야가 각각 주시점에서 10도 이하로 남은 사람	다. 두 눈의 시야가 각각 주시점에서 10도 이하로 남은 사람
라. 두 눈의 시야의 2분의 1 이상을 상실한 자	라. 두 눈의 시야의 2분의 1 이상을 잃은 사람	라. 두 눈의 시야의 2분의 1 이상을 잃은 사람

동법 시행규칙은 1982년에 처음으로 시각장애의 등급을 제시하였으며,
1999년 전면 개정을 거쳐, 2009년 일부 개정되었다. 〈표 7-2〉에 시각장애인
등급을 제시하였다.

표 7-2 「장애인복지법 시행령」의 시각장애인 등급

시행규칙 등급	「심신장애자복지법 시행령」 [1982. 제정]	「장애인복지법 시행령」 [1999. 전부개정]	「장애인복지법 시행령」 [2009. 일부개정]
1급	두 눈의 시력(만국식 시력표에 의하여 측정한 것을 말하며 굴절이상이 있는 자에 대하여는 교정시력을 측정한 것을 말한다. 이하 같다)을 합한 것이 0.01 이하인 자	좋은 눈의 시력(만국식 시력표에 의하여 측정한 것을 말하며, 굴절이상이 있는 사람에 대하여는 교정시력을 기준으로 한다. 이하 같다)이 0.02 이하인 사람	좋은 눈의 시력(공인된 시력표에 의하여 측정한 것을 말하며, 굴절이상이 있는 사람에 대하여는 최대 교정시력을 기준으로 한다. 이하 같다)이 0.02 이하인 사람
2급	두 눈의 시력을 합한 것이 0.02 이상 0.04 이하인 자	좋은 눈의 시력이 0.04 이하인 사람	좋은 눈의 시력이 0.04 이하인 사람
3급	두 눈의 시력을 합한 것이 0.05 이상 0.08 이하인 자	1. 좋은 눈의 시력이 0.08 이하인 사람 2. 두 눈의 시야가 각각 주시점에서 5도 이하로 남은 사람	1. 좋은 눈의 시력이 0.06 이하인 사람 2. 두 눈의 시야가 각각 모든 방향에서 5도 이하로 남은 사람
4급	두 눈의 시력을 합한 것이 0.09 이상 0.12 이하인 자	1. 좋은 눈의 시력이 0.1 이하인 사람 2. 두 눈의 시야가 각각 주시점에서 10도 이하로 남은 사람	1. 좋은 눈의 시력이 0.1 이하인 사람 2. 두 눈의 시야가 각각 모든 방향에서 10도 이하로 남은 사람
5급	1. 두 눈의 시력을 합한 것이 0.13 이상 0.2 이하인 자 2. 두 눈의 시야가 각각 10도 이하인 자 3. 두 눈에 의한 시야의 2분의 1 이상을 상실한 자	1. 좋은 눈의 시력이 0.2 이하인 사람 2. 두 눈에 의한 시야의 2분의 1 이상을 잃은 사람	1. 좋은 눈의 시력이 0.2 이하인 사람 2. 두 눈의 시야각도의 합계가 정상 시야의 50% 이상 감소한 사람
6급	한 눈의 시력이 0.02 이하, 다른 눈의 시력이 0.6 이하인 자로 두 눈의 시력을 합한 것이 0.2를 초과하는 자	나쁜 눈의 시력이 0.02 이하인 사람	나쁜 눈의 시력이 0.02 이하인 사람

1994년 「특수교육진흥법」이 전면 개정되면서 동법 시행령에 의하여 시각장애를 지닌 특수교육대상자의 진단, 평가, 심사, 선정기준을 〈표 7-3〉과 같이 제시하였다.

표 7-3 「특수교육진흥법 시행령」의 특수교육대상자

가. 두 눈의 교정시력이 각각 0.04 미만인 자
나. 시력의 손상이 심하여 시각에 의하여 학습과제를 수행할 수 없고 촉각이나 청각을 학습의 주요 수단으로 사용하는 자
다. 두 눈의 교정시력은 각각 0.04 이상이나 특정의 학습매체를 또는 과제의 수정을 통해서도 시각적 과제수행이 어려운 자
라. 특정의 광학기구, 학습매체 또는 설비를 통해서만 시각적 과제수행을 할 수 있는 자

2007년 제정된 「장애인 등에 대한 특수교육법」에 의거, 2008년 5월 동법 시행령 제정에 따른 특수교육대상자 선정기준은 〈표 7-4〉와 같다.

표 7-4 「장애인 등에 대한 특수교육법 시행령」의 특수교육대상자 선정기준

시각계의 손상이 심하여 시각기능을 전혀 이용하지 못하거나 보조공학기기의 지원을 받아야 시각적 과제를 수행할 수 있는 사람으로서 시각에 의한 학습이 곤란하여 특정의 광학기구 · 학습매체 등을 통하여 학습하거나 촉각 또는 청각을 학습의 주요 수단으로 사용하는 사람

2. 시각장애 아동의 특수한 교육적 요구

시각장애 아동의 학습과 관련된 특성은 근본적으로 정안아동과 큰 차이가 없는 것으로 나타나고 있다. 다만, 시각장애로 인한 정보습득이 어렵고 교수절차의 구체성 부족으로 인하여 학습지체 현상을 보이기도 한다. 그러나 최근 특수교육 공학기기의 발달로 글자를 확대하거나 점자자료에 접근하고 사용할 수 있는 방법이 용이해졌으며, 시각장애 아동 개개인에게 적합한 특수교

육 공학기기를 활용한 자료의 습득, 생산과 공유의 효율성이 용이해지고 다양한 학습 자료와 매체의 개발에 따라 시각장애 아동의 학습에 많은 도움이 되고 있다.

시각장애 아동의 장애 특성인 경험의 범위와 다양성의 제한성, 보행능력의 제한성, 환경과 상호작용의 제한성, 개념발달을 통해 시각장애 아동의 교육적 요구와 해소방안을 살펴볼 필요가 있다(임안수, 2009).

1) 경험의 범위와 다양성의 제한성

정안아동은 시력을 포함한 모든 감각을 사용하여 주위에 대한 개념을 발달시키고, 맹 아동은 시력을 제외한 다른 잔존감각을 사용하여 주위에 대한 개념을 발달시킨다.

(1) 청각

청각은 물체가 소리를 낼 때 거리와 방향에 대한 단서를 제공하지만 사물에 대한 구체적인 정보를 제공하지 못한다. 예를 들어, 맹 아동은 강아지 소리만 듣고는 강아지가 어느 방향에 있고 대략 얼마나 떨어진 곳에서 울고 있는지는 알 수 있으나, 강아지의 특징은 알 수 없다.

시력은 모양과 색깔, 그리고 다른 물체와의 공간관계를 알게 하지만 청각은 막연한 단서만을 제공한다. 청각의 중요한 기능은 의사소통이며, 많은 지식은 언어를 통하여 전달되기 때문에 맹 아동은 이 감각에서 불리하지 않다.

(2) 촉각

맹 아동은 촉각으로 물체의 공간적 특징에 관한 지식을 얻는다. 촉각의 장점은 물체의 형태뿐만 아니라 표면의 질, 촉감, 탄력성, 온도, 무게, 유연성 등을 파악할 수 있고, 빛과 관계없이 작용하므로 여러 면에서 시각 관찰을 능가하기도 한다는 점이다. 단점은 해, 달, 별, 수평선과 같은 원거리 물체, 빌딩이

나 산, 들, 강과 같은 큰 물체, 파리나 개미와 같은 작은 것, 거미줄이나 비누
거품, 눈송이와 같이 부서지기 쉬운 것, 하늘을 나는 비행기와 같이 잠시 있는
것, 불에 타고 있는 물건이나 끓는 물, 화학약품 같이 위험한 것, 온도계의 수
은과 같이 용기에 담겨 있는 것 등을 관찰하기 어렵다는 것이다.

촉각 관찰은 물체와 직접 접촉해야 하기 때문에 전체를 관찰할 수 없는 경
우 맹 아동은 물체에 대한 부분적인 지식만을 갖게 된다. 어쨌든 맹 아동은 지
적발달을 위하여 촉각을 적극적으로 사용하여 대상을 관찰해야만 한다. 시력
은 모든 사물을 통합하고 구조화할 수 있다(Witkin et al., 1968). 그러나 맹 아
동은 시력의 결여로 청각 및 촉각 활동에만 의존함으로써 환경을 구조화하고
통합하기 어렵다(Rubbin, 1964).

(3) 후각

후각도 물체의 존재와 거리 또는 특징에 관하여 중요한 단서를 제공하지만
구체성이 떨어진다. 예를 들어, 집 앞에 라일락꽃이 활짝 피어 꽃향기가 나면,
외출했다가 돌아올 때 그 냄새로 자신의 위치를 알 수 있다. 하지만 그 꽃이
어떤 색깔로 어떻게 피어 있는가는 후각으로는 알 수 없다.

(4) 광학법칙, 색각, 시각적 언어의 사용

광학법칙으로 교사는 볼 수 있는 물리적 과정과 광학법칙을 맹 아동에게 설
명할 수는 있지만 맹 아동은 관찰하기 어려운 시각적 현상이다. 그 예로 거울
의 반사와 영상의 원근법을 들 수 있다. 전자는 메아리와 비교하여 설명하고,
후자는 점차 거리가 멀어짐에 따라 소리가 작아지는 원리와 비교하여 설명을
듣고 이해할 뿐이다.

색각은 망막의 고유한 기능이므로 어떤 다른 감각기관으로 대신할 수 없
다. 그러므로 맹 아동은 색깔에 대한 실제 경험이나 개념을 가질 수 없다. 색
깔에 대한 용어는 사회에 널리 사용되고 있으므로 맹 아동은 언어와 감각, 그
리고 정서적인 측면에서 색깔을 연상하게 된다. 흰색은 눈, 푸른색은 차가움,

건조함, 청결함 등으로 연상하게 되는데, 이러한 색깔에 대한 연상은 시간과 사람에 따라 다르다. 그런데 맹 아동 역시 보는 사회에 살기 때문에 색깔의 가장 보편적인 시각적 연상을 잘 알아야 한다. 정안인들은 맹인과 이야기할 때, '이것 봐!'와 같은 표현 등 시각적 어휘를 사용하는 것을 주저해서는 안 되고, 맹인은 이러한 어휘의 의미를 알고 그 시각적 용어를 사용할 줄 알아야 한다.

(5) 보상과 꿈

시력상실은 다른 감각의 효율화로 자동적으로 보상된다고 믿어 왔으나 이와 관련한 연구에서 그 가정을 지지해 주지 못했다(Hayes, 1941). 이러한 믿음은 개인의 죄악감과 사회적 책임을 뒤로하려는 희망적인 가정 때문에 수용되었을 것이다. 그러나 잔존감각에 의존하는 맹 아동이 다른 감각을 더 잘 활용하는 방법을 배운다는 것은 의심할 여지가 없다. 이것은 사용과 필요에 따라 숙달되는 특수한 직업에 종사하는 정안인에게서도 발견된다. 감각적 자료를 해석하는 맹인의 뛰어난 능력은 주의력, 실천, 적용, 잔존감각의 사용 증가 등의 결과다(Lowenfeld, 1971).

맹인의 꿈에 관해 연구한 학자들은 청각이 그들의 꿈속에서 지배적인 역할을 하고, 촉각 및 운동감각이 그다음으로 중요하다고 했다. Blank(1958)는 맹인의 꿈에 관한 연구에서 맹인과 정안인의 꿈 사이에 꿈에 관한 정신분석학적 학설의 수정을 요구할 만한 본질적인 차이가 발견되지 않았다고 보고했다.

2) 보행능력의 제한성

많은 전문가는 보행능력의 제한성이 실명의 가장 큰 영향 가운데 하나라고 생각한다. 보행능력의 제한성은 경험의 습득 기회와 사회적 관계에 영향을 준다. 맹 아동은 스스로 새로운 경험을 접할 수 없을 때, 자극과 정보를 받는 중요한 통로를 상실하게 되고, 지식을 습득하는 데 어려움을 겪게 된다.

정안아동은 거리의 상점에 진열된 물건을 관찰하거나, 오가는 사람과 자동차를 구경하고, 개울에 들어가고, 들과 숲으로 가서 자연을 관찰할 수 있다. 그러나 맹 아동은 이러한 기회가 적을 뿐만 아니라 친구와 함께 이동하여 관찰할 경우에도 맹 아동의 촉각과 다른 감각을 통한 관찰로 얻는 지식은 정안 아동이 시각을 통해 얻는 지식과 질적으로 차이가 있다.

맹 아동이 보행기술을 습득한다 하더라도 다른 사람의 도움이 어느 정도 필요하다. 이러한 도움이 자발적이든 요청에 의한 것이든 그것은 자기표현의 감소를 의미하고, 정서적으로 마음에 새겨진다. 따라서 지나가는 사람에게 다가오는 버스 번호를 묻는 행동은 보상이 따르는 열등감의 인정이다. 친절한 사람이 복잡한 차량 사이를 안내해 줄 때 즐거운 마음으로 그의 도움에 감사해야 한다.

맹 아동은 도움을 청하기보다 먼저 활동에 참가할 것을 결정하거나, 극단적인 경우 퇴행 상태에 빠지게 된다. 그러므로 교사는 맹 아동이 도움을 청할 때와 거절할 때를 잘 분별하도록 지도하는 것이 바람직하다.

3) 환경과 상호작용의 제한성

(1) 정보 확인의 곤란

맹 아동은 정안아동과 같이 주어진 상황에서 환경에 대한 정보를 확인하기 어렵다. 예를 들어, 타는 냄새가 날 때 주변 정보를 확인하기 어려워 대처에 어려움이 있다. 이러한 상황으로 다른 사람으로부터 정보를 얻을 때까지 불안한 상태에 머물러 있게 된다.

(2) 환경과의 일탈

일상생활은 시각적 모방에 의하여 습득되고, 이 모방 행동은 걷고, 말하고, 놀고, 학습하고, 표현하는 데 중요한 역할을 한다. 맹 아동이 식사하는 기술을 배우는 것은 힘들고 시간이 걸리는 활동이다. 음식을 집어 올리는 단순한 기계적 동작에서부터 사회가 기대하고 받아들이는 식사예절을 학습하기까지

맹 아동은 큰 어려움과 좌절을 극복해야 한다. 이것은 물건을 구입하고, 옷을
입고, 집안일을 하는 것과 같은 활동에서도 마찬가지다.

(3) 표현동작

표정이나 제스처는 시각적 모방에 의해 습득되므로 맹 아동은 기본적인 의
사소통을 할 수 있으나 표현동작에서 어려움을 겪는다. 이러한 표현동작을 시
각 외에 다른 감각을 통하여 배우는 데는 많은 노력이 필요하다. 그러나 그 결
과는 다소 인위적일 수 있다. 맹 아동은 상대방의 표정을 관찰할 수 없지만 목
소리에 나타나는 섬세한 변화를 해석하는 방법을 배우고, 정안아동이 다른 사
람의 외모를 보고 판단하는 것처럼 목소리의 특징으로 사람을 판단하는 능력
을 기르게 된다.

(4) 관찰대상

맹 아동은 다른 사람에게 자신이 관찰되고 있는지 알 수 없으므로 관찰되는
것을 싫어하고, 두려워하며, 다른 사람이 긴장을 풀 수 있는 상황에서도 스스
로 조심해야 한다고 느낀다.

4) 개념발달의 제한성

시각장애 아동은 특히 선천적이거나 영아기에 시각장애가 생긴 경우 정보
수집 체계에 손상을 입게 되므로 개념형성에 큰 영향을 받게 된다. 이들은 시
각 이외의 다른 감각을 이용하여 정보를 얻게 되는데 종종 잘못된 개념을 형
성하기도 한다.

시각장애 아동의 지능은 정안아동에 비해 낮지 않다. 그러나 시각의 손상으
로 다른 감각에 의존하여 학습하게 되므로 사물의 영속성, 인과관계, 목적과
수단의 관계 등과 같은 개념을 습득하는 시기가 늦어지는 경우가 많다. 정안아
동에게 반복적으로 많이 제공되는 모방과 관찰의 기회가 없는 것도 시각장애

아동이 같은 연령의 정안아동에 비해 개념발달이 늦어지는 요인이 될 수 있다.

　이와 같은 시각장애 아동이 겪는 제한성에 대한 이해는 그들의 교육적 요구 분석과 보다 효율적인 교수 자료의 제작과 제공 그리고 효과적인 교수방법을 위해 시각장애 아동 지도에 선행되어야 한다. 또한 시각장애 아동의 시기능의 개인차가 매우 크고 다양하므로 시각장애 아동 개개인의 특성에 대한 심도 있는 파악이 우선되어야 한다.

3. 시각장애 아동을 위한 보조공학

　교수를 위한 보조 도구와 자료를 적절히 선택하고 수정하는 일은 효과적인 시각장애 아동 교육에 매우 중요한 부분이다. 시각적 · 촉각적 · 청각적 도구를 다양하게 사용할 수 있으며 최근에는 컴퓨터공학의 발달로 보조공학적 도움을 받을 수 있다. 또한 시각장애 아동의 학습과 관련된 보조공학의 분류를 Presley와 D'Andrea(2009)는 접근방법에 따라 시각, 촉각, 청각으로 나누고, 보조공학 유형에 따라 인쇄물접근공학, 전자정보 접근공학, 문자의사소통공학, 대체자료제작공학으로 분류하여 제시하고 있으며 시각장애학생의 교수 · 학습에서 가장 기본적인 활동인 운동기능, 시지각 기능 등의 어려움으로 인하여 읽기와 쓰기를 제대로 할 수 없어 교육과정 수행에 참여하기 힘든 장애학생에게 읽기 및 쓰기를 지원하거나 대안적인 방법을 제공하는 것이라고 할 수 있다(오유정 외, 2010).

　이를 근거로 시각장애 아동의 보조공학을 시각적 · 촉각적 · 청각적 구분에 따라 제시한다. 다만, 최근 컴퓨터 및 인터넷, IT 기술 등 하이테크놀로지 기술의 발달로 시각적 · 촉각적 · 청각적 기기의 명확한 구분은 점차 희미해지고 복합적인 기능의 보조공학기기가 급속히 발달 및 보급되고 있으며 그 활용도가 높아지고 있다.

표 7-5　시각장애인 정보 접근 보조공학의 분류

보조공학 유형	접근 방법		
	시각	촉각	청각
인쇄물 접근공학	비광학기구: 확대 활자, 독서대, 대비 강화, 조명 광학기구: 휴대용·탁상용 확대경, 망원경, 전자확대기, 스캔문자 인식, 전자칠판	점자, 촉각 그래픽, 수학도구	직접 낭독, 녹음, 토킹북, 기타 오디오 자료, 스캔문서 낭독 시스템, E-book 리더, 음성 지원 계산기, 음성 지원 사전
전자정보 접근공학	컴퓨터, 화면확대 하드·소프트웨어, 큰 모니터, 모니터 암, 소프트웨어 설정, 운영체제 디스플레이 설정, 스캐닝 시스템, 확대 지원 스마트기기, E-book 리더, 확대 활자 온라인 계산기, 온라인 사전	점자 디스플레이, 컴퓨터, 터치 지원 스마트기기, 점자정보단말기	음성 지원 워드프로세서, 텍스트 리더, 자체 음성 지원 응용 프로그램, 화면 읽기 소프트웨어, 음성 지원 스마트기기, 스캐닝 시스템, E-book 리더, 음성 지원 계산기, 음성 지원 사전, 보이스 레코드 문자
문자 의사소통 공학	비전자기구: 굵은 줄 노트, 양각 줄 노트, 사인펜, 마커, 굵은 줄 그래프 노트 전자기기: 컴퓨터, 워드프로세서 단말기, 확대 지원 스마트기기, 이미징 소프트웨어, 그림 소프트웨어, 음성 지원 워드프로세서, 화면확대 워드프로세서, 수학 관련 소프트웨어, 스프레드시트	비전자기구: 점필과 점판, 점자 타자기 전자기기: 전자 점자 타자기, 워드프로세서, 터치 지원 스마트기기, 점역 소프트웨어, 점자 프린터, 점자 정보단말기	화면 읽기 소프트웨어와 워드프로세서, 음성 지원 스마트기기
대체자료 제작공학	스캔문자 인식기, 워드프로세서, 프린터	스캔문자 인식, 워드프로세서, 점역 소프트웨어, 점자 프린터, 전자 그래픽 소프트웨어, 촉각 그래픽 제작 도구, 캡슐페이퍼	녹음기, 스캔문자 인식기

출처: Presley, I. & D'Andrea, F. M. (2009).

1) 시각장애 아동의 보조공학 사용의 잇점과 그 역할

시각장애로 인한 정보 접근의 제한성을 공학을 통한 정보의 수집과 생성을 통해 시각장애의 한계를 극복할 수 있다. 정밀한 공학은 장애를 극복하고 학교, 고용 및 생활 속에서 정안인과 동등한 수준의 역할을 보장한다.

① 보조공학의 역할: 문자언어에 대한 접근성 증대로 인해 교육과 직업생활의 성공 확률을 높이고 궁극적으로는 고용기회의 확대와 독립수준의 향상에 기여
② 보조공학이 주는 혜택
  • 저렴한 비용: 점자, 확대도서보다 컴퓨터를 이용한 저렴하고 방대한 양의 문자 정보저장 가능
  • 독립적인 정보활용 능력 제공: 자신에게 적합한 정보로 변환하여 사용 가능
  • 문자자료의 효율적 제작 기능 제공: 키보드, 워드 등 자신에게 적합하고 선호하는 자료 제작 기법 및 기기의 사용 가능
  • 정보 접근의 용이성 제공: 인터넷, 이메일, 데이터베이스 등의 정보에 대한 접근이 용이하고 정안인 및 시각장애인과의 자료의 교환 및 제공의 편의성

2) 시각적 보조공학

많은 저시력 아동이 잔존시력을 보다 효율적으로 사용하기 위해서 광학 · 비광학 보조공학을 활용할 수 있다. 광학기구로는 대표적으로 확대경, 단안망원경, CCTV가 있으며, 비광학기구로는 독서대, 확대문자가 대표적이다.

(1) 확대경

확대경(magnifier)은 가장 기초적인 저시력기구로 원거리를 사용하는 저시력 아동과 중심 암점이 있는 아동에게 도움이 된다. 중심 암점이 있는 아동은 원거리에 있는 물체를 가깝게 가져오거나 확대하기를 원한다. 이러한 아동은 시력을 사용하는 데 조도 역시 중요한 요인이 되므로, 알맞은 조도를 유지할 수 있도록 조명시설을 설치하고, 중심외 보기(eccentric viewing) 방법을 가르친다(Goodrich & Quillman, 1977).

주변시야를 상실한 아동이 확대경을 사용하면 아동의 시야보다 좁은 시야를 갖게 된다. 또한 중심시력을 상실하지 않았을 경우에는 굳이 확대경을 사용할 필요가 없다. 시야협착 아동은 주변시야를 상실한 원거리 물체나 축소된 물체를 좋아하기 때문에 머리와 눈의 운동을 통해 책을 읽도록 한다. 확대경

손잡이형 확대경   서랍식 확대경   스탠드식 확대경

접이식 확대경   플랫베드 확대경   안경장착형 확대경

조명형 확대경   막대형 확대경

그림 7-1 확대경

의 종류로는 손잡이형 확대경, 스탠드식 확대경, 플랫베드 확대경, 막대형 확대경, 접이식 확대경, 서랍식 확대경, 조명형 확대경, 안경장착형 확대경 등이 있다(실로암시각장애인복지관, 2014).

(2) 단안망원경

저시력 아동의 경우 양안의 시력차가 크므로 같은 배율의 양안 적용이 어려워 쌍안경이 아닌 단안망원경(monocular telescope)을 이용한다. 이런 단안망원경은 원거리를 볼 수 있을 뿐만 아니라 근거리에서도 이용할 수 있다. 배율은 2배에서 최고 20배까지 있으며, 시각장애 아동이 신호등이나 버스번호를 보는 데는 손잡이형 망원경을 사용하고, 텔레비전 시청, 스포츠 관람을 할 때는 안경장착형 망원경을 사용한다. 망원경은 두 가지 형태로 분류되는데 주로 저배율에 속하는 갈릴레이식(Galilean Type)과 보편적으로 고배율이 주를 이루는 케플러식(Keplerian Type)으로 나뉜다.

그림 7-2　망원경

(3) 독서확대기(CCTV)

저시력 아동이 사용할 수 있는 독서확대기의 대표적인 것이 CCTV와 휴대용 독서확대기다. CCTV는 비디오카메라를 통해 화면의 상을 100배까지 확대할 수 있고, 컬러, 흑백, 역상 모드를 지원하며, 자동 및 수동 초점조절장치가

CCTV   휴대용 확대기

그림 7-3   CCTV

있어 사용자가 작동하기 쉽고, 컴퓨터 모니터 및 텔레비전에 연결하여 사용할 수도 있으며 화면을 촬영하여 저장 및 전송이 가능하다. 또한, 최근에는 OCR 기능을 채용하여 문서를 분석하여 음성으로 읽어 주는 기능과 칠판 등을 읽을 수 있도록 하는 원거리 확대, 거울 기능 등이 포함되는 경우가 많다. 휴대용 독서확대기의 경우 탁상용 독서확대기와 기능의 종류는 거의 비슷하며 화면의 상을 30배 정도 확대할 수 있다.

(4) 독서대

독서대를 사용하면 더욱 편리하게 과제를 수행할 수 있으므로 다양한 형태의 독서대를 저시력기구와 함께 사용하면 좋다. 독서대는 높이와 각도를 조절할 수 있고, 눈과 읽을 자료의 거리를 조절하여 피로를 줄여 줌으로써 저시력 아동이 긴 시간 과제를 수행하는 데 도움을 준다.

(5) 확대 활자

확대 활자는 일반적인 활자를 확대하는 것을 말한다. 확대 활자를 사용하는 것은 광학적 보조도구를 사용하여 가까운 거리에서 일반적인 크기의 활자를 읽을 수 없는 경우에 도움이 된다. 아동에 따라서는 수학이나 과학 분야에서 읽기 힘든 특정 수식어나 기호에만 이러한 큰 활자가 필요하기도 하다.

저시력   (활자 크기 14)

저시력   (활자 크기 20)

저시력   (활자 크기 30)

저시력   (활자 크기 40)

그림 7-4 확대 활자

줄 간격, 활자의 농도, 종이의 질과 색깔 등도 시각장애 아동의 읽기능력에 영향을 미치므로 확대 전에 시각장애 아동의 읽기매체 진단을 실시하여야 한다.

(6) 화면 확대 소프트웨어

화면 확대 소프트웨어는 저시력 아동들이 컴퓨터를 사용할 수 있도록 30배 이상의 화면 확대, 확대 화면상에서의 컴퓨터 활용을 위한 문자나 그림의 크기 변경, 시각장애 아동의 특성에 따른 확대 화면 모드 등이 지원되며 다양한 윈도우 응용 프로그램을 사용할 수 있도록 한다.

(7) 타이포스코프

타이포스코프(typoscope)는 한 줄 보기를 위하여 사용되며, 흰색 종이에서 반사되는 빛의 양을 줄일 수 있다.

3) 촉각적 보조공학

시각장애 아동은 대부분의 학습을 촉각적 보조도구에 의존하게 된다. 저시력 아동은 시각적 또는 청각적 도구와 함께 촉각적 보조도구를 사용할 수 있다. 많이 사용되는 촉각적 보조공학에는 다음과 같은 것들이 있다.

(1) 점자정보단말기

점자정보단말기는 시각장애인들이 전자 점자와 음성을 통해 문서의 출력과 인터넷을 자유롭게 이용할 수 있도록 만든 휴대용 정보통신기기다. 아홉 개의 버튼이 달린 점자 입력 키보드와 32칸의 점자 표시가 가능한 점자 출력 패드, 음성 출력을 위한 스피커 등을 갖추고 있으며, 개인용 컴퓨터(PC)에 연결해서 문서 작성과 데이터 교환, 인터넷 검색, 안드로이드 기반 어플의 실행, 무선기능을 통한 타 컴퓨터 기기와의 공유 등을 할 수 있다.

대표적인 점자정보단말기로는 브레일 한소네(한국), 브레일 라이트(미국), 브레일 노트(뉴질랜드) 등이 있다. 이 중에서 한글 지원이 가능한 것은 브레일 한소네이며, 브레일 한소네와 브레일 노트는 인터넷과 이메일 기능이 있다. 단말기의 크기나 무게는 브레일 라이트가 가장 크고 무거우며, 셀의 수도 가장 많다. 브레일 한소네는 촉각과 음성, 시각장애인 정보 접근 인터페이스에 기반을 두어 시각장애인이 쉽게 사용할 수 있도록 인체공학적으로 설계된 점자 음성컴퓨터다. 이 단말기는 점자 묵자 간 일대일 호환이 가능하며, 시각장애인의 학습 및 재활, 정보 접근을 돕는 역할을 한다. 워드프로세서, 일정 관

브레일 한소네(한국)   브레일 라이트(미국)   브레일 노트(뉴질랜드)

그림 7-5 점자정보단말기

리, 이메일, 계산기, 웹브라우저, 파일관리 등 컴퓨터가 제공하는 모든 기능을
시각장애인이 쉽고 편리하게 활용할 수 있다.

(2) 점자 프린터

점자 프린터는 입력한 자료를 점자로 출력하는 기기를 말한다. 초기의 점
자 프린터는 단면만 출력할 수 있었으나 양면을 출력할 수 있는 점자 프린터
가 개발되었고, 출력 용지도 연속 용지뿐만 아니라 낱장 용지까지 사용할 수
있는 제품이 개발되었다.

그림 7-6 점자 프린터기

(3) 점자도서

점자도서는 자원봉사자, 컴퓨터, 점역사, 교재 출판사 등에 의해서 제작된
다. 일반학급에서 맹 아동이 정안아동과 함께 읽기 활동에 참여할 수 있기 위
해서는 점자를 배우고, 점자도서를 쉽게 구할 수 있어야 한다.

(4) 점자 타자기

종이에 점자를 타자할 수 있도록 만든 기계로 점자의 6개 점에 해당하는
6개의 키로 구성되어 있다. 최근에는 컴퓨터와 유사한 점자정보단말기와
점자 프린터, 음성출력 등의 기술이 발전하면서 거의 사용되지 않고 있다.

그림 7-7   점자 타자기

(5) 점판과 점필

공책에 필기하기 위해서 시각장애 아동이 사용하는 도구로, 점판은 뾰족한
점필로 해당 점자를 찍을 수 있도록 구멍이 뚫린 판이다. 점을 찍을 때에는 오
른쪽에서 왼쪽으로 찍으며, 읽을 때에는 뒤집어서 왼쪽에서 오른쪽으로 튀어
나온 점을 읽는다.

그림 7-8   점판과 점필

(6) 촉각 그림세트

촉각 그림세트는 사회과 학습이나 이동 훈련을 위해서 그림, 그래프, 지도
를 그릴 수 있도록 다양한 도드라진 선이나 모양을 만들 수 있는 도구다.

(7) 촉각지도

촉각지도는 도드라진 표면과 서로 다른 질감을 통해 지리, 지도 읽기에 관련된 기술을 가르치는 데 사용한다. 교사는 털실이나 기타 재료를 이용하여 일반적인 자료를 촉각적인 자료로 수정할 수 있다.

그림 7-9　촉각지도

(8) 점자측정도구

점자측정도구는 맹 아동이 정안아동과 함께 수학 활동에 참여할 수 있도록 하기 위해서 제작한 점자 표시가 되어 있는 자, 컴퍼스, 각도기 등의 교재다.

4) 청각적 보조공학

촉각적 또는 시각적 보조도구와 함께 사용할 수 있는 청각적 보조도구에는 다음과 같은 것들이 있다.

(1) 녹음도서

녹음도서는 시각장애인을 위하여 활자 도서의 내용을 사람의 음성으로 녹음하여 저장한 책이다. 녹음도서는 2013년 12월 30일 개정 발휘된「저작권법」제33조 '시각장애인 등을 위한 복제 등' 제2항에 따라 공표된 어문 저작물을 녹음하거나 대통령령으로 정하는 시각장애인 등을 위한 전용기록방식으로 복제 · 배포할 수 있다는 법적 근거를 갖추었다.

(2) 카세트녹음기

필기하는 대신에 녹음기를 사용하여 녹음을 하기도 하고, 숙제나 시험 답안을 녹음하기도 하며, 녹음된 과제물이나 교재를 듣기도 한다.

(3) 음성합성장치

음성합성장치는 컴퓨터에서 주어지는 디지털 데이터에 의한 정보를 음성으로 변환하는 장치로, 하드웨어에 속한다. 국내 최초로 개발된 음성합성장치 '가라사대'는 컴퓨터에 입력된 어떠한 문자정보라도 자연스럽고 명료한 음성으로 즉시 변환시키는 한국어 무제한 음성합성시스템(Korean Text-To-Speech synthesizer)으로, 기존 음성합성방식과는 달리 기억용량의 응용 제한에 따른 문제점이 전혀 없었다. 또한 가라사대는 IBM PC와 호환성 있는 PC에 내장되는 보급형 음성합성보드로서 응용 프로그램의 개발이 매우 용이하기 때문에 컴퓨터를 이용한 교육분야, 음성에 의한 각종 데이터베이스의 검색 서비스 등 다양한 응용분야에 손쉽게 적용된다. 그러나 DOS 모드의 가라사대 음성합성장치여서 윈도우 환경에 적응하지 못해 현재는 공급이 중단된 상태다.

(4) 화면 읽기 프로그램

화면 읽기 프로그램(screen reader program)은 시각장애 아동이 컴퓨터에 저장된 자료나 화면에 나타나는 정보를 읽을 수 있도록 지원하는 소프트웨어다. 우리나라에서 시각장애인이 컴퓨터를 본격적으로 사용하게 된 것은 화면 읽기 프로그램이 개발되면서부터이며, 화면 읽기 프로그램 개선 정도에 따라 시각장애인의 컴퓨터 사용범위도 크게 확대되었다. 초기에는 하드웨어방식의 DOS용 가라사대를 사용하였으나, 지금은 윈도우용 화면 읽기 프로그램으로 센스리더, 드림보이스, Korean JAWS for Windows 등이 있다(김남진, 김용욱, 2010).

(5) 시각장애인용 독서기(문서인식 음성출력기기)

독서기는 문자인식 및 음성합성 기능이 있어 책의 문자를 스캔으로 인식하여 읽어 준다. 문서인식 음성출력기기를 이용하여 활자책 및 각종 문서를 음성으로 출력해 주는 프로그램과 기구로 탁상용과 휴대용이 있으며, 한글, 한자, 영어, 숫자, 특수문자 등의 인쇄물을 인식할 수 있고 판독한 정보를 이미지, 텍스트 파일 결과물로 저장할 수 있다.

(6) 화면해설 수신기

DVS(화면해설 서비스) 수신기는 TV 화면을 볼 수 없는 시각장애인들을 위해 장면 하나하나를 마치 눈으로 보듯이 성우가 음성으로 해설해 청취할 수 있도록 특수 제작된 기기다. 근래에는 고정형 화면해설방송 수신기로 TV와 모니터 겸용으로 본체에 내장되어 출시되고 있다(실로암시각장애인복지관, 2014).

그림 7-10　화면해설 수신기

4. 시각장애 아동을 위한 수업설계 및 교수 · 학습지원 방안

시각장애 아동은 원인 질환의 특성과 개인별 시기능의 차이에 따른 수업설계 및 교수, 학습지원의 방안은 큰 차이를 보인다. 대표적인 시각장애의 원인 질환별 특성과 수업설계 및 교수, 학습지원 시 고려점을 살펴보고자 한다.

1) 시각장애 아동의 원인 질환별 시각적 특성과 수업설계 및 교수, 학습지원(박순희, 2022)

(1) 무홍채증

① 무홍채증의 시각적 특성

무홍채증은 선천적인 유전성 질환으로 홍채의 일부만 있거나 홍채가 자라지 않은 경우를 말한다. 무홍채증은 주로 양쪽 눈에 모두 나타나고, 보통 안구진탕, 수명, 수정체 탈구, 백내장 등을 수반할 수 있다. 무홍채증의 가장 큰 특징은 눈부심과 눈의 피로 증상이다.

② 수업설계 및 교수, 학습지원 시 고려점

무홍채증에 대한 교육적 환경은 밝은 조명보다는 약간 어두운 조명을 사용한다. 직사광선을 피하고, 창문을 통해 들어오는 빛을 등지고 앉게 하고, 차양이 있는 모자나 색안경을 착용하도록 한다.

학습자료는 종이와 글자의 고대비를 제시하며, 저시력기구로 핀홀, 콘택트렌즈, 색안경을 사용하도록 지도하고, 근거리 과제수행 시에는 눈의 피로와 두통이 동반될 수 있으므로 정기적인 휴식이 필요하다.

(2) 백내장

① 백내장의 시각적 특성

백내장은 수정체가 혼탁해지는 증상으로 시력감소, 흐린시야, 색각저하 등을 일으키며 안구진탕이나 사시를 동반하기도 한다.

② 수업설계 및 교수, 학습지원 시 고려점

교육적 환경은 직사광선이나 광택이 있는 표면을 지양하여 눈부심을 피한다. 백내장이 수정체 가장자리에 있는 아동에게는 높은 조명을, 중심부에 있는 아동에게는 낮은 조명을 사용하도록 하고, 거리가 조절되는 개인용 조명을 사용하도록 한다.

글자가 확대된 자료를 제공하거나 개인용 독서확대기를 사용하여 독서를 하도록 하고 작업 및 초점거리의 급격한 변화를 주지 않고 눈이 피로하지 않도록 지도한다.

(3) 녹내장

① 녹내장의 시각적 특성

방수의 정상적인 흐름이 이루어지지 않아 안압이 높아져 생기는 질환이다. 진행되는 과정에서 야맹증, 주변시야 상실, 안통과 두통, 각막의 흐려짐, 눈의 충혈 등의 증상이 나타나며 치료하지 않으면 실명에 이르게 된다. 또한 장기간의 약물의 투여에 따른 부작용으로 감각이 둔해지는 증상이 나타난다.

② 수업설계 및 교수, 학습지원 시 고려점

교육적 환경으로 밝은 빛에는 눈부심이 있으므로 아동에게 맞는 조도의 조명을 제공해야 한다.

약물이 처방되는 경우 정해진 시간에 약을 넣을 수 있도록 지도하고 시각적 수행의 정도는 녹내장의 진행에 따라 변화가 크므로 지속적인 관찰을 통해 파악하여야 한다. 스트레스나 피로 시 안압이 올라가 시각적 수행에 좋지 않으므로 주의하여야 한다.

녹내장이 진행되어 시야가 좁아진 아동은 보행에 어려움을 겪을 수 있으며 독서할 때 줄을 잃지 않도록 타이포스코프를 사용하도록 한다. 장기간 약물투여로 감각이 둔해지므로 학습 및 일상생활에서 청각적 보조공학기구의 사용에 익숙해지도록 지도한다.

(4) 당뇨망막병증

① 당뇨망막병증의 시각적 특성

당뇨병 환자는 병이 심해지거나 장기간의 경과에 따라 비정상적인 신생혈관이 생기고 망막박리로 이어지며 망막으로 가는 빛의 진행을 방해하여 시각장애를 일으킨다. 또한 당뇨병으로 인해 말초 신경이 손상되면서 점진적으로 촉각이 둔해지게 된다.

② 수업설계 및 교수, 학습지원 시 고려점

학교에서 인슐린의 주입을 해야 하는 경우 정확한 시간에 처치할 수 있도록 장소를 제공하고 시간을 확인하도록 하여 저혈당 쇼크를 예방할 수 있도록 지도한다.

교육적 조치로 당뇨병의 진행으로 말초 신경의 촉각이 둔해지게 되므로 촉각 교재보다는 듣기 교재, 화면 읽기 프로그램과 같은 청각적 자료 및 보조공학기구를 사용하도록 한다.

(5) 미숙아망막병증

① 미숙아망막병증의 시각적 특성

미숙아망막병증은 신생아의 망막에서 혈관을 형성하게 될 전구조직이 산소를 매개로 하는 세포의 독성반응으로 손상되어 발생한다. 미숙아망막병증이 예후는 다양하고 가벼운 시각장애에서 심한 경우에는 전맹이 되고, 시력이 매우 약해지며, 근시, 녹내장, 망막박리, 안구진탕 등 다수의 합병증을 수반할 수 있다.

② 수업설계 및 교수, 학습지원 시 고려점

교육적 환경은 밝은 조명을 제공하고 개인용 독서확대기 및 원거리용 망원경 등 근, 원거리 보조기구가 모두 필요하며 미숙아망막병증은 예후가 매우 좋지 않은 진행성의 경우 점자를 학습하고, 촉각적 보조공학기구의 사용을 병행한다. 또한, 망막박리가 예상되는 아동은 얼굴이나 머리에 충격을 주지 않도록 지도하여 망막박리를 예방한다.

(6) 망막박리

① 망막박리의 시각적 특성

망막박리는 망막이 색소상피층을 남기고 유리체가 있는 안쪽으로 떨어지는 병적 상태다. 진행과정으로 망막의 일부분이 찢어지면 그곳이 시발점이 되어 주변의 망막이 들뜨고, 떨어지게 된다. 이때 떨어진 부위가 보이지 않게 되고, 중심부까지 떨어지면 실명하게 된다.

② 수업설계 및 교수, 학습지원 시 고려점

교육 및 생활지도로 망막박리를 촉진할 수 있는 심한 운동, 신체접촉 등 머리에 충격을 가하는 신체활동을 피해야 하고 체육이나 운동 전 반드시 의사와 상담을 통해 그 범위를 결정하여야 한다.

시력 저하 및 시야 협착 시 개인용 독서확대기와 망원경을 사용하도록 한다.

(7) 망막색소변성

① 망막색소변성의 시각적 특성

망막색소변성은 모든 시세포에 장애를 일으키는 것으로 진행함에 따라 터널시야와 야맹증이 나타난다. 치료법은 없으며 대부분의 경우 실명에 이르게 된다.

② 수업설계 및 교수, 학습지원 시 고려점

교육적 환경으로 눈부심을 피할 수 있도록 직사광선을 차단하고 색안경이나 차양이 달린 모자를 착용하도록 하고, 밝은 곳에서 어두운 곳으로 이동할 때 암순응이 잘 이루어지지 않으므로 어둠에 적응할 시간을 충분히 제공하고 야맹증이 있다는 것을 이해하여 교실의 조명을 어둡지 않게 함으로써 학생이 밖에서 교실로 들어올 때 쉽게 적응할 수 있도록 한다.

책을 읽을 때 주사와 추시기술을 가르치고, 필기할 때는 굵고 진한 선이 있는 노트와 검은색 펜을 사용하도록 하며, 볼 수 있는 가장 작은 글자보다 한 포인트 높은 글자를 제공하여 읽기의 편리성을 높이고, 글자의 대비가 잘 이루어지도록 글자 위에 노란색 아세테이트지를 덮어 준다. 또한 진행성이므로 점자를 학습하도록 하고 촉각적 보조공학기구의 사용에 익숙해지도록 지도한다.

(8) 황반변성

① 황반변성의 시각적 특성

황반변성은 망막의 중심와와 황반부에 나타나고, 근거리와 원거리 시력이 모두 나빠지며, 망막 중심부에 발병하면 암점이 나타난다. 글씨를 읽을 때 흐리거나 휘어보이고 공백이 보인다. 그림을 볼 때도 한 부분이 없는 것처럼 보이거나 왜곡되어 보인다.

② 수업설계 및 교수, 학습지원 시 고려점

교육적 환경으로 눈부심을 피하여 적절한 조명을 제공하고, 독서할 때 줄을 잃지 않도록 타이포스코프를 사용하도록 하고, 대비가 선명한 자료를 제공한다. 필기할 때는 굵고 진한 선이 있는 노트와 검은색 펜을 사용하도록 하고, 삽화 위에 글씨가 있는 자료는 지양한다. 또한 암점이 확대되므로 중심 외 보기 방법을 지도한다.

(9) 백색증

① 백색증의 시각적 특성

백색증은 색소 결핍 또는 멜라닌 색소의 감소가 함께 나타나는 질환이다. 증상으로 만성 안검경련, 눈부심, 안진, 시력장애 등이 나타난다. 백색증의 경우 발생 유형과 색소의 양에 따라 개인 간 편차가 매우 심해 정상시력부터 법적 맹의 수준까지 다양하고 대부분 고도근시인 경우가 많다. 안구진탕과 사시를 동반하는 경우가 많다.

② 수업설계 및 교수, 학습지원 시 고려점

교육적 환경으로 눈부심이 없도록 하는 것이 가장 중요하다. 직사광선을 차단하기 위해 커튼, 블라인드 등을 설치하고, 광택이 있는 표면은 눈부심을 유발하므로 반사되지 않는 책상의 재질을 사용하고 개인 조명을 사용하여 시각장애 아동에게 적합하게 조정하도록 한다. 개인에게 적합한 색안경, 차양이 있는 모자를 사용한다. 확대자료의 제공과 개인용 독서확대기, 망원경 등을 사용하여 학습하도록 한다.

(10) 시신경 위축

① 시신경 위축의 시각적 특성

시신경 위축은 시신경 섬유가 파괴되어 시신경 유두가 창백하고 시야 결손 및 시력장애를 일으키는 질환이다. 희미하고 뿌연 시각을 경험하고 시야 감소 및 대비와 세부를 식별하는 데 어려움을 갖는다.

② 수업설계 및 교수, 학습지원 시 고려점

교육적 환경으로 눈부심을 피하고 개인용 스탠드로 시각장애 아동에게 적합한 부분조명을 설치한다. 보조공학으로 조명형 확대경, 개인용 독서확대기, 망원경을 사용하도록 하고 진행성인 경우 점자 및 촉각보조기구의 사용법을 지도한다.

(11) 시로장애

① 시로장애의 시각적 특성
시로장애는 시야의 일부분이 보이지 않는 반맹과 시력장애가 나타난다.

② 수업설계 및 교수, 학습지원 시 고려점
책을 읽을 때 주사와 추시기술을 가르치고, 시각장애 아동 개인에게 시각적 보조공학 기구를 사용하도록 한다. 학생의 시력 특성에 맞게 가능한 한 시야를 넓게 사용할 수 있는 곳에 자리를 배치하는 것이 매우 중요하다.

(12) 안구진탕

① 안구진탕의 시각적 특성
안구진탕은 안구가 수평, 수직, 원 모양 등으로 규칙적이고, 반복적이며, 불수의적으로 움직이는 것을 말한다. 지속적 응시가 어렵고, 시력감소, 피로, 현기증 등이 나타난다.

② 수업설계 및 교수, 학습지원 시 고려점
교육적 조치로 한 지점을 주시하는 훈련을 실시하고, 글씨가 선명한 자료를 제공하여 읽을 때 줄을 표시하면서 읽도록 지도한다. 밝은 조명과 보조공학기기를 사용하도록 하고, 근거리 과제는 눈을 피로하게 하므로 정기적인 휴식이 필요하다.

2) 시각장애 아동의 학습자료의 제공에 대한 일반사항

(1) 학습자료 제작의 전제 조건

① 개인별 수준의 고려

시각장애학생 개개인의 시기능의 상태, 학습매체, 보조공학기술, 적응기술(듣기이해 수준, 보조기기의 사용능력, 의사소통능력 등)의 개인별 수준과 선호도를 고려하여야 한다.

② 독특한 교육적 요구사항의 고려

시각장애학생의 개인별 수준과 선호도에 학업과제의 목표, 각 과목별 수행방법의 특성 등을 추가로 고려하여야 한다.

(2) 학습자료 준비와 제공

① 판서내용과 모니터, 프로젝션의 내용을 반복해서 알려 주고, 점자물이나 프린트물로 제공한다.

② 수업의 핵심 내용을 점자물이나 확대본으로 제공한다.

③ 굵은 줄이 쳐진 종이와 사인펜 등의 쓰기 보조구를 제공한다.

④ 읽기에 필요한 독서대, 경사진 책상 등의 보조구를 제공한다.

⑤ 수업에 필요한 자료를 준비하고 있는지 미리 확인한다.

⑥ 시각장애 전공 교사 또는 특수교육지원센터의 도움을 받아 점자 교과서, 확대 교과서 및 교육 보조구를 준비한다.

⑦ 시각장애 전공 교사 또는 특수교육지원센터에 문의하여 학생에게 적합하게 학습자료를 수정하는 방법을 알아본다.

⑧ 촉각본을 만들어 도표와 지도 등을 확대 복사하여 제공하거나 손으로 만져 알 수 있도록 해 준다.

⑨ 그래픽 확대가 도움이 되지 않는 경우는 그래픽의 내용을 말로 설명하여 주거나 글로 정리해 준다.

5. 시각장애교사가 갖추어야 할 보조공학 평가 및 지도 능력

1) 보조공학 평가 능력

(1) 평가 준비

평가 팀 구성, 학생의 기초 정보 수집, 특정한 감각에서 나타나는 학생의 강점과 요구 사항 파악, 학생이 수행할 과제들 중 어려움을 겪을 것으로 예상되는 과제 탐색, 평가에 필요한 각종 보조공학기기나 자료의 파악과 준비를 한다.

(2) 평가 시행

보조공학기기에 대한 설명, 기기 탐색 독려, 간단한 조작법 지도, 기기를 활용한 읽기와 쓰기 속도 측정, 보조공학 사용에 대한 효율성 및 유용성에 관한 사항 기록 등이 있다.

이와 같은 보조공학 평가를 통하여 시각장애학생에게 효율적이고 학습과 일상생활에서 적절히 사용할 수 있는 보조공학기기를 제공할 수 있다.

2) 보조공학 지도 능력

각종 보조공학의 설치 및 설정과 사용 방법에 대한 전문지식과 보조공학 활용을 위해 필요한 감각·운동·인지 능력에 대한 지식, 시각장애의 다양한 특성과 중복장애에 대한 지식, 일반 교구를 시각장애학생에게 적용하는 기술, 보조공학기기 관리 지도 능력, 환경을 고려한 보조공학기기 사용 지도 능력 등이다.

시각장애학생이 보조공학을 제공받아도 적절한 보조공학 지도가 이루어지지 않으면 해당 보조공학을 효율적으로 활용하기 어렵다. 그러므로 시각장애 아동의 지도교사는 보조공학기기의 활용법을 체계적으로 지도할 수 있어야 한다.

이 장의 연구과제

1. 시각장애영역에서 보조공학의 필요성에 대해서 토론해 보자.

2. 시각장애의 교육적 요구와 그에 따른 보조공학의 쓰임에 대해서 발표해 보자.

3. 시각장애 아동의 시각적 특성을 반영한 수업설계 및 교수, 학습지원 방안에 대해서 토론해 보자.

참고문헌

교육부(2023). 특수교육 연차보고서.

교육부(2022). 제6차 특수교육발전 5개년 계획(2023-2027).

교육부(2017). 특수교육 보조공학기기 운영 매뉴얼.

국립특수교육원(2017). 특수교육보조공학 현황 및 개선방안.

김남진, 김용욱(2010). 특수교육공학. 서울: 학지사.

김무열(2022). 장애인의 메타버스 활용을 위한 인터페이스 조사 및 접근성 방안 연구. 대구대학교 대학원 석사학위논문.

류현(2016). 시각장애학교 교사의 보조공학 전문능력 분석과보조공학 서비스 개선 방안. 대구대학교 대학원 박사학위 논문.

민강기(2012).특수교육지원센터 보조공학 지원 서비스 모형 개발. 대구대학교 대학원 박사학위논문.

박동연(2022). 시각장애 학생의 동영상 강의 이해 증진을 위한 음성 해설 시스템. 숙명여자대학교 대학원 석사학위논문.

박세진(2022). 시각장애학생의 학습지원을 위한 화면낭독 프로그램 사용성 평가. 나사렛대학교 재활복지대학원 석사학위논문.

박순희(2022). 시각장애 아동의 이해와 교육. 서울: 학지사.

실로암시각장애인복지관(2014). 보조공학기기.

오유정 외(2010). 특수교육 현장의 보조공학 활용 실태 및 요구. 충남: 국립특수교육원.

유소영(2023). 시각장애인의 입체 역사유물 감상을 위한 3D 모형과 음성설명 적용에 관한 연구. 나사렛대학교 재활복지대학원 석사학위논문.

이소현, 박은혜(2011). 특수아동교육. 서울: 학지사.

이재호(2019). 시각장애 특수학교 교사들의 디지털교과서 적용에 대한 효과성 연구. 학습자중심교과교육연구, 19(17), 57-85.

임안수(2009). 시각장애아 교육. 서울: 학지사.

임영명, 최유임(2019). 대한보조공학기술학회지의 연구동향 분석: 창간호~2019년. 대한보조공학기술학회지, 11(1), 23-31.

정동훈(2019). 특수교육 보조공학 연구 동향 분석: 2010~2018년 특수교육 학술지 게재 논문을 중심으로. 특수교육교과교육연구, 12(2), 223-245.

「장애인 등에 대한 특수교육법」

「장애인 등에 대한 특수교육법 시행령」

「장애인 등에 대한 특수교육법 시행규칙」

「장애인복지법」

「저작권법」

Blank, H. R. (1958). Dreams of the blind. *The Psychoanalytic Quarterly*, *27*, 158-174.

Goodrich, G., & Quillman, R. (1977). Training eccentric viewing. *Journal of Visual Impairment & Blindness*, *71*(9), 377-381.

Hayes, S. P. (1941). *Contributions to a psychology of blindness*. New York, NY: American Foundation for the Blind.

Lowenfeld, B. (1971). *Our blind children: Growing and learning with them* (3rd ed.). Springfield, IL: Charles C Tomas Publisher.

Presley, I., & D'Andrea, F. M. (2009). *Assistive technology for students who are blind or visually impaired*. New York: American Foundation for the Blind, Inc.

Rubbin, E. J. (1964). *Abstract functioning in the blind*. New York, NY: American Foundation for the Blind.

Witkin, H. A., Birnbaum, J., Lomonaco, S., Lehr, S., & Herman, J. L. (1968). Cognitive patterning in congenitally totally blind children. *Child Development*, *39*, 767-786.

참고사이트

건융아이비씨. https://www.kunyoong.com

굿에듀(핑키밍키). https://www.goodedu.com

네오엑세스. https://www.neoacc.com

마이토키. https://www.mytalkie.co.kr

샤크로. https://www.sharkro.co.kr

셀바스헬스케어. https://www.selvashealthcare.com

아이소리몰. https://www.isorimall.com

애이드몰. https://www.aidmall.co.kr

에듀프렌드. https://www.edu-friend.co.kr

에이블라이프. https://www.ablelife.co.kr

엑스비전테크놀로지. https://www.xvtech.com

케어라이프몰. https://www.carelifemall.co.kr

클루소프트. https://www.speechmirror.com

한국시각장애교육&재활학회. https://www.kaer.or.kr

한국재활보기공학회. https://resko.jams.or.kr

한국통합교육학회. https://www.kinclued.or.kr

한국특수교육교과교육학회. https://www.seci.kr

한국특수교육학회. https://www.ksse.or.kr

헨디인터내셔날. https://www.hendi.org

휴원트. https://www.huwant.co.kr

힘스(HIMS). https://www.himsintl.co.kr

제8장

의사소통장애 아동을 위한
특수교육공학

◎ 이 장의 개요

이 장에서는 의사소통장애 아동을 위한 특수교육공학에 관해 살펴볼 것이다.

이 장의 주요 내용으로는 의사소통장애 아동에 대한 이해, 의사소통장애 아동의 특수한 교육적 요구, 의사소통장애 아동을 위한 보조공학, 의사소통장애 아동을 위한 수업설계 및 교수ㆍ학습지원 방안 등이다.

◎ 이 장의 학습목표

1. 의사소통장애 정의의 구성요소를 기술할 수 있다.
2. 의사소통장애의 하위유형에 따른 교육적 요구에 대해 설명할 수 있다.
3. 의사소통장애의 하위유형에 따른 보조공학의 역할과 쓰임을 설명할 수 있다.
4. 의사소통장애 아동을 위한 수업설계 및 교수ㆍ학습지원 방안을 설명할 수 있다.

의사소통장애 아동을 위한 특수교육공학 제8장

제8장에서는 의사소통장애의 정의와 분류체계를 중심으로 의사소통장애의 특성을 살펴보고자 한다. 이에 따라 1절은 의사소통장애로 분류되는 언어장애, 조음음운장애, 유창성장애, 음성장애, 실어증, 청각장애에 따른 교육적 요구, 2절은 의사소통장애 아동의 특수한 교육적 요구, 3절은 의사소통장애 아동을 위한 보조공학에 대한 접근, 4절은 의사소통장애 아동을 위한 교수 · 학습방법을 살펴볼 것이다.

의사소통은 메시지를 상호 간에 주고받는 것으로서 여기에는 메시지를 전달하는 전달자와 이를 받는 수신자가 있다. 이때 의사소통장애는 메시지를 주고받는 상황에서 상호 간에 의사소통이 원활하게 이루어지지 않는 상태를 의미한다.

이 장에서는 의사소통장애 아동의 이해와 분류, 교육적 요구, 의사소통장애 아동을 위한 공학적 접근과 교수 · 학습방법 등을 살펴보게 될 것이다.

1. 의사소통장애의 이해

1) 의사소통장애 정의

의사소통(communication)은 관념, 감정, 정보의 상호교환을 의미한다. 의사소통장애는 언어장애(language disorder)와 말장애(speech disorder)로 구분할 수 있다. 의사소통장애는 음을 듣고 청취하는 능력과 말(speech)을 만드는 능력, 언어(language)를 구사하는 능력 등에서 장애를 보인다. 그 결과 정보를 전달하는 사람과 이를 수용하는 사람 사이에서 원만한 정보 전달이 이루어지지 않는다.

이를 도식화하여 살펴보면 다음과 같다.

만약 'Tsunami'라는 메시지를 화자가 청자에게 전달하여야 하는 상황에서 쓰나미(Tsunami)가 해일이라는 사회적 약속을 이해하지 못한다면 이는 언어장애의 범주에 들게 된다. 즉, 화자가 표현언어로서 이를 표상해 전달하지 못하면 의사소통은 성립될 수 없다. 반면, 화자가 'Tsunami'를 정확하게 청자에게 전달하였다 하더라도 청자가 수용언어로서 쓰나미의 메시지를 받아들이지 못한다면 이 역시 언어장애가 된다.

또한 언어를 정확하게 말로 표현하는 것은 중요하다. 이때 화자는 바른 조음과 편안한 음성으로 유창하게 전달하여야만 의사소통은 성립된다. 뿐만 아니라 청자는 바르게 듣고 이를 이해하여야 하는데 청력손실로 말미암아 의사소통 환경은 깨질 수도 있다.

「장애인 등에 대한 특수교육법 시행령」에서 의사소통장애 선정기준(제10조)을 살펴보면 〈표 8-1〉과 같다.

비록 의사소통장애의 범주 속에는 포함되지 않지만 청자의 입장에서 바르게 정보를 듣지 못하는 것은 의사소통이 원활하게 이루어지지 못하는 원인이므로 청각장애 아동을 포함시킬 수 있다.

표 8-1 「장애인 등에 대한 특수교육법 시행령」에서의 의사소통장애 정의

의사소통장애를 지닌 특수교육대상자

• 다음 각 목의 어느 하나에 해당하여 특별한 교육적 조치가 필요한 사람

가. 언어의 수용 및 표현 능력이 인지능력에 비하여 현저하게 부족한 사람
나. 조음능력이 현저히 부족하여 의사소통이 어려운 사람
다. 말 유창성이 현저히 부족하여 의사소통이 어려운 사람
라. 기능적 음성장애가 있어 의사소통이 어려운 사람

청각장애를 지닌 특수교육대상자

• 청력 손실이 심하여 보청기를 착용해도 청각을 통한 의사소통이 불가능 또는 곤란한 상
 태이거나 청력이 남아 있어도 보청기를 착용해야 청각을 통한 의사소통이 가능하여 청각
 에 의한 교육적 성취가 어려운 사람

한편 미국언어청각협회(American Speech, Language, Hearing, Association)는 의사소통장애를 말장애(speech disorder)와 언어장애(language disorder)로 구분한다. 이에 따라 말장애는 조음장애, 유창성장애, 음성장애로 나누며, 언어장애는 음성, 문자, 기타 상징체계를 사용하거나 이해하는 데 장애가 있는 경우로서 언어의 형태로서 음운론, 형태론, 통사론과 언어의 내용으로서 의미론, 언어의 기능으로서 화용론을 포함한다. 또한 DSM-5-TR(American Psychiatric Association, 2022)은 언어장애(language disorder), 말소리장애(speech sound disorder), 아동기 발병 유창성장애(말더듬), 사회적(실용적) 의사소통장애, 그리고 명시되지 않는 의사소통장애가 있다.

2) 의사소통장애 분류

의사소통장애는 장애의 증상 또는 원인에 따라 다양하게 분류된다. 증상에 따라 말장애와 언어장애로 분류되며, 말장애는 조음장애, 음성장애, 유창성장애, 운동말장애 등이 포함되고, 언어장애는 아동기의 언어발달장애와 단순언어장애, 성인기의 실어증 등이 포함된다. 장애 원인에 따른 분류는 의사소통

장애의 기저 문제에 따라 분류하는 방법이다. 즉, 지체장애를 지닌 학생은 지체장애로 인하여 언어발달장애, 마비말장애, 조음음운장애 등의 문제를 보일 수 있다. 이와 같이 언어와 말의 문제를 복합적으로 가지게 될 경우는 증상에 따른 분류보다는 원인에 따른 분류가 더 효과적일 것이다.

한편,「장애인 등에 대한 특수교육법」에 의하면 의사소통장애는 음성장애, 조음장애, 유창성장애, 언어장애로 구분될 수 있다. 이들 의사소통장애 아동은 장애의 범주에 따라 독특한 교육적 요구를 지니고 있어 의사소통의 장애 원인을 알아보는 의사소통 진단절차를 통하여 교육활동을 실시한다.

의사소통의 구성요소에 따라 의사소통장애를 정리하면 [그림 8-1]과 같다.

그림 8-1 의사소통의 구성요소 및 진단평가

의사소통장애를 구성요소별로 정리하여 제시하면 다음과 같다.

(1) 음성장애

음성장애는 후두 특히 성대의 이상으로 인한 성대혹이나 성대결절, 성대부종, 스트레스 등으로 목소리의 크기가 너무 크거나 작은 강도장애, 지나치게 높거나 낮은 음도장애, 목쉰음성, 숨찬음성, 거친음성, 과비성 등의 음질장애로 나타난다. 또한 목소리의 강도나 음도에 의도적으로 변화를 주지 못하는 경우도 여기에 포함된다. 이를 정리하면 〈표 8-2〉와 같다.

표 8-2 음성장애의 분류

음도장애	음도변화의 정상범위는 성별, 연령, 기타 여러 요인들에 달려 있는데 이에 이탈될 경우를 음도장애라 한다.
강도장애	음성의 남용이나 긴장 때문에 오는 기능적 실성증, 성대의 마비나 종양 때문에 음성을 잃는 기질적 실성증이 있다.
음질장애	과비성, 거친음성, 숨찬음성, 목쉰음성, 가성, 과소비성 등이 있다.

(2) 조음음운장애

조음음운장애는 발음이 부정확한 것을 의미하며 의사소통장애 중에 가장 많은 장애유형으로서 60~80% 정도의 비교적 높은 출현율을 보인다. 조음음운장애 원인으로는 청력손실, 입술이나 구개의 파열, 소대의 이상, 신경운동 장애로 인한 마비말장애, 말실행증 등의 문제로 나타날 수 있는 기질적 원인과 신체적 구조상의 이상이 없더라도 연령, 지능, 성격, 사회경제적 위치, 문화적 영향, 학업 성취도, 습관 등에 따라 자신의 독특한 패턴으로 나타날 수 있는 기능적 원인으로 나눌 수 있다.

(3) 언어장애

언어장애는 메시지의 정확한 본질인 코드나 기호 시스템의 장애다. 따라서 말하기, 듣기(듣고 이해하기), 읽기, 쓰기 등에 문제를 보인다. 언어장애는 언어에 대한 수용이나 표현에 결함이 있는 경우로 언어 습득과 사용에 어려움이 있으며, 언어발달장애와 신경언어장애로 크게 구분된다. 언어발달장애는 또래아동보다 언어발달이 지체되거나 편차가 있는 경우다. 언어가 또래아동에 비하여 늦는 경우라도 주위 사람들의 지시는 잘 수행하나 말을 하지 못하는 경우도 있고, 말의 의미를 잘 이해하면서도 상황에 따라 적절하게 사용하지 못하는 경우 등이 있다.

반면, 신경언어장애는 대뇌손상이나 신경계 이상으로 인한 실어증이 포함된다. 실어증은 뇌졸중, 외상, 종양, 그 외 신경학적 뇌손상으로 인해 발생하는 후천적 언어이해 및 언어표현 장애다. 실어증의 유형으로는 유창성 실어증에 속하는 베르니케 실어증과 비유창성 실어증에 속하는 브로카 실어증으로 나눌 수 있다. 이에 대한 진단 및 평가방법으로는 발화샘플 분석하기, 청각이해력 검사, 명령이해력 검사, 단어 명명하기 능력 검사, 따라 말하기 능력 검사 등이 있다. 신경언어장애에서 나타나는 문제점은 실문법증, 작문법증, 건망증, 둘러 말하기, 착어증, 고착현상이 나타난다.

(4) 유창성장애

유창성장애는 속화(말빠름증)와 말더듬으로 구분된다. 속화는 말의 속도가 비정상적으로 빨라서 유창성이 깨져 있는 경우인 반면, 말더듬은 음이나 음절, 또는 조음 포즈 등의 반복이나 연장 혹은 투쟁 행동 등으로 구어의 흐름이 비정상적으로 방해를 받을 때 나타난다. 말더듬 원인은 분명하지 않으나, 가족의 영향에 의해 말더듬이가 될 수 있다. 또한 생리적인 문제, 심리적인 문제, 또는 자신도 알지 못하는 사이에 말더듬이 발생할 수 있다.

말더듬은 변화의 정도가 큰 것이 특징인데, 장소, 사람, 상황, 음소에 따라 증상의 변화가 다양하다. 친한 친구와는 유창하게 말을 잘 하는데 낯선 사람과 대화를 할 때는 같은 내용의 말이라도 심하게 더듬을 수 있다. 말더듬은 말더듬이 일어나는 빈도, 말더듬 형태, 수반 행동의 유무에 의해서 심한 정도를 평가할 수 있다.

말더듬은 음절반복, 단어반복, 연장 등이 자주 나타나는 행동이며 이러한 형태가 더 악화되면 막힘이나 투쟁이 나타나고, 더듬을 것이라고 예측되는 말을 에둘러 말하는 등의 회피 행동이 나타난다.

(5) 청각장애

청각장애는 농(deaf)과 난청(hard of hearing)으로 구분한다. 청각장애는 청력의 정도에 따라 농과 난청으로 구분하며 난청은 장애의 부위에 따라 음을 전달하는 귀의 외이와 중이에 이상이 있으면 전음성 난청, 귀의 내이에서 대뇌의 청각중추까지 포함하는 신경계에 이상이 있으면 감각신경성 난청으로 구분한다. 또한 전음기관과 청신경계에 이상이 중복되면 혼합성 난청이라고 한다.

청각장애 아동은 청력손실이 심하여 상대방의 말을 받아들이는 데 어려움이 있다. 상대방의 말소리 명료도가 낮아 학습이나 사회생활에서 제약을 받으며 보청기의 착용이나 인공와우로서 의사소통능력을 향상시킬 수는 있으나 보청기의 착용이 스스로 자아개념을 떨어뜨릴 수 있다.

2. 의사소통장애 아동의 특수한 교육적 요구

의사소통장애 아동의 교육적 요구를 살펴보면 다음과 같다.

1) 언어장애 아동의 교육적 요구

언어적인 요소는 형식적인 측면으로 음운론적 발달, 형태론적 발달, 구문론적 발달이며, 내용적인 측면으로 의미론적 발달, 사용적인 측면으로 화용론적 발달로 나타낸다. 언어장애 아동은 추상적 개념을 공유하는 능력이 부족하여 복잡한 언어적 상징을 이해하고 이를 수용하고 표현하는 능력이 떨어진다. 따라서 언어장애 아동은 언어의 수용 및 표현 능력이 현저하게 부족하여 학업에 곤란을 겪을 수 있으며 필요에 따라서는 일상생활을 유지하기 위하여 신변처리 기술, 기능적 기술, 사회성 기술이 요구된다.

2) 말장애 아동의 교육적 요구

말장애 아동은 음성장애, 조음장애, 유창성장애를 보이는 아동이다. 이들 말장애 아동은 자신의 말이 사회에서 부정적으로 받아들여짐을 인식하게 되면 심리적 좌절감을 느낄 수 있으며 심한 경우에는 일상생활 속에서 고집스런 행동이나 과잉행동으로 자기의 감정을 표현하거나 소극적이 될 수 있다.

3) 청각장애 아동의 교육적 요구

청각장애 아동은 청력손상으로 인하여 듣기가 곤란하고, 한국어 사용이 미숙하며, 다양한 상황들에 대한 경험이 부족한 특성을 지닌다. 일반적으로 청각장애 아동은 언어의 상징체계를 이해하는 데 어려움을 지니고, 언어에 대한 이해가 부족하여 직관에 의존하는 사고를 하며, 전반적으로 학습내용을 이해하는 데 어려움을 지닌다.

3. 의사소통장애 아동을 위한 보조공학

의사소통장애 아동의 교육의 방향은 학업에서의 문제영역을 정확히 진단한 후 적합한 교수법을 제공하는 것이다.

1) 의사소통장애 아동을 위한 보조공학

의사소통장애 아동은 메시지를 올바르게 전달하거나 전달받는 데 어려움이 있다. 의사소통장애 아동이 의사소통능력을 향상시켜 나가기 위해서는 의사소통 상황을 조성해 주는 것이 중요하다. 이러한 역할들은 교사나 또래들에 의해 이루어지지만 소프트웨어 프로그램이나 의사소통시스템을 지원하는 보조공학기기들이 그 역할을 대신하고 아동은 이를 적절하게 활용할 수 있다.

의사소통에 어려움을 겪게 되는 장애 아동들의 원활한 의사소통을 지원하기 위한 보조공학은 보완/대체 의사소통과 관련된 전략과 시스템을 포함한다. 보완/대체 의사소통(Augmentative Alternative Communication: AAC)은 말하기, 쓰기 장애를 지닌 아동이 지역사회에 참여하거나 재활할 수 있도록 돕는 것이다. 보완/대체 의사소통은 몸짓, 손짓기호(manual signs), 얼굴표정, 그림, 사진, 낱말, 실물, 선화(line drawings), 블리스 기호(Blissymbols), 리버스 체계(Rebus system) 등과 같은 상징체계들을 포함한다. 의사소통 보조공학기기는 말과 언어를 비롯하여 말소리의 억양, 속도, 높낮이와 같은 단서들과 몸짓, 표정, 눈 맞추기와 같은 비언어적 정보를 포함한다. 따라서 의사소통보조공학기기로 사용되는 보완/대체 의사소통은 의사소통의 표현 언어를 지원하기 위한 문자와 음성출력을 하거나 지시를 통하여 의사를 표현하는 의사소통판과 의사소통 소프트웨어 등이 있다.

의사소통장애 아동이 보완/대체 의사소통 체계를 적용함으로써 의사표현에 어려움을 겪고 있는 아동이 상대방에게 이해하기 쉽도록 표현하여 사회화를 높이고 학습활동에서 자신의 의견을 표현하고 대답함으로써 참여도를 높인다.

의사소통판이나 컴퓨터 테크놀로지 활용은 의사소통장애 아동이 스스로 의사를 표현할 수 있는 환경을 제공해 줌으로써 개인의 언어능력에 따라 의사소통을 구현할 수 있다.

(1) 의사소통시스템

의사소통 상황에서 데이터의 입력과 저장을 할 수 있는 의사소통시스템으로, 입력은 레이저포인터나 조이스틱을 이용할 수 있다. A4 크기의 칸에 문자, 숫자, 기호 등이 구성되어 있어 이를 의사소통판이나 키보드로 활용한다.

레이저포인터를 해당 문자나 기호에 비추면 컴퓨터에 데이터가 입력된다. 이때 레이저포인터로 입력되는 시간은 아동의 운동능력에 따라 개인차를 반영해 조정하여 사용할 수 있다. 입력된 텍스트는 프린터로 출력하거나 음성으로 표현이 가능하다. 의사소통판의 사용 방법은 [그림 8-2]와 같다.

그림 8-2   의사소통판 사용 방법

출처: http://aac-rerc.psu.edu/_userfiles/
SafeLaserCopy.jpg

(2) 의사소통기기(Gotalk-pocket)

의사소통기기는 다양한 의사소통 내용을 포함하며 음성 이외에도 환경음을 배경으로 넣어 필요한 대화를 할 수 있다. 또한 사용자의 필요와 요구에 따라 그림 내용을 바꿀 수 있다. 의사소통장애 아동이 의사소통기기에서 그림을 선택할 경우, 그림의 상징을 이해하고 있어야 그 의미를 전달할 수 있다.

상징 그림을 이해하면 의사소통이 보다 원활하게 이루어질 수 있으므로 반복적인 학습이 필요하다. 의사소통기기는 그림에 해당하는 음성이 녹음되어 있어 자신이 표현하고자 하는 것을 청자에게 전달할 수 있다. 또한 아동이 그림에 대한 상징을 이해하는 정도에 따라 더 많은 그림을 수록할 수 있다.

그림과 상징언어의 연결관계를 이해하면 학습자는 자신의 의사를 상대방에게 전달 가능하다.

그림 8-3   의사소통기기의 예

출처: http://www.mayer-johnson.com/gotalk-4

(3) 소프트웨어(Clicker5)

소프트웨어는 의사소통판의 그림과 사진을 선택하면 소리를 내어 의미를 들려준다. 소프트웨어는 자판이 아닌 마우스 등으로 워드프로세서의 사용이 가능하며 전자책을 만들어 나갈 수 있다. 또한 텍스트를 말소리로 변환하여 읽어 준다. 이는 아동에게 새로운 상황으로 적용 범위를 확대해 가면서 학습 효과를 증진할 수 있다.

그림과 상징과의 관계를 이해하면 글자와 음성을 동시에 익히게 되며 문장을 완성하는 과정으로 진행시켜 나간다. 소프트웨어는 음성녹음이 가능하고 사진과 비디오를 첨부할 수 있으며 글쓰기 도구가 있다. 교사는 단어와 그림으로 아동에게 의사소통 상황에서 사용할 수 있는 단어와 그림으로 클리커에 격자판을 만든다. 아동은 격자판에 배운 단어를 입력하면 단어와 함께 그래픽이 화면에 나타나며 습득한 단어를 알파벳 순서로 저장해 두었다가 다시 찾아 쓸 수 있다. 아동이 선택한 단어와 문자를 클리커 라이터(Clicker Writer)로 보내면 그래픽은 나타나지 않고 일반 문장형태로 나타난다.

소프트웨어는 필요한 자료를 스캔하여 저장할 수 있으며 읽은 그래픽을 클리커 라이터로 보내면 아동의 어휘페이지가 나타나고 읽은 내용에 대한 새로운 문자를 쓸 수 있으므로 아동의 읽기 이해력과 쓰기능력을 향상시킬 수 있다.

그림 8-4 소프트웨어(Clicker5)의 사용 예

출처: http://allspecialed.com/Forums/assistive-technology-aac/clicker-5-reviews-10.html
http://mckeegrade2.edublogs.org/grade-3-media-at-mckee/grade-3-newspaper-project/

(4) 선택스위치(italk2)

선택스위치는 스위치의 색깔에 따라 녹음내용이 다르다는 것을 아동이 이해하도록 하여 원하는 단어를 선택하도록 한다. 선택스위치는 사선으로 세워져 사용이 쉽고 2분 분량의 녹음시간이 가능하기 때문에 충분한 의미를 저장할 수 있다. 선택스위치는 두 개의 스냅스위치 캡(snap Switch Caps)이 장착되어 있으며 그림을 꽂을 자리가 마련되어 있다.

따라서 두 개의 버튼에 각각 다른 내용을 녹음한다. 즉, 빨강색깔에 좋다와 노랑색깔에 싫다의 의미로 구분하면 빨강색깔의 버튼에는 '나는 사과가 좋다.'이고 노랑색깔의 버튼은 '나는 사과가 싫다.'를 녹음한다. 그다음 그림을 오렌지, 바나나 등으로 바꿔 가며 '나는 ~이 좋다.', '나는 ~이 싫다.'라는 표현을 익히게 하면 아동은 교사가 묻는 내용에 따라 좋고 싫음을 표현할 수 있다.

또한 아동이 간단한 질문에 대답하는 형식을 미리 녹음하여 선택하도록 하여 의사소통의 기회를 조성하고 두 개의 선택에 익숙해지면 좀 더 다양한 선택의 기회를 제공하기 위해 세 개의 버튼에 서로 다른 내용을 녹음하도록 한다.

그림 8-5 선택스위치의 사용 예

출처: https://www.liberator.co.uk/italk2-with-levels

(5) 애플리케이션 사용(트라이톡-학교에서, for iPad)

트라이톡-학교에서(for iPad) 애플리케이션은 의사소통에 곤란을 겪는 아동이 학교생활에서 사용할 수 있는 한국어 보완/대체 의사소통 도구다. 이 애플

리케이션은 한국에서의 학교생활에 도움을 줄 수 있는 400여 개 이상의 필수
어휘와 다양한 문장을 포함하고 있으며 TTS를 통하여 낱말들을 발음해 주는
기능이 있다.

그림 8-6   애플리케이션(트라이톡-학교에서, for iPad) 사용 예

출처: http://appcrawlr.com/ios/for-ipad-116

(6) 블리스 기호(Blissymbols)와 리버스 체계(Rebus system)

기호는 말을 못하는 뇌성마비 아동에게 비구어적 언어를 지도하는 데 효과
적이다. 블리스 기호는 반아이콘적으로 구성되어 있는 추상적인 기호의 조합
이다. 의사소통판은 기호와 각각의 기호 아래에 해당하는 단어가 제시되어
있다.

블리스 기호는 의사소통장애 아동이 기호를 가리키면 청자는 그 기호 아래
쓰여진 단어를 읽으면서 정보를 공유할 수 있다. 반면, 리버스 체계는 리버스
라는 단어가 사물이나 사람을 나타내는 그림으로 상징체계는 이해하지만 말
을 할 수 없는 아동에게 비구어 의사소통 체계를 지도할 수 있다.

리버스는 아이콘으로 되어 있어 블리스 기호보다 쉽게 지도할 수 있다. 블
리스 기호와 리버스 체계는 [그림 8-7]과 같다.

블리스 기호

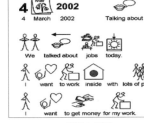
리버스 체계

그림 8-7 **블리스 기호와 리버스 체계**

출처: http://imgarcade.com/1/blissymbol-printer/
　　　http://www.mkprosopsis.com/Software/Writing%20With%20Symbols%202000.htm

2) 청각장애 아동을 위한 보조공학

청각장애 아동은 듣기에 어려움이 있어 다른 장애영역에 비해 의사소통에 특히 어려움을 느낀다. 보청기, 인공와우 등은 청각장애 아동에게 상대방의 말소리를 받아들이도록 하는 대표적인 청각보조 재활기구다.

(1) 보청기

보청기는 공기로부터 많은 음을 집음하고, 음이 전달되는 동안 분산을 막고 증폭시키는 장치다. 보청기의 기본구조는 송화기, 증폭기, 수화기, 전원으로 구분된다. 이를 도식으로 제시하면 [그림 8-8]과 같다.

보청기는 신호처리방식 유형으로 다음과 같이 구분한다.

① 아날로그 보청기

아날로그 보청기는 소리를 전기신호로 바꾸어 증폭하고 나서 소리에너지로 환원하는 것으로서 소음을 줄여 주는 필터가 내장되어 있으며 주파수 영역에 맞춰 반응하는 회로가 내장되어 있다.

그림 8-8 보청기의 원리

② **디지털 프로그램형 보청기**

디지털 프로그램형 보청기는 특정 영역의 주파수에 청력손실이 현저한 경우에 효과적이다.

③ **디지털 보청기**

디지털 보청기는 소리 증폭뿐 아니라 가청주파수 대역 중 저음역과 고음역을 몇 개의 채널로 나누어 개별적으로 증폭하거나 제어하는 기능이 있다. 디지털 보청기는 전 과정을 모두 디지털화하여 처리하는데 채널의 수에 따라 2채널, 4채널, 9채널과 같이 불린다. 장점은 청각장애 아동의 청력손실도에 따라 주파수별로 필요한 만큼만 증폭 조정하기 때문에 보다 명료한 음을 들을 수 있다.

보청기의 부품과 기능은 [그림 8-9]와 같다. 보청기는 지속적 관리가 요구되며 착용시기가 빠를수록 재활효과가 우수하다. 보청기는 소리를 증폭시켜 주기 때문에 보청기 증폭소리에 노출되는 시간이 길수록 청각신경 계통에 자극이 지속되는 효과가 있지만 보청기 착용으로 거부감을 나타낼 수도 있다. 보청기는 착용 후 청각재활훈련을 지속적으로 실시하여야 한다.

그림 8-9   **보청기의 부품과 종류**

(2) 인공와우

인공와우는 외부장치와 내부장치로 나뉜다. 외부장치는 마이크로폰 (microphone)에 의해 외부의 소리를 모아 전기신호로 변환하고 이 신호는 어음처리기로 이동하여 전기적 펄스 형태로 부호화(코딩)되며 펄스가 코일로 전해지면 라디오파에 의해 피부를 통해 체내 수신안테나로 전송된다.

내부장치는 수신안테나에 의해 전기펄스를 와우 안에 있는 전극으로 전송하면 청신경이 전극으로부터 미세한 전기 펄스를 받아들여 뇌로 전송, 뇌에서 소리신호를 해석한다. 인공와우는 보청기로 청각 정보의 입력이 어려운 청각장애 아동을 대상으로 이식한다. 인공와우의 구성체계는 [그림 8-10]과 같다.

인공와우는 내이의 기능을 대신하여 소리를 분석하며 전기를 유발하여 청신경을 직접 자극하는 장치로서 외부자극을 대뇌로 전달하는 청신경에 이상이 없으면 선천성 및 후천성 청각장애 아동 모두에게 적용이 가능하다.

마이크

어음처리기

피부

송신코일   수신코일

〈인공와우의 구성체계〉
외부장치와 내부장치로 구성

• 외부장치(external device)
  – 마이크로폰(microphone) 소리 집음
  – 어음처리기(speech processor)
    음성전기신호를 분석, 조합
  – 송신안테나(transmitter) 신호전달

• 내부장치(internal device)
  수술로써 인체 내에 이식
  – 수신안테나(receiver)
  – 전극(electrode)

그림 8-10 인공와우의 구성 체계

4. 의사소통장애 아동을 위한 수업설계 및 교수 · 학습방법

의사소통장애 아동의 교육의 방향은 학업에서의 문제영역을 정확히 진단한 후 적합한 교수법을 제공하는 것이다. 의사소통장애 아동을 지도하기 위한 교수 · 학습방법은 의사소통장애 아동의 교육적 요구에 따라 다양하게 전개된다. 이 장에서는 이들 교수학습 지도의 원리와 실제에 대해 알아보고자 한다.

1) 기능적 언어중재

기능적 언어중재, 대화적 접근법, 일반화 접근법, 생태학적 접근법, 화용론적 접근법 등은 모두 언어의 사회적 기능에 근거한 중재기법이다. 장애 정도가 심할수록 생활연령과 정신연령의 격차가 심하여 발달수준을 고려한 중재 기법을 적용하는 데 한계가 있다. 이에 현재 아동의 생활에서 우선적으로 필요로 하는 언어 및 의사소통 기술을 중심으로 언어중재가 이루어져야 한다. 기능적 언어중재는 아동의 현재 발달수준을 고려하여 실생활에서 사용할 수 있는 기능적 언어를 근거로 하며, 자연스러운 상황에서 아동 주도의 의사소통을 강조한다. 아동 주도의 의사소통 행동을 따른다는 것은 교사가 소극적으로 중재에 참여한다는 의미가 아니다. 교사는 아동이 주도적으로 선택한 주제나 교재 등을 활용하여 계획한 의사소통 기능이나 구조적 언어를 지도할 수 있다. 중도장애 아동에게 적용할 수 있는 언어 이전기의 기능적 언어중재에 대해 살펴보면 다음과 같다(김영태, 2014).

(1) 함께 주목하기(공동 관심, joint attention)

공동 관심은 아동과 성인이 같은 사물에 집중하고 있을 때 발생한다. 두 사람이 의사소통을 하기 위해서는 먼저 함께 주목할 수 있어야 한다. 즉, 두 사람이 같은 사물을 바라보거나 공동의 주제에 대해 생각하여야 한다. 함께 주목하기(공동 관심)를 유도하기 위해서는 아동이 갖고 노는 사물에 성인이 개입하는 것이다. 예를 들어, 아동이 자동차를 가지고 놀고 있으면 성인이 아동이 노는 자동차에 대해 "붕~붕~" 하며 개입한다. 이때 아동이 성인의 개입에 관심을 보이면, 성인은 다소 과장된 억양이나 제스처 등을 사용하여 아동의 관심을 끄는 것이 좋다.

(2) 공통적인 활동하기(공동 활동, joint action, coaction)

성인과 아동이 실제적으로 어떤 활동에 함께 참여하는 것은 의사소통 발달에 매우 중요하다. 공동 활동은 아동이 어떤 활동을 하고 있을 때 성인이 그 활동에 개입하고, 아동이 성인의 개입을 좋아하면 성인이 주도하여 다른 활동을 같이 하도록 한다.

(3) 사회성 게임하기

사회성 게임은 까꿍놀이, 짝짝꿍 놀이와 같이 두 사람 사이의 상호작용을 위하여 일상에서 할 수 있는 게임을 의미하며, 처음에는 성인이 주도하지만 점차적으로 아동 주도로 이루어지도록 한다.

(4) 선행행동에 대한 연계반응 인식시키기

아동의 행동에서 의사소통 의도가 보일 때 성인은 즉시 그에 반응하여, 아동이 자신의 행동이 환경에 영향을 미친다는 것을 경험하게 한다. 아동 자신의 행동과 성인의 반응 사이에 어떤 관계가 있다는 것을 깨닫게 해 준다.

(5) 아동 모방하기

아동이 우연히 낸 소리나 발성 등을 성인이 모방함으써 아동이 자신의 소리나 발성이 성인의 관심을 끈다는 것을 인식시켜 준다. 아동의 소리를 성인이 모방하는 것은 의사소통 및 언어발달에 매우 효과적인 지도 방법이다.

(6) 지칭하기

사람은 주로 사물이나 활동을 지칭하기 위하여 언어를 사용하는 경우가 많다. 즉, 사과를 보고 "사과"라고 말하거나, 빨갛고 둥근 과일을 "사과"라고 하는 것이 지칭하는 것이다. 성인은 지칭하기를 유도하기 위해 직·간접적으로 특정 사물이나 활동에 아동의 관심을 집중시켜야 한다.

(7) 의사소통의 차례규칙 지키기 및 기다렸다 신호 보내기

의사소통에서 차례란 다른 사람과 의사소통을 시작하고 다른 사람이 말할 때 기다려 주고, 다른 사람의 말에 반응하는 일련의 행위를 의미한다. 언어이전기의 아동들은 우선 어떤 활동이든 아동-성인-아동-성인 순으로 아동과 성인이 교대로 참여하게 하여, 활동을 통해 차례 지키기를 인식시켜야 한다.

(8) 의사소통 수단 확대시키기

성인은 아동의 현재 의사소통 능력보다 조금 더 높은 수준으로 의사소통 행동을 확대시켜 준다. 즉, 아동의 비의도적 행동이나 말은 의도적인 행동이나 말로, 초보적 의사소통 행동은 바람직한 의사소통 행동으로 확대시켜 주고, 관습적인 행동을 보이면 그것에 언어를 첨가시키고, 낱말을 사용하기 시작하면 실생활에서 사용되는 빈도 및 기능을 고려하여 아동의 수용 및 표현 어휘를 늘려 준다.

(9) 초기 의사소통 기능 확립하기

Halliday(1973)는 10~18개월 정도에서 나타나는 의사소통 행위를 그 기능에 따라 다음과 같이 분류하였다.

① 도구적 기능: 자신의 물질적 필요나 욕구를 채우기 위한 의사소통 / 요구하기 / 주세요.
② 조정적 기능: 다른 사람을 조절 또는 통제하기 위한 의사소통 / 지시하기 / 이렇게 해 주세요.
③ 상호작용적 기능: 다른 사람과 상호작용을 하기 위한 의사소통 / 주고받기 / 인사하기, 공동 관심, 공동 활동
④ 개인적 기능: 자신의 존재를 알리고자 하는 의사소통 / 자신의 감정, 태도, 흥미표현 / 나 여기에 있어요.
⑤ 발견적 기능: 환경을 탐구하고 정리하려는 의사소통 / 정보 요청하기 / 왜 그런지 말해 주세요.
⑥ 가상적 기능: 가상적인 상황을 만드는 의사소통 / 우리 ~ 척해요.

이러한 의사소통 기능을 다양하게 발달시키는 것은 언어발달에 매우 중요하다. 의사소통 행위는 도구적 기능에서 점차 가상적 기능으로 나아가게 된다. 따라서 언어지도를 할 때는 아동의 의사소통 기능을 파악한 후 우선 유도하기 쉬운 도구적 기능과 조정적 기능부터 시작하고 점차적으로 의사소통 기

능들을 확립할 수 있도록 지도한다.

2) 환경중심 언어중재법

환경중심 언어중재는 일상생활의 의사소통 상황에서 의사소통 기술을 가르치는 자연스러운 접근방법으로써 의사소통을 촉진할 수 있도록 환경을 구성하고, 아동의 관심을 고려하며, 인위적이 아닌 자연적인 촉진을 사용하고, 아동의 의사소통 빈도와 확장을 위해 기능적 후속결과를 사용한다.

(1) 모델법

모델법은 환경중심 언어중재법의 가장 기본적인 방법이다. 모델법은, 첫째, 교대로 의사소통하는 기술 향상하기, 둘째, 일반화된 모방기술 훈련하기, 셋째, 기본적인 어휘 습득하기, 넷째, 훈련상황 외의 다른 상황에서 의사소통하기를 목표로 실시한다.

(2) 반응요구 후 모델법

일대일 교수상황에서 언어기술을 습득하여 상황별로 일반화시킬 수 있도록 지도한다.

(3) 시간지연기법

시간지연기법은 아동의 언어적 반응을 기다린다. 이는 의사소통장애 아동의 의사소통을 촉진하기 위해 모델이나 반응요구 등으로 단서를 제공하는 모델법이나 반응요구 후 모델법과는 달리 기다려 주는 과정을 포함한다.

(4) 우발학습법

환경중심 언어중재의 핵심적인 부분으로 의사소통 기능 및 기술을 증진시키는 데 매우 효과적인 방법이다.

3) 그림교환의사소통법

그림교환의사소통법(Picture Exchange Communication System: PECS)은 언어능력이 현저히 떨어지는 아동이 그림을 이용해 의사소통을 하도록 하는 학습시스템이다. 그림교환의사소통법은 가정이나 학교, 기타 다양한 환경에서 사용할 수 있다. 교사는 지속적으로 그림을 사용하여 아동의 어휘력을 넓혀 나가고 자신의 요구나 감정을 표현하도록 도울 수 있다. 그림교환의사소통법은 아동에게 어떤 물체에 해당하는 그림을 선택하는 방법부터 지도하여 점진적으로 그림과 상징을 구분하고 문장을 형성하도록 유도한다.

그림교환의사소통법은 아동이 정반응을 할 때마다 그림을 교환하게 함으로써 강화의 효과를 지닌다. 그림교환의사소통법에 사용되는 그림은 사진이나 그림책, 신문, 잡지 등에서 수집하여 사용할 수 있다. 그림교환의사소통법에 사용되는 도구는 [그림 8-11]과 같다.

그림 8-11   그림교환의사소통법 시판 자료

출처: http://www.do2learn.com/picturecards/printcards/

4) 조음음운장애 지도방법

조음음운장애는 의사소통장애 중에 가장 많이 출현되는 장애다. 조음음운장애 아동의 지도방법은 다양하게 발달되어 있으나 이 장에서는 전통적 기법, 짝자극 기법, 변별자질 접근법을 살펴보고자 한다.

(1) 전통적 기법

전통적 기법은 조음장애 치료교육에서 가장 오래 사용되어 온 기법이다. 행동주의 심리학에 기초한 과제분석 방법으로, 여러 가지 관련 기법이 제시된다. 이를 단계별로 살펴보면 다음과 같다.

- 감각·지각훈련(확인, 분리, 자극변화, 변별)
  - 목표: 표적음에 대한 표준을 명확히 인식시키고 발음의 기초를 습득할 수 있게 한다.
  - 수준별 확인: 확인수준, 변별수준
- 음의 확립훈련
  - 목표: 표적음을 의식적으로 정확히 또박또박 발음할 수 있게 한다.
  - 수준별 방법: 단어수준, 문장수준
- 음의 안정훈련
  - 목표: 표적음을 쉽게, 빨리, 그리고 자발적으로 발음할 수 있게 한다.
  - 수준별 방법: 독립음 수준, 무의미 음절수준
  - 단어 수준: 재배열기법, 말하면서 쓰기, 신호하기 기법
  - 문장 수준: 함께 말하기, 동시통역 말하기, 따라 말하기, 말교정하기, 배역놀이
  - 회화 수준: 구조화된 질문, 비구조화된 질문
- 음의 전이훈련
  - 목표: 학습된 표적음이 어떤 상황에서 누구와도 자발적으로 발음될 수 있도록 한다.
  - 방법: 위치와 전후관계 전이, 다양한 형태로 말하기
- 음의 유지훈련
  - 목표: 새로 학습된 표적음 발음기능의 파지력을 신장시킨다.
  - 방법: 자기 모니터링과 확인하기, 교사의 점검

(2) 짝자극 기법

짝자극 기법은 핵심단어(key words)와 훈련단어(training words)를 짝지음으로써 정발음되는 핵심단어에서 정발음할 수 없는 훈련단어로의 전이를 전제로 한 기법이다. 핵심단어는 사회적으로 수용되는 방법으로 10번 가운데 적어도 9번 이상 아동이 표적음을 발음할 수 있는 낱말로 규정한다. 이를 단계별로 살펴보면 다음과 같다.

- 1단계: 단어수준
  - 핵심단어 지도: 가방
  - 핵심단어, 훈련단어 지도
  - 훈련단어: 감, 공, 가지, 고추, 고래, 그네, 거울, 구름
- 2단계: 문장수준
  - 가방 옆에 무엇이 있니? 〈자극문장〉
  - 가방 옆에 (   )이 있어요. 〈반응문장〉
- 3단계: 회화수준
  - 가방에는 무엇이 있어요?

(3) 변별자질 접근법

변별자질 접근법은 변별자질에 기초해서 대조법에 의해 음운훈련이 다음과 같은 단계로 이루어진다.

- 1단계(단어의 검토)
  - 최소대조 단어짝을 특별한 변별자질을 가르치기 위해 선택하게 되면 아동이 그 단어들을 이해하는지를 중심으로 결정한다.
- 2단계(변별검사와 훈련)
  - 아동이 단어의 개념을 안다면 교사는 무작위로 두 단어를 발음하고 아동에게 말한 단어를 지적하도록 한다.

- 3단계(발음훈련)
  - 아동이 최소단어짝을 변별할 수 있으면 변별자질이 지각된 것으로 보고 그 변별자질을 발음하도록 한다.
- 4단계(전이훈련-사회적 상황에서 일반화)
  - 아동이 발음을 조정하는 능력이 형성되면 표적단어를 보다 더 긴 문장으로 유도한다. 아동이 의미 있는 방법으로 말하도록 지도한다.

5) 구어 및 청각적 접근법을 이용한 교수방법

(1) 청능훈련

청각장애 아동이 말을 지각할 때 청각단서를 충분히 이용하도록 다음과 같이 지도한다.

- 청능훈련의 목표
  - 음을 지각하고 음에는 의미가 있다는 것을 알도록 한다.
  - 보청기 착용에 익숙하도록 한다.
  - 청각자극에 유의하는 습관을 길러 청취능력을 향상시킨다.
  - 언어, 독화, 발화의 발달을 도모한다.
  - 환경음을 이해하고 환경과의 연합이 이루어지도록 한다.
  - 정서의 안정과 사회성 발달을 촉진시킨다.
  - 음의 세계에 적응하도록 한다.
  - 언어 발달을 견인하도록 한다.
- 청능훈련의 실제
  - 음의 지각단계
    목표: 소리의 유무를 알고 적절한 반응하기
  - 음의 변별단계
    목표: 소리를 듣고, 같고 다름을 안다.

   ┌ 음의 확인단계
   └ 목표: 새로 입력한 청각적 정보를 자신이 이미 알고 있는 정보와 비교
         하여 음을 인식한다.
   ┌ 음의 이해단계
   └ 목표: 음성 언어 자극을 의미 있게 이해한다.

(2) 말읽기(speechreading) 지도

- 전통적 방법에 따라 종합법 또는 분석법으로 지도한다.
- 지도형식에 따라 비형식적 학습 또는 형식적 학습으로 지도한다.
- 말읽기에 활용되는 감각에 따라 단일감각 접근법 또는 다감각에 의한 접근법으로 지도한다.

(3) 구어법

청능훈련을 실시하여 듣기능력을 향상시키고 말읽기와 청력을 통하여 듣고 말하기를 지도한다.

(4) 수어법

수어법은 농인사회에서 사용되는 의사소통의 양식이며, 주로 농인에 의해 만들어졌거나 채택된 기호체계로서 비음성 언어다. 따라서 수어는 음성체계가 아니라 시각운동체계다. 수어교육은 농아동의 모국어로서 일차언어인 자연수화를 조기에 습득하도록 하여 이차언어로서 음성언어를 보다 유리한 조건에서 습득하도록 한다. 일반적으로 유창한 수어능력을 가진 농아동이 읽기, 쓰기 능력이 우수하다.

(5) 종합적 의사소통법

종합적 의사소통법(Total Communication)은 청각장애 아동과 청아동 사이에 효과적인 의사소통을 확립하기 위해 청각, 구어, 수어 등의 의사소통양식을

적절히 결합하고자 하는 철학이다. 이는 청각장애 아동이 의사를 표현하고 수용하는 방법을 선택할 수 있는 재량권을 그들 자신에게 많이 부여하는 접근법이다.

따라서 종합적 의사소통법은 구체적인 의사소통 상황에 따라 적절한 양식을 선택적으로 활용하는 절충식 태도다.

이상 의사소통장애를 원인별로 분류하고 의사소통 교수·학습방법을 살펴보았다.

인간은 언어를 통해서 정보를 교환하고 타인과 의사소통을 할 수 있을 정도로 융통성 있고 생산적이며 창의적인 도구로 발전한다. 그러므로 언어는 지적 활동의 중요한 매체일 뿐만 아니라 사회생활의 기본이다.

이 장에서 다룬 의사소통장애 아동을 위한 특수교육공학은 의사소통장애 아동의 교육적 요구를 개선하기 위한 교육공학적 접근이다. 따라서 의사소통장애 아동에 대한 올바른 교육공학적 접근은 의사소통장애 아동에게 학교생활에서 학습의욕을 높이고 사회생활을 보다 폭넓게 능동적으로 영위하는 데 도움을 준다.

이 장의 연구과제

1. 의사소통장애 영역에서 보조공학의 필요성에 대해서 토론해 보자.

2. 의사소통장애 아동을 위한 교육적 요구와 그에 따른 보조공학의 쓰임에 대해서 발표해 보자.

3. 의사소통장애 아동을 위한 교수·학습방법을 적용한 수업지도안을 작성해 보자.

참고문헌

고은(2021). 의사소통장애아 교육(2판). 서울: 학지사.

국립특수교육원(2006). 장애학생을 위한 보조공학의 실제. 제13회 국제세미나, 경기: 국립특수교육원.

국립특수교육원(2011). 보조공학 활용수업 국제비교. 경기: 국립특수교육원.

권순황(2003). 가정-학교 상호 협력 프로그램이 선택적 함묵증 아동의 말하기에 미치는 효과. 특수교육연구, 10(2), 211-228.

권순황(2004). 사진교환 의사소통 체계 프로그램이 전반적 발달장애 아동의 말하기 행동증가에 미치는 효과. 정서 · 행동장애 연구, 20(2), 173-194.

권순황(2005). 비디오 녹화자료를 활용한 자기 언어 교정활동이 인공와우이식 아동의 기능적 말하기에 미치는 효과. 특수교육재활과학연구, 44(2), 27-47.

권순황(2005). 초등학교 1학년 담임교사의 짝 맺어주기 활동이 장애 아동과 비장애 아동과의 또래관계 형성에 미치는 영향. 특수교육연구, 12(1).

권순황(2006). 특수교육교과교재 연구 및 지도법. 서울: 일문사.

권순황, 선애순, 이형선(2015). 영아발달. 경기: 양서원.

김남진(2007). 국내 장애인의 정보 접근권 현황과 개선방안 연구. 중복 · 지체부자유아교육, 47, 89-105.

김남진, 김용욱(2010). 특수교육공학. 서울: 학지사.

김영태(2014). 아동언어장애의 진단 및 치료(2판). 서울: 학지사.

김정권, 여광응, 조인수(1998). 특수아동의 교육 심리진단의 이론과 실제. 서울: 도서출판 특수교육.

김현진, 권순황(2010). 장애 아동 부모의 동반의존성 연구. 특수아동교육연구, 12(4), 451-470.

백경랑, 김경양, 박은혜, 김영태(2023). AAC 애플리케이션 디자인 및 사용성 평가를 위한 성과지표 개발. *Communication Sciences and Disorders*, 28(3), 567-582.

심현섭, 신문자, 이은주(2004). 파라다이스-유창성 검사. 서울: 파라다이스.

여광응, 권순황 외(2003). 특수아동의 심리학적 이해. 서울: 학지사.

이필상, 권순황 외(2015). 청각장애 아동 교육의 이해. 서울: 학지사.

조희, 홍기형(2020). GeoAAC, 위치기반 보완대체의사소통 모바일 앱. 보완대체의사소통연구, 8(1), 87-117.

American Psychiatric Association. (2023). DSM-5-TR 정신질환의 진단 및 통계 편람 제 5판 수정판(*Diagnostic and statistical manual of mental disorders: DSM-V-TR*). (권준수 외 공역). 서울: 학지사. (원저는 2022년에 출판).

Amy, G. Dell., Deborah A. N., & Jerry, G. P. (2011). 특수교육 보조공학(*Assistive technology in the classroom: enhancing the school experiences of students with disabilities*). (정동훈 역). 서울: 시그마프레스. (원저는 2008년에 출판).

Belson, S. I. (2003). *Technology for exceptional learners*. Boston, MA: houghton Mifflin.

Bryant, D. P., & Bryant, B. R. (2006). 특수교육공학(*Assistive technology for people with disabilities*). (권충훈, 김훈희 역). 경기: 양서원. (원저는 2003년에 출판).

Catts, H. W., & Weismer, S. E. (2006). Language Deficits in Poor Comprehenders: A Case for the Simple View of Reading. *Journal of Speech, Language, and Hearing Research, 49*, 278-293.

Easterbrooks & Baker. (2002). *Language learning in children who are deaf and hard of hearing: Multiple pathway*. Allyn and bacon.

Evans, J. F. (1998). Changing the lens. *American Annals of the Deaf*, vol. 143-3, 246-254.

Gresham, F. M., Sugai, G., & Horner, R. H. (2001). Interpreting outcomes of social skills training for students with high-incidence disabilities. *Exceptional Children, 67*, 331-344.

Halliday, M. A. K. (1973). *Explorations in the functions of language*. London: Edward Arnold.

Jordan, K. I. (1994). *Statement on full inclusion*. Gallaudet research institute occasional Paper 94-2. Gallaudet University, Washington, D. C.

Lamproulou, V., & Padeliadu, S. (1997). Teachers of the Deaf as compared with other groups of teachers. *American Annals of the Deaf*, vol 142-1, 26-34.

Lawrence A. B., Laura B. C., & Linda B. J. (2011). 통합교육을 위한 보조공학(*Assistive technology: access for all students*). (노석준, 나경은 역). 서울: 동문사. (원저는 2010년에 출판).

Skrtic, T. M. (1996). *School restructing, school constructism*, and Democracy: Implications for social education in a Postindustrial age (pp. 21-69). 영광학원 설립 50주년·대구대학교 개교 40주년 기념 특수교육 및 재활전문가 초정 국제학술 심포지엄.

Stephens, T. M. (1992). *Social skills in the classroom*. Odessa, FL: Psychological Assessment Resources, Inc.

Strong, M. (1988). A bilingual approach to the education of young deaf children: ASL and English. In M. Strong (Ed.), *Language learning and deafness*. New York: Cambridge University Press. 113-129.

참고사이트

국립특수교육원. https://www.nise.go.kr
그림교환의사소통법. http://www.do2learn.com/picturecards/printcards/
리버스 체계. http://www.mkprosopsis.com/Software/Writing%20With%20Symbols%202 000.htm
블리스 기호. http://imgarcade.com/1/blissymbol-printer/
서울시장애인의사소통권리증진센터. http://scom.or.kr
에듀에이블. https://www.eduable.net
트라이톡-학교에서, for iPad. http://appcrawlr.com/ios/for-ipad-116
한국보완대체의사소통학회. http://www.ksaac.or.kr/gb
한국청각·언어장애교육학회. http://www.ksehli.or.kr
한국형 AAC상징 검색사이트. http://symbol.ksaac.or.kr/searchsymbols/index.jsp
KAAC Symbols Search, 2012
Clicker5. http://allspecialed.com/Forums/assistive-technology-aac/clicker-5 -review s-10.html
Gotalk4. http://www.mayer-johnson.com/gotalk-4
italk2. https://www.liberator.co.uk/italk2-with-levels

제9장

지체장애 아동을 위한 특수교육공학

⊙ 이 장의 개요

이 장에서는 지체장애 아동을 위한 특수교육공학에 관해 살펴볼 것이다. 이 장의 주요 내용은 지체장애 아동에 대한 이해, 지체장애 아동의 특수한 교육적 요구, 지체장애 아동을 위한 보조공학, 지체장애 아동을 위한 수업설계 등이다.

⊙ 이 장의 학습목표

1. 지체장애 정의의 구성요소를 기술할 수 있다.
2. 지체장애의 특성에 따른 교육적 요구에 대해 설명할 수 있다.
3. 지체장애의 특성에 따른 보조공학의 역할과 쓰임을 설명할 수 있다.
4. 지체장애 아동을 위한 수업설계와 교수 · 학습지원 방안에 관해 설명할 수 있다.

지체장애 아동을 위한 특수교육공학

이 장에서는 국내외의 다양한 지체장애 정의와 분류체계를 통해 지체장애의 특성을 살펴보고자 한다. 또한 지체장애의 교육적 요구를 알아보고, 그에 따른 보조공학을 제안하고자 한다. 마지막으로 지체장애 아동을 위한 수업설계 및 교수 · 학습지원 방안을 제안한다.

1. 지체장애의 이해

1) 지체장애 정의

지체장애를 이해하기 위해서는 국내외의 주요 정의를 살펴볼 필요가 있다. 우리나라 「장애인 등에 대한 특수교육법 시행령」 제10조 관련에서는 지체장애를 다음과 같이 정의한다.

> 지체장애를 지닌 특수교육대상자란 기능 · 형태상 장애를 가지고 있거나 몸통을 지탱하거나 팔다리의 움직임 등에 어려움을 겪는 신체적 조건이나 상태로 인해 교육적 성취에 어려움이 있는 사람을 말한다.

이와 같이 「장애인 등에 대한 특수교육법 시행령」에서는 지체장애의 교육적인 측면에 중점을 두고 정의를 한 반면, 「장애인복지법 시행령」 제2조 관련에서는 장애의 손상 정도나 부위를 기준으로 지체장애를 지체장애인과 뇌병변장애인으로 나누어서 정의하고 있다.

1. **지체장애인(肢體障碍人)**

　가. 한 팔, 한 다리 또는 몸통의 기능에 영속적인 장애가 있는 사람

　나. 한 손의 엄지손가락을 지골(指骨: 손가락 뼈) 관절 이상의 부위에서 잃은 사람 또는 한 손의 둘째 손가락을 포함한 두 개 이상의 손가락을 모두 제1지골 관절 이상의 부위에서 잃은 사람

　다. 한 다리를 가로발목뼈관절(lisfranc joint) 이상의 부위에서 잃은 사람

　라. 두 발의 발가락을 모두 잃은 사람

　마. 한 손의 엄지손가락 기능을 잃은 사람 또는 한 손의 둘째 손가락을 포함한 손가락 두 개 이상의 기능을 잃은 사람

　바. 왜소증으로 키가 심하게 작거나 척추에 현저한 변형 또는 기형이 있는 사람

　사. 지체(肢體)에 위 각 목의 어느 하나에 해당하는 장애정도 이상의 장애가 있다고 인정되는 사람

2. **뇌병변장애인(腦病變障碍人)**

　뇌성마비, 외상성 뇌손상, 뇌졸중(腦卒中) 등 뇌의 기질적 병변으로 인하여 발생한 신체적 장애로 보행이나 일상생활의 동작 등에 상당한 제약을 받는 사람

이에 한국특수교육학회(2008)에서는 여러 정의를 종합하여 다음과 같이 정의하였다.

　지체장애란 원인에 관계없이(체간 및 사지) 기능에 대한 부자유로 인하여 그대로 두면 장차 자활이 곤란한 사람이다.

한국특수교육학회의 지체장애 정의에서 '지체'란 하지와 상지를 포함하는 의미로, '체간'은 척추의 상반신으로 두부는 속하나 흉·복부와 내장기관은 포함되지 않는 개념이다. 그리고 '기능의 부자유'란 정적인 지적능력의 부자유와 동적인 운동기능의 부자유 및 형태 이상에 의한 부자유를 말하고, '자활

곤란'이란 일상생활 동작 및 사회인으로서의 제 활동에 불편을 겪는 것을 말한다(한국특수교육학회, 2008).

한편, 미국은 국내보다 구체적으로 지체장애를 정의하고 있다. 대표적으로 미국「장애인교육법(Individuals with Disabilities Education Improvemet Act of 2004)」은 지체장애 설명에 '정형외과적 장애'라는 용어를 사용하면서, 장애의 하위유형을 분류하였다. 즉, 지체장애를 의학적인 측면에서 선천적 이상에 의한 손상, 질병에 의한 손상, 그 외 다른 원인에 의한 손상으로 분류하였으며, 하위유형별로 구체적인 장애를 포함한다.

> 정형외과적 장애란 심한 외과적 손상을 의미하는 것으로, 선천적 이상에 의한 손상(만곡족, 사지결손증 등), 질병에 의한 손상(소아마비, 골결핵 등), 그 외 다른 원인에 의한 손상(뇌성마비, 절단, 골절 및 화상에 의한 수축 등)을 포함한다.

지금까지 살펴본 지체장애 정의를 종합해 보면, 선천적 이상에 의한 손상, 질병에 의한 손상, 그 외 다른 원인에 의한 손상으로 인해 팔, 다리, 몸통 등의 기능·형태상 장애를 가지고 있어 교육이나 자활에 어려움이 있는 사람으로 정의할 수 있다.

2) 지체장애 분류

지체장애는 매우 다양한 질환군이 포함되어 있는 장애다. 한국특수교육학회(2008)에서는 장애의 원인을 기준으로 하여 신경성 증후군과 운동기 증후군으로 분류하였다. 그 내용은 다음과 같다.

- 신경성 증후군: 뇌성마비, 진행성 근이영양증(근위축증), 척수성 마비, 소아마비 등으로 학습활동과 일상생활에 특별한 지원을 요구하는 자
- 운동기 증후군: 골 질환, 관절 질환, 결핵성 질환, 외상성 관절, 형태 이상

등으로 학습활동과 일상생활에 특별한 지원을 요구하는 자

신경성 증후군과 운동기 증후군에 포함되는 질환을 세부적으로 분류하여
〈표 9-1〉에 제시하였다(곽승철, 2003).

표 9-1   지체장애의 하위분류 및 질환종류

분류	하위분류	질환종류
신경성 질환군	마비성 질환	뇌성마비, 진행성 근위축증, 척수성 소아마비
운동기 질환군	결핵성 질환	결핵성 고관절염, 무릎관절결핵, 관절결핵, 골결핵, 척수 카리에스
	골 질환	골형성부전증, 연골무형성증, 골단염, 레그 - 페르테스병, 구루병, 모르퀴오병, 골수염
	관절 질환	선천성고관절탈구, 병적탈구, 관절류머티즘, 관절염, 관절구축
	외상성 질환	절단, 반흔구축, 가관절
	형태 이상	내반족, 내반슬, 외반슬, 척추측만, 척추후만, 척추전만, 척추파열, 단지증

이와 같이 지체장애는 장애의 원인과 증상에 따라서 다양하게 분류할 수 있
으며, 그 특성을 고려한 적합한 교육적 지원이 요구된다.

2. 지체장애 아동의 특수한 교육적 요구

지체장애를 지닌 특수교육대상자란 신체적 기능이나 형태상의 장애로 교
육적 성취에 어려움이 있는 사람을 말한다. 즉, 이들은 신체적 손상으로 인해
학습과 일상생활에서 문제가 나타난다. 한국특수교육학회(2008)에서는 지체
장애의 선별기준을 손상, 학습 및 일상생활상의 문제의 측면에서 다음과 같이
제시하였다.

- 손상
  - 사지와 몸통에 외형적인 장애를 가지고 있으며 이로 인하여 동작이 불편하다.
  - 사지 또는 체간에 장기적으로 보조기를 착용한다.
  - 척추가 심하게 전후좌우로 기울어져 있다.
  - 근육이 뻣뻣하거나 불필요한 동작이 수반되는 등 뇌성마비의 증상을 보인다.

- 학습상의 문제
  - 골 형성이 불완전하거나 너무 약하여 부러지기 쉽다.
  - 필기가 아주 늦거나 곤란할 정도로 손 기능이 떨어진다.
  - 골, 관절, 근육 등의 문제로 수업시간 동안 의자에 앉은 자세를 유지할 수 없거나 곤란하다.
  - 침을 많이 흘려 옷이나 노트가 젖어 있는 경우가 많다.
  - 활동량이 많은 체육활동 등에 참가하는 것을 힘들어한다.

- 일상생활상의 문제
  - 주로 휠체어를 사용하여 생활한다.
  - 장거리 이동이 힘들어 보조기기 또는 사람의 도움을 받아 이동한다.
  - 근육의 마비 등으로 숟가락이나 젓가락 사용이 곤란하다.
  - 정형외과적 장애는 보이지 않으나 쉽게 넘어지는 등 몸의 균형감각이 심하게 떨어진다.
  - 혼자서 계단을 오르내리기가 곤란하다.

지체장애는 신체의 기능 및 형태상의 장애로 교육적 성취에 어려움을 나타내기 때문에, 몸의 움직임이나 근육운동의 기능적 수준을 평가하여 적절한 교육적 지원을 제공해야 한다. 학습상, 일상생활상의 어려움을 고려하여 기능적 활동을 평가한 후, 적절한 보조기구를 제공함으로써 필요한 기능을 대체하거나 보완해야 한다.

3. 지체장애 아동을 위한 보조공학

이 장에서는 지체장애 아동의 교육적 요구에 따른 보조공학기기를 학습, 자세 유지, 이동, 일상생활, 컴퓨터 접근성 측면에서 제시하였다.

1) 학습을 위한 보조공학

지체장애 아동의 학습을 위한 보조공학으로 필기 보조도구, 책상, 예술 교과목 보조도구를 제시하였다.

(1) 필기 보조도구

지체장애 아동이 손에 기능 장애가 있는 경우, 필기 보조도구를 사용할 수 있다.

 손목 지지형 필기도구	• 손의 힘이 약해 필기도구를 쥘 수 없는 경우 이용하는 도구다. • 손바닥 주변을 감싸 주어 펜을 손에 고정시켜 준다.
 펜슬 그립	• 필기도구를 올바르게 잡을 수 있도록 해 주며, 손가락을 편하게 해 주는 도구다. • 일반형 연필, 볼펜 등에 끼워 사용할 수 있다.

- 펜, 터치 펜, 붓, 마커 등과 호환 가능하며 손의 움직임을 제어 및 유도할 수 있도록 설계되어 있다.
- 인체 공학적 손목 받침대, 조절 가능한 스트랩, 손의 손상 정도와 편안함에 맞춘 양손잡이 핸드 피스 등이 있어 지체장애 아동의 쓰기, 그리기, 스마트기기 활용 등을 지원한다.

사진출처: 경기도재활공학서비스연구지원센터
(http://www.atrac.or.kr)

가이드 핸즈
(Guided Hands)

(2) 책상

경사진 작업 테이블

- 작업을 하기 쉽도록 경사가 진 테이블이다.

높낮이 조절 책상

- 지체장애 아동의 휠체어 높이에 맞게 책상의 높낮이를 조절할 수 있다.
- 수동 레버를 통해 높이 조절하는 제품과 전동으로 버튼을 눌러 높이 조절이 가능한 제품이 있다.
- 책상에 라운드 처리가 되어 있어 책상 접근이 용이하다.

(3) 예술(음악, 미술) 교과목 보조도구

손에 기능장애가 있는 지체장애 아동은 수정된 보조도구를 사용하거나 스위치를 활용해 악기를 연주하고, 작품을 그릴 수 있다.

 스위치 연동 심벌즈	• 스위치로 심벌즈를 연주할 수 있는 보조도구다. 사진출처: enablingdevices 　　　　　(https://enablingdevices.com/product/adapted- 　　　　　musical-cymbal/)
 스위치 연동 드럼	• 스위치로 드럼을 연주할 수 있는 보조도구다. 사진출처: enablingdevices 　　　　　(https://enablingdevices.com/product/drum/)
 밴드 잼(Band Jam)	• 5개의 버튼을 각각 누르면 탬버린, 트라이앵글, 드럼, 심벌즈, 　마라카스가 연주되는 보조도구다. 사진출처: enablingdevices 　　　　　(https://enablingdevices.com/product/band-jam/)
 한 손 사용자용 가위	• 한 손 사용자도 쉽게 사용할 수 있도록 바닥에 놓고 사용할 　수 있는 가위다. • 가위 사이에 종이를 넣고, 가위 손잡이 위에 평평한 면을 누 　르면 종이를 자를 수 있다. 사진출처: 경상북도보조기기센터(https://gbatc.daegu.ac.kr)
 스위치 연동 컬러 스핀아웃 (Adapted Color Spinout)	• 특정 신체 부위로 스위치를 누르면 종이에 특정 패턴이 그려 　지는 보조도구다. • 다양한 색깔의 마카를 사용할 수 있다. • 기어 암을 조정하여 다양한 패턴을 그릴 수 있다. 사진출처: enablingdevices 　　　　　(https://enablingdevices.com/product/adapted-color- 　　　　　spinout/)

 스월 아트(Swirl Art)	• 특정 신체 부위로 스위치를 누르면 종이가 회전하는 보조도구다. • 물감을 떨어트리면 회전하는 종이 위에서 물감이 튀기면서 다양한 형태의 작품이 완성된다. 사진출처: enablingdevices (https://enablingdevices.com/product/swirl-art/)

2) 자세 유지를 위한 보조공학

지체장애 아동들은 근 긴장도 및 신체 정렬 이상, 비정상적인 자세반사 등으로 자세 유지에 어려움을 겪는다(김영한 외, 2022). 자세 유지를 위한 보조도구를 사용하여 올바른 자세를 유지해 신체 변형을 막고, 학업 및 일상생활 활동에 참여를 높일 수 있다.

(1) 앉기 자세 보조도구

 피더시트(feeder seat)	• 자세를 유지할 수 있게 도와주는 보조도구로 근 긴장도가 낮은 지체장애 아동에게 사용한다. • 받침대로 각도 조절이 가능하다. 사진출처: 경기도재활공학서비스연구지원센터 (http://www.atrac.or.kr)
 코너체어(corner chair)	• 척수 지지, 목 신전 예방, 어깨를 앞으로 모아 주는 기능이 있는 앉기 자세 보조도구다. 사진출처: 에이블라이프(https://www.ablelife.co.kr)

(2) 누운 자세 보조도구

누운 자세 보조도구

- 신체 특성상 의자에 앉기 어려운 학생이 누운 자세에서 활동에 참여할 수 있도록 하는 보조도구다.
- 쿠션이나 웨지 등을 사용하여 신체 부위를 지지한다.

사진출처: 중앙보조기기센터(https://www.knat.go.kr)

(3) 서기 자세 보조기기

프론 스탠더
(prone stander)

- 서기에 어려움을 겪지만 머리 조절이 가능한 학생이 앞으로 기대어 서서 활동에 참여할 수 있도록 보조하는 기기다.
- 다리, 몸통 등을 고정시키는 장치가 있으며, 수동 및 전동으로 각도를 세울 수 있다.

사진출처: 경기도재활공학서비스연구지원센터
　　　　　(http://www.atrac.or.kr)

수파인 스탠더
(supine stander)

- 서기와 머리 조절에 어려움이 있는 학생이 뒤로 기대어 서서 활동에 참여할 수 있도록 보조하는 기기다.
- 다리, 몸통 등을 고정시키는 장치가 있으며, 수동 및 전동으로 각도를 세울 수 있다.

사진출처: 이원케어(https://eonecare.co.kr)

3) 이동을 위한 보조공학

　지체장애 아동의 이동을 위한 보조공학에는 지팡이, 크러치, 워커, 웨어러블 보행 보조 로봇, 휠체어 및 스쿠터 등이 있다.

(1) 지팡이

A: 2단 지팡이   B: 네발 지팡이   C: 의자형 지팡이

- 이동이 불편한 경우, 보행을 위해 사용할 수 있는 도구다.
- A: 높이 조절이 가능하다.
- B: 네 발로 되어 있어 지지력이 좋다.
- C: 보행 시 지팡이로 사용될 뿐 아니라 시트가 부착되어 있어 장거리 보행이 어려운 경우 앉을 수 있다.

(2) 크러치

A   B

- 이동이 불편한 경우, 보행을 위해 사용할 수 있는 도구다.
- A: 사용자의 키에 맞게 크기(대, 중, 소)를 선택할 수 있다.
- B: 사용자의 키에 맞게 팔, 다리 부분의 높낮이를 쉽게 조절할 수 있다.

(3) 워커

다기능 워커

- 이동이 불편한 경우, 보행을 위해 사용할 수 있는 보행 보조기구다.

2단 손잡이 워커	• 잡고 일어설 수 있는 기능과 워커 기능을 동시에 하는 보행기다. • 앉은 자세에서 아래쪽 손잡이를 잡고 일어설 수 있으며, 걸을 때는 위쪽 손잡이를 사용한다.
네 바퀴 보행차	• 네 바퀴로 되어 있어 안정적이며, 브레이크가 있어 안정적인 정지가 가능하여 정지 시 안정감을 제공한다. • 보관 시 접을 수 있으며, 보행훈련 시 어깨에 걸고 안전하게 보행이 가능하도록 지원한다.
전방지지 워커	• 보행연습을 위한 전방지지 보조기구다. • 손잡이의 높이와 각도를 도구 없이 쉽게 조절할 수 있다.
 후방지지 워커	• 보행이 어려운 아동 중에 몸의 중심이 뒤로 젖혀진 아동의 보행연습을 위한 후방지지 보조기구다.
메이워커	• 보행이 어려운 아동을 위한 보행기로써 상지를 지지하고 다리보호대가 장착되어 있어 발이 걸리는 것을 보호하여 안정적인 보행을 할 수 있도록 도와준다.

(4) 웨어러블 보행 보조 로봇

웨어러블 보행 보조 로봇

- 보행자의 보행 의도를 파악하고 적절한 힘 보조력을 계산해 보행 재활 훈련을 돕는 로봇이다.
- 일어서기, 앉기, 서 있기, 걷기, 계단 오르기, 스쿼트 등의 훈련이 가능하다.

사진출처: 엔젤로보틱스
(https://www.angel-robotics.com/ko/products/medi/angel-legs.php)

(5) 휠체어 및 스쿠터

수동 휠체어

- 보행이 어려운 경우, 앉은 채로 이동할 수 있도록 움직이는 바퀴를 부착한 이동식 보조기구다.
- 학생의 신체 특성에 적합한 이너를 제작하여 수동 휠체어에 장착할 수 있다.

사진출처: 서울시보조기기센터(http://www.seoulats.or.kr)

등받이 각도조절 휠체어

- 휠체어의 등받이 각도를 수동으로 조절할 수 있는 휠체어다.
- 고관절의 구축과 경직이 있는 학생에게 사용한다.

사진출처: 두손메디칼(https://smartstore.naver.com)

 경사조절(tilt-in space) 휠체어	• 등받이 뿐만 아니라 시트도 함께 경사 조절이 가능한 휠체어다. • 고관절 구축, 몸통의 변형 구축이 있거나, 앉은 자세에서 심한 경직이 있고, 옆 또는 앞으로 쓰러지는 학생에게 사용한다. • 엉덩이, 허벅지 등에 부하되는 체중을 등이나 허리로 분산시킬 수 있다. 사진출처: 오픈메디칼(https://openmedical.co.kr)
 수동 휠체어용 보조동력 장치	• 수동 휠체어에 부착하는 전동식 대안형 이동 보조기기다. • 수동 휠체어에 부착하면 전동으로 수동 휠체어를 조작할 수 있다. 사진출처: 경기도재활공학서비스연구지원센터 　　　　　　(http://www.atrac.or.kr)
 전동 휠체어	• 보행이 어려운 경우, 앉은 채로 이동할 수 있도록 전동으로 움직이는 이동식 보조기기다. • 전동 스쿠터형(핸들로 조작), 표준형(손가락으로 조작), 특수형(발가락으로 조작)이 있다. 사진출처: 서울시보조기기센터(http://www.seoulats.or.kr)
 스포츠형 휠체어	• 초경량 수동 휠체어로 캠버각을 20도까지 줄 수 있어 빠르게 회전이 가능한 스포츠형 휠체어다.

파라골프	• 여가에 골프를 즐기도록 자세 및 이동을 지원해 주는 전동 휠체어다. • 전동 휠체어로 조이스틱을 이용해 이동한다. • 스탠딩 각도를 자유롭게 조절할 수 있어 골프 이용 시 기능적인 자세를 만들어 준다.
전동 스쿠터	• 보행 및 장거리 이동이 어려운 경우에 사용하는 전동 스쿠터다. 사진출처: 충청남도보조기기센터(http://www.cnat.or.kr)
스마트 로봇 휠체어	• 로봇기술과 전동 스쿠터, 전동 휠체어를 융합한 보조기기다. • 스마트폰으로 스마트폰을 빠르게 접고 펼 수 있으며, 휠체어를 원하는 위치로 불러올 수 있다. • 지능형 속도 컨트롤, 균형 제어 기능을 작동하여 안전하게 운행하도록 보조한다. 사진출처: IMLIFESHOP(https://imlifeshop.com)

4) 일상생활을 위한 보조공학

지체장애 아동은 식사, 용변, 몸단장 등에 보조도구를 사용하여 일상생활에서 독립적으로 생활할 수 있다.

(1) 식사 보조공학

 핸드인 머그	• 내부에 곡선으로 제작된 손잡이는 질환으로 인하여 손의 기능적 쥐기가 약한 사용자에게 적합한 제품이다. • 손잡이에 손을 슬라이드시켜 손에 걸치듯 올려 사용할 수 있다. 회전식 뚜껑과 열고 닫기 쉬운 덮개 레버로 구성되어 있다. 사진출처: 경상북도보조기기센터(https://gbatc.daegu.ac.kr)
 식기(스쿠퍼볼)	• 숟가락 이용 시 음식이 식기 밖으로 나가지 않도록 설계되어 있다. • 미끄럼 방지를 위해 바닥에 흡착판이 붙어 있다. 사진출처: 경상북도보조기기센터(https://gbatc.daegu.ac.kr)
 밴드형 식사도구 홀더	• 식사도구를 끼울 수 있는 밴드형으로 된 홀더다. • 숟가락, 포크 등을 끼워서 사용할 수 있다. 사진출처: 경기도재활공학서비스연구지원센터 　　　　　(http://www.atrac.or.kr)
  식사 보조 로봇	• 식판에 있는 음식을 숟가락이 연결되어 있는 로봇 팔을 사용하여 사용자 입에 가져다 주는 식사 보조 로봇이다. • 기기에 연결된 두 개의 스위치를 눌러 음식을 선택하고 음식을 입에 전달할 수 있다. 사진출처: 에이블라이프(https://ablelife.co.kr)

(2) 용변을 위한 보조공학

 변기 안전 손잡이	• 안전한 자세로 용변을 볼 수 있도록 팔 지지대가 있는 보조도구다. • 이동형으로 원하는 변기에 장착 가능하다. 사진출처: 서울시보조기기센터(http://www.seoulats.or.kr)
 스마트 자동소변수집장치	• 소변을 감지하고 흡입이 가능한 자동소변수집장치다. • 고정된 반바지에 착용 가능하다. 사진출처: 경기도재활공학서비스연구지원센터 　　　　　(http://www.atrac.or.kr)

(3) 몸단장 보조도구

 한 손 사용자용 손톱깎이	• 한 손으로 손톱을 깎을 수 있도록 받침대에 부착되어 있는 손톱깎이다. • 받침대에는 미끄럼 방지 패드가 있다. • 사용자가 한 손으로 손톱깎이 상단판을 누르면서 손톱을 깎는다. 사진출처: 서울시보조기기센터(http://www.seoulats.or.kr)
 메이크업 보조도구	• 립스틱, 마스카라 등을 장착하여 사용할 수 있는 보조도구다. • 인공지능 시스템이 사용자의 움직임을 학습하여 사용하면 할수록 최적화된 동작을 지원한다. 사진출처: 경기도재활공학서비스연구지원센터 　　　　　(http://www.atrac.or.kr)

치약이 나오는 칫솔	• 칫솔에서 치약이 나오도록 설계된 보조도구다. 사진출처: 서울시보조기기센터(http://seoulats.or.kr)

5) 컴퓨터 접근성 향상을 위한 보조공학

일반 키보드, 마우스로 컴퓨터 사용이 어려운 지체장애 아동의 경우 대체 키보드 및 마우스를 사용할 수 있다.

확대키보드, 키가드	• 일반 키보드의 1.5배 크기로 확대된 키보드다. • 키보드의 입력 버튼을 크게 만들어 손 떨림이나 상지 기능에 장애가 있는 경우에 사용할 수 있는 기기다. • 키보드 위에 키가드를 부착하여 오타를 방지할 수 있다. 사진출처: 서울시보조기기센터(http://www.seoulats.or.kr)
한 손 키보드	• 한 손으로 사용 가능하도록 인체공학적으로 형태와 자판의 배열이 설계되어 있는 키보드다. 사진출처: 이원케어(https://eonecare.co.kr)
듀얼 얼고노믹 키보드	• 상지의 관절 가동 범위에 제한이 있거나 일반 키보드 사용 시 쉽게 피로나 통증을 느끼는 사용자에게 적합한 키보드다. • 오른손 사용 영역과 왼손 사용 영역이 분리되어 팔의 상태에 따라 적합하게 배치해 놓고 사용할 수 있다. • 수평에서 사용자의 양손 너비에 따라 0°에서 -30°까지 키보드 너비를 조절할 수 있으며, 손목 자세에 따라 수직 각도 0°에서 -30°의 각도를 조절할 수 있다.

 버튼 페달	• 일반 키보드와 함께 연결하여 세 가지 버튼을 발로 사용할 수 있게 만든 기기다. • 많이 사용하는 키보드의 키나 마우스 클릭을 연결하여 사용할 수 있다.
 로막 키보드	• 컴퓨터 사용 시 일반적인 키보드의 키를 누르는 데 어려움이 있는 경우에 빛을 이용해서 키보드의 인식을 돕는 기기다. • 기존의 헤드 마우스가 아니라, 라이트(Light) 장착 헤드 마우스를 이용해서 어려움 없이 키보드를 사용할 수 있도록 지원한다.
 BAT 키보드	• 일반 키보드를 이용해 글자를 입력하기가 어려운 사람을 위한 대체 키보드다. • 일반 키보드의 모든 기능을 한 손으로 대체할 수 있는 보조기구다.
 마우스 스틱용 키보드	• 상지에 불편함을 갖거나 한 손으로 컴퓨터를 사용해야 하는 경우, 마우스 스틱을 이용하여 작업할 수 있는 기기다.
 트랙볼	• 일반 마우스를 이용해 커서를 움직이거나 클릭하기가 어려운 사용자를 위한 볼을 이용해 커서를 움직이는 보조도구다. • 마우스 왼쪽 버튼 클릭, 오른쪽 버튼 클릭, 더블 클릭, 드래그 버튼, 가로 세로 고정 버튼 등이 있는 제품도 있다. 사진출처: 에이블라이프(https://ablelife.co.kr)
 조이스틱 마우스	• 조이스틱 조작으로 마우스의 기능을 대신할 수 있는 보조도구다. • 3개의 다른 모양의 손잡이가 포함되어 용도나 편의에 따라 교체해서 사용 가능하다. 사진출처: 경상북도보조기기센터(https://gbatc.daegu.ac.kr)

 턱 마우스	• 턱으로 조작할 수 있는 특수 마우스 형태의 보조도구다. • 4방향 움직임, 8방향 움직임, 자유 움직임 선택 사용이 가능하다. • 양쪽 스위치 클릭을 통해 왼쪽 클릭, 왼쪽 더블클릭, 오른쪽 클릭, 드래그 등이 가능하다. 사진출처: 경상북도보조기기센터(https://gbatc.daegu.ac.kr)
 안경 마우스	• 손으로 일반 마우스를 사용할 수 없을 경우 사용하는 안경 형태의 마우스다. • 고무 부분으로 클릭 및 드래그를 할 수 있다. • 컴퓨터 및 스마트기기에 블루투스로 연결할 수 있다. 사진출처: 서울시보조기기센터(http://www.seoulats.or.kr)
 안구 마우스(아이트래커)	• 컴퓨터에 연결하여 사용하는 보조기기이며, 안구 움직임을 통해 커서를 움직임으로써 컴퓨터를 제어할 수 있다. 사진출처: 서울시보조기기센터(http://www.seoulats.or.kr)

　스위치 인터페이스와 스위치를 활용해서 지체장애 아동의 컴퓨터 및 스마트기기 접근성을 높일 수 있다. 지체장애 아동의 신체적 특성은 다양하므로, 스위치의 종류를 알고, 학생에게 적합한 스위치를 선택하여 적용하는 것이 필요하다.

스위치 인터페이스	• 스위치로 키보드 입력, 마우스 클릭, 화면 터치를 할 수 있게 하는 스위치 인터페이스다. • 컴퓨터, 스마트기기에 유선, 무선으로 연결하여 사용 가능하며, 스위치는 최대 5개까지 연결할 수 있다. • 사용자 필요에 따라 맞춤 기능 설정이 가능한 스위치 인터페이스도 있으며, 단축키, 키보드 특정 버튼 등을 설정할 수 있다. 사진출처: 에듀에이블 (https://www.nise.go.kr/main.do?s=eduable) 서울시보조기기센터(http://www.seoulats.or.kr)
블루투스 스위치	• 컴퓨터, 스마트기기에 블루투스로 연결하여 무선으로 사용 가능한 스위치다. • 별도의 스위치를 연결하는 잭이 있어서 사용자에 맞는 스위치를 연결하여 사용할 수 있다. 사진출처: AbleNet (https://www.ablenetinc.com/blue2-bluetooth-switch/)
버튼식 스위치, 마운트	• 버튼식 스위치다. • 마운트를 함께 사용하면, 사용자의 신체적 특성에 맞게 스위치의 위치를 조절할 수 있다. 사진출처: 민토몰(http://m.mintomall.cafe24.com) 에듀에이블(https://www.nise.go.kr/main.do?s=eduable)
스트링 스위치	• 스위치에 연결되어 있는 줄을 당겨 작동시키는 스위치다. • 손목에 줄을 연결하여 당기거나, 고리를 손가락으로 당겨서 사용할 수 있다. 사진출처: 에듀에이블 (https://www.nise.go.kr/main.do?s=eduable)

워블 스위치	• 머리, 팔꿈치, 어깨 또는 목 등 신체의 작은 압력으로도 작동되는 워블 스위치다. 사진출처: enabling devices 　　　　　　(https://enablingdevices.com/product/ultimate-switch/)
움직임 감지 스위치	• 아주 작은 움직임도 인식할 수 있는 움직임 감지 스위치다. • 반응 감도를 조절할 수 있는 기능이 있다. 사진출처: 에이블라이프(https://ablelife.co.kr)
손가락 스위치	• 손가락에 착용하여 손가락으로 작동하는 스위치다. • 손가락으로 버튼을 눌러 작동할 수 있다. 사진출처: 충청남도보조기기센터(http://www.cnat.or.kr)

4. 지체장애 아동을 위한 수업설계 및 교수 · 학습지원 방안

이 장에서는 지체장애 아동을 위한 수업설계 및 교수 · 학습지원 방안을 살펴보고자 한다.

1) 수업설계

지체장애 아동을 위한 수업을 설계할 때는 신체기능으로 인한 학교생활에서의 활동제한이나 참가제약 등을 함께 고려해야 한다. 이러한 점을 체계적으로 반영하기 위해서 개별화교육계획(Individualized Education Plan: IEP)을 작성할 때, 세계보건기구(WHO)가 제안한 청소년을 위한 국제기능 · 장애 · 건강분류(International Classification of Functioning, disability and health-Child and

Youth version: ICF-CY)를 활용할 수 있다(World Health Organization, 2007). ICF-CY를 활용하여 IEP를 작성하기 위한 모형을 [그림 9-1]에 제시하였다(박재국, 김주홍, 2012).

그림 9-1 ICF-CY의 IEP 활용 모형

출처: 박재국, 김주홍(2012).

　　지체장애 아동을 위한 IEP를 작성할 때, ICF-CY의 주요 분류체계인 신체기능, 활동과 참여, 환경요인을 고려해야 한다. IEP에 적용할 수 있는 ICF-CY의 주요 항목은 〈표 9-2〉와 같다(박재국, 김주홍, 2012). 신체기능 영역은 정신기능, 감각 및 통증, 소화기계와 대사 및 내분비계와 관련된 항목을 포함한다. 활동과 참여 영역은 학습 및 지식의 적용, 의사소통, 이동, 자기관리, 가정생활 및 대인관계와 공동체 생활과 관련된 항목을 포함한다. 그리고 대상 아동의 환경적 요인과 관련된 항목을 포함한다.

표 9-2　ICF-CY의 IEP 적용 주요 항목

영역	내용
신체기능	• 정신기능: 지남력, 주의집중력, 기억력, 감정기능, 지각기능, 신체상
	• 감각 및 통증: 시각, 청각, 전정, 미각, 후각, 고유수용각, 촉각, 온도 및 기타 자극, 통각기능
	• 소화기계, 대사 및 내분비계: 섭취, 체중유지, 체온조절, 건강관리, 식사예절
활동과 참여	• 학습 및 지식의 적용: 모방, 사물과 행동을 통한 학습, 정보습득, 언어습득, 시연, 개념습득, 읽기, 쓰기, 연산, 기술습득
	• 의사소통: 음성, 조음, 유창성과 리듬, 수용언어, 표현언어, 비언어적 메시지, 대화, 토론, 의사소통기기 이용
	• 이동: 기본적인 자세 변화, 자세 유지, 물건 들어 올려 나르기, 하지 이용하여 대상 옮기기, 미세한 손과 발 동작, 손과 팔의 사용, 장소 이동, 장비를 이용한 이동, 운송수단 이용
	• 자기관리: 신체 일부 씻기, 전신 씻기, 피부 · 치아 · 모발 · 손발톱 관리, 배뇨 및 배변 조절, 월경, 착탈의, 스트레스 및 심리적 요구
	• 가정생활 및 대인관계, 공동체 생활: 상품구매, 식사준비, 가사 돌보기, 대인관계, 취업준비, 경제적 거래, 레크리에이션
환경요인	• 의약품, 놀이용 제품, 실내의 이동 제품, 교육용 제품, 건물 및 편의시설 접근성, 가정 내 편의시설 이용, 가족관계, 공동체 구성원들과의 관계, 보조원, 보건 전문가, 여타 전문가

ICF-CY를 활용하여 IEP를 작성할 때 다음과 같이 5단계의 절차가 요구된다.

- 1단계: 실태의 종합적 파악(신체기능, 활동과 참여, 환경요인)
- 2단계: 활동과 참여능력과 실행상황의 파악(할 수 있다 / 할 수 없다, 하고 있다 / 하고 있지 않다)
- 3단계: 본인요구 파악
- 4단계: 참가를 목표로 하는 관련 도식의 작성
- 5단계: 개별화교육계획과 단원지도계획의 작성

이와 같이 ICF-CY를 통해 지체장애 아동의 교육적 요구를 체계적으로 파악하여 IEP를 작성하고 수업에 반영할 수 있다.

2) 교수·학습지원 방안

지체장애 아동은 신체적 어려움으로 인해 타인에 대한 의존성이 높다. 이에 따라 독립적으로 학업과 일상생활에 참여가 가능하도록 환경을 조성하고, 교재교구 수정 및 보조공학 지원을 하며, 올바른 자세로 학습 참여도를 높이도록 지원하는 것이 필요하다.

지체장애 아동을 위한 교육적 지원내용의 일반적인 지침은 다음과 같다(한국통합교육학회, 2009).

- 실현 가능하고 중요한 내용을 중심으로 교육 목표 또는 내용을 설정한다.
- 장애유형과 특성을 고려하여 교육내용을 수정한다.
- 장애유형과 특성을 고려한 적절한 학습방법을 적용한다.
- 중요한 학습내용은 피로로 인하여 학습의욕 및 주의 집중력이 떨어지지 않는 시간에 지도한다.
- 자립심이 길러질 수 있도록 기다려 주면서 스스로 할 수 있도록 지도하며, 이것이 가정에서도 일관성 있게 이루어질 수 있도록 보호자와 협력해야 한다.
- 지체장애 아동을 지도하는 교사는 만성 신경통이나 척추 부상 등의 직업병을 호소하는 경우가 흔히 있으므로 무리하게 힘을 쓰는 일이 없도록 주의한다.
- 학습활동에 접근이 가능하도록 환경을 조성한다.
- 교사가 관리·지원하기 쉬운 곳에 좌석을 배치한다.
- 장애를 고려해서 특별히 고안한 교재를 준비한다.
- 자세를 관리하기 위한 보조공학기기를 마련한다.

- 학습을 보조하기 위한 보조공학기기를 마련한다.
- 또래의 도움이나 보조교사 등을 활용하여 이동이나 필기 등 학습활동을 지원한다.

    지체장애 아동은 일반적인 교재교구를 활용한 학습 참여에 어려움을 가지고 있다. 따라서 박은혜 등(2018)이 언급하였듯이 지체장애 아동의 교수학습을 지원하기 위해서는 물체 고정하기, 경계면 만들기, 조작을 도울 수 있는 보조기기 제공하기 등의 방법으로 교재교구를 수정해 주는 노력이 필요하다. 교재교구 수정 방법은 〈표 9-3〉과 같다.

표 9-3   교재교구 수정 방법

물체 고정하기
손을 이용하여 사물을 좀 더 잘 쥐고 조작할 수 있도록 해 주는 수정 방법을 말한다. 물체를 움직이지 않도록 고정해 줌으로써 빈약한 손 기능을 이용해서 조작하기 쉽게 해 주는 것으로, 특히 양손의 협응이 어려운 학생에게 필요한 수정 방법이다. 다음과 같은 방법을 사용할 수 있다. • 비닐 테이프를 이용하여 책상에 학습지나 도화지 등을 고정해 주기 • 책상 위에 대형 클립이나 클립보드를 부착하여 책이나 스케치북 등을 고정해 주기 • 학용품의 한 면에 벨크로의 한쪽 면을 붙이고 책상에 다른 면을 붙여서 물건 고정시키기 • 책상 위에 논슬립 매트를 깔아 주기 • 책상이나 휠체어 책상 위에 필통이나 필요한 물체를 부착해 주기
경계면 만들기
책상 위의 물건을 손으로 잡으려 할 때 밀려서 떨어지는 것을 방지하기 위해 책상의 가장자리에 경계면을 세워 주어 물체가 떨어지는 것을 방지해 주거나 물건이 섞이는 것을 방지하는 수정 방법을 말한다. 경계면을 제시해 주면 물건을 떨어뜨릴 걱정 없이 좀 더 편안한 마음으로 사용할 수 있기 때문에 학생들에게 유용한 방법이며 보조자들의 도움을 줄일 수 있는 방안이기도 하다. 다음과 같이 경계를 만들어 줄 수 있다. • 책상의 가장자리에 1~1.5cm 정도의 높이를 가진 막대를 붙여 주어 경계면 만들기 • 같은 종류의 물건끼리 정리할 수 있도록 칸막이 해 주기 • 한 칸에 하나씩 넣을 수 있도록 칸막이 해 주기

〈계속〉

조작을 도울 수 있는 보조기기 제공하기

소근육 기능이 발달하지 않아서 손가락 하나하나의 분리 동작과 협응 동작이 어려운 지체
장애 학생을 위해 학용품이나 장난감, 일상생활용품들을 쉽게 옮길 수 있도록 해 주거나,
학용품 등의 물체가 너무 작거나 가늘어서 잡기 힘들거나 멀리 있어서 잡거나 쥐기 힘든 학
생에게 잡을 수 있도록 보조해 주는 장치는 유용하다. 손목의 힘이나 손의 움직임 범위가
제한적인 학생에게도 효과적인 방법이다(Best, Heller, & Bigge, 2010).

• 쉽게 잡을 수 있도록 손잡이 부분을 확대해 주기
• 쉽게 밀 수 있도록 미는 부분의 표면을 넓게 해 주기
• 손가락을 사용하여 가위질을 하지 못하는 경우 손바닥의 힘을 이용하여 눌러서 사용할
  수 있도록 표면 제공해 주기
• 적은 힘으로 쉽게 조작할 수 있도록 움직임의 범위를 확장하기 위해 물건에 더 긴 손잡
  이를 붙이기
• 손목을 쓰는 데 불편함을 줄여 주기 위해서 물건에 크로스바를 붙이기
• 책장을 쉽게 넘길 수 있도록 책장의 오른쪽 하단에 색인표 모양의 손잡이 만들어 주기
• 책장을 쉽게 넘길 수 있도록 책장을 넘길 때 손가락이 닿는 부분에 2~3mm 정도 두께의
  스펀지나 폼 보드 붙여 주기
• 크레파스나 매직펜 등 길이가 짧아서 쥐기 힘든 물체를 길이가 긴 막대 등을 이용하여 잡
  기 쉽게 해 주기
• 장갑의 손바닥 면과 물체의 한쪽 면에 벨크로를 붙여서 쉽게 쥘 수 있고, 한 번 쥔 것은
  손이 펴지더라도 쉽게 떨어지지 않도록 해 주기
• 일반적인 연필이나 필기도구, 수저 등의 굵기가 얇아서 손으로 쥐기 힘든 경우에는 막대
  형 스티로폼 등을 이용하여 손잡이 부분을 굵게 해 주기
• 삼각자, 막대자 등 두께가 얇아서 사용하기 힘든 도구에 손잡이를 부착해 주어 잡기 쉽게
  해 주기

출처: 박은혜, 김정연, 표윤희(2018).

지체장애 아동이 올바른 자세를 유지하는 것은 이들의 삶에 매우 중요한 요
소다. 올바른 자세 유지를 통해 지체장애 아동은 혈액순환이 잘 되고, 근육의
긴장을 줄이며, 바람직한 신체적 발달을 도와 학업 참여도를 높인다. 자세 지
도 내용은 〈표 9-4〉와 같다.

표 9-4　자세 지도 내용

유형	지도 내용
앉기 자세	• 자세 조절 시 가장 먼저 골반이 정렬되어야 하며, 골반은 중립 혹은 약간의 전방굴곡 상태가 적절(고관절이 약 90도 정도 굴곡된 자세)하다. • 다리는 중립 상태에서 외전(자연스럽게 벌어진 상태)되게 하고, 발이 발판에 평평하게 정렬되도록 한다. • 몸통은 정중선을 중심으로 정렬되게 하고, 몸통 정렬 시 등받이를 활용할 수 있다. • 머리 자세 조절을 위해 머리지지대, 머리밴드 등을 활용한다. • 팔꿈치는 90도 굴곡되도록 하되 경직형 뇌성마비나 과신전을 보이는 경우 낮은 테이블을 제공해 주고, 불수의운동형이나 저긴장을 보이는 경우 높은 테이블을 제공하여 팔꿈치를 지지할 수 있도록 한다.
바로 누운 자세	• 상황에 따라 베개, 쿠션, 수건 등을 활용하여 신체 좌우가 대칭이 되고 머리, 몸통, 골반이 일직선상에 올 수 있도록 정렬한다.
엎드려 누운 자세	• 쿠션이나 수건을 활용하여 겨드랑이 사이에 받쳐 준다. • 머리 들기를 쉽게 할 수 있는 삼각보조대(wedge)를 활용하여 긴장을 이완시키되 교재교구는 중앙에 놓아 준다.
옆으로 누운 자세	• 머리는 중앙으로 오게 하고, 등이 신전되지 않도록 등 뒤에 쿠션을 받치며, 어깨가 솟지 않도록 모아 준다. • 신전된 다리는 쿠션이나 수건을 이용하여 굴곡시키고, 머리의 신전을 방지하고 양손 활용을 극대화하기 위해 아동 시선보다 아래쪽에 교재교구를 놓아 준다.
서기 자세	• 좋은 서기 자세를 유지하기 위해 다양한 서기 자세에 맞는 보조용구를 제공해 준다. • 머리 조절이 가능한 경우 체중을 앞으로 실은 채 기대는 프론 스탠더를 제공한다. • 머리 조절 능력이 낮은 경우 머리를 뒤로 기댄 채 몸을 세우는 수파인 스탠더를 제공한다.

출처: 김혜리, 김영미, 김진주(2021).

　　컴퓨터, 스마트기기는 지체장애 아동의 교수 · 학습에 도움을 제공한다. 컴퓨터, 스마트기기의 발전은 급속도로 이루어지고 있으며, 더불어 컴퓨터, 스마트기기의 장애인 접근성 기능도 계속 발전하고 있다. 또한 스위치와 같이 지체장애 아동들의 컴퓨터, 스마트기기에 접근성을 높여 주는 보조공학기기도 함께 개발되고 있다. 이에 따라 지체장애 아동의 교수·학습의 지원을 위해 컴퓨터, 스마트기기의 장애인 접근성 기능과 스위치 연동 방안 등을 정확히 이해하고, 지원하는 것이 필요하다.

윈도우의 장애인 접근성 기능에는 음성, 키보드, 마우스, 아이 컨트롤 등이 있다. 음성 인식을 사용하면 키보드나 마우스 없이 음성만으로 PC를 제어할 수 있으며, 키보드는 고정, 필터 및 토글 키, 화상 키보드가 지원된다. 또한 마우스의 키, 속도, 가속 조절이 가능하며, 아이 컨트롤 기능을 사용하면 시선으로 윈도우를 작동할 수 있다. 윈도우 접근성 기능은 [그림 9-2]와 같다.

그림 9-2 윈도우 접근성 기능

출처: Microsoft support.

Mac의 스위치 제어를 사용하면 보조기기(스위치, 조이스틱)를 활용하여 텍스트 입력, 항목 선택, 화면 스캔을 할 수 있으며, 패널을 사용하여 포인터를 이동하고 제어할 수 있다. Mac 접근성 기능은 [그림 9-3]과 같다.

스위치로 아이폰 및 아이패드 제어가 가능하며 사용자가 직접 스위치 기법을 설정할 수 있다. 즉, 스위치를 누르면 사용자가 설정한 제스처가 실행되는 방식이다. 지체장애 아동은 사용자 설정 제스처 기능과 스위치를 활용해 다양

그림 9-3 Mac 접근성 기능

출처: Apple support.

한 교육, 게임 앱 등을 스스로 조작할 수 있다. 아이폰 및 아이패드 스위치 제어 및 활용 예시는 [그림 9-4]와 같다.

사용자 설정 제스처   스위치로 룰렛 앱 활용

그림 9-4 아이폰 및 아이패드 스위치 제어 및 활용

출처: 이재욱(2019).

안드로이드 스마트기기에서도 스위치 제어가 가능하며, 단축어 기능을 통해 문구를 손쉽게 입력할 수 있다. 손 기능의 어려움을 보이는 지체장애 아동들이 스마트기기에서 모든 문구를 일일이 직접 입력하는 것은 쉽지 않으므로, 단축어 기능을 활용하여 자주 사용하는 문구의 단축어를 만들어 간단한 입력만으로 자주 사용하는 문구를 입력할 수 있다. 예를 들어, 'ㅇ'을 입력하면 '안녕하세요'라는 문구를 입력할 수 있다. 안드로이드 스마트기기 스위치 제어 및 단축어 기능은 [그림 9-5]와 같다.

안드로이드용 스마트기기 스위치 제어 설정

단축어 기능

그림 9-5 **안드로이드 스마트기기 스위치 제어 및 단축어 기능**

또한 스위치 인터페이스 기술의 발달로 다양한 스위치 인터페이스 제품이 출시되었다. 그중에서 스윙에듀는 2018년도에 국립특수교육원과 (주)민토시스가 함께 제작한 스위치 인터페이스로 컴퓨터, 스마트기기와 스위치를 유무선으로 연결하여 마우스와 키보드의 기능을 대신 수행하며, 사용자 필요에 따라 맞춤 기능 설정이 가능하다. 특히 Ctrl, Shift, Alt 등의 키와 키보드의 키를 동시에 설정할 수 있어, 단축키 설정 및 사용이 용이하다. 예를 들어, 두 번째 줄의 5개의 항목 중 1개에 Ctrl + z를 설정한 후 해당되는 스위치를 누르면 되돌리기 기능이 실행된다(박윤경 외, 2019). 스윙에듀 설정 및 활용 예시는 [그림 9-6]과 같다.

스윙에듀 사용자 맞춤 설정

컴퓨터에서 스윙에듀 활용

스마트기기에서 스윙에듀 활용

그림 9-6　스윙에듀 설정 및 활용

이 장의 연구과제

1. 지체장애 영역에서의 보조공학의 필요성에 대해서 토론해 보자.

2. 지체장애의 교육적 요구와 그에 따른 보조공학의 쓰임에 대해서 발표해 보자.

3. 지체장애 아동을 위한 교수·학습 모형을 적용한 IEP 및 수업지도안을 작성해 보자.

참고문헌

곽승철 외(1995). 지체장애아 교육. 대구: 대구대학교 출판부.

곽승철(2003). 중복지체부자유아교육. 대구: 대구대학교 출판부.

김영한, 박경옥, 박순길, 김경화, 김성범, 김하경, 이현희, 최용재(2022). 지체장애학생 교육. 서울: 학지사.

김은량, 한경임(2015). 지체장애 특수학교 학생의 보조공학기기 사용 실태와 교사의 인식. 지체·중복·건강장애연구, 58(2), 111-135.

김주홍, 이미경, 박재국(2015). ICF 및 ICF-CY의 특수교육 활용 가능성 탐색을 위한 연구 동향 분석. 지체·중복·건강장애연구, 57(2), 139-171.

김진호, 박재국, 방명애, 서효정, 유은정, 이효신, 한경근 역(2022). 최신특수교육. Heward, W. L., Alber, S. R., & Konrad, M. 저(2022). *Exceptional children: an introduction to special education*. 서울: 시그마프레스.

김진희, 박재국, 조현진(2015). 특수학교 지체장애 학생의 보조공학기기 사용실태 및 특수교사의 인식. 교육혁신연구, 25(2), 173-192.

김혜리, 김영미, 김진주(2021). 지체장애학생 교육의 이론과 실제. 경기: 양서원.

김효선(1995). 지체부자유 교수 · 학습 모델. 충남: 국립특수교육원.

박윤경, 최승진, 홍수연, 이재욱, 송만호, 한자랑(2019). 스윙에듀 가이드북. 충남: 국립특수교육원.

박은혜(2000). 지체부자유아동의 교육을 위한 팀 접근법. 교육과학연구, 31(1), 75-95.

박은혜, 김정연, 표윤희(2018). 함께 생각하는 지체장애학생 교육. 서울: 학지사.

박재국, 김주홍(2012). ICF-CY의 장애학생 IEP 적용을 위한 기초 연구. 지체중복건강장애연구, 55(3), 47-70.

이재욱(2019). 특수교육대상학생의 요구에 적합한 교수-학습 매체 적용 사례: 지체중도 · 중복장애학생을 중심으로. 한국특수교육교과교육학회 2019년도 동계학술대회 자료집, 75-90.

한국통합교육학회(2009). 통합교육(2판). 서울: 학지사.

한국특수교육학회(2008). 특수교육대상자 개념 및 선별기준. 충남: 한국특수교육학회.

미국「장애인교육법」

「장애인 등에 대한 특수교육법 시행령」

「장애인복지법 시행령」

Best, S. J., Heller, K. W., & Bigge, J. L. (2010). *Teaching individuals with physical or des multiple disabilities* (6th ed.). NJ: Pearson Education.

Interagency Committee on Learning Disabilities (1987). *Learning disabilities: A report to the U. S. Congress*. Bethesda, MD: National Institute of Health.

World Health Organization (2007). *The international classification of functioning disability and health Children & Youth Version*.

참고사이트

경기도재활공학서비스연구지원센터. http://www.atrac.or.kr
경상북도보조기기센터. https://gbatc.daegu.ac.kr
두손메디칼. https://smartstore.naver.com/doosonmedical/products
민토몰. http://m.mintomall.cafe24.com
서울시보조기기센터. http://www.seoulats.or.kr
아이무브. https://imove.cafe24.com
아이소리몰. https://isorimall.com
에듀에이블. https://www.nise.go.kr/main.do?s=eduable
에듀카프. https://m.edukapp.com
에이블라이프. https://ablelife.co.kr
엔젤로보틱스. https://www.angel-robotics.com
오픈메디칼. https://openmedical.co.kr
이원케어. https://eonecare.co.kr
중앙보조기기센터. https://www.knat.go.kr
충청남도보조기기센터. http://www.cnat.or.kr
AbleNet. https://www.ablenetinc.com
Apple support. https://support.apple.com
enablingdevices. https://enablingdevices.com
IMLIFESHOP. https://imlifeshop.com
Microsoft support. https://support.microsoft.com

제10장

학습장애 아동을 위한
특수교육공학

⊙ **이 장의 개요**

이 장에서는 학습장애 아동을 위한 특수교육공학에 관해 살펴볼 것이다. 이 장의 주요 내용은
학습장애 아동에 대한 이해, 학습장애 아동의 특수한 교육적 요구, 학습장애 아동을 위한 보조공학,
학습장애 아동을 위한 수업설계 등이다.

⊙ **이 장의 학습목표**

1. 학습장애 정의의 구성요소를 기술할 수 있다.
2. 학습장애의 하위유형에 따른 교육적 요구에 대해 설명할 수 있다.
3. 학습장애의 하위유형에 따른 보조공학의 역할과 쓰임을 설명할 수 있다.
4. 학습장애 아동을 위한 교수 · 학습방법을 비교하고, 각각의 원리와 절차를 설명할 수 있다.

학습장애는 이질적인 장애군이다. 즉, 개개인마다 특성이 매우 다양하기 때문에, 학습장애를 공통된 몇 가지 특성으로 정의하기가 어렵다. 따라서 이 장에서는 국내외의 다양한 학습장애 정의와 분류체계를 통해 학습장애의 특성을 살펴보고자 한다. 또한 학습장애의 하위영역에 따른 교육적 요구를 알아보고, 그에 따른 보조공학을 제안하고자 한다. 마지막으로 학습장애 아동을 위한 교수·학습방법을 제안한다.

1. 학습장애의 이해

1) 학습장애 정의

학습장애는 1994년 「특수교육진흥법」이 개정되면서 처음으로 특수교육대상자의 조건에 포함되었다. 이후 계속해서 학습장애 정의에 대한 논의가 있어 왔는데, 2008년 우리나라 「장애인 등에 대한 특수교육법 시행령」이 제정되면서 학습장애를 다음과 같이 정의하였다.

> 학습장애를 지닌 특수교육대상자란 개인의 내적 요인으로 인하여 듣기, 말하기, 주의집중, 지각, 기억, 문제 해결 등의 학습기능이나 읽기, 쓰기, 수학 등 학업성취 영역에서 현저하게 어려움이 있는 사람을 말한다.

「장애인 등에 대한 특수교육법 시행령」은 학습장애를 원인과 현상의 두 가지 측면에 초점을 맞추어 정의하고 있다. 첫째, 학습장애는 내적인 요인에 의한 것이다. 둘째, 학습장애는 학습기능이나 학업성취에서의 어려움이 나타난다. 학습장애의 대표적 정의인 미국 「장애인교육법」(2004)은 국내의 학습장애 정의에 포함된 내용 외에 다음과 같이 배제조항을 포함한다.

- 일반: 특정학습장애란 언어, 즉 구어와 문어의 이해 및 사용과 관련된 기본적 심리과정상에서 나타나는 한 가지 이상의 장애를 의미한다. 이 장애는 듣기, 사고, 말하기, 읽기, 철자 및 수학적 계산능력 등에서 나타날 수 있다.
- 포함되는 장애: 특정학습장애에는 지각장애, 뇌손상, 미소뇌기능 장애, 난독증 및 발달적 실어증이 포함된다.
- 포함되지 않는 장애: 특정학습장애에는 주로 시각장애, 청각장애, 운동장애, 지적장애, 정서장애 및 환경적 · 문화적 실조로 인한 학습문제 아동은 포함되지 않는다.

미국 「장애인교육법(IDEIA)」에는 학습장애에 지각장애, 뇌손상, 미소뇌기능 장애, 난독증 및 발달적 실어증은 포함되나, 시각장애, 청각장애, 운동장애, 지적장애, 정서장애 및 환경적 · 문화적 실조로 인한 학습문제 아동은 포함되지 않는다는 제외조건을 두고 있다. 즉, 학습장애는 다른 장애나 외적인 요인으로 인한 학습의 문제가 아니라는 것을 구체적으로 나타내고 있는 것이다.

「장애인 등에 대한 특수교육법」과 미국 「장애인교육법」을 비롯해 여러 학습장애 관련 단체들(ICLD, 1987; NJCLD, 1988)은 공통적으로 학습장애의 정의에 원인론적인 측면을 포함시킨다. 이 정의들은 학습장애의 학습상 결손이 중추신경계의 역기능, 즉 기본적인 심리과정상의 기능장애로 유발된다고 가정한다(Kavale & Forness, 1995). 이는 학습장애가 내적인 요인에 의한 것으로, 학령기에만 나타나는 장애가 아니라 일생의 문제로 나타난다는 관점을 반영하는 것이다. 이에 한국특수교육학회(2008)는 학습장애가 일생을 통해 일어날 수 있다는 내용을 구체적으로 포함하여 다음과 같이 정의하였다.

> 학습장애란 개인 내적 원인으로 인하여 일생 동안 발달적 학습(듣기, 말하기, 주의집중, 지각, 기억, 문제 해결 등)이나 학업적 학습(읽기, 쓰기, 수학 등) 영역 중 하나 이상에서 심각한 어려움을 겪는 것을 말한다. 이 장애는 다른 장애 조건(감각장애, 지적장애, 정서장애 등)이나 환경 실조(문화적 요인, 교수적 요인 등)와 함께 나타날 수 있으나 이러한 조건이 직접적인 원인이 되어 나타난 것은 아니다.

지금까지 국내외의 주요 학습장애 정의를 살펴보았다. 이를 토대로 학습장애의 특성을 네 가지로 정리할 수 있다. 첫째, 학습장애는 내적인 원인에 의한 것이다. 정의에 따라 내적 요인, 심리과정상의 장애, 중추신경계통의 기능장애 등으로 정의하고 있으나, 궁극적으로는 모두 학습장애의 원인을 내적 요인에 두고 있다는 것을 의미한다. 둘째, 학습장애는 학업영역에서 어려움이 발생한다. 듣기, 말하기, 주의집중, 지각, 기억, 문제 해결 등의 학습기능이나 읽기, 쓰기, 수학 등 학업성취 영역에서 어려움을 나타낸다. 셋째, 학습장애는 다른 장애나 외적인 요인으로 인한 학습의 문제가 아니다. 즉, 배제조건을 포함함으로써 학습장애의 원인을 내적인 요인에 둠을 강조한다. 넷째, 학습장애는 평생 나타나는 장애다. 학령기에만 나타나는 장애가 아니라 일생에 걸쳐 경험할 수 있다.

2) 학습장애 분류

학습장애는 연령에 따라 나타나는 특성이 다르고, 개인마다 다양한 특성을 갖는 이질적 장애군이다(Hammill, 1990). 따라서 발현시점과 장애영역에 따라 학습장애의 하위영역을 다양하게 분류한다. Kirk와 Chalfant(1984)는 학습장애를 발달적 학습장애와 학업적 학습장애로 크게 두 영역으로 분류하였다.

- 발달적 학습장애: 유아기부터 취학 전까지 학업을 성취하는 데 필요한 선

수기능에 문제가 있는 경우로, 주의집중장애, 기억장애, 지각장애, 사고장애, 구어장애를 포함한다.
- 학업적 학습장애: 학령기에 학업에 어려움을 보이는 경우로, 읽기장애, 쓰기장애, 철자 및 문어 표현장애, 수학계산장애를 포함한다.

한국특수교육학회(2008)가 제안한 학습장애 하위유형은 학습장애의 발현시점에 따라 발달적 학습장애와 학업적 학습장애로 분류되고, 기타 장애로 비언어성 학습장애를 포함한다. 구체적인 내용은 다음과 같다.

- 발달적 학습장애(developmental learning disabilities): 학령전기 아동 중 학습과 관련된 기본적 심리과정에 현저한 어려움을 보이는 아동으로 구어장애, 주의집중장애, 지각장애, 기억장애, 사고장애로 나뉜다.
- 학업적 학습장애(academic learning disabilities): 학령기 이후 학업과 관련된 영역에서 현저한 어려움을 보이는 경우로 읽기장애, 쓰기장애, 수학장애로 나뉜다.
- 비언어성 학습장애(nonverbal learning disabilities): 언어능력에는 강점을 보이나 공간지각능력, 운동능력, 사회성 기술과 같은 비언어적 능력에서 결함을 보인다(한국특수교육학회, 2008: 32).

두 가지 분류체계는 학습장애를 학령전기와 학령기의 학습장애로 분류한다. 학령전기의 학습장애는 발달적 학습장애라는 용어로 지칭하며, 주의집중, 기억, 지각, 구어, 사고 등의 기본적 심리과정의 어려움을 보이는 경우다. 학령기의 학습장애는 학업적 학습장애라는 용어로 지칭하며, 읽기, 쓰기, 수학 등의 학업과 관련된 영역에서의 어려움을 갖는 경우다. 한국특수교육학회는 그 외에 비언어성 학습장애를 학습장애의 한 유형으로 제안하고 있다.

2. 학습장애 아동의 특수한 교육적 요구

앞서 학습장애 정의에서 살펴보았듯이 학습장애의 원인을 내적인 요인에 둔다. 즉, 심리과정상의 장애 혹은 중추신경계통의 기능장애로 인한 인지처리과정의 이상을 학습장애의 원인으로 둠으로써, 과거에는 학습장애를 교육할 때 인지처리과정 훈련에 초점을 두었다(McCarthy & Kirk, 1961). 그러나 인지처리 훈련 프로그램의 실행만으로 학업성취도를 높이는 데 한계가 있음이 지적되면서, 최근에는 문제가 나타나는 학업영역에 대한 구체적인 교수법을 적용하는 데 관심을 두고 있다.

읽기, 쓰기, 수학은 학업성취를 위한 기초학습기능이다. 즉, 읽기, 쓰기, 수학의 기본적 학습기능에 문제가 있다면 학업성취에 어려움을 갖게 된다. 개인마다 기초학습기능에서의 문제유형이 다르게 나타날 수 있는데, 문제의 유형에 따라 학업적 학습장애의 하위유형을 읽기학습장애, 쓰기학습장애, 수학학습장애로 분류할 수 있다. 따라서 학습장애의 교육적 요구를 알아보기 위해서는 학습장애 아동의 읽기문제, 쓰기문제, 수학문제의 특성을 이해할 필요가 있으며, 각각의 문제에 대한 교육적 요구를 살펴볼 필요가 있다.

1) 읽기문제에 대한 교육적 요구

읽기란 글을 바르게 읽고 이해하는 과정이다. 읽기의 궁극적인 목적이 읽은 바를 잘 이해하는 것이기 때문에 읽기의 최종적인 목적지는 읽기 이해인 것이다. Gough와 Tunmer(1986)는 읽기 이해를 음독(decoding)과 이해(comprehension)의 두 가지 요소로 단순화하여 설명하였다. 즉, 낱말을 잘 음독하고 그것을 잘 이해하는지를 알아보는 것이 읽기의 주된 관심사다. Gough와 Tunmer(1986)의 'Simple View of Reading' 모델을 개념화하면 [그림 10-1]과 같다.

그림 10-1 읽기의 개념도

이와 같이 읽기를 음독과 이해의 두 가지 관점으로 단순화할 수 있지만, 이 두 가지 요소 외에도 다양한 요소가 읽기과정에 영향을 줄 수 있다. Joshi와 Aaron(2000)의 연구에서 음독과 이해에 처리속도를 함께 포함하였을 때 읽기의 설명량이 더 증가하였는데, 이는 읽기 유창성이 읽기 이해에 중요한 요소임을 의미하는 것이다. 그리고 이해는 언어적 능력과 밀접한 관련이 있기 때문에, 언어의 주요 구성요소인 어휘능력은 읽기 이해에 중요한 영향을 미친다(Catts & Weismer, 2006). 따라서 학습장애 아동의 읽기문제를 이해하기 위해서는 음독, 유창성, 어휘, 읽기 이해의 문제에 대해서 알아볼 필요가 있다.

(1) 음독의 문제

음독(decoding)이란 단어를 구어로 바꾸는 과정으로, 문자소리 대응관계를 활용하여 낯선 단어를 읽는 과정을 의미한다. 학습장애 아동의 음독에서의 문제는 다음과 같이 요약할 수 있다.

- 새로운 단어를 읽지 못한다.
- 단어를 읽을 때 음성학적 법칙에 따라 읽지 못한다.
- 비슷하게 생긴 글자를 구별하지 못한다.

학습장애 아동의 음독문제에 대한 교육적 지원내용은 다음과 같다.

- 자음과 모음에 대한 지식을 가르친다.

- 문자소리 대응 규칙을 가르친다.
- 음운변동 규칙을 가르친다.
- 단어의 문법적 규칙을 가르친다.

(2) 읽기 유창성의 문제

읽기 유창성이란 글을 빠르고 정확하게 읽는 과정을 의미한다. 만약 아동이 문자를 음독하는 데 많은 노력을 들인다면 읽은 내용을 이해하는 데 많은 노력을 들일 수 없다. 따라서 읽기 유창성은 읽기 이해를 위한 중요한 요인으로 작용한다. 학습장애 아동의 읽기 유창성에서의 문제는 다음과 같이 요약할 수 있다.

- 글을 읽을 때 단어, 행, 문장을 빼먹고 읽는다.
- 글을 읽을 때 없는 단어나 글자를 추가하거나, 다른 글자로 잘못 읽거나 거꾸로 읽는다.
- 한 부분에서 단어를 맞게 읽었다가 다른 부분에서는 틀리게 읽는다.
- 너무 천천히 읽어서 제 시간 내에 글을 읽지 못한다.

학습장애 아동의 읽기 유창성 문제에 대한 교육적 지원내용은 다음과 같다.

- 글을 소리 내어 기준점에 도달할 때까지 반복적으로 읽도록 한다.
- 읽을 때 오류가 나타나면 체계적으로 교정을 해 준다.

(3) 어휘의 문제

어휘란 어떤 특정한 범위에서 사용되는 낱말의 총집합을 의미한다. 어휘는 양적인 측면과 질적인 측면에서 살펴볼 수 있는데, 양적인 측면은 알고 있는 어휘의 수가 얼마나 되는가의 문제이고, 질적인 측면은 어휘를 얼마나 잘 활용하는가의 문제다. 학습장애 아동의 어휘에서의 문제는 다음과 같이 요약할 수 있다.

- 읽은 단어의 뜻을 이해하지 못한다.
- 또래에 비해서 어휘량이 부족하다.
- 글의 맥락을 고려하지 못하고 표면적으로 단어를 이해한다.

학습장애 아동의 어휘문제에 대한 교육적 지원내용은 다음과 같다.

- 다양한 어휘를 가르친다.
- 목표어휘와 관련된 어휘를 범주화하여 가르친다.
- 목표어휘의 다양한 의미를 가르친다.

(4) 읽기 이해의 문제

읽기 이해란 글의 의미를 이해하는 과정이다. 읽기 이해는 읽기의 최종 단계이면서 가장 높은 수준의 능력을 요구한다. 문단 단위의 음독과 이해가 복합적으로 작용하는 과정이다. 아무리 단어를 정확히 음독하고 그 의미를 알고 있다고 하더라도, 글의 전체적인 맥락을 이해하지 못한다면 읽기에서 실패를 경험하게 된다. 학습장애 아동의 읽기 이해에서의 문제는 다음과 같이 요약할 수 있다.

- 읽기 전 단계: 선행지식과 주요 정보(제목, 그림 등) 활용의 어려움
- 읽기 중 단계: 불필요한 정보 무시, 글의 구조 이해, 글의 내용 추론, 중심 내용 이해 등의 어려움
- 읽기 후 단계: 앞으로 전개될 내용 예측하기, 점검하기 등의 어려움

학습장애 아동의 읽기 이해에 대한 교육적 지원내용은 다음과 같다.

- 선행지식을 활성화하도록 가르친다.
- 글의 유형에 따른 구조를 가르친다.
- 다양한 읽기전략을 가르친다.

2) 쓰기문제에 대한 교육적 요구

쓰기란 자신의 생각이나 느낌을 글로 표현하는 것이다. 즉, 쓰기의 궁극적인 목적은 작문이므로, 이를 위해 기본적으로 글씨 쓰기와 철자에 대한 기능이 요구된다. 따라서 글씨 쓰기(handwriting), 철자(spelling), 작문(written expression)의 측면에서 학습장애 아동의 쓰기문제를 살펴보고자 한다.

(1) 글씨 쓰기의 문제

글씨 쓰기란 손으로 글자를 쓰는 것이다. 즉, 글씨 쓰기는 자신의 생각이나 느낌을 글로써 정확하게 전달하고자 하는 것이므로 글자의 크기와 형태, 그리고 글자를 쓰는 속도가 글씨 쓰기의 중요한 요소다. 글의 내용을 아무리 논리적으로 잘 표현한다고 하더라도 정해진 시간 내에 정확한 글자로 전달하지 못한다면, 자신이 전달하고자 하는 바를 제대로 전달할 수가 없다. 따라서 글씨 쓰기는 쓰기의 중요한 구성요소 중에 하나라 할 수 있다. 학습장애 아동의 글씨 쓰기에서의 문제는 다음과 같이 요약할 수 있다.

- 크기: 너무 크거나, 너무 작거나, 일정하지 않음
- 형태: 엉성한 모양, 복잡하거나 비좁음, 일정하지 않은 글자 간격, 부정확한 정렬, 일정하지 않거나 부정확한 경사
- 속도: 너무 느림

학습장애 아동의 글씨 쓰기에 대한 교육적 지원내용은 다음과 같다.

- 글씨 쓰기를 명시적으로 가르친다.
- 글씨 쓰기를 반복적으로 연습할 수 있도록 한다.
- 글씨 쓰기에 대한 피드백을 제공한다.

(2) 철자 쓰기의 문제

철자 쓰기란 단어를 맞춤법에 맞게 쓰는 것이다. 한국어는 표음문자로서 소리와 문자의 대응관계가 규칙적이다. 즉, 문자소리의 대응관계가 규칙적으로 적용되는 소리 나는 대로 표기되는 단어가 있는 반면, 소리 나는 대로 표기되지 않는 단어와 단어에 대한 문법적 지식을 적용하여 표기해야 하는 단어가 있다. 이로 인해 학습장애 아동은 철자 쓰기에서 다양한 오류를 나타낼 수 있다. 학습장애 아동의 철자 쓰기에서의 문제는 다음과 같이 요약할 수 있다.

- 소리 나는 대로 표기되는 단어를 정확하게 쓰지 못한다.
- 소리 나는 대로 표기되지 않는 단어를 정확하게 쓰지 못한다.
- 단어를 구성하는 형태소에 대한 인식이 부족하여 철자 쓰기의 오류가 나타난다.

학습장애 아동의 철자 쓰기에 대한 교육적 지원내용은 다음과 같다.

- 문자소리 대응관계에 대해 가르친다.
- 음운변동 규칙을 가르친다.
- 단어의 문법적 지식을 가르친다.

(3) 작문의 문제

작문이란 자신의 생각이나 느낌을 글로 표현하는 것으로 쓰기의 궁극적인 목적이라 할 수 있다. 아무리 글씨를 잘 쓰고 문법에 맞추어 쓴다 하더라도 자신이 전달하고자 하는 생각을 잘 표현해 내지 못한다면, 쓰기의 궁극적인 목적에 도달할 수 없다. 많은 학습장애 아동이 쓰기에 결함을 가지고 있으며, 특히 작문에서 다양한 어려움을 경험한다. 학습장애 아동의 작문에서의 문제는 다음과 같이 요약할 수 있다.

- 쓰기 전 단계: 계획하기 생략
- 쓰기 중 단계: 단순하거나 같은 단어 반복, 불완전하고 단순한 문장, 주제
  와 관련된 내용을 단순히 나열
- 쓰기 후 단계: 점검과 수정의 어려움

학습장애 아동의 작문에 대한 교육적 지원내용은 다음과 같다.

- 글을 작성하기 전에 계획하기 활동을 적용하도록 가르친다.
- 글을 쓰는 과정에 대한 전략을 가르친다.
- 글을 스스로 점검하는 전략을 가르친다.

3) 수학문제에 대한 교육적 요구

수학이란 수와 양 및 공간의 성질에 관해 탐구하는 영역이다. 즉, 수학은 수, 양, 공간 등의 다양한 영역을 계열성 있게 단계적으로 학습하기 때문에, 기초단계에서 학습이 제대로 이루어지지 않으면 상위단계의 학습을 성취하는 것이 불가능하다. 따라서 수학의 기초가 되는 영역에 대한 학습이 선행되어야 하기 때문에, 수학의 기본영역인 수 개념, 연산, 문장제 문제 해결의 측면에서 학습장애 아동의 수학문제를 살펴보고자 한다.

- 기본 수학개념을 이해하는 데 어려움이 있다.
- 기본연산 문제 해결에 어려움이 있다.
- 공간지각능력이 부족하다.
- 수학 문장제 문제를 이해하는 데 어려움이 있다.
- 수식의 논리적인 순서를 따르는 데 어려움이 있다.

학습장애 아동의 수학에 대한 교육적 지원내용은 다음과 같다.

- 수 개념에 대해 가르친다.
- 기본연산의 원리와 절차를 가르친다.
- 실생활에서 논리적인 수학적 사고를 경험하게 한다.

3. 학습장애 아동을 위한 보조공학

교육부가 2022년에 발표한 제6차 특수교육 5개년 계획에 따르면, 맞춤형 특수교육을 확대하기 위해 에듀테크를 활용하여 교육환경을 조성하는 정책을 수립했다. 이에 따라 특수교육 분야에서는 에듀테크뿐만 아니라 다양한 보조공학이 활용될 것으로 기대된다. 학습장애 아동의 교육방향은 학업에서의 문제영역을 정확히 진단한 후 적합한 교수법을 제공하는 것이다. 이에 학습장애 아동에게 보조공학은 수업 보조장치에 국한된다. 보조공학의 학업적 혜택을 네 가지로 요약할 수 있다. 첫째는 기초학습기능을 향상시키기 위한 연습의 기회 제공(예: 쓰기기능, 문제 해결능력, 추상적 개념 이해 등), 둘째는 컴퓨터 활용 기술 습득, 셋째는 교육환경에서 소외된 학생들에게 접근 기회 부여, 넷째는 학습활동에 대한 관리 등이다. 따라서 학습장애 아동을 위한 보조공학에 대한 첫 번째 관점은 기초학습기능을 향상시키고 관리하기 위한 다양한 보조장치의 소개에 둘 것이다. 두 번째 관점은 보조공학의 목적이 장애의 영향을 제거하여 개인의 능력을 최대한 발휘할 수 있도록 하며, 과제를 수행하기 위한 대안적인 방법들을 제공하는 데 있기 때문에(Lewis, 1993), 기초학습기능에서의 결함을 보완할 수 있는 보조장치에 대해 소개할 것이다.

학습장애의 하위유형은 읽기학습장애, 쓰기학습장애, 수학학습장애로 나뉜다. 즉, 각 학습영역의 문제유형에 따라 학습의 지원형태가 다르기 때문에 보조공학 또한 문제의 유형에 따라 각각 제시하고자 한다.

1) 읽기문제 아동을 위한 보조공학

(1) 음독 교수를 위한 보조공학

학습장애 아동은 아는 단어를 읽을 때보다 낯선 단어를 읽을 때 오류를 더 많이 나타낸다. 낯선 단어를 읽기 위해서는 자음과 모음이 각각 소리를 갖는다는 지식이 있어야 하며, 자음과 모음의 소리를 결합하여 음절이 만들어진다는 원리를 이해하고 적용할 수 있어야 한다. 그런데 소리를 결합하고 분리한다는 개념은 추상적이므로, 학습장애 아동을 대상으로 단어를 가르칠 때에는 구체물이나 반구체물을 가지고 접근할 수 있다. 이를 위해 한글 교구나 소프트웨어 프로그램을 활용할 수 있다.

① 한글 학습 교구

한글의 원리를 학습하기 위한 한글 교구가 시중에 다양하게 개발·출시되어 있다. 헝겊이나 플라스틱으로 만들어진 자음(ㄱ, ㄴ, ㄷ 등)과 모음(ㅏ, ㅑ, ㅓ 등)의 글자 형태의 구체물을 가지고 아동이 직접 결합(ㄱ + ㅏ = 가)하여 다양한 음절을 만들어 봄으로써 한글의 소리가 만들어지는 원리를 익힐 수 있다. 또한 초성, 중성, 종성으로 이루어지는 한글의 원리를 가르치기 위해 초성, 중성, 종성을 다른 색으로 표시하여 시각적으로 한글의 구성을 쉽게 이해하도록 만들어진 교구도 유용하게 사용될 수 있다([그림 10-2]).

② 한글 학습 소프트웨어

한글의 원리를 학습하기 위한 소프트웨어 프로그램이 시중에 다양하게 개발·출시되어 있다. 자음과 모음의 체계를 바탕으로 한 음운교육 커리큘럼이 비디오로 개발되어 있어서 한글의 원리를 가르칠 때 활용할 수 있다(예: 한글이 야호, 제작사: 미라클상사).

그림 10-2 한글 학습 교구

(2) 유창성 교수를 위한 보조공학

학습장애 아동은 단어를 읽을 수 있다 하더라도 문장이나 문단 단위의 글을 읽을 때 유창성이 떨어진다. 유창성을 향상시키기 위해서는 유창하게 읽는 모델이 제공되어야 하며, 이를 반복적으로 연습할 수 있는 환경을 조성해 주는 것이 중요하다. 이러한 역할을 교사나 또래가 할 수도 있지만 소프트웨어 프로그램이나 녹음기를 활용할 수도 있다.

① 유창성 학습 소프트웨어

CD-ROM에 이야기가 녹음되어 있어서, 녹음된 이야기를 듣고 따라 읽음으로써 발음을 교정할 수 있다. 예를 들어, 파라다이스복지재단 장애 아동연구소에서 개발된 '게으른 농부'는 25개 문장과 170여 개의 단어로 구성되어 있어서 오류가 나타나는 단어나 문장을 반복적으로 듣고 발음을 교정할 수 있다.

② 녹음기

유창하게 읽는 독자(교사, 부모, 또래)가 글을 읽는 것을 녹음한 후, 녹음한 내용을 들으면서 글을 함께 읽거나 따라 읽고, 오류를 교정할 수 있다. 이는 시공간의 제약 없이 학습할 수 있으며, 학습하고자 하는 이야기를 무엇이든지 선택하여 녹음한 후 학습할 수 있다.

(3) 어휘 교수를 위한 보조공학

학습장애 아동은 또래에 비해서 어휘의 양이 부족하기 때문에, 다양한 어휘를 가르쳐야 한다. 이를 위해 소프트웨어 프로그램을 활용할 수 있다.

① 어휘 학습 소프트웨어

놀이를 통해 다양한 어휘를 익힐 수 있도록 구성되어 있는 소프트웨어 프로그램을 활용할 수 있다. 예를 들어, '일곱 마리 너구리의 한글교실(제조사: 아리수에듀)'은 일곱 마리의 너구리와 함께 놀이를 통해 어휘력을 배울 수 있으며, 초등학생 아동에게 필요한 단어가 350개 수록되어 있다. '기초 어휘 학습세트(파라다이스복지재단 장애 아동연구소)'는 명사, 동사, 형용사, 반대말 등의 기초 어휘를 학습할 수 있도록 CD-ROM과 도서, 교구가 함께 구성되어 있다.

(4) 읽기 이해 교수를 위한 보조공학

읽기 이해는 글을 읽고 이해하는 것이기 때문에 음독능력과 이해능력을 모두 요구한다. 많은 학습장애 아동이 읽기 이해에 어려움을 갖는데, 읽기 이해의 어려움에는 두 가지 유형이 있다. 첫째, 글자를 음독할 수는 있으나 이해력이 낮아서 읽기 이해에 어려움을 가질 수 있다. 이 경우에는 이해력을 향상시키기 위한 교수가 제공되어야 한다. 둘째, 듣기 이해(읽어 주는 글을 이해)에는 어려움이 없으나 글을 음독하는 데 결함이 있는 경우에도 스스로 읽은 글을 이해해야 하는 읽기 이해에 어려움을 가질 수 있다. 이 경우에는 근본적으로는 음독을 위한 교수가 제공되어야 하겠지만, 읽기 교수를 음독에만 초점을 둔다면 음독에서의 어려움이 해결되기까지 계속해서 읽기 이해에 어려움을 갖게 된다. 우리는 읽기를 통해서 다양한 지식과 정보를 습득하게 되는데, 읽기 이해에 어려움이 있으면 읽기뿐만 아니라 그 외의 모든 교과를 학습하는 데 어려움을 경험하게 된다. 따라서 음독능력에 결함이 있더라도 읽기과제를 수행할 수 있는 대안적인 방법이 제공되어야 한다.

① 말하는 책 만들기(북웜)

음독에 결함을 갖는 학습장애 아동에게 읽기 이해 교육을 제공하고자 할 때 사용할 수 있는 보조공학기기다. 북웜(bookworm)은 책을 SD 카드에 녹음하여 들려주는 기기다([그림 10-3]). 책을 녹음한 후, 각 페이지에 붙여 놓은 스티커의 오른쪽 버튼을 누르면 녹음된 내용이 나온다. 무엇이든 원하는 책을 선택해서 녹음할 수 있으며, 언제든지 들을 수 있기 때문에 음독에 결함이 있는 학습장애 아동의 읽기 이해 교수를 보조할 수 있는 기기다.

그림 10-3　북웜

② 전자책

학습장애 아동의 읽기 이해력 향상을 위해서 다양한 도서를 읽을 기회를 제공해야 한다. 최근에는 전통적인 형태인 종이책을 탈피하여 전자책(E-Book)의 보급이 확산되고 있다. 전자책의 이점을 잘 활용하면 학습장애 아동의 읽기 이해 교수에 유용하게 사용될 수 있다. 전자책(E-Book)은 Electronic Book의 준말로 컴퓨터 파일의 형태로 만들어진 책이다. 전자책의 특징은 종이책에서 구현되지 못하는 MP3, 동영상, 플래시 등 다양한 멀티미디어 기능을 제공하며, 인터넷, TV, PDA, 휴대전화로도 서비스가 가능하다는 점이다.

전자책은 온라인 서점이나 전자책 도서관을 통해서 구매하거나 대여할 수 있다. 아동용 전자책은 교과서를 비롯한 멀티동화, 그림책, 한국동화, 외국동화, 동요/동시, 옛이야기, 인물 이야기, 역사와 문화, 고전명작 등 다양하게 개발되어 있다. 학습장애 아동의 연령과 특성을 고려하여 적절한 전자책을 선택하여 읽기학습에 효과적으로 활용할 수 있다.

2) 쓰기문제 아동을 위한 보조공학

(1) 글씨 쓰기 교수를 위한 보조공학

글씨 쓰기에 어려움을 겪는 학습장애 아동은 글자의 크기와 형태, 글자를 쓰는 속도 등에서 문제가 나타난다. 이로 인해 아동이 쓴 글씨를 알아보기 어렵거나, 글을 쓰는 속도가 느려서 시간 내에 쓰기과제를 완수하지 못하게 되며, 이는 쓰기의 전반에 걸쳐 불이익을 초래하게 한다. 글씨 쓰기의 어려움은 학습장애 아동의 소근육 운동기술의 결함이나 글자 형태를 인식하는 인지적 능력의 결함에 기인할 수 있다. 만약 학습장애 아동의 글씨 쓰기의 문제가 운동능력에 기인하여 쓰기과제에 불이익이 초래된다면, 쓰기과제를 수행할 수 있는 대안적인 방법이 제공되어야 한다. 혹은 글자 형태를 인식하는 인지적능력의 결함에 기인하는 것이라면 글씨 쓰기를 기능적으로 향상시키기 위한 보조공학기기가 제공되어야 한다.

① 쓰기 보조기구

손의 힘이 약하여 필기도구를 쥘 수 없는 경우 필기도구를 올바르게 잡고 필기할 수 있도록 도와주는 보조도구다. 일반형 볼펜, 샤프, 연필 등 필기구를 끼워서 사용할 수 있다. 사용자에 맞게 왼손용, 오른손용, 어린이용, 여성용, 남성용을 선택할 수 있다([그림 10-4]).

② 컴퓨터 키보드

손의 힘이 약하여 필기도구를 쥘 수 없거나, 글씨의 형태나 크기를 조절하기 어렵거나, 글씨를 쓰는 속도가 느려서 쓰기과제를 완수하는 데 어려움이 있다면, 손으로 글씨를 쓰는 대신에 컴퓨터로 문서를 작성할 수 있다.

쓰기 보조기구

토킹펜(Talking Pen)

그림 10-4 **글씨 쓰기 보조공학기기**

③ 쓰기 연습기구

글씨 쓰기 연습을 할 수 있도록 고안된 기구로 '토킹펜(Talking pen)'이 있다. 소근육 운동능력이나 시각운동 협응능력의 결함으로 글씨 쓰기에 어려움이 있는 학습장애 아동이 글씨 쓰기 연습을 할 수 있는 기구다. 검은색 그림이나 글씨를 따라 그릴 때 선을 벗어나면 청각 피드백이 주어진다. 따라서 청각 피드백을 통해 스스로 글씨 쓰기 연습을 할 수 있다([그림 10-4]).

④ 글씨 쓰기 교구

글씨 쓰기를 연습하기 위한 쓰기 교구가 시중에 다양하게 개발·출시되어 있다. 글씨 쓰기 초기단계에서 아동이 글자의 형태를 인식하도록 목표글자를 모래판 위에 따라 쓰게 하는 교구를 활용할 수 있다(예: 한글 모래 글자판, 제조사: 하나몬테소리). 그리고 글자의 필순과 진행방향을 화살표와 번호로 표시하여 시각단서를 제공하는 학습지를 활용할 수 있다.

(2) 철자 쓰기 교수를 위한 보조공학

철자 쓰기에 오류가 나타나는 학습장애 아동을 위해서는 철자 쓰기의 기능을 향상시키기 위한 교수를 제공하거나, 철자의 오류를 교정할 수 있는 대안적인 방법을 고려할 수 있다. 이를 위해 철자 쓰기의 원리와 규칙을 익히기 위한 프로그램이나 철자의 오류를 교정하기 위한 소프트웨어 프로그램을 활용할 수 있다.

① 철자학습 소프트웨어

철자 쓰기의 원리와 규칙을 익히기 위한 소프트웨어 프로그램이 시중에 다양하게 개발·출시되어 있다. '리도 받아쓰기(제조사: 이알씨에듀)'는 받아쓰기 학습활동과 평가활동에 모두 활용할 수 있는 소프트웨어 프로그램이다([그림 10-5]). 총 250여 개 낱말의 받아쓰기가 난이도에 따라 체계적으로 구성되어 있다. 소리 나는 대로 적기, 받침이 있는 글자, 어려운 모음, 연음법칙, 된소리 되기, 거센소리 되기, 음절의 끝소리, 자음동화 등 다양한 철자의 원리와 규칙을 학습할 수 있는 내용이 포함되어 있다. 또한 최근에는 스마트폰을 활용하여 철자학습을 할 수 있는 다양한 앱이 개발되어 있어서 누구나 쉽게 접근하여 이용할 수 있다. 이 프로그램들의 장점은 다음과 같다. 첫째, 난이도에 맞게 학습할 수 있다. 둘째, 아동의 철자 오류 형태와 유형에 맞게 선택해서 학습할 수 있다. 셋째, 철자 오류에 대한 피드백을 즉각적으로 얻을 수 있다.

② 워드프로세서

워드프로세서의 철자점검 기능을 통해서 철자의 오류를 교정할 수 있다. 한컴오피스 한글 2020 프로그램에서는 한글 사전에 등록되지 않은 단어가 기입된 경우에 빨간색으로 밑줄이 표시되기 때문에 철자와 띄어쓰기를 검토할

| 리도 받아쓰기 프로그램 | 워드프로세서 맞춤법 검사 기능 |

그림 10-5 철자 쓰기 보조공학

수 있다. 그리고 [맞춤법 검사]에서 맞춤법을 검사하면, 바꿀 말과 추천 말을
제시해 준다([그림 10-5]).

(3) 작문 교수를 위한 보조공학

작문에 어려움을 겪는 학습장애 아동을 위해 활용할 수 있는 소프트웨어 프
로그램을 제시한다.

① 음절예측 문자입력 소프트웨어(Baro Key)

글을 작성할 때, 초기 음절을 입력하면 문맥을 고려하여 다음에 출현할 음
절을 예측하여 표시해 준다([그림 10-6]). 즉, 일반적인 문장에서 사용되는 음
절을 학습하여 예측해 준다. 따라서 글쓰기 능력이 부족한 아동에게 문맥에
따라 적절한 어휘를 고를 수 있는 기회를 제공한다.

그림 10-6 음절예측 문자입력 소프트웨어

② 마인드맵 지원 소프트웨어

작문에 어려움을 갖는 학습장애 아동을 위해 글쓰기의 계획 단계에서
Inspiration 소프트웨어 프로그램을 활용할 수 있다([그림 10-7]). 'Inspiration
(제조사: 인스피레이션)'은 사고하는 것을 시각적으로 표현할 수 있는 프로그램
으로 마인드맵을 자유롭게 그릴 수 있다. 따라서 학습장애 아동이 글쓰기를

그림 10-7   Inspiration 소프트웨어

계획하는 단계에서 사고를 조직화할 때 유용하게 사용할 수 있다.

3) 수학문제 아동을 위한 보조공학

(1) 수 감각 교수를 위한 보조공학

학습장애 아동은 수 감각 능력이 부족하기 때문에 이를 향상시키기 위한 다양한 교수방법이 제공되어야 한다. 이를 위해 수 감각 교구를 활용할 수 있다.

① 수 세기 학습을 위한 교구

수 세기를 통해 기본적인 수의 개념을 학습할 수 있다. '수열판 지능 개발기(제조사: 범한시청각)'는 수가 순서대로 배열되어 있으며 일, 십, 백, 천 단위의 112개의 버튼으로 구성되어 있다. 숫자를 누르면 숫자에 대한 한글이 나오도록 되어 있어서 수의 개념과 수 읽기를 학습할 수 있는 도구다. '수 세기판(제조사: Learning Resources)'은 1에서 100까지의 수 세기를 배울 수 있는 교구다([그림 10-8]). 한 줄에 10개의 구슬이 배열되어 있어서, 1~10까지의 수를 익힐 수 있으며 10개씩 묶어 세기를 하면서 십진법의 기초 개념을 습득할 수 있다. '코끼리 수 세기(제조사: Nathan)'는 코끼리의 그림에 적힌 숫자만큼 코끼리의 코에 클립을 꽂으며 기본적인 수 개념을 배울 수 있는 교구다([그림 10-8]).

수 세기판

코끼리 수 세기

자릿수 연산 모듈 차트

그림 10-8 수 감각 교수 교구

② 자릿수 학습을 위한 교구

자릿수 개념을 학습하기 위해 자릿수 연산 모듈 차트를 활용할 수 있다. '자릿수 연산 모듈 차트(제조사: Learning Resources)'는 1~1,000까지의 자릿수를 알고 수 개념을 익히기 위한 교구다([그림 10-8]). 1~10까지의 숫자가 하나의 모듈에 포함되어 있어서, 세 개의 모듈을 이어 붙여서 세 자릿수를 만들 수 있다.

(2) 기본연산 교수를 위한 보조공학

덧셈, 뺄셈, 곱셈, 나눗셈 등 기본연산에서의 어려움을 갖는 학습장애 아동을 위해서는 기본연산의 기능을 향상시키기 위한 체계적인 교수를 제공하거나, 연산의 기능을 보완할 수 있는 대안적인 방법을 고려할 수 있다. 이를 위해 연산의 원리와 규칙을 익히기 위한 교구나, 연산을 위한 보조공학기기를 활용할 수 있다.

① 연산을 위한 교구

수 연산 능력을 향상시키기 위해서 구체물을 활용할 수 있다. '수 연산 놀이 세트(제조사: Learning Resources)'는 수 연산 능력 향상을 위한 교구다([그림 10-9]). 수 막대를 이용하여 덧셈, 뺄셈, 곱셈, 나눗셈의 개념을 학습할 수 있다.

그림 10-9   수 연산 놀이세트

수 막대는 육각형 큐브가 각 숫자의 개수만큼 쌓아 올려져 있다. 1~10까지의 수 막대가 있어서(예: 1은 한 개의 큐브, 2는 두 개의 큐브), 여러 개의 수 막대를 붙이거나 분리하면서 기본연산의 개념을 이해할 수 있다. '덧셈(뺄셈, 곱셈, 나눗셈) 지능 개발기(제조사: 범한시청각)'는 112개의 버튼이 있는데, 각 버튼에는 덧셈(뺄셈, 곱셈, 나눗셈)의 수식이 적혀 있으며, 버튼을 누르면 수식에 대한 답이 나오도록 구성되어 있다. 이는 각 연산의 기본 개념의 학습과 반복적인 시행을 통한 연산의 자동화 훈련을 돕는다. '사칙연산 모듈 차트(제조사: Learning Resources)'는 연산기호, 부등호, 1~10까지의 숫자로 구성되어 있는 교구다. 10까지의 단위 수로 연산학습을 할 수 있다. 교구 외에도 연산의 원리를 가르치기 위해서 소프트웨어 프로그램을 활용할 수 있다.

② 전자계산기

연산은 수학의 기본적인 기술이기 때문에, 연산의 문제가 해결되지 않으면 문장제 문제 해결과 같이 기본적으로 연산기술을 요구하는 과제를 수행할 수 없다. 따라서 연산의 문제를 보완할 수 있는 보조공학기기로 전자계산기를 사용할 수 있다. 아직 우리나라에서는 수학과제를 해결할 때 전자계산기를 사용하는 것을 허용하지 않지만, 미국의 경우에는 전자계산기를 사용하도록 권고한 바 있으며 전자계산기 사용의 효과를 보고하고 있다(Hembree, 1986).

(3) 문장제 문제 교수를 위한 보조공학

2013년 초등학교 1, 2학년의 교과서가 개편되면서 수학교과서에 스토리텔링이라는 개념이 도입되었다. 이는 기존에 문장제 문제로 제시되던 짤막한 문제들을 전체의 스토리로 엮어서 좀 더 실생활에 밀접한 이야기로 만든 것으로, 추상적인 수학개념을 이야기 속에서 쉽게 접근하도록 하는 데 취지가 있다. 최근 교육과정 개정에서도 반영되었듯이 수학에서 읽기능력이 차지하는 비중이 더욱 높아지고 있다. 그런데 읽기 이해에 어려움을 동반하는 학습장애 아동은 문장으로 제시되는 문장제 문제 해결에 어려움을 겪는다(김동일 외, 2013; 정세영, 김자경, 2010). 따라서 학습장애 아동이 실제적으로 수학적 문제 상황을 경험하고 효율적으로 해결할 수 있는 방안을 탐색하도록 교수하는 것이 문장제 문제 해결 향상에 효과적이다(허승준, 2007). 이를 위해 동영상을 수학수업에 활용할 수 있다.

① 동영상

실제적 수학문제 상황을 교육에 도입하기 위해서는 문제 해결 상황에 대해서 시나리오를 작성한 후, 이를 촬영한 동영상을 활용할 수 있다. 허승준(2007)의 연구에서는 '제주도 가족여행'이라는 주제로 동영상을 촬영하였는데, 동영상의 주인공이 제주도로 가족여행을 떠나기 위해서는 다양한 수학적 문제 해결 상황에 놓인다. 주인공은 교통, 숙박, 볼거리 등을 계획해야 하는데, 이때 여행일정과 경비 등을 결정하는 과정에서 수학적 문제 해결 상황이 발생하게 된다. 이 동영상의 내용을 소재로 하여 수업하는 학생들은 동영상을 시청하면서 실제적 수학적 문제 해결 상황을 경험하게 된다.

4. 학습장애 아동을 위한 수업설계 및 교수 · 학습방법

학습장애 아동을 교육하기 위한 다양한 교수 · 학습방법이 있는데, 대표적으로 직접 교수, 상보적 교수, 앵커드 교수가 있다. 이 장에서는 세 가지 교수·학습방법의 개념과 원리를 알아보고자 한다.

1) 직접 교수

직접 교수(direct instruction)란 교사가 미리 준비한 교안(script)에 따라 진행되는 교사 주도의 연습과 훈련을 강조하는 교수방법이다. 식섭 교수의 구성요소는 ① 분명하게 계획된 단계별 전략, ② 각 단계에서의 성취기준, ③ 철저한 피드백과 신속한 교정, ④ 다양한 예를 활용한 적절하고 체계적인 연습, ⑤ 새롭게 학습한 개념에 대한 지속적인 평가 등이다. 직접 교수의 학습활동 절차는 다음과 같다.

- 과제분석을 통해 구체적인 목표를 제시한다.
- 교사가 단계별로 명확하게 시범을 보인다.
- 아동이 숙달될 때까지 안내된 연습을 한다.
- 교사 주도에서 점차로 아동의 독립적인 수행으로 이동되도록 한다.
- 학습된 개념에 대해 평가한다.

김윤옥(2004)은 특수아동을 위한 효과적인 직접 교수 방법을 도입, 전개, 정리로 나누어서 〈표 10-1〉과 같이 제안하였다.

표 10-1 직접 교수의 수업구조

도입	전개	정리
• 주의집중 • 전날의 학습 복습 및 검토 • 학습목표 제시	• 새로운 내용의 소개 • 시범(선생님이 해 볼게) • 유도(부추김: 우리 같이 해 보자) • 점검(너 혼자 해 보아라)	• 오늘 학습한 내용 검토 • 차시 내용 소개 • 독립적인 과제 제시(숙제)

출처: 김윤옥(2004: 36).

2) 상보적 교수

상보적 교수(reciprocal teaching)란 구조화된 토론 중심 학습활동을 통해 학습과제의 내용 이해를 촉진하기 위한 교수방법이다. 상보적 교수에서 교사는 학습의 주도권이 학생들에게 이양될 수 있도록 구조적인 활동을 계획, 진행, 평가하게 된다. 또한 교사는 모든 학생이 적극적으로 수업활동에 참여할 수 있도록 수업참여를 위한 촉진자의 역할을 수행하며, 학생들이 내용 이해를 위한 전략을 적절하게 활용하고 있는지 평가하고, 필요 시 도움을 제공하는 역할도 수행하게 된다. 상보적 교수의 학습활동 절차는 다음과 같다.

- 예측하기: 교재에 포함된 문자나 그림 또는 지난 시간에 논의된 내용 등을 중심으로 다음에 무슨 내용이 전개될지 예측한다.
- 질문하기: 예측활동 후 주어진 학습과제를 읽은 다음, 이와 관련한 질문을 만들고 답한다.
- 명료화하기: 교재 내용 중 이해가 불분명한 부분이 여전히 남아 있는 경우 명료화한다.
- 요약하기: 진행활동이 끝난 후 전체적인 내용에 대해 요약한다.

상보적 교수에서는 교수활동 동안에 예측하기, 질문하기, 명료화하기, 요약하기의 절차가 순환적으로 일어난다. 김윤희, 김자경, 백은정(2011)의 연구에서 제시된 상보적 전략을 활용한 읽기 교수의 예시를 〈표 10-2〉에 제시하였다.

표 10-2 상보적 전략을 활용한 읽기 교수 및 학습과정안의 예시

제재		김치	
학습과정		교수 · 학습 활동	유의점
도입	예측 하기	• '김치'에 대해 알고 있는 것을 이야기해 보기 • '김치'라는 글은 무엇에 대한 이야기인지 생각해 보기	• 학습할 내용과 관련하여 학생들의 배경지식을 이끌어 낸다.
전개	명료화 하기	• 학습지에 제시된 '김치' 읽기 • 이해가 되지 않거나 어려운 낱말이 있는지 물어보기 - 학생들 스스로 이야기를 통해서 어려운 내용이나 모르는 낱말 등의 의미를 찾아 낸다.	• 글의 앞뒤 내용을 살펴 어려운 낱말의 뜻을 유추한다.
	요약 하기	• 글을 읽고 문단별로 중심 문장 찾아보기 - 단락별로 중심 문장이라고 생각하는 문장을 찾고, 교사와 학생들이 함께 중심 문장을 찾는다. • 단락별로 내용 요약하기	• 잘 찾지 못하면 교사가 도움을 줄 수 있다.
	질문 만들기	• 읽은 글을 바탕으로 질문 만들어 보기 - 읽기 자료를 다시 읽으며 학생들 각자 질문을 만든다.	• 답이 완전하지 못하면 서로 협력하여 좋은 답을 찾아낸다.
	질문 하기	• 학생들이 만든 질문에 대해 토의하기 - 질문을 수정하기도 하고, 만든 질문에 학생들이 답한다.	
정리	예측 하기	• 이어질 글의 내용은 무엇일지 질문하기 - 타당한 이유를 밝히며 이어질 내용을 예측한다.	• 앞의 내용을 잘 살펴보고 이어질 내용을 예측하여 이야기한다.

출처: 김윤희, 김자경, 백은정(2011: 214).

3) 앵커드 교수

앵커드 교수(anchored instruction)란 복잡하지만 실제적이고 도전적인 문제 상황을 제공하는 동영상 앵커(anchor)를 중심으로 학생들이 제시된 문제를 능동적으로 파악하고 해결함으로써 생성적 지식을 획득하는 수업방법이다(허승준, 2002). 앵커드 수업의 원리는 ① 동영상 기반 제시 형식, ② 이야기 형식, ③ 생성적 학습 형태, ④ 내재한 자료 설계, ⑤ 문제의 복잡성, ⑥ 교육과정 간 연계 등이다. 앵커드 수업 프로그램의 개발과정은 다음과 같다(허승준, 2007).

주제 선정 ➡ 교육과정 분석 ➡ 앵커 제작 ➡ 수업계획서 작성

- 시나리오 작성
- 촬영 및 편집
- 동영상 제작

허승준(2007)이 학습장애학생을 위한 앵커드 수업 프로그램을 개발한 연구에서 '제주도 가족여행'이라는 주제로 계획한 수업계획서를 〈표 10-3〉에 제시하였다.

표 10-3　앵커드 수업 예시

단원	5. 시간과 무게 6. 혼합계산		차시	6/17	수업 형태	정착학습
본시 주제	동영상을 보며 문제를 파악하고, 여행계획 대강 세우기		교과서	63–90쪽		
학습 목표	◎ 동영상을 보며 문제를 파악할 수 있다. ◎ 5박 6일의 제주도 여행계획을 대강 세울 수 있다.					

단계	학습내용	교수-학습활동	시간	자료 및 유의점
도입	전시학습 상기	• 지난 시간에 무엇을 공부하였나요? 　- 동영상 자료를 보았습니다. 　- 비디오를 보고 등장인물을 알아보았습니다. 　- 비디오의 줄거리도 알아보았습니다.	3분	
	학습목표 확인	• 이 시간에는 동영상 자료를 다시 보고, 8시간 동안 여행계획을 세워 보겠습니다.		

〈계속〉

		◎ 공부할 문제 제시		
		제주도 동영상 자료를 살펴보고 대강의 여행 계획을 세워 보자.		
전개	학습활동 소개	◎ 활동 방법 소개하기		(자)동영상 CD (자)학습지 (유)앵커 되감아 보는 방법지도 (유)자기가 맡은 역할 분담 내용 중 알지 못한 곳은 모둠별 앵커를 이용해 되감아 보고 답을 쓰게 한다.
		〈활동 1〉 자료를 보고 문제 알기 • 동영상 자료 보기 • 무엇을 해야 할지 문제 확인하기 〈활동 2〉 문제 해결 계획 세우기 • 모둠별로 역할 분담하여 대강의 계획 세우기		
	활동 1	〈활동 1〉 자료를 보고 문제 알기 ◎ 자료 보기 • 동영상을 다시 한번 보면서 우리 모둠이 무엇을 해야 할지 생각해 보세요. - 동영상을 보며 중요한 내용을 메모한다. • 우리에게 주어진 8시간 동안 무엇을 해야 할까요? - 5박 6일 동안의 여행계획을 세워야 합니다. - 정해진 시간과 돈으로 하루하루 어디에서 자고, 무엇을 해야 할지도 정해야 합니다. - 정해진 시간과 돈을 지키려면 시간과 무게에 대해서 계산도 해야 합니다. - 혼자서 해결하기 힘들기 때문에 각자 역할을 나누어야 합니다.	34분	
	활동 2	〈활동 2〉 여행계획 세우기 ◎ 모둠별로 5박 6일 대강의 여행계획 토의하기 • 여행의 주제를 정하고, 여행에 필요한 물건, 가 보고 싶은 곳, 잠잘 곳, 각자의 역할 등을 생각해서 5박 6일간의 일정을 대강 생각해 정해 보세요. • 여행계획을 어떻게 세우면 좋을지 각 모둠별로 토의한 후 발표해 보겠습니다. - 여행의 주제를 정한다. - 가 보고 싶은 곳을 정한다. - 여행 갈 때 필요한 물건을 생각해 본다. - 각자 맡은 역할을 정한다.		

〈계속〉

정리	학습정리 차시예고	• 모둠별로 세워진 대강의 계획을 간단히 들어 본다. • 다음 시간에는 이 시간에 세운 대강의 계획에 이어서 각 장소에서의 구체적인 여행계획을 세워 봅시다.	3분	(유)역할별로 발표시킨다.

출처: 허승준(2007).

이 장의 연구과제

1. 학습장애 영역에서의 보조공학의 필요성에 대해서 토론해 보자.

2. 학습장애의 교육적 요구와 그에 따른 보조공학의 쓰임에 대해서 발표해 보자.

3. 학습장애 아동을 위한 교수 · 학습방법을 적용한 수업지도안을 작성해 보자.

참고문헌

강은영, 황정현, 강윤지(2023). 인공지능(AI)과 학습장애를 잇는 미래지향형 교사교육 방향 탐색. 학습장애연구, 20(1), 29-57.

교육부(2022). 제6차 특수교육발전 5개년 계획(2023-2027).

교육부(2023). 2023년 특수교육 연차보고서.

김동일, 고혜정, 김이내, 백서연, 이해린, 이기정(2013). 수학학습장애 위험군 아동, 읽기수학공존학습장애위험군아동, 일반아동의 수학문장제 문제 해결력 비교-수학 인지변인을 중심으로. 특수교육저널: 이론과 실천, 14(1), 1-21.

김동일, 이대식, 신종호(2016). DSM-5에 기반한 학습장애 아동의 이해와 교육. 서울: 학지사.

김애화, 김의정, 김자경, 최승숙(2012). 학습장애 이론과 실제. 서울: 학지사.

김윤옥(2004). 특수아동을 위한 효과적인 직접교수방법. 2004학년도 자격연수교재 (36쪽). 충남: 공주대학교.

김윤희, 김자경, 백은정(2011). 상보적 전략을 활용한 읽기 교수가 읽기학습부진아의 독해력에 미치는 영향. 학습장애연구, 8(2), 205-224.

류성용, 김은정, 조중열, 박순길(2023). 철자인식 프로그램이 학습부진 아동의 철자인
    식과 읽기·쓰기에 미치는 효과. 학습자중심교과교육연구, 23(21), 651-663.

백은정, 김자경, 김혜원(2023). 자기조절 전략교수가 수학학습장애 위험아동의 수학
    문장제 문제 해결에 미치는 효과. 특수교육논총, 39(3), 167-191.

이대식(2020). 학습부진 및 학습장애 교육: 교수-학습이론과 모형의 조건. 서울: 학지사.

정대영(2006). 학습장애의 정의와 진단적 평가기준의 법적 규정을 위한 대안 탐색.
    2006년 춘계심포지움 발표집, 3-28.

정세영, 김자경(2010). 수학학습장애 아동의 읽기학습장애 동반 유무에 따른 수학문
    장제 해결능력과 해결과정 비교. 특수교육저널: 이론과 실천, 11(2), 1-20.

한국특수교육학회(2008). 특수교육대상자 개념 및 선별기준. 충남: 한국특수교육학회.

한국학습장애학회(2014). 학습장애 총론-전문성 구축을 위한 입문서-. 서울: 학지사.

허승준(2002). 멀티미디어 정착수업이 경도장애 및 비장애 고등학생의 비판적 질문능
    력에 미치는 효과. 교육공학연구, 18(2), 223-248.

허승준(2007). 학습장애학생을 위한 앵커드 수업프로그램 개발, 적용 및 효과. 학습장
    애연구, 4(1), 95-116.

「장애인 등에 대한 특수교육법」
「장애인 등에 대한 특수교육법 시행령」
「장애인 등에 대한 특수교육법 시행규칙」
「특수교육진흥법」

Catts, H. W., & Weismer, S. E. (2006). Language Deficits in Poor Comprehenders:
    A Case for the Simple View of Reading. *Journal of Speech, Language, and
    Hearing Research, 49,* 278-293.

Gough, P. B., & Tunmer, W. (1986). Decoding, reading, and reading disability.
    Remedial and Special Education, 7, 6-10.

Hammill, D. D. (1990). On defining learning disabilities: An emerging consensus.
    Journal of Learning Disabilities, 23, 74-84.

Hembree, R. (1986). Research gives calculators a green light. *Arithmetic Teacher,
    9,* 136-141.

Heward. W. L., etc. (2018). *Exceptional Children: An Introduction to Special
    Education* (11th ed.). Upper Saddle River, NJ: Person Education, Inc.

Individuals with Disabilities Education Improvement Act (IDEIA) of 2004, PL 108-

466, Sec. 602[30].

Interagency Committee on Learning Disabilities. (1987). Learning disabilities: A report to the U.S. *Congress*. Bethesda, MD: National Institute of Health.

Joshi, R. M., & Aaron, P. G. (2000). The component model of reading: simple view of reading made a little more complex. *Reading Psychology, 21*, 85-97.

Kavale, K. A., & Forness, S. R. (1995). *The nature of learning disabilities*. Mahwah, NJ: Lawrence Erlbaum.

Kirk, S. A., & Chalfant, J. C. (1984). *Academic and developmental learning disabilities*. Denver, CO: Love Pub. Co.

Lewis, R. B. (1993). *Special education technology*. Belmont, CA: Wadsworth.

McCarthy, J. L., & Kirk, S. A. (1961). *Illinois Test of Psycholinguistic Abilities: Experimental education*. Urbana, IL: University of Illinois Press.

National Joint Committee on Learning Disabilities. (1988). Letter to NJCLD member organizations.

참고사이트

국립특수교육원. https://www.nise.go.kr
한국특수교육학회. https://ksse.or.kr
한국학습장애학회. http://www.korealda.or.kr

제11장

정서·행동장애 아동을 위한 특수교육공학

이 장의 개요

이 장에서는 정서·행동장애 아동을 위한 특수교육공학에 관해 살펴볼 것이다. 이 장의 주요 내용은 정서·행동장애 아동에 대한 이해, 정서·행동장애 아동의 특수한 교육적 요구, 정서·행동장애 아동을 위한 보조공학, 정서·행동장애 아동을 위한 수업설계 및 교수·학습지원 방안 등이다.

이 장의 학습목표

1. 정서·행동장애 정의의 구성요소를 기술할 수 있다.
2. 정서·행동장애의 특성에 따른 교육적 요구에 대해 설명할 수 있다.
3. 정서·행동장애의 특성에 따른 보조공학의 역할과 쓰임을 설명할 수 있다.
4. 정서·행동장애 아동을 위한 학업기술 지도의 원리와 절차를 설명할 수 있다.

정서 · 행동장애의 정의는 교육자나 다양한 중재자에게 여러 가지 시사점을 주는 개념적 구조를 간결하게 제시하므로 중재현장은 물론 정책적인 면에서도 의미가 크다. 이에 이 장에서는 국내외의 다양한 정서 · 행동장애 정의와 분류체계를 통해 정서 · 행동장애의 특성을 살펴보고자 한다. 또한 정서 · 행동장애의 관련 요인을 알아보고, 그에 따른 보조공학을 제안하고자 한다. 마지막으로 정서 · 행동장애 아동을 위한 교수 · 학습방법을 제안한다.

1. 정서 · 행동장애의 이해

1) 정서 · 행동장애 정의

정서 · 행동장애는 아동 그 자신의 발달이나 타인의 생활, 혹은 그 둘 다를 방해하는 행동으로 비장애 아동에 비해 현저하게 일탈된 행동으로 정의한다.

우리나라의 정서 · 행동장애 정의는 1977년 12월「특수교육진흥법」이 제정되면서 특수교육대상자에 '정서장애자'가 포함되었다. 1978년 교육부령으로「특수교육진흥법 시행규칙」의 판별 기준에서는 정서장애자를 '정서적 · 감정적인 혼란으로 인하여 이상행동을 하는 자로서 특수교육을 필요로 하는 자'로 정의하였다. 1994년 1월「특수교육진흥법」이 전면개정되면서 특수교육대상자의 기준 중 '정서장애자'는 '정서장애(자폐성을 포함한다)'로 바뀌었다. 2007년 5월에 제정된「장애인 등에 대한 특수교육법 시행령」에서는 '자폐성장애'가 하나의 장애로 독립해 나가면서 '정서 · 행동장애'만의 특수교육대상자 선정기준이 마련되었으며, 내용은 다음과 같다.

장기간에 걸쳐 다음 각 목의 어느 하나에 해당하여, 특별한 교육적 조치가 필요한
사람

- 지적 · 감각 · 건강상의 이유로 설명할 수 없는 학습상의 어려움을 지닌 사람
- 또래나 교사와의 대인관계에 어려움이 있어 학습에 어려움을 겪는 사람
- 일반적인 상황에서 부적절한 행동이나 감정을 나타내어 학습에 어려움이 있는
  사람
- 전반적인 불행감이나 우울증을 나타내어 학습에 어려움이 있는 사람
- 학교나 개인 문제에 관련된 신체적인 통증이나 공포를 나타내어 학습에 어려움
  이 있는 사람

2) 정서 · 행동장애 분류

정서 · 행동장애를 가진 아동과 청소년이 보이는 특성에는 상당히 큰 범위
의 다양성이 존재한다. 이러한 다양성을 과연 몇 개의 범주로 묶을 수 있는가
에 대해서는 이견이 있을 수 있겠지만, 장애의 분류가 적절히 이루어지면 전
문가 간의 소통이 원활해지고 장애의 원인과 교육전략의 연구를 좀 더 효율적
으로 실행할 수 있게 되어 개별 학생의 요구에 맞는 교육적 지원을 제공하는
데 기여할 수 있다(Oland & Shaw, 2005).

정서 · 행동장애의 분류는 크게 정신의학적 분류와 교육적 분류의 두 가
지 방식으로 나눌 수 있다. 정신의학적 분류는 주로 정신 내면의 주관성에 따
른 임상관찰에 의존하는 경우로, 그 대표적인 예는 미국정신의학회(APA)의
정신장애진단통계편람(DSM)과 세계보건기구(WHO)의 국제질병분류(ICD)이
다. 교육적 분류는 범주적 분류(dimensional classification) 또는 경험적 분류
(empirical classification)라고도 불리며, 교육적 분류체계를 수립할 때에는 일반
적으로 많은 수의 정서 · 행동장애 학생의 행동 특성을 모은 후, 수집된 행동
특성 항목에 대해 요인분석과 같은 통계를 활용하여 동일하거나 유사한 행동
특성들끼리 한 요인으로 묶는다. 이 분류에는 연구자마다 다소 차이가 있으나

대부분 반드시 포함하는 공통요인은 내재화 요인과 외현화 요인이다. 여기에서 정신의학적 분류에 해당하는 DSM과 교육적 분류에 해당하는 내재화 요인, 외현화 요인만을 제시하면 다음과 같다.

교육적 분류에서 먼저 내재화 요인은 과잉통제라고도 부르며 우울, 불안, 위축 등과 같이 개인의 정서 및 행동상의 어려움이 외적으로 표출되기보다는 내면적인 어려움을 갖는 것을 포함한다. 즉, 슬픈 감정, 우울, 자기비하 감정을 보이고, 특정 생각, 감정, 의견에서 벗어나지 못하며, 활동수준이 심각하게 제한되고, 활동에 흥미를 잃으며, 사회적 관계 형성 및 유지에 방해가 될 정도로 위축, 회피 등 기타 특정 행동을 보인다.

외현화 요인은 통제결여라고도 부르며 공격성, 타인에 대한 반항, 충동성, 불복종 행동 등을 포함한다. 다시 말해, 사물이나 사람을 향한 공격성을 보이고, 과도하게 언쟁하고, 신체적 · 언어적 방법으로 다른 사람의 복종을 강요하고, 합리적인 요구에 응하지 않고, 지속적인 분노, 거짓말, 도벽 양상을 보이며, 타인이나 교사와 만족할 만한 인간관계를 형성 · 유지하지 못하거나 물리적 환경을 파괴하는 등의 특정 행동을 보인다.

정신의학적 분류 중 APA(2013)에서 최근에 개편한 DSM-5의 주요 장애는 다음과 같다.[1]

(1) 불안장애

① DSM-5의 분리불안장애 진단기준

A. 집이나 애착대상으로부터의 분리에 대해 발달적으로 부적절하게 과도한 불안을 느끼는 것으로 다음 여덟 가지 특성 중 세 가지 이상을 나타내야 한다.

  1. 집이나 주요 애착대상으로부터 분리되거나 분리를 예측할 때 극도의 불안을 반복적으로 나타낸다.

〈계속〉

---

1) APA(2022)에서 최근 개편된 『정신질환의 진단 및 통계 편람 제5판 수정판(Diagnostic and statistical manual of mental disorders: DSM-5-TR). (권준수 외 공역). 서울: 학지사』이 번역되어 출간되었다. 이 책을 참고하여 내용을 보완하였다. 여기에서는 실제 수업에서 활용되는 DSM-5를 기준으로 삼았다.

2. 주요 애착대상을 잃거나 주요 애착대상이 해를 입을 거라는 걱정을 과도하게 지속적으로 한다.
3. 곧 다가올 사건이 주요 애착대상으로부터 분리를 초래할 것이라는 걱정을 과도하게 지속적으로 한다.
4. 분리불안 때문에 학교나 다른 곳에 가기를 지속적으로 꺼려하거나 거부한다.
5. 집에 혼자 있거나 주요 애착대상 없이 집이나 다른 환경에 있는 것을 꺼려하며, 그에 대해 지속적으로 과도하게 두려움을 느낀다.
6. 주요 애착대상 없이 잠을 자거나 집 이외의 장소에서 잠을 자는 것에 대해 지속적으로 꺼려하거나 거부한다.
7. 주요 애착대상으로부터 분리되는 악몽을 반복해서 꾼다.
8. 주요 애착대상으로부터 분리되거나 분리를 예측하는 경우에 신체적 증상들(예: 두통, 복통, 구역질, 구토 등)을 반복해서 나타낸다.
B. 두려움, 불안, 또는 회피가 아동이나 청소년은 최소한 4주 이상, 성인은 6개월 이상 지속되어야 한다.
C. 이 장애가 사회적, 학업적, 직업적 및 다른 중요한 기능 영역에 임상적으로 중요한 손상 또는 결함을 초래한다.
D. 이러한 증상들이 자폐 스펙트럼 장애의 집 떠나기를 거부하는 저항, 정신장애의 분리에 대한 망상이나 환각, 광장 공포증의 신뢰하는 사람을 동반하지 않는 외출 거부, 범불안장애의 건강에 대한 염려, 질병 불안장애의 질병에 대한 걱정 등 다른 정신장애로 더 잘 설명되지 않는다.

② DSM-5의 범불안장애 진단기준

A. 최소한 6개월 이상 몇 개의 사건이나 활동에 대해 과도하게 불안해하며 걱정한다(예: 학교 수행평가).
B. 자신이 걱정하는 것을 통제할 수 없다.
C. 불안이나 걱정은 다음 여섯 가지 중 세 가지(아동의 경우 한 가지) 이상이 최소한 6개월 동안 나타난다.
1. 안절부절못하거나 벼랑 끝에 서 있는 느낌이 든다.
2. 쉽게 피곤해진다.
3. 집중하기 어렵다.
4. 과민하다.
5. 근육이 긴장되어 있다.
6. 수면장애가 있다.
D. 불안, 걱정, 또는 신체적 증상들이 사회적, 학업적, 직업적 및 다른 중요한 기능 영역에 임상적으로 중요한 손상 또는 결함을 초래한다.

〈계속〉

E. 이 증상들은 약물이나 다른 의학적 상태의 생리적인 효과에 기인한 것이 아니다.

F. 이 증상들은 공황장애의 공황발작에 대한 불안과 염려, 사회적 불안장애의 부정적 평가, 강박-충동장애의 강박, 분리불안장애의 애착대상으로부터의 분리, 외상 후 스트레스 장애의 외상성 사건의 회상, 거식증의 체중 증가에 대한 염려, 신체증상장애의 신체적 고통 호소, 신체변형장애의 자각된 외모 결함, 질병 불안장애의 심각한 질병에 대한 걱정, 또는 정신분열증이나 망상장애의 망상적 신념 등 다른 정신장애로 더 잘 설명되지 않는다.

③ DSM-5의 공황발작 진단기준

주의: 다음 증상들은 공황발작을 규명하기 위해 제시되기는 하지만, 공황발작은 정신장애가 아니므로 분류될 수 없다. 공황발작은 불안장애의 어떤 하위 유형에서도 발생할 수 있으며, 다른 정신장애(우울장애, 외상 후 스트레스 장애, 약물사용 장애)의 증상으로 나타날 수도 있다. 공황발작이 다른 장애와 공존하여 발생할 경우에 진단명에 명시하여야 한다(예: 공황발작을 동반하는 외상 후 스트레스 장애). 그러나 공황장애의 경우에 진단기준에 공황발작이 포함되므로 진단명에 명시할 필요가 없다. 몇 분 내에 두려움이나 불쾌감이 급등하여 절정에 달하는 동안에 다음 증상들 중 네 가지 이상이 나타난다.

주의: 두려움이나 불쾌감의 급등은 차분한 상태에서 나타날 수도 있고 걱정하는 상태에서 나타날 수도 있다.

1. 심장박동 수가 빨라지고 심장이 두근거린다.
2. 땀이 많이 난다.
3. 몸이 심하게 떨린다.
4. 숨이 가빠지고 숨을 못 쉴 것 같은 느낌이 든다.
5. 질식할 것 같은 느낌이 든다.
6. 가슴에 통증이 있거나 압박감이 있다.
7. 구토증이 나고 배 속이 불편하다.
8. 어지럽거나 기절할 것 같은 느낌이 든다.
9. 오한이 오거나 몸에서 열이 오른다.
10. 마비된 것 같거나 따끔거리는 느낌이 드는 등 지각에 이상이 있다.
11. 비현실감이나 이인증(자신으로부터 분리된 느낌)이 나타난다.
12. 통제력을 잃어버리거나 미쳐 버릴지도 모른다는 두려움이 있다.
13. 죽어 가고 있다는 두려움이 엄습한다.

주의: 귀 울림, 목의 통증, 두통, 통제할 수 없는 비명, 또는 울음 등의 증상들이 나타날 수도 있다. 그러나 이러한 증상들을 네 가지 진단기준의 한 가지로 간주해서는 안 된다.

④ DSM-5의 특정 공포증 진단기준

A. 특정 사물이나 상황(예: 비행기 여행, 동물, 주사)이 존재하거나 예상될 때 상황에 맞지 않을 만큼의 심한 두려움이나 불안을 지속적으로 나타낸다.

   주의: 아동의 경우 울거나, 심술을 부리거나, 성인에게 달라붙는 반응을 보일 수도 있다.

B. 공포의 대상인 사물이나 상황에 노출될 때마다 거의 매번 즉각적으로 두려움이나 불안을 나타낸다.

C. 특정 공포증을 가지고 있는 사람은 공포 대상인 사물이나 상황을 회피하거나 또는 과도한 불안과 두려움을 느끼면서도 견딘다.

D. 두려움이나 불안은 공포 대상인 특정 사물이나 상황이 야기하는 실제적인 위험이나 사회문화적 상황에 맞지 않을 정도로 심하게 나타난다.

E. 두려움, 불안, 또는 회피가 최소 6개월 이상 지속된다.

F. 두려움, 불안, 또는 회피가 사회적, 학업적, 직업적 및 다른 중요한 기능 영역에 임상적으로 중요한 손상 또는 결함을 초래한다.

G. 이러한 두려움, 불안, 또는 회피 증상들은 공황장애와 연관된 두려움, 불안, 또는 회피, 광장공포증의 무능력 상태, 강박-충동장애와 연관된 사물이나 상황, 분리불안장애의 애착대상으로부터의 분리, 외상 후 스트레스 장애의 외상성 사건의 회상, 사회적 불안장애의 사회적 상황 등의 다른 정신장애에 의해 더 잘 설명되지 않는다.

---

⑤ DSM-5의 사회적 불안장애 진단기준

A. 사회적 상황(예: 대화 또는 친숙하지 않은 사람과의 만남), 관찰되는 상황(예: 먹거나 마시는 것), 다른 사람 앞에서의 수행(예: 발표) 등 타인으로부터 세심하게 관찰당할 가능성이 있는 한 가지 이상의 사회적 상황에 대해 현저한 두려움이나 불안을 나타낸다.

   주의: 아동의 경우, 사회적 불안장애로 진단받기 위해서는 성인과의 상호작용뿐만 아니라, 또래와의 상호작용에서도 불안 반응을 나타내야 한다.

B. 자신이 불안 증상을 보임으로써 부정적인 평가(예: 굴욕을 당하거나 당황스럽게 되거나 거절당하거나 다른 사람을 기분 상하게 하는 등)를 받게 될 것을 두려워한다.

C. 두려워하는 사회적 상황에 노출되면 거의 예외 없이 두려움이나 불안 반응을 일으킨다.

   주의: 아동의 경우, 낯선 사람과의 사회적 상황에 노출될 때 울거나, 심술을 내거나, 몸을 움직이지 못하거나 위축되거나 말을 못하는 것으로 두려움이나 불안을 나타날 수도 있다.

D. 두려워하는 사회적 상황을 회피하거나, 또는 심한 불안이나 두려움을 느끼면서도 인내한다.

〈계속〉

E. 두려움이나 불안은 사회적 상황이 야기하는 실제적인 위협이나 사회문화적 상황에 맞지 않을 정도로 심하게 나타난다.

F. 두려움, 불안, 또는 회피가 최소 6개월 이상 지속된다.

G. 두려움, 불안, 또는 회피가 사회적, 학업적, 직업적 및 다른 중요한 기능 영역에 임상적으로 중요한 손상 또는 결함을 초래한다.

H. 이 증상들은 약물이나 다른 의학적 상태의 생리적인 효과에 기인한 것이 아니다.

I. 이러한 두려움, 불안, 또는 회피 증상들은 공황장애, 신체변형장애, 또는 자폐 스펙트럼 장애 등의 다른 정신장애에 의해 더 잘 설명되지 않는다.

J. 다른 의학적 상태(예: 파킨슨병, 비만, 화상이나 상해에 의한 손상)가 있는 경우에 두려움, 불안, 또는 회피가 이러한 의학적 상태와 관련된 것이 아니어야 사회적 불안장애로 진단받을 수 있다.

※ **선택적 함구증(함묵증)**

A. 다른 상황에서는 말을 할 수 있음에도 불구하고 말하기가 예상되는 특정한 사회적 상황(예: 학교)에서 시종일관 말하지 않는다.

B. 장애가 학업, 직업 성취나 사회적 의사소통을 저해한다.

C. 장애의 기간은 적어도 1개월은 지속되어야 한다(입학 후 처음 1개월은 포함하지 않음).

D. 말하지 못하는 이유가 사회생활에서 요구되는 언어에 대한 지식이 없거나 불편한 관계에 기인해서는 안 된다.

E. 장애가 의사소통장애(예: 말더듬)에 의해 잘 설명되지 않아야 하고, 자폐 스펙트럼 장애, 정신분열증, 다른 정신장애의 경과 중에 발생되지 않아야 한다.

(2) 우울장애

① DSM-5의 파괴적 기분조절장애 진단기준

A. 상황이나 화낼 이유에 대해 심한 울화 폭발을 부적절한 강도 또는 기간 동안 언어적으로(예: 언어적 분노) 그리고/또는 행동적으로(예: 사람이나 사물에 대한 신체적 공격) 반복해서 나타낸다.

B. 울화 폭발이 발달단계와 일관성이 없다.

C. 울화 폭발을 일주일에 평균 세 번 이상 나타낸다.

D. 울화 폭발이 나타나지 않는 기간의 기분도 거의 매일, 하루 종일 지속적으로 짜증을 내거나 화가 나 있으며, 그러한 기분이 부모, 교사, 또래에 의해 관찰될 수 있다.

〈계속〉

E. 진단기준 A~D가 12개월 이상 지속되었으며, 진단기준 A~D의 증상 없이 3개월 이상 지속된 기간이 없다.

F. 진단기준 A와 D가 가정, 학교, 또래와 있는 상황 중 최소한 두 가지 상황에서 나타나며, 이 중 한 가지 이상의 상황에서 심하게 나타난다.

G. 만 6세 이전이나 18세 이후에 첫 번째 진단을 받아서는 안 된다.

H. 진단기준 A~E가 만 10세 이전에 나타난다.

I. 조증 삽화나 경조증 삽화의 진단기준(기간 제외)에 맞는 기간이 하루 이상 지속되지 않는다.

   주의: 행복한 일이 있거나 기대하는 상황에서 일어나는 발달적으로 적절한 기분 상승을 조증 삽화나 경조증 삽화로 간주해서는 안 된다.

J. 진단기준에 맞는 행동들이 주요 우울장애 삽화 기간에만 일어나는 것이 아니며, 자폐 스펙트럼 장애, 외상 후 스트레스 장애, 분리불안장애, 지속적 우울장애 등의 다른 정신장애에 의해 더 잘 설명되지 않는다.

   주의: 파괴적 기분조절장애의 진단이 적대적 반항장애, 간헐적 폭발성 장애의 진단과 공존할 수 없으나, 주요 우울장애, 주의집중결핍/과잉행동장애, 품행장애, 약물사용장애 등의 진단과는 공존할 수 있다. 파괴적 기분조절장애와 적대적 반항장애의 진단 기준을 둘 다 충족하는 사람은 파괴적 기분조절장애로 진단되어야 한다. 조증 삽화나 경도 조증 삽화를 경험한 사람은 파괴적 기분조절장애로 진단되어서는 안 된다.

K. 진단기준에 제시된 증상들이 약물이나 다른 의학적 또는 신경학적 상태의 생리학적 효과에 기인한 경우는 제외한다.

② DSM-5의 주요 우울장애 진단기준

A. 다음 증상 가운데 다섯 가지 (또는 그 이상) 증상이 연속 2주 기간 동안 지속되며, 이러한 상태가 이전 기능으로부터의 변화를 나타내는 경우; 위의 증상 가운데 적어도 하나는 (1) 우울 기분이거나, (2) 흥미나 즐거움의 상실이어야 한다.

   주의: 분명히 다른 의학적 상태에 기인한 증상들은 포함하지 않는다.

   1. 하루의 대부분, 그리고 거의 매일 지속되는 우울한 기분이 주관적인 보고(예: 슬프거나 공허하게 느낀다)나 객관적인 관찰(예: 울 것처럼 보인다)에서 드러난다.

      주의: 소아와 청소년의 경우는 초조하거나 과민한 기분으로 나타나기도 한다.

   2. 모든 또는 거의 모든 일상 활동에 대한 흥미나 즐거움이 하루의 대부분 또는 거의 매일같이 뚜렷하게 저하되어 있을 경우(주관적인 설명이나 타인에 의한 관찰에서 드러난다)

3. 체중 조절을 하고 있지 않은 상태(예: 1개월 동안 체중 5% 이상의 변화)에서 의미 있는 체중 감소나 체중 증가, 거의 매일 나타나는 식욕 감소나 증가가 있을 때

　주의: 소아의 경우 체중 증가가 기대치에 미달되는 경우 주의할 것

4. 거의 매일 나타나는 불면이나 과다 수면

5. 거의 매일 나타나는 정신 운동성 초조나 지체(주관적인 좌불안석 또는 처진 느낌이 타인에 의해서도 관찰 가능하다)

6. 거의 매일 피로나 활력 상실

7. 거의 매일 무가치감 또는 과도하거나 부적절한 죄책감을 느낌(망상적일 수도 있으며, 단순히 병이 있다는 데 대한 자책이나 죄책감이 아님)

8. 거의 매일 나타나는 사고력이나 집중력의 감소, 또는 우유부단함(주관적인 호소나 관찰에서)

9. 반복되는 죽음에 대한 생각(단지 죽음에 대한 두려움뿐만 아니라), 특정한 계획 없이 반복되는 자살 생각 또는 자살 기도나 자살 수행에 대한 특정 계획

B. 이러한 증상들이 사회적, 직업적 및 다른 중요한 기능 영역에서 임상적으로 심각한 고통이나 손상을 초래한다.

C. 우울증 삽화가 어떤 약물이나 다른 의학적 상태의 생리적 효과에 기인하지 않는다.

　주의: 진단기준 A~C가 주요 우울증 삽화를 나타낸다.

　주의: 중대한 상실(예: 가족의 사망, 재정적 파산, 자연재해, 심각한 질병이나 장애)에 대한 반응은 우울 삽화의 진단기준 A에 기술된 강렬한 슬픔, 상실에 대한 반추증, 불면증, 식욕부진, 체중 감소 등을 포함한다. 이러한 증상들을 보이는 것을 이해할 수 있고 상실에 대해 적절하다고 간주되지만, 중대한 상실에 대한 이러한 증상들과 주요 우울증 삽화가 동시에 존재할 경우에 주의를 요한다. 이 경우에 개인사와 상실에 대한 고통의 표현에 대한 문화적 규준에 근거하여 임상적인 판단을 내려야 한다.

D. 주요 우울증 삽화는 분열정동장애(schizoaffective disorder), 정신분열증(schizo-phrenia), 정신분열형 장애(schizophreniform disorder), 망상장애, 또는 다른 정신분열 스펙트럼과 정신장애에 의해 더 잘 설명되지 않는다.

E. 조증 삽화나 경조증 삽화가 없었다.

　주의: 만약 조증이나 경조증 같은 삽화 모두가 약물이나 다른 의학적 상태의 생리적 효과에 기인한 경우는 제외한다.

③ DSM-5의 지속적 우울장애의 진단기준

지속적 우울장애는 DSM-Ⅳ의 만성적 주요 우울장애와 기분부전장애를 통합한 것이다.

A. 본인의 주관적 설명이나 다른 사람의 관찰에 따르면, 최소한 2년 동안 우울한 기분이 하루의 대부분 지속된다.
주의: 아동이나 청소년의 경우, 최소한 1년 동안 짜증을 내는 것으로 나타날 수도 있다.
B. 우울할 때 다음 여섯 가지 중 두 가지 이상의 증상을 나타낸다.
  1. 식욕 저하 또는 과식
  2. 불면증 또는 수면 과다
  3. 활기 저하와 피곤
  4. 낮은 자존감
  5. 집중력과 의사결정 능력 저하
  6. 절망감
C. 우울장애를 나타낸 2년(아동과 청소년은 1년) 동안 한 번에 2개월 이상 진단기준 A와 B의 증상을 나타내지 않은 기간이 없다.
D. 주요 우울장애의 진단기준을 2년 동안 지속적으로 나타낸다.
E. 조증이나 경조증 삽화가 나타난 적이 없으며, 순환성 기질장애(cyclothymic disorder)의 진단기준에 부합하지 않는다.
F. 이러한 증상들은 분열정동장애(schizoaffective disorder), 정신분열증(schizophrenia), 정신분열형 장애(schizophreniform disorder), 망상장애, 또는 다른 정신분열 스펙트럼과 정신장애에 의해 더 잘 설명되지 않는다.
G. 이러한 증상들이 어떤 약물이나 다른 의학적 상태(예: 갑상선 기능 저하증)의 생리적 효과에 기인하지 않는다.
H. 이러한 증상들이 사회적, 직업적 및 다른 중요한 기능 영역에서 임상적으로 심각한 고통이나 손상을 초래한다.

(3) DSM-5의 품행장애 진단기준

A. 연령에 적합한 주된 사회적 규범 및 규칙 또한 다른 사람의 권리를 위반하는 행동을 반복적이고 지속적으로 보이며, 아래의 항목 중에서 세 가지 이상을 12개월 동안 보이고 그중에서 적어도 한 항목을 6개월 동안 지속적으로 보인다.

사람과 동물에 대한 공격성
1. 다른 사람을 괴롭히거나 위협하거나 협박한다.
2. 신체적 싸움을 먼저 시도한다.

〈계속〉

3. 다른 사람에게 심각한 신체적 손상을 입힐 수 있는 무기(예: 방망이, 벽돌, 깨진 병, 칼, 총 등)를 사용한다.

4. 사람에 대해 신체적으로 잔인한 행동을 한다.

5. 동물에 대해 신체적으로 잔인한 행동을 한다.

6. 강도, 약탈 등과 같이 피해자가 있는 상황에서 강탈을 한다.

7. 성적인 행동을 강요한다.

재산/기물 파괴

8. 심각한 손상을 입히고자 의도적으로 방화를 한다.

9. 다른 사람의 재산을 방화 이외의 방법으로 의도적으로 파괴한다.

사기 또는 절도

10. 다른 사람의 집, 건물, 차에 무단으로 침입한다.

11. 사물이나 호의를 얻기 위해 또는 의무를 회피하기 위해 자주 거짓말을 한다.

12. 피해자가 없는 상황에서 물건을 훔친다.

심각한 규칙 위반

13. 부모의 금지에도 불구하고 밤늦게까지 자주 집에 들어오지 않는다. 이러한 행동이 13세 이전부터 시작되었다.

14. 부모와 함께 사는 동안에 적어도 두 번 이상 밤늦게까지 들어오지 않고 가출한다(또는 장기간 집에 돌아오지 않는 가출을 1회 이상 한다).

15. 학교에 자주 무단결석을 하며 이러한 행동이 13세 이전부터 시작되었다.

B. 행동의 장애가 사회적 · 학업적 · 직업적 기능수행에 임상적으로 심각한 장애를 초래한다.

C. 18세 이상의 경우, 반사회적 인격장애(antisocial personality disorder)의 준거에 부합하지 않아야 한다.

〈제한된 친사회적 정서〉

이 명시어에 적합하기 위해서는 다음 특성들 가운데 최소한 두 가지가 적어도 12개월에 걸쳐서 다양한 관계와 상황에서 지속적으로 나타나야만 한다. 이러한 특성들은 어떤 상황에서 이따금 발생하는 것이 아니며 이 기간 동안에 개인이 보인 대인 간 기능 및 정서적 기능의 전형적인 양상을 반영한다.

〈계속〉

구분	설명
후회나 죄책감의 결여	어떤 잘못을 저질렀을 때 나쁜 기분이나 죄책감을 느끼지 않는다(잡혔을 때 그리고/또는 벌에 직면했을 때만 표현하는 후회는 제외). 본인 행동의 부정적인 결과에 대한 염려가 전반적으로 결여되어 있다. 예를 들어, 누군가를 다치게 한 후에 후회하지 않거나 규칙을 위반한 결과에 대해 개의치 않는다.
무감각한-감정이입의 결여	타인의 기분을 무시하거나 개의치 않는다. 냉담하고 배려심이 없는 것으로 보인다. 본인의 행동이 타인들에게 미치는 영향보다는 자신에게 미치는 영향에 더 관심이 있는 것으로 보이며 이는 본인이 타인들에게 상당한 해를 초래한 경우에도 마찬가지다.
수행에 대한 무관심	학교, 직장 또는 기타 중요한 활동에서의 부실한 문제가 있는 수행에 대해 관심을 보이지 않는다. 기대치가 분명한 때 조차 수행을 잘 하기 위해 필요한 노력을 하지 않으며 본인의 수행이 부실한 탓을 전형적으로 타인에게 돌린다.
피상적이거나 불충분한 감정	피상적, 위선적, 혹은 허울뿐인 듯한 방식을 취할 때(예: 나타나는 감정과 모순되는 행동; 감정의 표현여부를 빠르게 전환) 또는 이득을 위해 감정적 표현을 사용할 때(예: 타인을 조정하거나 협박하기 위해 보이는 감정)를 제외하고는 타인에게 기분을 표현하거나 감정을 보이지 않는다.

〈심각도〉

구분	설명
가벼운 정도	진단을 내리기 위해 요구되는 정도를 초과하여 나타나는 문제가 매우 적으며 다른 사람에게 단지 가벼운 해를 끼친다(예: 거짓말, 무단결석, 허락없이 밤늦게까지 집에 들어가지 않는 것).
중간 정도	품행문제의 수와 다른 사람에게 해를 끼치는 영향의 정도가 가벼운 정도와 심한 정도의 중간이다(예: 피해자와 대면하지 않는 상황에서 도둑질하기, 기물 파손하기).
심한 정도	진단을 내리기 위해 요구되는 정도를 초과하여 나타나는 품행문제가 많거나 또는 품행문제가 다른 사람에게 심각한 해를 끼친다(예: 성적 강요, 신체적 잔혹함, 무기 사용, 피해자와 대면한 상황에서 도둑질, 파괴와 침입).

(4) 적대적 반항장애

A. 화난 민감한 기분, 시비를 걸거나 반항하는 행동, 보복적인 행동이 최소 6개월간 지속되고, 형제가 아닌 다른 사람 1인 이상과의 상호작용에서 다음 항목 중 적어도 네 가지 증후를 보인다.

화난 민감한 기분

1. 자주 화를 낸다.
2. 자주 다른 사람에 의해 쉽게 기분이 상하거나 신경질을 부린다(짜증을 낸다).
3. 자주 화를 내고 쉽게 화를 낸다.

시비를 걸거나 반항하는 행동

4. 권위적인 사람 또는 성인과 자주 말싸움(논쟁)을 한다.
5. 권위적인 사람의 요구에 응하거나 규칙 따르기를 거절 또는 무시하는 행동을 자주 보인다.
6. 의도적으로 다른 사람을 자주 괴롭힌다.
7. 자신의 실수나 비행을 다른 사람의 탓으로 자주 돌린다.

보복적인 행동

8. 지난 6개월간 두 차례 이상 다른 사람에게 악의에 차 있거나 보복적인 행동을 한 적이 있다.

　　비고: 행동의 지속성과 빈도에 따라 장애의 증후적인 행동과 정상적인 제한 내에서의 행동을 구별해야 한다. 5세 이하의 아동을 대상으로 적용할 때에는 최소 6개월 동안 일상생활의 대부분 시간에 행동이 나타나지 않을 경우 진단을 내리지 않는다. 5세 이상의 경우, 최소 6개월 동안 일주일에 적어도 한 차례 나타나야 준거에 부합하는 것이다. 이러한 빈도 준거는 증후를 판별하는 데 적용할 수 있는 최소한의 빈도 수준으로, 행동의 빈도와 강도는 개인의 발달수준, 성별, 문화별로 수용될 수 있는 기준이 다름을 감안해야 한다.

(1) 행동의 장애가 개인의 사회적 맥락(예: 가정, 또래집단, 직장동료)에서 개인 또는 다른 사람에게 고통을 주는 것과 관련이 있거나, 사회적 · 학업적 · 직업적 또는 다른 중요한 기능수행 영역에 부정적인 영향을 미친다.

(2) 행동이 정신병적 장애, 물질사용장애, 우울장애, 양극성장애에 의해 주로 나타나는 것이 아니다. 또한 준거는 파괴적 기분조절장애(disruptive mood dysregulation disorder)에 부합하지 않는다.

〈계속〉

〈장애 정도〉

경도	• 증후가 단지 한 상황에서만 나타난다(예: 가정에서, 학교에서, 일터에서, 또는 또래와의 관계에서)
중등도	• 일부 증후가 최소 두 가지 상황에서 나타난다.
중도	• 일부 증후가 세 가지 이상의 상황에서 나타난다.

(5) 주의력 결핍 과잉행동장애

① DSM-5의 ADHD 진단기준

A. (1) 그리고/또는 (2)와 같은 특징을 가진 부주의 그리고/또는 과잉행동-충동성의 지속적인 패턴이 기능이나 발달을 저해한다.

1. 부주의: 다음 증상들 중 여섯 가지(또는 그 이상)가 발달 수준에 적합하지 않고, 사회적 활동과 학업적/작업적 활동에 직접적으로 부정적인 영향을 미칠 정도로 적어도 6개월 동안 지속된다.

   주의: 증상이 과제나 교수를 이해하는 데 있어 단지 적대적 행동, 반항, 적개심, 또는 실패를 표현하는 것이 아니다. 청소년과 성인(17세 이상)에게는 적어도 다섯 가지 증상이 요구된다.

   a. 흔히 세부적인 면에 대해 면밀한 주의를 기울이지 못하거나, 학업, 직업, 또는 다른 활동에서 부주의한 실수를 저지른다(예: 세부적인 것을 간과하거나 놓친다, 일을 정확하게 하지 못한다).

   b. 흔히 일 또는 놀이를 할 때 지속적인 주의집중에 어려움이 있다(예: 수업, 대화, 또는 긴 문장을 읽을 때 지속적으로 집중하기 어렵다).

   c. 흔히 다른 사람이 직접적으로 말을 할 때 경청하지 않는 것처럼 보인다(예: 분명한 주의산만이 없음에도 생각이 다른 데 있는 것 같다).

   d. 흔히 지시를 따르지 못하고, 학업, 잡일, 또는 직장에서의 임무를 수행하지 못한다(예: 과제를 시작하지만 빨리 집중력을 잃고, 쉽게 곁길로 빠진다).

   e. 흔히 과업과 활동조직에 어려움이 있다(예: 순차적 과제 수행의 어려움, 물건과 소유물 정돈의 어려움, 지저분하고 조직적이지 못한 작업, 시간관리 미숙, 마감 시간을 맞추지 못함).

   f. 흔히 지속적인 정신적 노력을 요하는 과업에의 참여를 피하고, 싫어하고, 저항한다(예: 학업 또는 숙제, 청소년과 성인들에게는 보고서 준비, 서식 완성, 긴 논문 검토).

〈계속〉

g. 흔히 과제나 활동에 필요한 물건들을 분실한다(예: 학교 준비물, 연필, 책, 도구, 지갑, 열쇠, 서류, 안경, 휴대폰).

h. 흔히 외부자극에 의해 쉽게 산만해진다(청소년과 성인들에게는 관련 없는 생각이 포함된다).

i. 흔히 일상 활동에서 잘 잊어버린다(예: 잡일하기, 심부름하기, 청소년과 성인에게는 전화 회답하기, 청구서 납부하기, 약속 지키기).

2. 과잉행동 및 충동성: 다음 증상들 중 여섯 가지(또는 그 이상)가 발달 수준에 적합하지 않고, 사회적 활동과 학업적/작업적 활동에 직접적으로 부정적인 영향을 미칠 정도로 적어도 6개월 동안 지속된다.

주의: 증상이 과제나 교수를 이해하는 데 있어 단지 적대적 행동, 반항, 적개심, 또는 실패를 표현하는 것이 아니다. 청소년과 성인(17세 이상)에게는 적어도 다섯 가지 증상이 요구된다.

a. 흔히 손발을 가만히 두지 못하거나 의자에 앉아서도 몸을 움직거린다.

b. 흔히 앉아 있도록 기대되는 교실이나 기타 상황에서 자리를 뜬다(예: 교실, 사무실이나 작업장, 또는 자리에 있어야 할 다른 상황에서 자리를 이탈한다).

c. 흔히 부적절한 상황에서 지나치게 뛰어다니거나 기어오른다(주의: 청소년이나 성인에게는 주관적 안절부절못함으로 제한될 수 있다).

d. 흔히 여가활동에 조용히 참여하거나 놀지 못한다.

e. 흔히 끊임없이 움직이거나 마치 자동차에 쫓기는 것처럼 행동한다(예: 식당, 회의장과 같은 곳에서 시간이 오래 지나면 편안하게 있지 못한다. 지루해서 가만히 있지 못하거나 지속하기 어렵다는 것을 다른 사람들이 경험한다).

f. 흔히 지나치게 수다스럽게 말한다.

g. 흔히 질문이 채 끝나기 전에 성급하게 대답한다(예: 다른 사람의 말에 끼어들어 자기가 마무리한다. 대화에서 차례를 기다리지 못한다).

h. 흔히 차례를 기다리지 못한다(예: 줄서서 기다리는 동안).

i. 흔히 다른 사람의 활동을 방해하고 간섭한다(예: 대화, 게임, 또는 활동에 참견함, 요청이나 허락 없이 다른 사람의 물건을 사용함, 청소년이나 성인에게는 다른 사람이 하는 일에 간섭하거나 떠맡음).

B. 몇몇 부주의 또는 과잉행동-충동 증상이 만 12세 이전에 나타난다.

C. 몇몇 부주의 또는 과잉행동-충동 증상이 두 가지 이상의 장면에서 나타난다(예: 가정, 학교 또는 직장에서, 친구 또는 친척들과 함께, 다른 활동들에서).

D. 증상이 사회, 학업, 또는 직업 기능에 방해를 받거나 질적으로 감소하는 명백한 증거가 있다.

〈계속〉

E. 증상이 조현병(schizophrenia) 또는 기타 장애의 경과 중에만 발생하지 않으며, 다른 정신
장애에 의해 더 잘 설명되지 않는다(예: 기분장애, 불안장애, 해리장애, 성격장애, 물질중
독 또는 위축).

■ DSM-5의 기준에 따라 ADHD로 진단하기 위해서는 위의 ADHD 진단기준에서 부주의 진
단기준 아홉 가지 중 여섯 가지 그리고/또는 과잉행동 및 충동성 진단기준 아홉 가지 중
여섯 가지가 적어도 6개월 동안 지속적으로 나타나야 한다. 단, 청소년과 17세 이상 성인
에게는 적어도 다섯 가지 증상을 보여야 한다. 그리고 ADHD 증상이 12세 이전에 발생하
고, 적어도 두 가지 이상의 상황에서 광범위하게 나타나야 하며, 사회적 기능, 학업수행,
직업기능 등에서도 문제가 있다는 분명한 증거가 있어야 한다.

■ ADHD는 부주의, 과잉행동 및 충동성에 기초해서 복합형, 부주의 우세형, 과잉행동 및 충
동 우세형의 세 가지 하위 유형으로 분류한다. 복합형은 지난 6개월 동안 위의 기준 A의
1과 A의 2 모두에 부합되는 경우이고, 부주의 우세형은 지난 6개월 동안 기준 A의 1에는
부합되지만 A의 2에는 부합되지 않는 경우이며, 과잉행동 및 충동 우세형은 지난 6개월
동안 기준 A의 2에는 부합되지만 A의 1에는 부합되지 않는 경우다(APA, 2013).

(6) 틱장애

① 틱 종류

틱		형태
운동 틱	단순	• 눈 깜박이기, 코 찡그리기, 목 움직이기, 얼굴 찡그리기 등 • 수백분의 1초 동안 나타남
	복합	• 손짓, 뛰기, 만지기, 누르기, 발구르기, 사물냄새 맡기, 무릎 구부리기 • 배변행동증, 반향행동증 • 수초 동안 나타남
음성 틱	단순	• 기침하기, 킁킁거리기, 콧바람 불기, 새소리 내기, 트림하기 등 의미없는 소리
	복합	• 갑작스럽게 단어나 구 말하기 • 동어반복증, 반향언어증, 외설증, 음담패설

② DSM-5의 틱장애 진단기준

주의점: 틱은 갑작스럽고 빠르며 반복적이고 비율동적인 동작이나 음성 증상을 말한다.

투렛장애

A. 여러 가지 운동성 틱과 한 가지 또는 그 이상의 음성 틱이 질병경과 중 일부 기간 동안 나타난다. 두 가지 틱이 반드시 동시에 나타날 필요는 없다.

B. 틱 증상은 자주 악화와 완화를 반복하지만 처음 틱이 나타난 시점으로부터 1년 이상 지속된다.

C. 18세 이전에 발병한다.

D. 장애는 물질(예: 코카인)의 생리적 효과나 다른 의학적 상태(예: 헌팅턴병, 바이러스성 뇌염)로 인한 것이 아니다.

지속성(만성) 운동 또는 음성 틱장애

A. 한 가지 또는 여러 가지의 운동 틱 또는 음성 틱이 장애의 경과 중 일부 기간 동안 존재하지만, 운동 틱과 음성 틱이 모두 나타나지는 않는다.

B. 틱 증상은 자주 악화와 완화를 반복하지만 처음 틱이 나타난 시점으로부터 1년 이상 지속된다.

C. 18세 이전에 발병한다.

D. 장애는 물질(예: 코카인)의 생리적 효과나 다른 의학적 상태(예: 헌팅턴병, 바이러스성 뇌염)로 인한 것이 아니다.

E. 투렛장애의 진단기준에 맞지 않아야 한다.

다음의 경우 명시할 것: 운동 틱만 있는 경우
　　　　　　　　　　　　　음성 틱만 있는 경우

잠정적 틱장애

A. 한 가지 또는 다수의 운동 틱 또는 음성 틱이 존재한다.

B. 틱은 처음 틱이 나타난 시점으로부터 1년 미만으로 나타난다.

C. 18세 이전에 발병한다.

D. 장애는 물질(예: 코카인)의 생리적 효과나 다른 의학적 상태(예: 헌팅턴병, 바이러스성 뇌염)로 인한 것이 아니다.

E. 투렛장애나 지속성(만성) 운동 또는 음성 틱장애의 진단기준에 맞지 않아야 한다.

(7) 상동증적 운동장애

A. 반복적이고, 억제할 수 없는 것처럼 보이고, 목적이 없어 보이는 운동 행동(예, 손 흔들기 또는 손장난하기, 몸 흔들기, 머리 흔들기, 물어뜯기, 자기 몸 때리기)

B. 반복적인 운동 행동이 사회적, 학업적 또는 기타 활동을 방해하고, 자해의 원인이 될 수 있다.

C. 초기 발달 시기에 발병한다.

D. 반복적인 운동 행동은 물질의 생리적 효과나 신경학적 상태로 인한 것이 아니며, 다른 신경발달장애나 정신질환(예, 발모광[털뽑기장애], 강박장애)으로 더 잘 설명되지 않는다.

다음의 경우 명시할 것:

　　자해 행동을 동반하는 경우(또는 예방 조치가 없다면 부상을 초래할 수 있는 행동)

　　자해 행동을 동반하지 않는 경우

다음의 경우 명시할 것:

　　알려진 유전적 또는 기타 의학적 상태, 신경발달장애 또는 환경적 요인과 연관된 경우 (예, 레쉬-니한 증후군, 지적발달장애[지적장애], 태아기 알코올 노출)

　　부호화 시 주의점: 연관된 유전적 또는 기타 의학적 상태, 신경발달장애 또는 환경적 요인을 식별하기 위해 추가적 부호를 사용한다.

현재의 심각도를 명시할 것:

　　경도: 감각 자극이나 주의 전환에 의해 증상이 쉽게 억제된다.

　　중등도: 증상에 대한 확실한 방어책과 행동 조정이 필요하다.

　　고도: 심각한 부상을 예방하기 위해 지속적인 관찰과 예방책이 필요하다.

2. 정서·행동장애 아동의 특수한 교육적 요구

정서·행동장애 및 정신장애를 가진 아동과 청소년에 대해 비논리적이고 직관적인 사고에 의존하여 해석하는 것을 방지하기 위해 이론적·개념적 모델을 이해해야 한다. 개념적 모델은 복합적이고 다면적인 변인들과 정보를 조직화함으로써 복잡하고 이해하기 어려운 현상을 체계적으로 이해하고 예측할 수 있게 하는 사고의 틀을 제공한다(Kauffman & Landrum, 2013). 즉, 구조와 도구로써 기능한다. 따라서 개념적 모델을 통해 다양한 정서·행동장애 아동의 특수한 교육적 요구에 접근하고자 한다.

1) 신체생리적 모델

신체생리적(biophysical) 모델은 장애행동을 질병이나 의료적 모델, 즉 특정 병리적 특성이 개인 내부에 존재한다는 믿음에 근거하여 설명한다. 기본적으로 문제 혹은 병리라는 것은 개인의 내적인 측면에 존재한다고 가정하는 의료적 모델로, 대부분의 문제행동은 생리학적 비정상성에 기인한 것이라고 주장하기도 하고, 일부는 장애는 유전적 소인이나 잠재해 있던 생물학적 문제가 환경적 스트레스 요인으로 활성화된 것이라고 주장한다. 이 모델에서는 유전적 요인, 생화학적 · 신경학적 요인, 기질 요인으로 원인론을 주장한다. 정서 · 행동장애 아동의 신체생리적 모델에 근거한 교육적 지원내용은 의료적 모델인 관계로 매우 제한적이지만 다음과 같다.

- 관련 전문가들에게 의뢰
- 약물치료 부작용 점검

2) 정신역동적 모델

정신역동적(psychodynamic) 모델은 정서 · 행동 문제는 정신 내적 과정상의 기능장애에 기인한다고 가정한다. 즉, 정신 내적 기능의 정상 · 비정상적 발달과 개인의 욕구에 초점을 둔다. 정신분석학자들은 갈등, 불안, 죄의식 등이 성격발달과 밀접한 관련이 있으며, 정서 · 행동 문제는 해결되지 못한 갈등, 방어기제의 과도한 의존, 성격구조의 심한 일탈 등 정신 내적 장애가 가시적으로 드러난 것이라고 보고 있다. 따라서 이 모델에서는 개인의 무의식적 충동, 욕구, 불안, 죄의식, 갈등 등을 주로 평가한다. 이 모델에서는 대부분 인간의 행동과 사고를 단계 이론에 근거해서 설명한다. 정서 · 행동장애 아동의 정신역동적 모델에 근거한 교육적 지원내용은 다음과 같다.

- 인간 중심 교육
- 서비스 학습 프로그램
- 현실치료
- 정서교육
- 미술치료, 음악치료, 놀이치료 등

3) 행동주의적 모델

행동주의적(behavioral) 모델에서는 장애라 불리는 행동은 잘못된 학습에 기인한 결과라고 보며, 개인이 어떻게 생각하고 느끼는가보다는 어떻게 행동하는가에 더 많은 관심을 가지고 있다. 이 모델에서는 관찰 가능한 행동으로 표현될 수 없는 인간의 내적 요인은 거의 없다고 본다. 장애행동은 특정 환경적 영향하에서 기능을 가진다고 보기 때문에 상황적·맥락적 변인을 중심으로 평가하고 중재하며, 특정 변인들의 조작을 통해 인간행동의 변화가 가능하다고 주장한다. 정서·행동장애 아동의 행동주의적 모델에 근거한 교육적 지원내용은 다음과 같다.

- 긍정적 행동 지원
- 사회적 기술 훈련
- 바람직한 행동 증가 기법
- 바람직하지 않은 행동 감소 기법

4) 인지주의적 모델

인지주의적(cognitive) 모델에서는 정서·행동장애가 인지의 문제로 야기된다고 보고 있다. 인지주의 심리학자들은 지각이나 신념의 변화를 통해 개인들이 자신의 정서·행동 반응을 변화시킬 수 있다고 주장한다. 따라서 사람들로

하여금 자신의 목표, 행동, 사고에 대해 정확하게 생각하도록 가르치는 방법이나, 자신의 인지와 세계관을 재구조화하거나 새로운 인지 기술과 전략을 사용하여 비합리적 사고를 합리적 사고로 전환하는 것을 강조한다. 그리고 행동이란 외적 사상뿐만 아니라 그 사상에 대한 개인의 해석방법에 의해 결정된다고 주장하며, 개인의 사고, 감정, 행동 간에는 상호작용적인 관계가 존재한다는 것이다(Bandura, 1986). 또한 이 모델의 가장 주된 관심은 개인의 지각과 사고다. 정서·행동장애 아동의 인지주의적 모델에 근거한 교육적 지원내용은 다음과 같다.

- 인지재구조화(귀인재훈련, 이완훈련, 주장훈련, 사고평가, 자기효율성훈련, 문제 해결치료 등)
- 합리적 정서치료(RET)
- 합리적 정서행동치료(REBT)
- 자기관리(자기교수, 자기점검, 자기평가, 인지전략교수 등)

5) 생태학적 모델

생태학적(ecological) 모델에서는 정서·행동장애의 원인으로 아동을 둘러싸고 있는 환경을 강조한다. 이 모델의 이론가들은 일탈이란 환경 내 어떤 다른 개인과의 상호작용에 달려 있다는 견해를 지지하기 때문에 '생태학적'이라는 용어를 사용한다. 이 모델에서는 행동을 문제라고 규정하는 것은 바로 그 상황적 맥락이기 때문에 행동이 일어난 그 상황적 맥락에서 행동을 분리하여 논의하는 것은 아무런 의미가 없다고 주장한다(Coleman & Webber, 2002).

생태학적 접근의 목적은 아동에 대한 환경적 기대와 그 기대를 충족시킬 수 있는 아동의 능력 간의 차이를 줄이는 것으로, 기본 가정은 다음과 같다(Apter & Conoley, 1984). 첫째, 아동은 사회적 체계에서 분리될 수 없는 한 부분이다. 둘째, 장애는 아동 내부의 질병이 아니라 체계 내 부조화에 기인한다. 셋째,

부조화는 개인의 능력과 환경의 요구 또는 기대 간의 차이로 볼 수 있다. 넷째, 중재의 목적은 체계가 작동하도록 만드는 것, 궁극적으로는 중재 없이도 체계가 작동하게 하는 것이다. 다섯째, 체계 내 어떤 특정 부분에서의 개선은 체계 전체를 이롭게 한다. 여섯째, 중재를 위한 아동, 환경, 태도와 기대라는 세 가지 측면의 변화가 필요하다. 정서·행동장애 아동의 생태학적 모델에 근거한 교육적 지원내용은 다음과 같다.

- 긍정적 행동 지원
- 부모의 참여와 교육
- 재통합(reintegration)

3. 정서·행동장애 아동을 위한 보조공학

보조공학과 관련된 내용은 Boutot과 Myles(2010: 서경희, 이효신, 김건희, 2012, 재인용)의 『자폐 스펙트럼 장애: 특징과 효과적인 전략(Autism Spectrum Disorders: Foundations, Characteristics, and Effective Strategies)』을 참조하였다.

정서·행동장애 및 자폐 스펙트럼 장애(Autism Spectrum Disorder: ASD) 아동들은 교육, 레크리에이션, 고용, 사회적인 것 등 삶의 영역 전반에서 공학으로부터 많은 혜택을 받을 수 있다. AT는 그들의 독립성을 증대시키고, 의사소통과 문해 기술을 발달시키고, 사회적 능력을 구축함으로써 정서·행동장애 및 ASD 학생을 도울 수 있다. 이것은 아동들의 삶에서 전반적인 능력을 향상시키고 일반적인 교육환경에의 접근성 증가로 교육의 기회를 평등하게 만드는 데 기여한다. 특히 시각적 자극이 많이 반영된 공학은 정서·행동장애 및 ASD 학습자에게 특별한 혜택이 될 수 있다. 정서·행동장애 및 ASD 아동의 일반적인 학습경향 중 하나는 시각적 학습자이고 사상가라는 점이다(Dettmer et al., 2000; Edelson, 1998; Grandin, 1995). 따라서 시각적 지원과 전략을 사용하는 AT는 정서 · 행동장애 및 ASD 학습자에게 많은 도움이 된다.

정서 · 행동장애 및 ASD를 가진 사람들을 위한 AT 서비스의 조항에 대한 결정이 이루어질 때, 진단보다는 인간의 기능과 관련된 요소에 결정근거를 두는 것이 중요하다. 진정한 문제는 자신의 환경 내에서 기능하는 데서 학생들이 요구하는 적절한 지원을 어떻게 제공할 것인가에 대한 어려움이다.

기능이라는 용어는 어떤 필요조건을 만족시키기 위한 요구에 대응하는 것으로 한 사람이 취하는 행동으로 정의될 수 있다. 국립보조공학연구소(NATRI)에서는 인간의 기능 영역 일곱 가지를 범주화하고 있다. 이 개념화는 기능적 적용에 따라 보조적이고 적용할 수 있는 장치를 설치하고 범주화하기 위해 Melichar(1978)가 제안한 것이다. 이러한 일곱 가지 범주는 다음과 같다.

1) 존재

존재는 첫 번째이고 가장 기본적인 범주로서 삶을 지속시키는 데 필요한 기능을 지칭한다. 이 기능은 수유, 배설, 목욕, 몸단장, 수면을 포함한다. 정서 · 행동장애 및 ASD 아동을 위한 서비스는 해당하는 기능을 수행하는 방법을 가르치는 데 초점을 맞추고, 수많은 장치가 이러한 기능을 수행하는 데서 아동을 돕기 위해 존재한다.

2) 의사소통

의사소통과 관련된 수많은 기능 중 구어적 표현과 쓰기 표현, 시각적 · 청각적 수용, 정보의 내부적 처리과정, 사회적 상호작용이 있다. 공학의 사용은, 특히 보완/대체 의사소통(Augmentative and Alternative Communication: AAC)의 사용은 의사소통의 어려움이 ASD 아동에게 핵심적인 결손이라는 점을 고려해 볼 때, 엄청난 도움이 된다. AAC 체계는 하나의 "상징, 원조, 전략, 그리고 의사소통을 강화하기 위해 개인에 의해서 사용되는 기법을 포함하여 통합된 구성요소의 집합"이다(American Speech-Language-Hearing Association, 1991: 10). 의사소통을 위한 시각체계의 특징들은 ASD 아동들의 인지적 장점에 적합하다(Quill, 1995). 현장 전문가들은 ASD 아동의 의사소통과 관련된 요구조건을 비추어 볼 때 현재, 그리고 미래에도 AAC가 기능적 의사소통자로서 역할을 할 것이라고 주장한다(Beukelman & Mirenda, 1998).

AAC 체계는 비교적 낮은 기술체계(예: 의사소통 게시판과 대화 책과 같이 배터리나 전자장치가 없는 간단한 적용)에서 높은 기술장치(예: 복잡한 전자장치나 컴퓨터 위주의 공학)에 걸쳐 그 범위가 존재할 수 있다. AAC 체계는 대체로 비도구적 의사소통체계와 도구적 의사소통체계 중의 하나로 분류될 수 있다. 비도구적 AAC 체계는 표현적 의사소통의 산물을 위한 어떤 종류의 외부적 의사소통장치를 요구하지 않고, 수어, 표정, 제스처, 비상징적 발성을 포함한다. 도구적 AAC 체계는 산출을 위한 외부적 의사소통장치를 요구하고 사진 의사소통 게시판과 음성출력 장치를 포함한다(Beukelman & Mirenda, 1998; Miller & Allaire, 1987).

의사소통 중재의 주된 강조는 자연스러운 환경 내에서의 기능적 의사소통 기술 습득이다. 비록 구조화된 접근이 여전히 이용되지만, 오늘날 최고의 실행으로 강조되는 것은 자연스러운 일상과 환경에서의 기능적 언어를 사용하는 것이다(Beukelman & Mirenda, 1998; Calculator & Jorgensen, 1991). 기능적 의사소통은 "미리 결정된 목적을 성취하기 위한 실체적 언어의 사용이다. 기능적이기 위해서 언어는 다른 사람의 행동에 영향을 미쳐야 하고, 주어진 사회적 맥락에서 적절하고 자연스러운 결과를 가져와야 한다."(Calculator & Jorgensen, 1991) 기능적 의사소통은 ASD 아동의 강한 시공간적 장점과 읽기와 쓰기의 시각적 특성을 고려할 때, 읽고 쓰기 학습을 증진하는 데 도움이 될 것이다.

기능적 의사소통에 현대적이고 빈번하게 사용되는 한 예시는 그림교환 의사소통법(Picture Exchange Communication System: PECS)이다. PECS 프로그램을 사용하는 실행자들은 학생들이 의사소통 상대에게 그림카드를 주면서 요구하고 의견을 말하도록 지도할 때 의사소통의 교환을 강조한다.

입력과 출력에 초점을 맞춘 수많은 AAC가 존재한다. 음성출력 의사소통 보조기(Voice Output Communication Aid: VOCA)는 합성되고 디지털화된 말을 생산하는 휴대가능한 AAC 장치다. 의사소통을 위해 출력방식을 사용하는 것에 덧붙여, AAC 중재는 또한 다른 사람으로부터 정보를 입력하는 데 사용되었다. 여러 가지 사례연구는 보완/대체 의사소통에 시각적 상징을 사용하는 것이 효율적이라는 것을 입증하였다(Hodgdon, 1995; Peterson et al., 1995; Quill, 1997). 여러 가지 '입력' 방식이 존재하고, 특히 시각적 일정표의 사용은 ASD 아동이 연속되는 활동을 이해할 수 있게 도와주는 시각적 표상에 접근하도록 하는 것이다. 시각적 일정표는 수많은 기술의 성취를 촉진하기 위한 많은 방식에서 사용되었다.

의사소통 범주의 필요성은 행동지원을 위한 필요성과 일치해야 한다. 즉, 문제행동을 대체하기 위해 기능적 의사소통 훈련이 필요하다. ASD를 가진 아동은 문제행동을 대체하기 위해 AAC를 사용하는 것을 배울 수 있다(Mirenda, 1997). AAC 형식은 문제행동에 기능적으로 동일한 기능을 해야만 하고(Horner et al., 1990), 체계적 접근으로 실행자들이 사용하기 쉽게 계획되어야 한다.

3) 신호지원, 보호, 위치 잡기

어떤 아동은 안정된 상태를 유지하기 위해 또는 몸의 일부분을 지지하기 위해 도움이 필요하다. 정서·행동장애 또는 ASD에 부가적으로 소근육 또는 대근육의 어려움, 감각적 어려움을 가진 아동들은 이 기능적 범주에서 AAC의 지원이 필요할 수 있다. 예를 들어, 무거운 조끼, 큰 볼, 촉각 장난감, 진동 펜, 스쿠터보드, 그네 종류 등의 지원과 투입으로 아동의 요구조건을 만족시킬 수 있다.

4) 이동과 유연성

이동과 유연성 범주의 기능에는 기기, 걷기, 계단 사용, 측면과 수직의 이동, 환경탐색이 해당한다. 휠체어, 특수 승강기, 지팡이, 워커, 개조된 세발자전거, 크러치 등이 이러한 기능을 지원하기 위해 사용될 수 있다.

5) 환경의 상호작용

환경은 수정되거나 아동이 환경을 수정할 수 있다. 환경의 상호작용은 일상활동, 실내활동과 실외활동의 다수 수행에서 보이는 것처럼 이러한 적용과 연관된 기능을 포함한다. 예를 들어, 음식 준비, 전자제품의 작동, 시설에 접근하기, 삶의 공간 개조하기를 포함한다. 이 범주의 기능을 수행하기 위해서는 학교시설에 수정이 요구될 수도 있다.

6) 교육과 전이

교육과 전이 범주의 기능은 학교활동과 다양한 형태의 치료와 연계된 기능을 포함한다. 수많은 공학이 학교의 맥락 내에서 사용될 수 있고, 컴퓨터 보조 교수(Computer-Assisted Instruction: CAI), 오디오 교수적 테이프, 확대경, 독서대, 교육을 촉진할 수 있는 다른 자료와 장비가 포함될 수 있다. CAI는 컴퓨터-처리 촉구, 시스템의 학습 프로그램, 공학 기반의 커리큘럼 적용, 단어 예측의 글쓰기 프로그램, 가상현실을 사용하는 것을 포함한다. 보드메이커와 같은 컴퓨터 소프트웨어는 언어 보드판이나 VOCA 전시를 위한 환경적으로 특정한 시각적 언어 도구의 창조를 가능하게 한다.

Picture-It, Pix-Writer, Writing with Symbols 2000과 같은 소프트웨어들은 구와 문장을 위한 상징적 표현을 제공하고 사회 상황 이야기와 수정된 커리큘럼상의 자료를 만들어 내는 데 사용될 수 있다. 또한 CAI는 독서부분에서 도움을 받을 수 있다. Chen과 Bernard-Optiz(1993)는 컴퓨터 모니터를 통한 강사의 학문적 과제전달을 비교했고, 성인처리의 중재(adult-delivered intervention)보다는 CAI에 아동들이 더 많은 관심을 보이고 더 나은 수행을 한다는 것을 밝혀 냈다. Heimann 등(1995)은 CAI 프로그램과 전통적인 교수 접근을 아동에게 수업하는 데 사용했다. ASD 아동은 전통적인 교수보다 CAI에서 현저한 성과를 거두었다. 특히, 가상환경(Virtual Environment: VE)이 특정한 기술을 습득하는 것을 촉진하였다. 여기서 VE는 컴퓨터로 만들어진 실제나 상상적인 환경의 3차원 시뮬레이션이다. ASD를 위해 최초로 만들어진 분야는 협력적 가상환경(Collaborative Virtual Environment: CVE)의 사용이다. CVE는 AT로, 교육공학으로, 잠재적인 마음 이론 장애 중재 수단으로 사용되기 시작했다. CVE의 사용에는 가상현실 속의 아바타가 가장 중요하다. 사용자는 컴퓨터 환경 내에서 사용자의 정체성 재현물로 정의되는, 스스로 선택한 아바타를 사용해서 의사소통할 수 있다.

7) 스포츠, 피트니스, 레크리에이션

집단 및 개인적 놀이, 스포츠, 취미, 레저 시간과 연관된 기능이 이 기능범주에 포함된다. 활동에 참여하는 것을 증진시키기 위해서 이 범주에는 기능을 촉진할 수 있는 폭넓은 장비와 장치가 있다.

공학은 낮은 기술 수준의 그림 그리기에서 최첨단의 목소리 출력 시스템까지 앞의 기능을 수행하기 위해 여러 가지 형태를 취할 수 있다. Blackhurst (1997)는 무기술(no-tech), 낮은 기술, 중간 기술, 높은 기술 도구에 걸쳐 있는 연속적인 공학 기반의 해결책을 제시하였다(〈표 11-1〉). 표에서 설명되듯이, 보조공학은 다른 장애를 가진 아동에게는 다른 목적을 위해 사용될 수 있다.

Handleman과 Harris(2000)는 ASD 아동을 위한 포괄적인 조기교육 프로그램에서 중요한 여러 가지 영역을 설명한다. 이러한 영역에는 사회적·인지적

발달, 구어적 · 비구어적 의사소통, 적응 기술, 증가한 운동활동능력, 행동적 어려움의 개선이 있다. 이러한 영역은 조기교육 프로그램에서는 구체적이지 않다. 각 영역은 ASD를 가진 사람들의 삶의 모든 연령대에서 아주 중요하기 때문이다. 언급된 대로 AT는 포괄적인 교육 프로그램에서 학생들이 특정한 목적을 충족시키도록 돕기 위한 중재에 사용될 수 있기 때문에 여러 가지 형식을 취할 수 있고 많은 기능을 수행할 수 있다.

표 11-1 공학적 해결의 예

	접근을 증가시키는 공학	수업의 도구인 공학
무기술	• 물리 · 언어 · 작업치료사	• 체계적 교수절차
낮은 기술	• 고무손잡이가 있는 연필 • 찍찍이 붙이기 • 올라간 책상 • 휠체어	• 플래시 카드 • 오버헤드 프로젝트 • 칠판
중간 기술	• 휠체어 • 보청기	• 계산기 • 교수용 비디오테이프
높은 기술	• 적응형 키보드 • 소리 합성기 • 가상 실제 장치	• 교수용 컴퓨터 소프트웨어 • 상호작용 멀티미디어 시스템 • 하이퍼링크가 있는 컴퓨터 텍스트

출처: Blackhurst, E. (1997).

4. 정서 · 행동장애 아동 수업설계 및 교수 · 학습지원 방안

정서 · 행동장애 아동의 성공적인 학교교육 목적 성취를 위해서는 이들의 행동 측면만이 아니라 학업적 · 사회적 · 정서적 요구에도 동등하게 관심을 기울여야 하고, 학업기술은 행동관리기술 및 사회적 기술과 함께 이들에게 교수되어야 한다.

1) 효과적인 수업원리

(1) 학업 참여시간의 극대화

교사는 학생이 과제에 집중하여 학업에 참여하는 시간이 많아지도록 노력해야 한다. 학업과 관련된 시간에는 교사에게 집중하기, 수업자료에 집중하기, 교사의 질문에 답하기, 큰 소리로 읽기, 질문하기, 필기하기, 혼자서 과제 수행하기 등의 학생 행동들이 포함된다. 다음에서 정서·행동장애 학생들의 학업 참여시간을 극대화하기 위한 전략들을 살펴보고자 한다.

① 학업 참여시간을 증가시키기

학생이 과제에 집중하여 학업에 참여하는 시간이 증가하게 된다면, 문제행동은 감소하게 된다.

② 학업 참여시간을 극대화시키기 위한 수업 계획하기

교사는 수업 시작 전에 수업 교재 및 준비물을 미리 접근 가능한 장소에 배치하고, 과제를 어떻게 내 주고 어떻게 교정해 줄 것인지 미리 효과적으로 계획을 세워야 한다.

③ 효율적으로 시간 활용하기

교사는 교실에서 반복적으로 일어나는 일과들을 확인할 수 있도록 일과표를 만들고, 학습활동에 민첩하게 대응해야 하며, 학생에게 자주 질문하고 또한 명확한 설명을 제공해야 한다. 아울러 전이 시간을 효율적으로 관리하고, 과제에 집중하고 있는 학생에게 칭찬하고 강화함으로써 시간을 효율적으로 사용할 수 있다.

④ 학급관리 기술 개선하기

유능한 교사는 학생의 행동을 효율적으로 관리하며, 행동통제를 위해 많은 시간을 할애하지 않는다.

⑤ **학업 참여시간을 늘리기 위하여 학생을 강화하기**

학업 참여시간을 늘리기 위한 효과적인 방법은 학생을 강화하는 것이다.

⑥ **학생의 학업 참여시간 비율을 점검하기**

학생이 학업에 적극적으로 참여하는 시간의 양을 증가시키는 한 방법으로 교사는 학생들의 적극적인 학업참여비율을 점검해 볼 수 있다. 학업 참여비율을 점검하기 위해 우선 학업과 관련된 행동으로 학업 참여행동을 정의한다. 학업 참여행동을 정의한 후에는 학생의 학업 참여시간을 기록하도록 하고, 학업 참여시간의 백분율을 계산한다. 절차의 정확성을 확보하기 위해 두 번 이상의 관찰회기를 갖는다. 학업 참여시간의 백분율은 대략 할당된 시간의 80~85% 정도가 되어야 한다(Algozzine, Ysseldyke, & Elliot, 1997; Walker, Colvin, & Ramsey, 1995).

(2) 정확한 학업반응 형성

교사의 모델링, 긍정적인 말과 관심 주기, 정확한 피드백 제공하기와 같은 효과적인 교수행동의 수행은 학생의 더 많은 정확한 학업반응을 촉진할 수 있다. 정확한 학업반응은 학생의 학업성취의 증가뿐만 아니라 성공에 대한 내적 귀인을 향상시킨다(Ellis, Worthington, & Larkin, 1994).

① **정확한 학업반응을 증가시키기**

교사는 학생들이 반응할 기회를 증가시키고, 학생이 적절한 난이도의 활동에 참여하도록 한다.

② **반응기회를 증가시키기**

반응기회를 증가시키는 방법으로 질문 많이 하기, 다 같이 대답하도록 요구하기, 능동적인 연습활동 계획하기 등이 있다.

③ 학생의 반응 정확성을 위해 피드백 제공하기

교사는 학생의 정반응에 강화를 제공하고, 잘못된 반응에는 즉각적으로 실수를 교정하고 올바른 답을 가르쳐 준다.

④ 학생의 정확한 학업반응률 점검하기

학생의 정확한 학업반응률을 점검하기 위해 우선 정확한 학업반응을 정의한다. 그 후 학업반응의 빈도를 점검하고, 관찰된 시간으로 학업반응의 빈도를 나눔으로써 정확한 학업반응률을 계산한다.

(3) 학업내용의 양 극대화

① 학업내용 증가시키기

학업내용을 극대화하기 위해서는 교사가 가르칠 교육과정의 내용 중의 영역과 계열성을 결정해야 한다.

② 도달내용 점검하기

만약 학년 말까지 목표 도달속도가 느리다면, 교사는 과제 수행시간을 더 주거나, 수업을 위한 추가시간을 배당하거나, 도달해야 할 내용 중 중요도가 낮은 내용을 제외함으로써 도달속도를 가속시킨다.

(4) 학생의 수행능력에 적합한 과제 제시

학생의 수행수준에 적절하게 수업 과제와 교재를 제시함으로써 학업수행을 증가시키고, 학생의 소란행동을 감소시킬 수 있다. 이를 위해 학생 능력 사정이 필요하다.

학생의 능력을 사정하기 위해 표준화된 성취도검사와 규준지향검사가 유용하지만, 이러한 도구들은 학생의 능력에 직질한 과제를 제시하거나 학생의 진전도를 점검하기 위한 도구로는 적절하지 않다. 따라서 교사는 교사제작 교육과정 중심 사정(CBAs) 방법을 활용할 수 있다. 그런 다음 교사는 교육과정 중심 측정(CBM)과 같은 더 엄격한 연구로 타당화된 접근을 사용하여 학생의 진전도를 살펴보아야 한다(Deno, 1985, 1992, 1998; Dono, Marston, & Tindal, 1986).

(5) 학업내용 명시적 교수

유능한 교사는 학생에게 기술의 시범을 보이고, 개념을 설명해 주며, 많은 연습을 하도록 하고, 자주 복습하게 하면서 적극적으로 수업을 하는 명시적 교수(explicit teaching)를 수행한다. 명시적 교수는 작은 단계로 진행하면서, 학생의 이해 정도를 확인하고, 모든 학생에 의한 적극적인 성취와 성공적인 참여를 강조하는 체계적 교수법이다(Rosenshine, 1987). 〈표 11-2〉에 명시적 교수의 여섯 가지 기능이 제시되어 있다.

표 11-2 명시적 교수의 기능

교수기능	원리 · 목적	활동
매일 복습	학생이 사전에 소개된 요소를 학습하도록 하고, 새로운 지식과 기술을 습득하도록 하기 위하여	• 숙제 검사 • 질문하기
제시	새로운 내용이나 기술을 가르치기 위하여	• 수업목표 말하기 • 작은 단계로 새로운 내용을 보여 주기 • 새로운 요소를 설명하고 제시하기 • 예시 제공하기 • 학생의 이해 정도를 체크하기 • 교정 피드백 제공하기
안내된 실행	학생에게 면밀히 관찰된 연습활동을 제공하기 위하여	• 추가적 도움과 함께 연습하기 • 자주 질문하기 • 교정 피드백 제공하기 • 다 같이 반응하도록 하기 • 학생이 유창해질 때까지 연습 계속하기 • 모든 학생이 참가하고 피드백을 받도록 하기

〈계속〉

교수기능	원리 · 목적	활동
피드백과 교정	학생의 대답에 반응하기 위하여	• 학생이 옳게 반응하였다면 칭찬하기 • 학생이 맞았지만 주저하였다면 칭찬하고 과정에 대한 피드백을 주기 • 학생이 틀렸다면 칭찬하고 과정 피드백을 주고 필요하다면 다시 가르치기
혼자서 연습	학생이 유창하게 보충과제를 할 수 있도록 하기 위하여	• 과제수행 방법을 안내하여 학생이 독립적으로 같은 과제를 수행하도록 하기 • 교사와 학생의 접촉 빈도 줄이기 • 자습(예: 연습문제) • 컴퓨터 작업 또는 동료와의 협동학습 • 숙제
매주 매월 복습	학생이 배우고 습득해야 할 기술을 점검하기 위하여	• 매주 월요일 지난주 과제 복습하기 • 매달 넷째 월요일에 지난달의 과제 복습하기

출처: Yell, M. L. et al. (2005).

(6) 비계를 이용한 수업

교수적 비계는 학생이 배울 기회를 증가시키며, 동시에 오류 가능성을 줄이는 효과적인 지도전략이다. 유능한 교사는 학생의 학습에 비계를 만들어 주며, 교육과정에 의거하여 학생을 지도한 교사보다 높은 성취 점수를 이끌어 낸다.

교사는 촉진전략을 사용하기, 새로운 개념이나 기술을 사용하기, 시범 보이기, 학생의 이해 점검을 위해 자주 질문하기를 함으로써 수업시간에 비계를 만들 수 있다. 또한 교사는 학생을 세밀하게 관찰하고 필요할 때 도움을 제공할 수 있는 안내된 연습활동 기회를 보장해야 하며, 학생의 이해 촉진을 위해 학습안내, 개요설명, 과제조직자 등을 사용하여 비계를 활용한 수업을 제공할 수 있다.

(7) 학생의 진보 점검하기

유능한 교사는 학생의 진보를 정기적으로 자주 점검한다. 진보도 점검을 위해서는 총괄평가가 아닌 형성평가를 수행하는 것이 효과적이다. 형성평가는 교사가 학생이 학습하고 있는 과정에서 정보를 수집하거나 학령기를 통하여 정기적으로 자주 정보를 수집하는 것이다.

2) 학업기술 중재전략

(1) 교사매개 학업기술 중재

교사매개 학업 중재(teacher-mediated academic interventions)는 교사나 관련 전문가들이 선행자극 및 후속결과를 관리하여 학업 중재를 실행하는 것으로 토큰경제, 그래픽 구성, 직접 교수 같은 구조화된 교수체계가 포함된다. 직접 교수는 교육내용을 가르치기 위한 효율적인 전략과 구조화된 방법을 사용할 수 있는 수업 프로그래밍을 강조한다. 직접 교수의 네 가지 주요 구성요소를 제시하면 다음과 같다(Marchand-Martella, Slocum, & Martella, 2004).

① 집단수업

학생이 집단으로 구성되어 그 집단의 모든 학생이 적절한 수업을 받을 수 있다.

② 학업 참여시간

교사는 수업에 충분한 시간을 할당하고, 학생들이 할당된 시간에 적극적으로 참여하도록 해야 한다. 또한 학생은 수업시간 동안 높은 성취를 보여 주어야 한다.

③ 세심한 계획과 정확한 실행을 위한 각본

읽기, 수학 문제 해결, 쓰기를 가르치는 것은 세심한 계획과 정확한 실행이 필요하다. 그러므로 직접 교수 프로그램은 명확한 설명, 세심하게 선택되고 계열성 있는 예시의 제공, 세심하게 구조화된 시범교수와 같은 상세화된 각본을 포함한다.

④ 지속적 평가

지속적 평가를 통해 교사는 학생이 어떻게 학습하고 있는지에 대해 피드백을 제공하고, 정보에 근거하여 수업 결정을 할 수 있다.

(2) 또래매개 학업기술 중재

또래매개 학업 중재(peer-mediated academic interventions)는 학생이 또래를 위해 교사가 선정한 교수내용을 실행하는 것으로 또래교수, 학급 차원의 또래교수, 연령 교차 교수, 또래 모델링, 협동학습 등이 포함된다.

① 학급 차원의 또래교수

또래교수 전략은 대상학생의 학업성취, 행동수행, 사회적 관계를 개선시키는 데 효과적인 것으로 보고되고 있다. 또래교수는 학생의 과제 참여시간을 증가시키며, 연습할 기회와 피드백을 받을 기회를 더 많이 제공하며, 가르치는 학생과 배우는 학생이 모두 학업적 유익을 얻을 수 있다(Falk & Wehby, 2001). 학급 차원의 또래교수(Class Wide Peer Tutoring: CWPT)는 소집단으로 교육을 제공하는 또래교수 전략으로 교사는 학급의 모든 학생을 교사학생 짝으로 구성할 수 있다(Green-wood & Delquadri, 1995).

② 또래보조 학습전략

또래보조 학습전략(the Peer-Assisted Learning Strategies: PALS)은 명백한 실행 지시문을 갖추어, 구조화되어 있고, 사용이 쉬우며, 읽기와 수학 교육을 보충하는 것으로 사용된다(Falk & Wehby, 2001; Fuchs, Fuchs, Mathes, & Simmons, 1997). PALS는 높은 기능 수준의 학생(코치)과 낮은 수행 수준의 학생(선수)이 짝이 되어 일주일에 두세 번씩 수학이나 읽기 학습을 한다. 학생들은 코치와 선수 역할을 번갈아 하기 때문에 두 사람 모두 가르치고 배우는 이득을 얻게 된다(Al Otaiba & Rivera, 2006; Falk & Wehby, 2001). 정서·행동장애 학생 대부분은 코치할 능력이 있지만, 먼저 행동의 시범을 보여 줄 누군가가 필요하다.

③ 협동학습 전략

협동학습 전략은 학생을 작은 집단으로 구성하여 함께 학습하게 하는 것이다. 또래교수처럼 협동학습은 학생의 수업 참여행동을 증진시키고 활발한 학습활동을 조장하며(Jenkins et al., 2003), 통합학급에서 정서·행동장애 학생과 비장애학생 간의 긍정적인 상호작용을 촉진한다(Putnam et al., 1996).

협동학습 전략은 다음의 절차에 따라 실행된다.

- 가르칠 학업목표와 협동학습목표를 수업 전에 확인한다.
- 집단의 크기(일반적으로 6명 이하)와 구성을 결정한다.
- 집단구성원의 역할을 부여한다.
- 학생에게 학습과제와 협동목표를 설명한다.
- 집단의 진도를 점검하고 필요하다면 조정한다. 과제에 대한 피드백을 제공한다.
- 학생 개인의 학습, 집단의 성과, 협동기술을 평가한다.

(3) 아동매개 학업기술 중재

아동매개 학업 중재(child-mediated academic interventions)는 학생들에게 스스로 학업 중재를 실행하고 관리하는 책임을 부여한다. 아동매개 중재는 자기교수, 목적설정, 자기평가, 전략지도 등을 포함한다. 개인지도 시스템(Personalized System of Instruction: PSI)은 아동매개 학업 중재 중 하나로 전통적 교수법의 대안적 방법이라 할 수 있다(Keller, 1968).

PSI는 학업 중재를 실행하고 관리하는 책임을 학생에게 부여한다. 학생은 자신의 속도로 교과의 단원을 공부하고, 다음 단계로 넘어가기 전에 각 단계를 숙달한다. 선정된 또래들이 안내와 격려를 제공하며, 학생들은 과제를 완성하면 보상을 얻는다(Keller, 1981).

PSI의 다섯 가지 주요 구성요소는 다음과 같다. 첫째, 학생은 자신의 속도로 수업을 진행해 나간다. 둘째, 학생은 다음 단원으로 넘어가기 전에 각 단원을 숙달해야 한다. 셋째, 교사개입 강의와 시범은 동기화의 매체로서 가끔만 사용된다. 넷째, 교사와 학생은 주로 문자를 통하여 의사소통한다. 다섯째, 프로그램 실행을 보조하기 위해 반장을 둔다.

PSI에서 교사는 동기를 부여하고 촉진자의 역할을 하며, 학생들이 학습절차를 완성할 수 있도록 방법을 제안한다. 수많은 연구가 전통적 교수법에 비해 PSI가 더 강력한 교수법임을 입증하여 왔으나, 교사가 학생을 위한 개별화된 내용을 준비해야 하기 때문에 많은 교사가 자료준비에 부담을 느낀다(Boyce & Hineline, 2002). 이 문제를 극복하기 위해 PSI의 컴퓨터 판이 개발되었다. 컴퓨터 보조 개인지도 시스템(The Computer-Aided Personalized System of Instruction: CAPSI)은 PSI와 유사하다고 할 수 있다.

3) 정서·행동장애 아동을 위한 조절과 수정

통합학급에 정서·행동장애 아동이 증가하고 있는 실정이다. 따라서 교사들은 다양한 아동의 학업적 요구를 충족시키기 위해 일반교육 학급이나 교과목을 조절하고 수정해야 할 필요가 있다(윤점룡 외, 2015).

(1) 조절

조절(accommodations)은 교수 전달방식, 학생 수행방법, 혹은 평가방법을 변경하는 것이다. 조절은 교육과정의 내용이나 난이도를 많이 변경하지 않으며, 교수 전달방식을 변경하기 위해 표준적인 강의형태를 일련의 짤막한 학습활동으로 바꾸거나 그래픽 구성, 안내노트, 기억증진 전략, 구체물 사용 등을 수업에 사용한다.

그래픽 구성(graphic organizer)은 그래픽을 이용해 연결된 내용이나 정보가 포함된 단어들을 시공간적으로 배열하는 것으로, 학생이 정보의 비교와 대조 혹은 원인과 결과의 이해를 통하여 사전지식이나 핵심개념을 조직화하도록 돕는 시각적 기법이다. 교사나 학생은 그래픽 구성을 사용하기 위해 주제를 선택하고, 이후 주제와 관련된 핵심단어나 주요개념을 브레인스토밍하고 그 것을 그래픽 구성에 정리한다.

안내노트는 교육과정 내용을 조직하고 강화하여 정서 · 행동장애 학생과 통합학급 또래학생들에게 수업 중에 적극적으로 참여하는 방법을 제공하는 방법이다. 안내노트는 중요한 사실, 개념 및 관계성을 기록하도록 표준단어와 특정 여백을 남겨 두어 학생에게 강의를 안내하도록 하는 교사 제작 인쇄물이다.

기억증진 전략은 정서 · 행동장애 아동에게 효과적으로 교수를 전달할 수 있는 또 다른 방법이다(Cade & Gunter, 2002). 기억증진 전략은 회상을 위한 명백한 전략들을 가지고 정보를 제시하는 방법으로 정서 · 행동장애 아동들이 친숙하지 않은 다량의 정보를 기억하도록 돕거나 두 개 이상의 사실 혹은 개념들을 관련짓도록 하기 위해 가장 일반적으로 사용된다. 기억증진 전략은 단어의 철자를 기억하는 데 사용되기도 한다. 기억증진 전략 중 문자 전략은 머리글자와 어구 만들기가 있다.

그림 11-1 그래픽 구성의 예

교수 전달방식을 변경하는 것 외에, 교사는 학생의 수행방법을 변경시킬 수
도 있다. 또래교수와 협동학습활동은 학생의 수행을 위한 두 가지 대안적인
전략이다. 통합학급에서 적용할 수 있는 또 다른 조절방법으로는 학생에게 필
기 대신에 수업내용을 녹음할 수 있도록 하거나 녹화하도록 하는 것이다. 또
한 교사는 시험시간을 더 주거나, 시험문제를 적게 내 주거나, 학생에게 시험
문제를 읽어 주는 등의 방법으로 학생의 진전에 대한 평가를 할 수 있다.

(2) 수정

수정은 조절처럼 교육과정, 교수 목표와 방법 등을 변경하는 것으로, 시간
과 노력이 더 많이 필요하기 때문에 일반교육 교실에서 시행하기가 조절보다
어렵다고 할 수 있다. 대표적인 세 가지 형태의 수정은 다수준 교수, 중복교육
과정, 계단식 과제 등이다.

- 다수준 교수를 시행할 때, 교사는 모든 학생에게 동일한 교육과정을 적
  용하지만, 서로 다른 교육목표를 설정할 수 있으며, 난이도가 다른 교재
  와 교구를 제공할 수 있다. 예를 들어, 학급 전체가 덧셈을 공부할 때 덧
  셈의 개념을 이해하기 어려워하는 학생에게는 구체물을 사용하여 계산
  하고, 기능수준이 높은 학생에게는 구체물 없이 계산하도록 할 수 있다.
- 중복교육과정은 동일한 학급 내에서 학생들이 서로 다른 교육과정으로
  자신의 적절한 학습목표를 달성하도록 하는 기회를 제공하는 것이다.
- 계단식 과제는 교사가 학습내용의 시범을 보이고 학생들에게 개별적 능
  력 수준에 따라 서로 다른 과제를 제공하는 것이다.

정서 · 행동장애 아동들은 일반교육 교실에서 개별화교육 프로그램을 통하
여 조절과 수정을 제공받을 권리를 가지며, 이러한 수정과 조절을 통하여 학
업 성공의 기회를 갖는다.

이 장의 연구과제

1. 정서 · 행동장애 영역에서의 보조공학의 필요성에 대해 토론해 보자.

2. 정서 · 행동장애의 교육적 요구와 그에 따른 보조공학의 쓰임에 대해 발표해 보자.

3. 정서 · 행동장애 아동을 위한 학업기술 지도를 적용한 수업지도안을 작성해 보자.

참고문헌

교육부(2022). 제6차 특수교육발전 5개년 계획(2023～2027)

교육부(2023). 특수교육 연차보고서.

김미경(2008). 자폐장애 및 정서 · 행동장애의 이해. 서울: 청목출판사.

윤점룡, 이상훈, 문현미, 서은정, 김민동, 문장원, 이효신, 윤치연, 김미경, 정대영, 조재규, 박계신(2015). 정서 및 행동장애아교육. 서울: 학지사.

이성봉, 방명애, 김은경, 박지연(2022). 정서 및 행동장애. 서울: 학지사.

「장애인 등에 대한 특수교육법」

「장애인 등에 대한 특수교육법 시행령」

「장애인 등에 대한 특수교육법 시행규칙」

Al Otaiba, S., & Rivera, M. O. (2006). Individualizing guided oral reading fluency instruction for students with emotional and behavioral disorders. *Intervention in School and Clinic*, *41*(3), 144-149.

Algozzine, B., Ysseldyke, J., & Elliot, J. (1997). Strategies and tactics for effective instruction. *Teaching Exceptional Children*, *26*(3), 34-36.

American Psychiatric Association. (2013). *Diagnostic and statistical manual of mental disorders* (5th ed.). Washington, DC: American Psychiatric Publishing.

American Speech-Language-Hearing Association. (1991). Report: Aug mentative and Alternative communication. *ASHA, 33*(Suppl. 5), 9-12.

Apter, S. J., & Conoley, J. C. (1984). Childhood behavior disorders and emotional disturbance. Englewood Cliffs, NJ: Prentice Hall.

Bandura, A. (1986). *Social foundations of thought and action: A social cognitive theory.* Englewood Cliffs, NJ: Prentice Hall.

Beukelman, D. R., & Mirenda, P. (1998). *Augmentative and alternative communication: Management of severe communication disorders in children and adult*s (2nd ed.). Baltimore: Brookes.

Blackhurst, E. (1997, May/June). Perspectives on technology in special education. *Teaching Exceptional Children, May/June, 29,* 41-48.

Boutot, E. A., & Myles, B. S. (2012). 자폐 스펙트럼 장애: 특징과 효과적인 전략(*Autism spectrum disorders: Foundations, characteristics, and effective strategies*). (서경희, 이효신, 김건희 공역). 서울: 시그마프레스. (원저는 2010년에 출판).

Boyce, T. E., & Hineline, P. N. (2002). Interteaching: A strategy for enhancing the userfriendliness of behavioral arrangements in the college classroom. *The Behavior Analyst, 25,* 215-226.

Cade, T., & Gunter, P. L. (2002). Teaching students with severe emotional or behavioral disorders to use a musical mnemonic technique to solve basic division calculations. *Behavioral Disorders, 27*(3), 208-214.

Calculator, S., & Jorgensen, C. M. (1991). Integrating AAC instruction into regular education settings: Expounding on best practices. *Augmentative and Alternative Communication, 7,* 204-212.

Chen, S. H. A., & Bernard-Optiz, V. (1993). Comparison of personal and computer-assisted instruction for children with autism. *Mental Retardation, 31,* 368-376.

Coleman, M. C., & Webber, J. (2002). *Emotional and behavioral Disorders: Theory and practice.* Boston: Allyn and Bacon.

Deno, S. L. (1985). Curriculum-based measurement: The emerging alternative. *Exceptional Children, 52*(3), 219-232.

Deno, S. L. (1992). The nature and development of curriculum-based measurement. *Preventing School Failure, 36*(2), 5-10.

Deno, S. L. (1998). Academic progress as incompatible behavior. *Beyond Behavior, 9*(3), 12-17.

Dettmer, S., Simpson, R. L., Myles, B. S., & Ganz, J. B. (2000). The use of visual supports to facilitate transitions of students with autism. *Focus on Autism and Other Developmental Disabilities, 15*, 163-169.

Dono, S. L., Marston, D., & Tindal, G. (1986). Direct and frequent curriculum-based measurement: An alternative for educational decision making. *Special Service in the Schools, 2*(2-3), 5-27.

Edelson, S. M. (1998). Learning styles and autism. From http://www.autism.org, retrieved January 16, 1998.

Ellis, E. S., Worthington, L. A., & Larkin, M. J. (1994). *Research synthesis on effective teaching principles and the design of quality tools for educators.* University of Oregon: National Center to Improve the Tools of Educators.

Falk, K. B., & Wehby, J. H. (2001). The effects of peer-assisted learning strategies on the beginning reading skills of young children with emotional or behavioral disorders. *Behavior Disorders, 26*(4), 344-359.

Fuchs, D., Fuchs, L. S., Mathes, P. G., & Simmons, D. C. (1997). Peer-assisted learning strategies: Making the classrooms more responsive to diversity. *American Educational Research Journal of Special Education, 34*, 174-206.

Grandin, T. (1995). How people with autism think. In E. Schopler & G. Mesibov (Eds.), *Learning and cognition in autism: Current Issues in autism* (pp. 137-156). New York: Plenum Press.

Green-wood, C. R., & Delquadri, J. (1995). Classwide peer tutoring and the prevention of school failure. *Preventing School Failure, 39*(4), 21-25.

Handleman, J. S., & Harris, S. L. (2000). *Preschool education programs for children with autism.* Austin, TX: Pro-Ed.

Heimann, M., Nelson, K. E., Tjus, T., & Gilberg, C. (1995). Increasing reading and communications skills in children with autism through an interactive multimedia computer program. *Journal of Autism and Developmental Disorders, 25*, 459-480.

Hodgdon, L. (1995). *Visual strategies for improving communication.* Troy, MI: QuirkRoberts.

Horner, R. H., Dunlap, G., Koegel, R. L., Carr, E. G., Sailor, W., Anderson, J., Albin, R. W., & O'Neill, R. E. (1990). Toward a technology of nonaversive behavior support. *Journal of the Association for Persons with Severe Handicaps, 10*(3), 40-44.

Jenkins, J. R., Antil, L. R., Wayne, S. K., & Vadasy, P. F. (2003). How cooperative learning works for special education and remedial students. *Exceptional Children, 69*(3), 279-292.

Kauffman, J. M., & Landrum, T. J. (2013). *Characteristics of emotional and behavioral disorders of children and youth* (10th ed.). Upper Saddle River, NJ: Pearson Education. Inc.

Keller, F. S. (1968). Good-by teacher… *Journal of Applied Behavior Analysis, 1*, 79-89.

Keller, F. S. (1981). *PSI grune Heinrtch* (Vol. I). Munich: Deutsch-Meister-Verlag.

Marchand-Martella, N. E., Slocum, T. A., & Martella, R. C. (2004). *Introduction to direct instruction.* Boston: Pearson/Allyn & Bacon.

Melichar, J. F. (1978). ISAARE: A description. *AAESPH Review, 3*, 259-268.

Miller, J. F., & Allaire, J. (1987). Augmentative communication. In M. A. Snell (Ed.), *Systematic instruction of persons with severe handicaps* (3rd ed., pp. 273-296). Upper Saddle River, NJ: Merrill/Pearson Education.

Mirenda, P. (1997). Functional communication training and augmentative communication: A research review. *Augmentative and alternative communication, 13*, 207-225.

Oland, A. A., & Shaw, D. S. (2005). Pure versus co-occurring externalizing and internalizing symptoms in children: The potential role of socio-developmental milestones. *Clinical Child and Family Psychology Review, 8*(4), 247-270.

Peterson, S., Bondy, A., Vincent, Y., & Finnegan, C. (1995) Effects of altering communicative input for students with autism and no speech: Two case studies. *Augmentative and alternative communication, 11*, 93-100.

Putnam, J., Markovchick, K., Johnson, D. W., & Johnson, R. T. (1996). Cooperative learning and peer acceptance of students with learning disabilities. *The Journal of Social Psychology, 136*(6), 741-752.

Quill, K. A. (1995). Visually cued instruction for children with autism and Pervasive Developmental Disorders. *Focus on Autistic Behavior, 10*, 10-20.

Quill, K. A. (1997). Instructional considerations for young children with autism:

The rationale for visually cued instruction. *Journal of Autism and Developmental Disorders, 27,* 697-714.

Rosenshine, B. (1987). Explicit teaching and teacher training. *Journal of Teacher Education, 38*(3), 34-36.

Walker, H. M., Colvin, G., & Ramsey, E. (1995). Antisocial behavior in schools: *Strategies and best practices.* pacific Grove, CA: Brooks/Cole.

Yell, M. L., Meadows, N. B., Drasgow, E., & Shriner, J. G. (2011). 정서행동장애학생 교육(*Evidence-Based Practices for Educating Students with Emotional and Behavioral Disorders*). (곽승철, 임경원, 변찬석, 박계신, 황순영 공역). 경기: 교육과학사. (원저는 2005년에 출판).

참고사이트

국립특수교육원. https://www.nise.go.kr
한국정서행동장애학회. https://www.ksebd.org
한국특수교육학회. https://ksse.or.kr

제12장

지적장애 아동을 위한
특수교육공학

⊘ 이 장의 개요

이 장에서는 지적장애 아동을 위한 특수교육공학에 관해 살펴볼 것이다. 이 장의 주요 내용은
지적장애 아동에 대한 이해, 지적장애 아동의 특수한 교육적 요구, 지적장애 아동을 위한 보조공
학, 지적장애 아동을 위한 수업설계 및 교수ㆍ학습지원 방안, 가상현실 기반을 활용한 수업 전략
등이다.

⊘ 이 장의 학습목표

1. 지적장애 정의의 구성요소를 기술할 수 있다.
2. 지적장애 아동의 교육적 요구에 대해 설명할 수 있다.
3. 지적장애의 특성에 따른 보조공학의 역할과 쓰임을 설명할 수 있다.
4. 지적장애 아동을 위한 교수ㆍ학습방법의 원리와 교수절차를 설명할 수 있다.

지적장애 아동을 위한 특수교육공학 제12장

지적장애는 추상적인 사회적 구성 개념이다. 따라서 시대의 관점에 따라 지적장애에 대한 용어와 정의도 변화하여 왔다. 이에 이 장에서는 국내외의 다양한 지적장애 정의와 분류체계를 통해 지적장애의 특성을 살펴보고자 한다. 또한 지적장애 아동의 교육적 요구를 알아보고, 교육적 요구를 수용할 수 있는 보조공학들을 제안하고자 한다. 마지막으로 지적장애 아동을 위한 교수·학습방법을 제안한다.

1. 지적장애의 이해

1) 지적장애 정의

지적장애는 추상적인 개념이므로 지적장애를 이해하기 위해서는 국내외의 주요 정의를 살펴볼 필요가 있다. 우리나라의 「장애인 등에 대한 특수교육법 시행령」 제10조 관련에서는 지적장애를 다음과 같이 정의한다.

> 지적장애를 지닌 특수교육대상자란 지적기능과 적응행동상의 어려움이 함께 존재하여 교육적 성취에 어려움이 있는 사람을 말한다.

지적장애는 「장애인복지법 시행령」의 장애유형으로 분류되며, 다음과 같이 정의한다.

> 지적장애인이란 정신 발육이 항구적으로 지체되어 지적 능력의 발달이 불충분하거나 불완전하고 자신의 일을 처리하는 것과 사회생활에 적응하는 것이 상당히 곤란한 사람

국내의 두 정의를 살펴보면 지적장애의 특성이 두 가지로 요약된다.

첫째, 지적장애는 지적 기능상의 어려움이 있다. 둘째, 지적장애는 적응행동상의 어려움이 있다. 국내에서는 간단하게 지적장애를 정의하고 있으나, 국내에 영향을 준 국외의 다양한 정의는 구체적으로 지적장애를 정의하고 있다.

미국지적장애 및 발달장애협회[American Association on Intellectual and Developmental Disabilities: AAIDD]에서는 2021년에 개정된 12차 지적장애 정의에서 다음과 같이 지적장애를 정의하고 있다.

> 지적장애란 지적 기능성과 개념적 · 사회적 · 실제적 적응기술로 표현되는 적응행동 양 영역에서 심각한 제한성을 보이는 것이다. 이 장애는 발달기 동안 발생하며, 발달기는 한 개인이 22세가 되기 전이라고 조작적으로 정의한다.

유사하게 미국 심리학회(America Psychological Association: APA)는 지적장애 정의에 연령을 함께 명시하고 있다. 미국 정신의학회(American Psychiatric Association: APA)가 2022년 발간한 정신장애의 진단 및 통계편람인 DSM-5-TR에서 다음과 같이 정의한다.

> 지적장애는 발달 시기에 시작되며, 개념, 사회, 실행 영역에서 지적 기능과 적응 기능 모두에 결함이 있는 상태를 말한다. 다음의 3가지 진단기준을 충족해야 한다.
>
> A. 임상적 평가와 개별적으로 실시된 표준화된 지능검사로 확인된 지적 기능(추론, 문제해결, 계획, 추상적 사고, 판단, 학업, 경험 학습)의 결함이 있다.
> B. 적응 기능의 결함으로 인해 독립성과 사회적 책임 의식에 필요한 발달학적 · 사회문화적 표준을 충족하지 못한다. 지속적인 지원이 없다면 적응 결함으로 인해 다양한 환경(가정, 학교, 직장, 공동체)에서 한 가지 이상의 일상 활동 기능(의사소통, 사회적 참여, 독립적 생활)에 제한을 받는다.
> C. 지적 결함과 적응 기능의 결함은 발달 시기 동안에 시작된다.

지금까지 살펴본 지적장애 정의를 종합해 보면, 지적장애는 네 가지로 요약할 수 있다. 첫째, 지적능력이 평균 이하다. 둘째, 적응행동 수준이 평균 이하다. 셋째, 지적능력과 적응행동의 결함이 함께 나타난다. 넷째, 발달단계의 연령대에 나타난다.

2) 지적장애 분류

지적장애는 장애 정도에 따라 다양하게 분류되어 왔다. 과거에는 검사결과에 따라 장애 정도를 교육가능급, 훈련가능급, 보호가능급으로 분류하였다. 그런데 AAIDD는 지적장애 아동의 기능과 지원환경에 관심을 두고 간헐적 지원(intermittent), 제한적 지원(limited), 확장적 지원(extensive), 전반적 지원(pervasive)으로 분류할 것을 권고하였다. 간헐적 지원은 필요할 때 일회적으로 지원하는 것이며, 제한적 지원은 일정한 시간 동안 일관성 있게 지원하는 것을 의미한다. 확장적 지원은 정해진 환경에서 계속적인 지원을 제공하는 것이며, 전반적 지원은 전반적인 환경에서 지원을 제공하는 것을 의미한다.

2002년 지침서에서는 지원에 따른 다차원적인 분류체계에 대해 다루면서 이러한 분류는 2021년 AAIDD 지침서에서도 지원 정도에 따른 분류체계가 가장 적절하다고 하였다.

한편, 미국 심리학회는 지적장애의 장애 정도에 따라 〈표 12-1〉과 같이 분류하였다(강영심 외, 2010 재인용). 즉, 지능지수와 적응기능을 함께 고려하여 경도, 중등도, 중도, 최중도로 분류할 수 있다.

표 12-1 장애 정도별 정신지체 분류

분류	지능지수		적응기능 범위
	범위	표준편차	
경도(mild)	55~70	- 2SD	2개 이상의 영역
중등도(moderate)	35~54	- 3SD	2개 이상의 영역

〈계속〉

분류	지능지수		적응기능 범위
	범위	표준편차	
중도(severe)	20~34	- 4SD	모든 영역
최중도(profound)	20 미만	- 5SD	모든 영역
정도를 세분할 수 없음	표준화된 검사에 의해 지능을 측정할 수 없음		

2. 지적장애 아동의 특수한 교육적 요구

앞서 지적장애 분류에서 살펴보았듯이, 지적장애는 지능과 적응행동을
함께 고려해서 장애 정도에 따라 경도, 중등도, 중도, 최중도로 분류할 수 있다.
즉, 지적장애를 이와 같이 분류하는 것은 장애 정도별로 특성과 교육적 요구가
다르다는 것을 의미한다. 따라서 이 장에서는 지적장애를 크게 경도 지적장애
와 중도 지적장애로 나누어서 그 특성과 교육적 요구를 살펴보고자 한다.

1) 경도 지적장애에 대한 교육적 요구

경도 지적장애 아동은 전체 지적장애 아동 중에서 지능과 적응행동 수준
이 가장 높다. 이에 학령기가 되기 전까지는 장애를 인지하지 못하는 경우가
있다. 학령기가 되어 학습과 행동 측면에서 문제가 드러나면서 교육적 지원
이 요구된다. 교육적 지원의 강도는 교육적 수정과 조정, 편의시설 지원과 같은
적은 지원으로도 일반학급의 수업에 참여가 가능하다. 경도 지적장애의 주요
특성을 다음과 같이 요약할 수 있다(Beirne-Smith et al., 2006; Taylor et al., 2005).

- 먼저 경도 지적장애 아동의 인지 · 학습 측면에서의 특성은 다음과 같다.
  - 주의집중 시간이 짧으며, 선택적 주의집중 능력이 부족하다.
  - 단기 기억력이 낮다.

- 새로운 지식을 일반화하고 적용하는 데 어려움이 있다.
- 추상적인 사고능력이 부족하다.
- 읽기, 쓰기, 수학 등 교과 전반에 걸쳐 지체를 보인다.
- 과제의 특성을 이해하는 데 더 많은 시간이 소요된다.
- 우연학습에 어려움이 있다.

• 경도 지적장애 아동의 학습문제에 대한 교육적 지원내용은 다음과 같다.
- 자신의 주의를 모니터링하는 방법을 교수한다.
- 단기 기억력의 결함을 보완하기 위해서 학습 전략을 교수한다.
- 새로운 과제를 여러 상황에서 교수하고 적용하도록 한다.
- 추상적인 개념을 가르칠 때, 구체적인 예를 제공한다.
- 기초학습기능의 습득을 위한 전략을 제공한다.
- 학습과제의 제시를 짧고 단순하게 제시한다.
- 학습에 대한 부연설명이나 보충 자료를 학생의 특성을 고려하여 제공한다.
- 주요 문장과 내용, 질문에 대해 알아보기 쉽게 표시나 하이라이트를 제공한다.
- 대안적 대답이나 표현의 방법을 제시하고 연습하도록 한다.

• 경도 지적장애 아동의 언어 측면에서의 특성은 다음과 같다.
- 언어규칙의 습득이 지체된다.
- 어휘의 습득이 지체된다.
- 말장애(조음장애, 음성장애, 유창성장애)가 나타난다.
- 언어의 명료성이 떨어진다.
- 언어의 정교성이 떨어지고 원인과 결과의 관련성이 부족하며 정교성이 부족하다.
- 더 높은 수준으로의 언어능력을 가지고 있으면서도 덜 성숙한 형태가

나타난다.

- 경도 지적장애 아동의 언어문제에 대한 교육적 지원 내용은 다음과 같다.
  - 언어모델을 제공한다.
  - 언어를 다양한 목적으로 사용할 기회를 제공한다.
  - 음성언어를 사용한 의사소통을 촉진한다.
  - 자연스러운 환경에서 의사표현의 빈도를 높일 수 있도록 지원한다.
  - 아동이 주도적으로 의사소통 행동을 할 수 있도록 환경을 구성한다.
  - 교재와 과제 혹은 대화 주제의 선택에 있어 장애 아동이 주도적으로 선택하도록 하고 적극적으로 참여할 수 있도록 도와준다.
  - 우발학습과 우정활동을 통하여 지적장애 아동이 자연스러운 교실 환경에서 언어를 습득하고 이용할 수 있는 기회를 제공한다.

- 경도 지적장애 아동의 행동 측면에서의 특성은 다음과 같다.
  - 사회적 적응능력이 부족하다.
  - 사회적 지각 및 인식이 부족하다.
  - 자아존중감이 낮다.
  - 또래에게 잘 수용되지 못한다.
  - 낮은 동기와 실패에 대한 예상도가 높다.
  - 실패의 회피로 인한 외부지향성이 강하다.
  - 경험으로부터 배우는 것에 어려움이 있다.
  - 수행해도 되는 행동과 수행하면 안되는 행동의 구분을 어려워 한다.
  - 비판적인 수용이나 자기통제에 어려움을 가진다.
  - 일반인들의 행동에 대한 기대 등으로 인해 중도 지적장애 아동보다 더 어려운 사회적, 행동적 문제에 처할 수 있다.

- 경도 지적장애 아동의 행동문제에 대한 교육적 지원 내용은 다음과 같다.

- 사회적 기술 향상을 위한 프로그램을 제공한다.
- 적절한 행동에 대해 강화를 제공한다.
- 또래를 역할모델로 참여시킨다.
- 체계적이고 형식적인 교수법을 활용한다.
- 장애학생의 특성에 적합한 자기결정력의 기술을 증진시킨다.
- 특정한 사회성 기술을 모델링화하여 제공한다.
- 스스로 계획하고 자기활동을 관리하고 결정하는 독립성 기술을 제공한다.
- 자연스러운 환경에서 사회성 기술을 교육하여 일반화를 증진시킨다.

2) 중도 지적장애에 대한 교육적 요구

중도 지적장애는 인지, 행동, 심리, 사회성, 정서 등의 영역에서 심하게 지체되거나 발달이 이루어지지 못하여 경도 지적장애보다 더 많은 지원이 요구되며, 지적장애 분류에서의 중등도, 중도, 최중도 지적장애를 모두 포함한다. 중도 지적장애의 경우 장애가 눈에 띄는 경우가 많으며, 다른 장애보다 집중적인 지원이 요구된다. 중도 지적장애의 주요 특성을 다음과 같이 요약할 수 있다(BeirneSmith et al., 2006; Taylor et al., 2005).

- 먼저 중도 지적장애 아동의 특성은 다음과 같다.
  - 적응기술의 발달이 지체된다.
  - 새로운 기술을 습득하는 속도가 느리다.
  - 습득한 지식을 다른 상황에 적용하는 데 어려움을 갖는다.
  - 언어발달이 지체된다.
  - 신체적 운동발달이 지체된다.
  - 자립기술의 습득이 기초적인 단계에 머무르거나 습득 자체에 어려움을 갖는다.

- 구조적 행동이나 사회적 상호작용의 발달이 지체되거나 낮은 수준에
  머무른다.
- 부적절한 행동(상동행동, 자해행동, 공격행동)이 나타나기 쉽다.

- 중도 지적장애 아동에 대한 교육적 지원내용은 다음과 같다.
  - 기능적 교육과정에 근거하여 일상생활에 필요한 기술들을 반복적으로
    가르친다.
  - 새로운 기술이 일반화될 수 있도록 다양한 상황에서 가르치고 강화를
    제공한다.
  - 행동분석을 통해 문제행동을 확인하고 행동수정기법을 적용한다.
  - 의사소통 훈련을 제공한다(모델이나 프로그램의 모방을 통한 연습).
  - 의사소통을 할 수 있도록 보조장치를 활용한다(예: 수화, 의사소통기기,
    의사소통 어플 AAC).
  - 중도 지적장애 아동의 최선의 교육적 환경을 최우선으로 고려하여 지
    원한다.
  - 기본적인 교육권의 입장에서 자연스러운 환경에서 또래들과 교육을
    받을 수 있도록 한다.
  - 기능적 기술의 교육과 학습의 환경에 충분한 참여의 기회를 제공한다.
  - 지적장애 아동의 현재와 미래의 생활을 고려한 기능적 교육과정을
    계획, 실시한다.

3. 지적장애 아동을 위한 보조공학

지적장애 아동에게 필요한 핵심 기술을 다섯 가지 행동으로 범주화하면,
독립생활 기술, 의사소통, 사회적 상호작용 및 관계, 교과 학습 기술, 전환 및
지역사회 생활 기술을 들 수 있다(Taylor et al., 2005). 이러한 핵심 기술의 기능

적 향상과 유지를 위해 보조공학을 활용할 수 있다. 보조공학이 지적장애 아동에게 주는 유용성은 네 가지로 요약된다(Beirne-Smith et al., 2006).

- 일상적 제한점들을 보상해 줌으로써 독립적 생활을 돕는다.
- 타인에 대한 의존성을 줄임으로써 지역사회에의 통합을 돕는다.
- 수업 활동의 참여를 돕는다.
- 학습에 흥미를 유발하고 상호작용을 촉진한다.

즉, 지적장애 아동이 장애를 보완하여 독립적인 학습과 생활을 영위할 수 있도록 돕기 위한 보조공학기기를 다음에 제시하였다.

1) 학습을 촉진하기 위한 보조공학

지적장애 아동의 학습을 보조하기 위한 수단으로 컴퓨터 프로그램과 장치를 사용할 수 있다. 지적장애 아동들이 컴퓨터를 사용할 때, 일반적인 컴퓨터 장치를 사용하는 데 어려움이 있는 경우 장애의 특성에 맞게 수정되거나 개발된 장치를 제공해야 한다.

(1) 컴퓨터 키보드
일반적인 키보드 사용에 어려움이 있는 경우 키보드를 수정하여 사용할 수 있다.

- 자주 사용하는 키보드에 밝은 스티커를 붙여서 사용한다.
- 안내 키보드(key guards): 일반 키보드에 덮어서 사용하는 보조장치로 프로그램에서 사용하는 자판들만 누를 수 있도록 구멍을 낸 축소 키보드다.
- 터치스크린(touch screen): 펜이나 손가락을 사용해서 화면에 제시된 대상을 손으로 짚음으로써 컴퓨터를 작동할 수 있도록 한다(제9장 지체장애 아

동을 위한 특수교육공학 참조).

(2) PDA

PDA(Personal Digital Assistance)는 손에 들고 다닐 수 있는 크기의 일종의 초소형 컴퓨터다. 즉, 자신이 기억해야 하거나 관리해야 할 업무를 언제 어디서나 처리하고자 하는 의미에서 사용되는 휴대형 기기다. PDA는 PC와 연결하여 동기화할 수 있기 때문에, 모든 데이터가 PDA와 PC 두 곳에 저장되며 어느 한 곳의 데이터가 변동되면 다른 쪽의 데이터도 자동으로 변환된다는 장점이 있다. 학습 상황에서 유용하게 활용할 수 있는 PDA의 기능은 다음과 같다.

- 행동을 스스로 모니터링한다.
- 점수를 스스로 기록하고 발달 정도를 모니터링한다.
- 교사에게 강의 노트와 내용을 전송 받는다.
- 계산기 기능을 사용한다.

(3) 태블릿 PC

태블릿 PC(Tablet PC)는 터치스크린을 주입력장치로 장착한 휴대용 PC이며, 개인이 직접 갖고 다니면서 조작할 수 있는 기기다. 태블릿 PC는 인터넷 검색과 이메일, 동영상·음악 재생, 전자책 읽기, 게임 등 다양한 기능을 갖춘 휴대용 PC다. 이는 기존의 컴퓨터에서 사용하던 기능을 그대로 구현할 수 있으며, 휴대성을 갖추어 시공간의 제약을 받지 않고 사용할 수 있다는 편리함 때문에 교육현장에서의 활용도가 높다. 최근 전자 교과서의 보급에 따라 특수교육현장에서도 태블릿 PC의 활용도가 높아지고 있다(권정민, 2011).

(4) 소프트웨어 프로그램

교육현장에서 지적장애 아동의 기초학습기능 향상을 위해 학습용 소프트웨어를 활용할 수 있다. 이는 학습을 촉진하며, 학습에 대한 흥미와 동기를 유발할 수 있어 교육현장에서 유용하게 사용할 수 있다. 학습용 소프트웨어를 개발하거나 개발된 프로그램을 선택하여 사용할 경우, 〈표 12-2〉에 제시된 지표를 고려할 필요가 있다.

표 12-2 학습용 소프트웨어 평가지표

정보제시	✓
1-1. 화면의 구성과 정렬이 복잡하지 않고 이해하기 쉽다.	
1-2. 화면의 도안이 학생의 주의와 흥미를 끌 수 있도록 세련되고 직관적으로 제시되어 있다.	
1-3. 그림과 애니메이션의 배치와 움직임이 적절하다.	
1-4. 배경색, 전경색, 문자색 등의 가시도가 적절하다.	
1-5. 문자의 크기와 모양이 적절하다.	
1-6. 화면에서 친밀한 형상의 안내자가 학생의 연령에 맞고 이해하기 쉬운 문자 및 음성으로 안내한다.	
1-7. 배경음악과 효과 음향이 짧고 사용 여부를 선택할 수 있다.	
1-8. 메뉴와 버튼의 기능이 음성( ), 문자( ), 그림( )으로 명확히 제시된다.	
1-9. 음성과 문자 등 안내가 명확하고 매체의 형태를 선택할 수 있다.	
1-10. 교사에게 관련 학습주제 및 학습방법 안내 자료를 제공한다.	
1-11. 오프라인에서 연계하여 학습자가 직접 사용할 수 있는 학습자료(그림 카드, 출력하여 사용 가능한 학습지, 동물 모형 등)를 제공한다.	
교수설계	✓
2-1. 사용된 교수방법이 해당 학습내용에 적절하다.	
2-2. 필요한 경우에 사례와 모델이 제시된다.	
2-3. 필요한 경우에 연습기회가 주어진다.	
2-4. 화면마다 학습자의 마우스 클릭이나 키보드 입력 빈도가 적절하다.	
2-5. 적절한 피드백 유형을 사용하고 있다.	
2-6. 시각적·청각적 강화가 적절히 제시된다.	
2-7. 정리 및 심화 과정에서 보충학습(재학습)의 기회가 있다.	
2-8. 학습자에게 맞게 학습속도를 조절할 수 있다.	
2-9. 학습 내용 및 활동의 난이도를 조절할 수 있다.	

〈계속〉

2-10.	개별 학습자의 수준과 교육과정에 맞게 학습 및 평가 내용을 미리 선정하는 기능이 있다.	
2-11.	개별 학습자의 학습진도나 평가결과를 지칭하는 기능이 있다.	
2-12.	책갈피 기능이 있다.	
학습내용		✓
3-1.	제품의 설명서에 명시된 학습목적과 부합되는 내용이다.	
3-2.	제품의 설명서에 명시된 학년 또는 생활연령과 부합하는 학습수준이다.	
3-3.	제시되는 정보가 사실적이고 정확하다.	
3-4.	다양한 연령, 성별, 문화, 장애, 인종을 고려하였다.	
3-5.	학습내용의 계열이 단계적으로 제공된다.	
3-6.	학생의 흥미를 끌 만한 학습자료의 양이 많다.	
3-7.	도덕적으로 결함(예: 폭력성)이 없고 윤리적이다.	
3-8.	교사가 학습자료를 추가 및 편집할 수 있다.	
3-9.	학습자의 개별화교육과정과 연계성이 있다.	
3-10.	학습자료의 도안이 미적으로 학생의 주의와 흥미를 끌 만하다.	
사용성		✓
4-1.	설치( ), 사용( ), 문제 해결( )에 대한 지원안내서를 인쇄물( ) 또는 화면상( )으로 제공한다.	
4-2.	설치, 다양한 컴퓨터 환경에 따른 호환, 업그레이드가 용이하다.	
4-3.	화면 이동 등의 운영이 용이하다.	
4-4.	필요할 때 인쇄가 가능하다.	
4-5.	소리의 속도( ), 크기( ), 특성( ) 변경이 가능하다.	
접근성		✓
5-1.	화면 확대 기능이 있거나 컴퓨터에 설치된 화면 확대 프로그램 사용이 가능하다.	
5-2.	확대 인쇄가 가능하다.	
5-3.	배경색, 전경색, 문자색의 대비를 선택할 수 있다.	
5-4.	학습 내용과 정보를 학습자에 맞게 음성이나 문자로 제공할 수 있는 선택기능이 있다.	
5-5.	스위치를 사용할 수 있는 선택기능이 있다.	
5-6.	키보드만으로 메뉴 선택과 화면 이동이 가능하다.	
5-7.	동영상이나 애니메이션에 문자 자막과 통제 기능을 선택할 수 있다.	

출처: 권정민(2011).

〈표 12-2〉에 제시된 지표를 고려하여 학습용 소프트웨어를 선정해 지적장애 아동 교육에 활용할 수 있다. 특수교육용 학습 소프트웨어를 제공하는 사이트를 〈표 12-3〉에 제시하였다.

표 12-3   특수교육용 소프트웨어 제공 사이트

사이트 명칭	인터넷 주소
에듀 에이블	www.eduable.net
아이소리몰	isorimall.com
아인몰	www.ainedu.co.kr
에듀프랜드	www.edu-friend.co.kr
아리수에듀	www.arisuedu.co.kr
새몰	www.semall.co.kr
영상테크	www.eunhalove.com

2) 의사소통을 촉진하기 위한 보조공학

지적장애 아동의 경우 또래 아동에 비해서 언어발달의 지체를 나타내며, 특히 중도 지적장애나 중복장애를 가진 아동은 말장애를 갖는 경향이 있다. 이에 지적장애 아동의 의사소통을 보완하거나 대체하기 위한 보조공학기기가 제공되어야 한다. 보완/대체 의사소통기기는 언어적인 의사소통이 어려운 지적장애 아동이 자신의 의사를 전달함으로써 독립적으로 대인관계를 형성하는 데 도움을 준다.

(1) 음성합성장치

음성합성장치(speech synthesizer)는 의사소통에 필요한 메시지를 음성이나 텍스트 등으로 입력하고, 이를 음성으로 출력하는 장치다([그림 12-1]). 음성합성장치의 예를 살펴보면, 슈퍼토커(Supertalker)는 최대 8개의 메시지를 녹음할 수 있으며, 지정된 버튼을 누르면 원하는 메시지가 산출된다. 이는

슈퍼토커   링고

그림 12-1   음성합성장치

의사소통 보조 외에도 언어습득용 학습장치, 발성촉진훈련, 발음훈련 등 다양한
용도로 사용할 수 있다. 링고(Lingo)는 7개의 단문 메시지(25초)와 1개의 장문
메시지(60초)를 녹음하고 재생할 수 있으며, 휴대성이 편리한 의사소통기기다.

(2) 의사소통판

의사소통판(communication board)은 그림상징을 통해 의사소통을 보완하고
대체할 수 있는 기기다. 의사소통판의 대표적인 예로 키즈보이스(제조사: 유비
큐)는 3,200개의 그림상징이 탑재되어 의사소통에 필요한 그림상징을 터치하
여 사용할 수 있고, 필요한 문장을 입력하면 음성으로 재생하는 문장 의사소
통 기능이 있다([그림 12-2]).

그림 12-2   그림 의사소통기기(키즈보이스)

3) 다양한 보조공학기기를 활용한 비디오 모델링

(1) 비디오 모델링 기법

어떠한 기술 수행에 있어 유능한 사람이나 자신이 목표 기술을 수행하고 있는 모습을 비디오로 촬영한 다음 그 비디오 모델을 시청하면서 적절한 행동을 모방하여 수행하도록 하는 교수 방법이라고 정의할 수 있다(박병숙, 2008; Ayres & Langone, 2005; Bellini & Akullian, 2007; Delano, 2007; Dowrick, 1999; Hitchcook et al., 2003; Mechling, 2005).

(2) 비디오 모델링 기법의 적용의 장점

비디오 모델링 기법의 적용 학습 중 대표적인 학습인 사회학습이론에 적용하는 경우 여러 장점이 있다.

첫째, 같은 모델을 반복하여 관찰할 수 있다.

둘째, 다양한 교수자 간에 활용(재생)이 가능하다(Charlop-Christy et al., 2000).

셋째, 습득된 기술 유지를 위하여 필요한 시간에 복습할 수 있다(Le Grice & Blampied, 1994).

넷째, 학교, 가정환경을 포함하여 다양한 교실 밖의 환경에서도 활용할 수 있다.

다섯째, 자기모델 자기효능감을 바탕으로 자기중심의 비디오 모델링을 통하여 중재를 실시하면 중재에 더 주의를 기울이고, 동기가 부여됨으로써 목표기술 향상과 함께 긍정적인 자아개념을 증가시킬 수 있다.

여섯째, 개인의 선호도 및 능력에 적합한 다양한 공학기기에 적용 가능하다.

일곱째, 스스로 작동이 가능한 경우 학생 스스로의 반복학습이 가능하여 기능 습득과 유지의 효율성을 가진다.

(3) 비디오 모델링 적용과정

- 1단계: 목표기술을 과제분석하여 각 과제별로 촬영 및 편집한다.
- 2단계: 학생의 개인용 컴퓨터 및 보조공학기기를 활용하여 비디오 모델링을 통한 시연활동을 실시한다.
- 3단계: 시연활동을 실시한 후 목표행동을 직접 실행하고 교사는 피드백을 실시한다.
- 4단계: 학생이 개인용 컴퓨터 및 보조공학기기를 활용하여 목표행동을 보며 자신의 행동과 비교한다.
- 5단계: 교사는 학생과 비디오 모델링의 목표행동과 학생의 수행활동을 비교하며 피드백을 실시한다.
- 6단계: 학생 스스로 또는 교사의 피드백을 받아 목표행동을 반복연습을 실시한다.

4) 애플리케이션을 통한 교수 · 학습 접근

애플리케이션을 이용한 교수 · 학습 접근은 흥미 유발이나 동기부여, 매력적인 교수자료, 강도 높은 자극을 제공하여 과제의 기억 등의 향상에 효과적인 방법이다. 이는 휴대가 간편한 스마트기기에 설치된 애플리케이션을 통해 개방된 공간에서 교수자와 학습자들이 이동통신망을 사용하여 직접 제작하고 참여하는 형태의 교육용 콘텐츠의 제작이 가능하기 때문이다.

(1) 지적장애 아동을 위한 애플리케이션 교수 · 학습의 장점

첫째, 지적장애 아동 스스로 학습할 수 있다. 학습자의 수준과 요구에 알맞은 내용을 스스로 선택해서 반복하여 학습하거나, 관련된 보충내용을 스스로 학습함으로써 학습 성취도를 향상시키고 자기학습 능력을 기를 수 있다.

둘째, 학습자와 교수자의 상호작용에 있어서 효과적이다. 학습자가 원할 때 언제나 학습자와 교수자의 상호작용이 가능하므로 학습자가 적극적이고 능동

적으로 학습에 임하게 된다. 이는 지적장애 아동의 학습적 약점인 짧은 주의
집중, 동기 부족, 흥미 결여 등의 약점을 줄여 긍정적인 태도를 유지하고, 강한
동기부여의 기회를 제공하게 된다.

셋째, 지적장애 아동의 자발적 학습의 시간과 여건의 개선에 효과가 있다.
학습시간의 절약과 비용 감소의 효과를 볼 수 있다. 스마트기기가 갖는 특성
과 교육용 콘텐츠의 특성을 함께 갖기 때문에 언제 어디서나 내가 원하는
시점에서의 학습이 가능하게 되어 장소와 시간의 제약이 없어 비용 절감 효과가
있다.

넷째, 교육을 체계화시킬 수 있다. 교육내용을 수정, 보완하는 일이 효율적
으로 이루어지고 새로운 내용의 전달은 빠른 속도로 양방향 전송이 가능하며
다양한 용도로 재활용도 가능하고 지적장애 아동 개개인의 능력과 특성을
고려한 교육 내용의 전달과 진보의 결과를 즉각 확인할 수 있다.

다섯째, 학습자의 입장에서 교육의 편의성을 느낄 수 있다. 학습자가 개인적
여유시간에 원하는 장소에서 학습할 수 있어 필요한 내용 습득에만 집중할
수 있다.

(2) 지적장애 아동을 위한 에듀테인먼트 콘텐츠의 적용

에듀테인먼트(edutainment)는 애니메이션, 소리, 비디오 등을 통해 다른
매체보다 훨씬 효과적으로 학습자의 활동을 지원하면서, 강력한 상호작용 능력
으로 인해 학습되게 만드는 매체이자 혁신적인 교수기술이며(Brown, 1995),
학생들의 학습을 지원하기 위한 수많은 하이퍼미디어 형태의 프로그램이다
(Allesi & Trollip, 2001). 이렇게 사용자가 놀이형식을 즐기는 과정에서 스스로
교육의 기대치를 획득하도록 고안된 에듀테인먼트 콘텐츠는 일반아동뿐만
아니라 지적장애 아동의 새로운 교육방법으로 각광받고 있다.

4. 지적장애 아동을 위한 수업설계 및 교수 · 학습방법

지적장애 아동을 교육하기 위한 다양한 교수 · 학습방법이 있는데, 그중 자기결정 학습 모형, 컴퓨터 보조 학습 모형, 스마트 러닝 수업 모형이 최근 교육현장에서 관심을 받고 있다. 이 장에서는 세 가지 교수 · 학습방법의 개념 및 원리를 알아보고자 한다.

1) 자기결정 학습 모형

사람은 누구나 살아가면서 삶의 다양한 장면에서 스스로 선택하고 결정 해야 하는 상황에 놓인다. 이때 외부의 과도한 영향이나 간섭으로부터 벗어 나 자신의 삶의 질에 관여하는 선택과 결정을 하게 되는데, 이를 자기결정이 라 한다(Wehmeyer, Agran, & Hughes, 2000). 최근 지적장애 아동의 자기결정 능력을 향상시키기 위한 교수법으로 자기결정 학습 모형(Self-Determination Learning Model of Instruction: SDLMI)이 부각되고 있다(양영모, 백은희, 2012; 이 옥인, 2008; 정유진, 정주영, 2012). 자기결정 학습 모형은 자기결정 구성요소, 자기조정적 문제 해결과정, 아동 주도 학습을 기반으로 개발되었다(Wehmeyer, Agran, & Hughes, 2000). 이는 아동이 아동 주도 전략을 사용하면서 스스로 선택한 목표를 성취하기 위하여 자기조정적 문제 해결 전략을 사용하도록 교사가 학생을 가르치는 교수법이다. 자기결정 학습 모형은 다음과 같이 3단계 로 순환된다.

- 1단계: 목표설정-목표결정, 현행수준 점검, 성취기준 결정
- 2단계: 과제수행-행동 계획, 행동수행 전략학습, 행동실행
- 3단계: 목표 또는 계획 조절하기-수행행동에 대한 자기평가

지적장애 아동을 위한 자기결정 학습 모형의 수업지도안 예시를 〈표 12-4〉에 제시하였다.

표 12-4   자기결정 학습 모형 수업지도안 예시

단원명	1.1.1 우리나라의 민주정치		
차시	민주정치와 생활		
학습활동	교수 · 학습 활동	자기주도적 학습행동/교사 지원	시량 (분)
학습 문제 설정	• 생활 속에서의 문제 해결 방법 결정 - 우리 생활 속에서 부딪히는 문제들에는 어떤 것이 있는지 말해 봅시다. • 학습문제 확인하기 - 정치의 의미와 민주정치의 과정을 설명할 수 있다.	• 자기목표 확인	5
주제 설정 확인	• 토의주제 설정 및 토의계획 세우기 - 의견대립의 해결을 위한 주제로 정한다. - 토의절차, 역할분담을 한다. - 지적장애 아동은 잘 듣고, 자리 이탈을 하지 않는다.	• 직접 교수 • 선택하기, 결정하기	5
소집단 토의	• 토의주제를 중심으로 소집단 토의하기 - 지적장애 아동들은 발언 중 '찬성' '반대'의 말을 하거나 손을 든다.	• 수업참여행동	10
토의 결과 발표	• 소집단별 토의결과 정리 발표 - 대표 아동이 내용을 발표한다. - 지적장애 아동은 경청하거나 발표 보조자 역할을 한다.	• 수업참여행동 • 의사 표현하기	5
결과 정리	• 정치의 의미와 민주정치의 과정 알기 - 정치의 의미는? (지적장애 아동은 정치라는 용어에 익숙해지는 데 중점을 둔다.) - 민주정치가 이루어지는 과정은?	• 선행단서 조절(시연, 정교화, 조직화) • 자기교시 • 자기질문	10

〈계속〉

| | (문제의 발생 → 다양한 의견 제시 → 대화와 타협 → 결정 및 실천)
- 수정된 학습지 과제 수행하기
(이때 모르는 것은 교사나 또래아동에게 질문하도록 한다.) | • 의사 표현하기
• 도움 요청하기 | |
| 정리 | • 생활 속에서 정치가 이루어지는 예 알기
- 지적장애 아동은 과제 수행내용을 발표한다.
- 학습지 내용을 자기평가한다.
- 지적장애 아동은 예습, 복습 상황을 기록한다. | • 의사 표현하기
• 자기평가와 점검 | 5 |

출처: 이옥인(2008: 129).

2) 컴퓨터 보조 학습 모형

컴퓨터 보조 학습(Computer-Assisted Instruction: CAI)이란 컴퓨터를 이용하여 학습이 이뤄질 수 있도록 하는 교수 · 학습방법이다. 즉, 이는 컴퓨터를 주된 매체로 사용하고, 학습자와 컴퓨터의 직접적인 상호작용이 이루어지도록 하는 교수 · 학습 과정이다(Orwig, 1983). 컴퓨터 보조 학습의 하위유형은 다음과 같다.

- 반복학습형(Drill & Practice model): 다양한 상황과 특정 상황을 반복적으로 제시하여 과제를 수행하도록 한다.
- 개인교수형(Turorial model): 컴퓨터 시스템과 학습자가 상호작용하는 방법으로 과제를 수행하도록 한다.
- 시뮬레이션형(Simulation model): 실제 조건과 유사한 상황을 모의실험 속에서 제시함으로써 과제를 수행하도록 한다.
- 교수게임형: 습득해야 할 지식과 기술을 게임형식으로 제시함으로써 과제를 수행하도록 한다.
- 문제 해결형: 컴퓨터의 정보처리능력과 계산능력을 이용하여 문제를 해

결하도록 한다.

- **자료제시형:** 방대한 정보 중에서 필요한 자료와 정보를 선택, 검색, 분석, 종합할 수 있도록 구성된 것이다.
- 컴퓨터 보조 학습은 컴퓨터가 발달함에 따라 점차 교육현장에 확산하고 있으며, 지적장애 아동을 교육하기 위한 학습방법으로 효과적임이 여러 연구를 통해 검증되었다(박찬웅, 1999; Conners, Caruso, & Detterman, 1986).

3) 스마트 러닝 수업 모형

스마트 러닝(Smart Learning)이란 학습자들의 다양한 학습 형태와 능력을 고려한 ICT 기반의 학습자 중심 지능형 맞춤학습이다(곽덕훈, 2010). 스마트 러닝 수업은 [그림 12-3]에 제시된 바와 같이 도구적 접근(스마트기기), 환경적 접근(스마트 환경), 이론적 접근(스마트 이론)을 기반으로 설계된다(임걸, 2011). 스마트 러닝 교수 전략을 구축하기 위해서는 교육내용, 교육방법, 교육환경의

그림 12-3 스마트 러닝 수업설계 원리

출처: 임걸(2011: 37).

측면을 이해할 필요가 있다.

- **교육내용**: 풍부한 학습자원 활용 스마트 러닝을 통해 제공될 수 있는 다양한 학습자원은 크게 교육용 애플리케이션과 이북(E-book)이 있다.
- **교육방법**: 상호작용을 통한 참여적 환경 스마트 러닝이 제공하는 환경은 교수자와 학습자 또는 학습자 간의 면대면 환경을 온라인상에서도 지속적으로 연결해 주는 특징을 지녔다.
- **교육환경**: 실제적 맥락과 경험 스마트 러닝은 구성주의에서 추구하는 실제적 · 맥락적 학습환경을 제공하는 증강현실, 가상현실, 멀티미디어 활용 등을 통해 학습 동기와 효과를 높이는 구조적 환경을 갖고 있다. 즉, 스마트 러닝 수업은 풍부한 학습자원을 활용하고, 교수자와 학습자의 상호작용을 통해 참여적 환경을 제공하고, 구성주의적 관점에서 실제적 맥락과 경험을 제공할 수 있도록 설계한다.

스마트 러닝 수업은 [그림 12-4]와 같이 여러 절차에 따라 설계한 후 적용하게 된다. 수업목표가 설정되면, 스마트 러닝자원(스마트폰, 스마트탭, 스마트 TV 등)을 확인한 후, 어떤 형태와 내용으로 수업환경을 조성할지 결정한다. 그리고 선정된 자원과 환경을 고려하여 수업과정을 설계하고 수업도구를 개발한다. 이를 수업에 적용한 후 마지막으로 수업에 대한 평가와 분석을 한다.

스마트 러닝 수업은 학습자의 능력과 특성에 맞게 설계하여 능동적으로 수업에 참여하도록 하기 때문에 지적장애 아동의 학습 능력과 태도에 효과적임이 여러 연구를 통해 보고되고 있다(나미선, 2013; 이승훈, 2013). 전승주 등(2013)이 지적장애 아동을 대상으로 개발한 스마트 러닝 수업의 단원, 제재, 학습목표, 학습자료 활용계획 등의 예를 〈표 12-5〉에 제시하였다.

그림 12-4 스마트 러닝 교수 · 학습 모형

출처: 전승주 외(2013).

표 12-5 스마트 러닝 수업의 학습자료 활용계획

단원		작업도구 활용
제재		목적지까지 대중교통수단 찾기
학습목표		• 학교에서 ○○터미널까지의 교통수단과 노선을 조사할 수 있다. • 학교에서 ○○터미널까지의 이동계획을 세울 수 있다.
학습 자료 활용 계획	학습모형	문제 해결 학습모형
	학습자료	갤럭시노트 10.1, LED TV, PPT 자료, QR코드, 못, 망치, 나무, 학습지 파일
	사용 애플리 케이션	인터넷 낙서장난감 네이버 지도 에그몬

출처: 전승주 외(2013).

5. 가상현실 기반을 활용한 수업 전략

제6장 특수교육공학의 최근 동향에서 살펴본 인공지능, 가상현실 등을 이용한 수업전략이 특수교육현장에 활발히 적용 및 연구되어 있다. 그런 맥락에서 가상현실 기반을 활용한 수업전략을 살펴보고자 한다.

1) 가상현실을 활용한 지적장애 아동의 학습

가상현실 기반의 교육은 학습자에게 다양한 체험과 구체적인 개념 학습, 동기유발, 학습 전이 등에 효과적이다. 가상현실 기법을 활용한 교육이 효과적인 이유는 사용자가 실제와 비슷한 환경과 맥락 속에서 직접 조작하고 반복적으로 학습하여 경험을 쌓기 때문이다(변소희, 2019). 특히, 특수교육 현장에서 교사가 지적장애 아동에게 지역사회 중심 교수가 가능한 실제환경이나 상황을 제공할 수 없는 경우, 교실의 환경을 뛰어 넘어 가장 실제와 가까운 느낌을 줄 수 있는 가상현실 기법을 활용한 교수가 대안적인 방법으로 활용될 수 있다(이태수, 주교영, 2019; 이태수, 2021b). 학교현장과 지역사회에 보급된 다양한 스마트기기와 스마트 환경을 이용하여 학습의 일반화와 전이에 어려움이 있는 지적장애 아동의 지역사회 적응에 필요한 다양한 기능의 습득에 도움을 줄 수 있다.

2) 지적장애 아동의 학습을 위한 가상현실의 교육적 효과

첫째, 가상현실은 교실이라는 학교 공간의 물리적인 한계를 넘어서 학습자에게 다양한 체험과 경험의 기회를 제공한다(Riva et al., 2007).

지적장애 아동의 특성상 지역사회 기능의 교육에는 현장체험학습이 가장 좋은 방법이나 시간, 공간, 안전, 비용 등으로 충분한 횟수의 체험학습을 실시할 수 없는 물리적 한계의 극복에 많은 도움을 줄 수 있다.

둘째, 가상현실은 학습자에게 추상적인 개념을 구체적으로 경험하게 하고 학습할 수 있게 한다.

지적장애 아동의 교육은 학습 경험을 시각화할 필요가 있고, 학습지도는 구체성이 많은 내용으로부터 점차 추상적인 것으로 옮겨가야 한다(류지헌 등, 2013). 그러므로 학습자는 학습 초기에 전통적인 매체가 표현하기 힘들었던 추상적인 개념을 가상현실을 통하여 구체적인 경험으로 연결하여 지식을 통합 구성할 수 있다. 특히, 추상적 개념의 습득이 어려운 지적장애 아동의 학습 특성을 보완할 수 있는 학습방법이다.

셋째, 가상현실은 몰입의 경험을 통해 학습자의 학습 태도 개선을 돕는다. 학습자는 가상현실에서 필요에 따라 조정하거나 선택하거나 조작을 통하여 능동적인 학습 활동을 하게 됨으로써 학습에 흥미를 느끼게 된다(백영균, 2010).

이러한 가상현실의 특성은 학습자의 학습 동기유발에 도움이 된다(Liu & Tsai, 2013). 학습의 능동성과 몰입, 지속성이 열악한 지적장애 아동의 학습 특성을 보완하고 학습의 효과와 실체성을 높일 수 있는 교수 방법이다.

넷째, 가상현실의 현존감과 실재감은 학습 내용의 일반화와 전이를 돕는다.

정보의 묘사 정확도가 상대적으로 높은 가상현실에서 학습자는 더 큰 현실감을 느끼게 되어 실제 환경에서 더 많은 일반화와 전이를 일으키게 된다(최섭, 김희백, 2020). 학습의 일반화와 전이에 취약한 지적장애 아동의 특성을 보완하고 학습의 능숙도를 향상시킬 수 있는 교수방안이 될 것이다.

3) 가상현실을 통한 경험학습과 상황학습의 제공

가상현실을 통한 지적장애 아동의 경험학습은 직접 조작해 보고 경험한 것을 성찰하여 추상적 개념화를 이루어 내는 학습 과정을 가리킨다.

가상현실을 통한 지적장애 아동의 상황학습은 학습자가 실제 문제 해결의 상황에 참여하여 실제 맥락에서 제시된 과제를 통해 지식이나 기술을 학습할 수 있도록 하는 방법으로 학습자는 실제와 근접하는 상황 속에서 과제를 진행하고 맥락 속에서 학습하게 된다.

가상현실을 통한 경험학습과 상황학습 제공의 장점은 다음과 같다.

첫째, 학습자에게 체험의 범주를 넓혀 주고 체험의 기회를 증가시켜 준다. 가상현실은 한편으로는 체험이 어려운 학습자에게 새로운 경험의 기회를 제공할 수 있고, 다른 한편으로는 반복적인 회고로써 학습자가 획득한 경험을 공고히 하여 학습효과를 강화할 수 있다. 특수교육 영역에서 장애 학생에게 체험 기회의 증가와 반복적인 훈련의 기회는 학습자의 지식과 기술을 효과적으로 향상할 수 있다(이태수, 2021a).

둘째, 학습자의 체험 범주를 넓혀 주어 구체적 경험을 더 많이 획득시켜 줄 수 있다. 또 체험 기회의 증가는 반복적인 훈련이 가능함을 뜻하는데, 이러한 반복적인 훈련의 기회는 학습자의 지식과 기술을 효과적으로 향상할 수 있다.

셋째, 가상현실 기법으로 위험부담이 존재하는 환경(상황) 또는 그러한 조작(교육), 과거 속 인물과 배경 또는 사건 등 체험이 불가능한 것을 실재감 있게 제공해 주어 더 구체적인 경험에 노출되게 한다.

넷째, 가상현실 기법으로 실제와 유사하게 구현된 장소, 상황에서 학습자들은 실제와 같이 의사소통 훈련을 하게 되고 효과를 보게 된다. 지적장애 학습자의 특성에 맞게 개발된 프로그램과 지역사회 및 훈련상황의 실제와 근접하는 상황 속에서 과제를 진행하고 맥락 속에서 학습을 통해 더 높은 학습의 효과를 갖게 된다.

┌───┐

이 장의 연구과제

1. 지적장애 영역에서의 보조공학의 필요성에 대해 토론해 보자.

2. 지적장애의 교육적 요구와 그에 따른 보조공학의 쓰임에 대해 발표해 보자.

3. 지적장애 아동을 위한 교수 · 학습 모형을 적용한 수업지도안을 작성해 보자.

4. 지적장애 아동을 위한 다양한 보조공학기기의 적용을 통한 교수 · 학습방법을 탐구해 보자.

└───┘

참고문헌

교육부(2023). 2023년 특수교육 연차보고서.

교육부(2022). 제6차 특수교육발전 5개년 계획(2023~2027).

교육부(2017). 특수교육 보조공학기기 운영 매뉴얼. 경기: 서현사.

강영심, 김자경, 김정은, 박재국, 안성우, 이경림, 황순영, 강승희(2010). 예비교사를 위한 특수교육학 개론. 서울: 학지사.

곽덕훈(2010). 스마트 교육의 의미와 전망. 스마트 교육 코리아 발표 자료집. 한국이러닝산업협회.

권정민(2011). 태블릿(아이패드)와 종이 매체간의 지적장애 학생의 읽기 수행 비교. 지적장애연구, 13(1), 187-202.

김정균, 강병호, 정해동 (2004). 장애학생을 위한 비디오 자기모델링 기법과 적용. 안산: 국립특수교육원.

김진호, 박재국, 방명애, 서효정, 유은정, 이효신, 한경근 공역(2022). 최신 특수교육(12판). 서울: 시그마프레스.

김현집(2021). 지적장애학생을 위한 원격교육 실태 및 운영 방안 탐색. 단국대학교 대학원 박사학위 논문.

김형일(2014). 지적장애 학생의 이해와 교육. 서울: 학지사.

나미선(2013). 스마트러닝을 적용한 생각 표현하기 프로그램이 초등학교 정신지체 학생의 주의집중에 미치는 영향. 공주대학교 교육대학원 석사학위 논문.

대한보조공학기술학회(2021). 보조기기서비스개론. 서울: 계축문화사.

류지헌, 김민정, 김소영, 김혜원, 손찬희, 이영민, 임걸(2013). **교육방법 및 교육공학.** 서울: 학지사.

박경옥, 옥민욱, 김지연 (2022). 원격수업에서의 장애학생을 위한 보조공학기기 활용 실태와 지원 요구. 지적장애연구, 24(4), 71-94.

박병숙(2008). 자폐 범주성 장애 아동을 위한 비디오 모델링 기법을 활용한 중재 고찰. 특수교육, 7(1), 123-144.

박승희, 박윤희, 한선영(2022). AAIDD 12판 지적장애. 서울: 교육과학사.

박찬웅(1999). 컴퓨터 중재 읽기프로그램이 정신지체아의 읽기 상위인지, 작동기억 및 읽기 이해력에 미치는 영향. 지적장애연구, 1, 79-101.

박희찬 외(2023). 장애학생을 위한 전환교육의 이해와 적용. 서울: 학지사.

백영균(2010). 가상현실공간에서의 교수학습. 서울: 학지사.

백영서(2020). 가상현실(VR) 기반 지역사회 모의교수가 지적장애학생의 무인주문 기를 사용하는 패스트푸드점 이용 기술에 미치는 효과. 순천향대학교 대학원 석사학위논문.

백은희(2020). 지적장애 이해와 교육(개정판). 서울: 교육과학사.

변두원, 김태균, 박달원(2001). 가상현실 기법을 활용한 수학교육. 한국학교수학회논문 집, 4(1), 81-90.

변소희(2019). 군 정신전력교육에서 가상현실 콘텐츠 활용을 위한 교수설계원리 개발 연구. 서울대학교 대학원 석사학위논문.

서유진(2021). 장애학생을 대상으로 한 공학활용 수학중재 문헌분석. 초등교육연구, 32(2), 27-46.

송준만 외(2016). 지적장애아 교육(2판). 서울: 학지사.

송준만 외(2022). 지적장애 학생교육(3판). 서울: 학지사.

신진숙, 하민희(2010). 비디오 자기 모델링 중재가 지적장애 고등학생의 지역사회 활용기술에 미치는 영향. 특수아동교육연구.

양영모, 백은희(2012). 자기결정학습모형(SDLMI)에 기초한 국어와 교수가 정신지체 중학생의 자기조정학습전략 사용 및 읽기성취도에 미치는 효과. 지적장애연구, 14(4), 149-167.

육주혜(2008). 정신지체·학습장애 학생을 고려한 학습용 소프트웨어 평가 지표 개발. 특수교육재활과학연구, 47(4), 27-46.

육주혜, 이근민, 김소영, 이진현, 오현정, 유성문 성기창(2021). 보조공학서비스. 서울: 학지사.

이성용, 김진호(2019). 비디오 모델링이 지적장애 초등학생의 물건 구매기술에 미치는 효과. 한국지적장애교육학회 지적장애연구, 21(4).

이승훈(2013). 스마트기기 기반 언어훈련 애플리케이션이 지적장애 학생의 읽기능력에 미치는 효과. 전남대학교 대학원 박사학위 논문.

이옥인(2008). 통합교육 환경에서 자기결정 학습전략이 정신지체 아동의 자기주도 학습행동 및 학업성취에 미치는 효과. 공주대학교 대학원 박사학위 논문.

이위현(2011). 스마트 TV의 교육 콘텐츠 현황과 활성화 방안에 관한 연구. 석사학위 논문. 영남대학교 대학원.

이태수(2021a). 가상현실 기반 중재가 경도 지적장애 학생의 바리스타 업무 능력에 미치는 효과. 한국콘텐츠학회논문지, 21(2), 622-630.

이태수(2021b). 가상현실 기반 중재가 지적장애학생의 일상생활 기술 및 수업 태도에 미치는 효과. 한국융합학회논문지, 12(2), 155-162.

이태수(2021c). 지적장애 학생을 위한 VR 기반 요리하기 기능성 게임 개발 및 적용 효과. 한국게임학회논문지, 21(1), 67-80.

이태수, 주교영(2019). 장애학생을 위한 가상현실 기반 중재프로그램에 대한 특수교사의 인식 비교. 한국융합학회, 10(10), 113-120.

임걸(2011). 스마트 러닝 교수학습설계모형 탐구. 한국컴퓨터교육학회 논문지, 14(2), 33-45.

장림송(2022). 가상현실 기반 교수가 지적장애 고등학생의 교통안전 지식과 기술 및 수업 태도에 미치는 효과. 전남대학교 대학원 박사학위 논문.

전승주, 오금주, 김명훈, 전성대, 정웅, 정봉균(2013). 정신지체학생 스마트러닝 수업모형 개발. 충남: 국립특수교육원.

정동훈, 김형일(2013). 지적장애학교 특수교사의 보조공학 활용 실태와 요구. 지적장애연구, 15(2), 199-218.

정유진, 정주영(2012). 보편적 학습 설계에 기초한 자기결정 프로그램이 정신지체 학생과 비장애 학생의 자기결정력에 미치는 영향. 지적장애연구, 14(4), 169-196.

최섭, 김희백 (2020). 가상현실 특성을 반영한 VR 프로그램 기반 수업 적용 및 효과. 한국과학교육학회지, 40(2), 203-216.

최우진(2018). 체감형 비디오 게임을 활용한 체육활동이 지적장애 학생의 주의집중과 게임수행 능력에 미치는 영향. 한국교원대학교 교육대학원 석사학위논문.

「장애인 등에 대한 특수교육법」
「장애인 등에 대한 특수교육법 시행령」
「장애인 등에 대한 특수교육법 시행규칙」

「장애인복지법 시행령」

Alessi, S. M., & Trollip, S. P. (2001). *Multimedia for learning: Methods and development.* Boston, MA; Allyn and Bacon.

American Association on Intellectual and Developmental Disabilities (AAIDD) (2007). *Mental retardation is no more: New name is intellectual and developmental disabilities.* Washington, DC: Author.

American Psychiatric Association (APA) (2000). *Diagnostic and statistical manual of mental disorders*, 4th text revision edn, DC, APA: Washington.

American Psychiatric Association. (APA) (2023). DSM-5-TR 정신질환의 진단 및 통계 편람 제5판 수정판(*Diagnostic and statistical manual of mental disorders: DSM-V-TR*). (권준수 외 공역). 서울: 학지사. (원저는 2022년에 출판).

Ayres, K. M., & Langone, J. (2005). Intervention and Instruction with Video for Students with Autism: A Review of the Literature. *Education and Training in Developmental Disabilities, 40*(2), 183-196.

Beirne-Smith, M., Patton, J. R., & Kim, S. H. (2006). *Mental retardation-An introduction to intellectual disabilities* (7th ed.). New Jersey: Prentice Hall.

Bellini, S. & Akullian, J. (2007). A meta-analysis of video modeling and video self-modeling interventions for children and adolescents with autism spectrum disorders. *Exceptional Children, 73*, 264-287.

Brown, J. D. (1995). *The elements of language curriculum: a systematic approach to program development.* Boston, MA: Heinle & Heinle.

Charlop-Christy, M. H., Le, L., & Freeman, K. A. (2000). A comparison of video modeling with in vivo modeling for teaching children with autism. *Journal of Autism and Developmental Disorders, 30*, 537-552.

Conners, F. A., Caruso, D. R., & Detterman, D. K. (1986). Computer-assisted instruction for the mentally retarded. In Ellis N. R. & Bray N. W. (Eds.), *International review of research in mental retardation* (pp. 105-134). Orlando: Academic Press.

Delano, M. E. (2007). Video modeling interventions for individuals with autism. *Remedial and Special Education, 28*(1), 33-42.

Dowrick, P. W. (1999). A review of self modeling and related interventions. *Applied & Preventive Psychology, 8*(1), 23-39.

Hitchcock, A. L., Auld, K., Gygi, S. P., Silver, P. A. (2003). *A subset of membrane-*

associated proteins is ubiquitinated in response to mutations in the endoplasmic reticulum degradation machinery. Proc Natl Acad Sci USA 100: 12735–12740.

Le Grice, B., & Blampied, N. M. (1994). Training pupils with intellectual disability to operate educational technology using video prompting. *Education & Training in Mental Retardation & Developmental Disabilities, 29*(4), 321–330.

Liu, P. E., & Tsai, M. (2013). Using augmented-reality-based mobile learning material in EFL English composition: An exploratory case study. *British Journal of Educational Technology, 44*(1), E1–E4.

Mechling, L. (2005). The effect of instructor-created video programs to teach students with disabilities: Aliterature review. *Journal of Special Education Technology, 20*(2), 25–36.

Orwig, Gary W. (1983). *Creating computer programs for learning: A guide for trainers, parents, and teachers.* New York: Simon & Schuster.

Riva, G., Mantovani, F., Samantha, C., Capideville, Preziosa, A., Morganti, F., Villani, D., Gaggioli, A., Botella, C., & Alcaniz, M., (2007). Affective interactions using virtual reality: the link between presence and emotions. *Cyberpsychology & Behavior, 10*(1), 45–56.

Schalock, R. L., Luckasson, R., & Tasse, M. J. (2021). *Intellectual disability: Definition, diagnosis, classification, and systems of supports* (12th ed.). American Association on Intellectual and Developmental Disabilities.

Taylor, R. L., Richards, S. B., & Brady, M. P. (2005). *Mental retardation: Historical perspectives, current practices and future directions.* Boston, MA: Pearson.

Wehmeyer, M. L., Agran, M., & Hughes, C. (2000). A national survey of teachers' promotion of self-determination and student-directed learning. *The Journal of Special Education, 34*(2), 58–68.

참고사이트

교육부. www.moe.go.kr
국립재활원 중앙보조기기센터. https://knat.go.kr

국립특수교육원. https://www.nise.go.kr
법제처. www.moleg.go.kr
서울시 보조기기센터. http://www.seoulats.or.kr
에듀에이블. https://www.eduable.net
한국재활복지공학회. https://resko.jams.or.kr
한국지적장애교육학회. https://www.kaid.kr
한국통합교육학회. https://www.kinclued.or.kr
한국특수교육교과교육학회. https://www.seci.kr
한국특수교육학회. https://www.ksse.or.kr

제13장

건강장애 아동을 위한
특수교육공학

⊙ 이 장의 개요

이 장에서는 건강장애 아동을 위한 특수교육공학에 관해 살펴볼 것이다. 이 장의 주요 내용은 건강장애에 대한 이해, 건강장애 아동의 특수한 교육적 요구, 건강장애 아동을 위한 보조공학, 건강장애 아동을 위한 수업설계 및 교수 · 학습지원 방안 등이다.

⊙ 이 장의 학습목표

1. 건강장애 정의의 구성요소를 발표할 수 있다.
2. 건강장애의 특성에 따른 교육적 요구에 대해 설명할 수 있다.
3. 건강장애의 특성에 따른 보조공학의 역할과 쓰임을 설명할 수 있다.
4. 건강장애 아동을 위한 교육지원과 교수 · 학습지원 방안에 관해 설명할 수 있다.

건강장애 아동을 위한 특수교육공학

이 장에서는 국내외의 다양한 건강장애 정의와 분류체계를 통해 건강장애의 특성을 살펴보고자 한다. 또한 건강장애 아동의 교육적 요구를 알아보고, 그에 따른 보조공학을 제안하고자 한다. 마지막으로 건강장애 아동을 위한 교육지원 및 교수 · 학습지원 방안을 제안한다.

1. 건강장애의 이해

1) 건강장애 정의

건강장애를 이해하기 위해서는 국내외의 주요 관련 법령의 정의를 살펴볼 필요가 있다.

우선 우리나라 「장애인 등에 대한 특수교육법 시행령」 제10조 관련에서는 건강장애를 다음과 같이 정의한다.

> 건강장애를 지닌 특수교육대상자란 만성질환으로 인하여 3개월 이상의 장기입원 또는 통원치료 등 계속적인 의료적 지원이 필요하여 학교생활 및 학업 수행에 어려움이 있는 사람을 말한다.

한편, 외국의 정의를 살펴보면, 질환으로 인한 운동상태를 구체적으로 포함하여 건강장애를 정의하고 있다. 미국 「장애인교육법」(2004)은 건강장애를 다음과 같이 정의한다.

건강장애란 체력, 활기, 민첩함이 부족할 뿐만 아니라 심장질환, 결핵, 류머티즘, 신장염, 천식, 겸상 적혈구성 빈혈, 혈우병, 간질, 납중독, 백혈병, 당뇨병과 같은 만성적 또는 급성 건강문제에 의해 제한된 근력, 지구력, 민첩성 등을 가진 경우다.

또한 일본의 「학교교육법」(2004)은 만성질환으로 인한 생활관리의 측면에 강조점을 두고 정의한다. 구체적으로 살펴보면, 첫째로 만성적인 호흡기 질환 및 기타 질환의 상태가 지속적·간헐적으로 나타나 의료 또는 생활 면에서 관리가 필요한 자, 둘째로 신체허약의 상태로 생활 면에서 지속적인 관리가 필요한 자로 정의한다(한국특수교육학회, 2008 재인용).

지금까지 살펴본 건강장애 정의를 종합해 보면, 건강장애의 특성은 두 가지로 요약된다. 첫째, 건강장애는 만성적인 질병을 가진 경우다. 둘째, 건강장애는 건강상의 문제로 인하여 생활이나 교육적으로 지원이 필요한 경우다.

2) 건강장애 분류

건강장애는 만성질환으로 인한 장애로 장애범주가 매우 넓기 때문에, 분류체계에 따라 다양하게 분류된다. 대표적으로 범주적 분류체계와 비범주적 분류체계로 나누어 살펴볼 수 있다. 첫째, 범주적 분류다. 이는 장애유형에 따른 분류체계이며, 대표적인 질병으로 심장장애, 신장장애, 간장애, 소아암, 천식, 당뇨병 등이 있다. 이 분류체계는 각 질병의 특성에 따른 생활 및 교육적 지원 방안에 관심을 둔다. 둘째, 비범주적 분류다. 이는 만성적 질병을 가진 아동의 상태를 건강상태, 연령에 적합한 활동, 기능성, 인지기능, 사회·정서적 발달, 감각기능, 의사소통기능 등으로 분류하는 체계다. Perrin 등(1993)은 13개의 비범주화된 체계를 〈표 13-1〉과 같이 제시하였다.

표 13-1 만성적 질병을 지닌 아동의 경험에 대한 상태영역

영역	연속상에서의 영향		
지속시간	단기성	←――→	장기성
발병연령	선천적	←――→	후천적
연령에 적합한 활동에서의 제한	없음	←――→	수행할 수 없음
가시성	관찰할 수 있음	←――→	관찰할 수 없음
생존가능성	일반적으로 장수	←――→	생명에 위험이 있음
운동성	손상되지 않음	←――→	심각하게 손상됨
인지	정상	←――→	심각하게 손상됨
정서 - 사회성	정상	←――→	심각하게 손상됨
감각기능	손상되지 않음	←――→	심각하게 손상됨
의사소통	손상되지 않음	←――→	심각하게 손상됨
경과	안정적	←――→	진행됨
불확실성	예상하기 어려움	←――→	예상됨

출처: 한국특수교육학회(2008).

이와 같이 건강장애는 장애유형을 고려한 범주적 체계나, 아동의 상태를 고려한 비범주적 체계에 따라 분류할 수 있다. 이러한 분류체계를 통해 건강장애 아동의 특성을 이해하고, 그에 따른 적합한 교육적 지원을 제공해야 한다.

2. 건강장애 아동의 특수한 교육적 요구

건강장애를 지닌 특수교육대상자란 만성적 질환으로 인하여 학교생활, 학업수행 등에서 교육적 지원을 받아야 하는 경우다. 즉, 이들은 건강상의 문제로 학습과 일상생활에서 문제가 나타난다. 한국특수교육학회(2008)에서는 건강장애의 선별 기준을 손상, 학습 및 일상생활상의 문제의 측면에서 다음과 같이 제시하였다.

- 손상
  - 심장병으로 3개월 이상의 장기입원 또는 통원치료 등 계속적인 의료
    적 지원이 필요하여 학교생활, 학업수행 등에서 교육적 지원을 지속적
    으로 받아야 한다.
  - 신장병(염)으로 3개월 이상의 장기입원 또는 통원치료 등 계속적인 의
    료적 지원이 필요하여 학교생활, 학업수행 등에서 교육적 지원을 지속
    적으로 받아야 한다.
  - 간질환으로 3개월 이상의 장기입원 또는 통원치료 등 계속적인 의료
    적 지원이 필요하여 학교생활, 학업수행 등에서 교육적 지원을 지속적
    으로 받아야 한다.
  - 기타 소아암, AIDS 등 만성질환으로 장기입원 또는 통원치료 등 계속
    적인 의료적 지원이 필요하여 학교생활, 학업수행 등에서 교육적 지원
    을 지속적으로 받아야 한다.
- 학습상의 문제
  - 감기 등 잔병이 많고 회복이 느려 학습결손이 많다.
  - 건강상의 문제(허약체질 등)로 체육시간이나 야외학습활동 등에 참여
    가 제한적이다.
  - 건강상의 문제로 결석이 잦다.
  - 의사로부터 운동 시간 또는 양 등에 대한 제약소견을 받고 있다.
- 일상생활상의 문제
  - 질병으로 장기간에 걸쳐 약물을 복용하고 있다.
  - 장기간에 걸쳐 입원하고 있거나 요양 중이다.
  - 오래 걸을 수 없으며 활동 후 쉽게 피로를 느낀다.
  - 산소호흡기 또는 음식물 주입 튜브 등에 의존하여 일상생활을 영위하
    고 있다.

선별기준에서 나타나듯이 건강장애는 건강상의 문제로 학습결손이 많으

며, 학습의 참여가 제한적이다. 따라서 건강장애를 지닌 특수교육대상자의 결석으로 인한 학습결손을 보완하거나 대체해 주기 위한 교육적 지원체제가 요구된다. 건강장애 아동을 위한 교육지원 모형을 [그림 13-1]에 제시하였다.

[그림 13-1]에 제시된 건강장애 아동을 위한 교육지원 모형을 살펴보면, 질병이 발생하면 의료적 진단 이후 특수교육대상자로의 선정 여부가 결정된다. 특수교육대상자로 선정되면, 건강장애 아동에게는 다양한 학습지원과 심리·정서적 지원이 제공되어야 한다. 건강장애 아동이 입원이나 요양으로 장기간 학교에 출석하여 수업을 받기 어려운 경우에 개별화된 교육계획, 사이버가정학습 서비스, 순회교육(방문교육), 원격수업 시스템, U-러닝 지원 등 다양한 교육방법을 통한 학습지원의 접근이 필요하다. 또한 장기간 결석한 후에 학교로 복귀하였을 때 학교적응을 위해 전화, 이메일 등 통신매체 이용, 건강장애에 대한 인식개선 교육, 캠프 등 특별행사 실시, 봉사점수제 활용 등의 다양한 심리·정서적 지원이 필요하다.

박은혜, 박지연, 노충래(2005)는 건강장애 아동을 위한 교육전달 체계를 [그림 13-2]와 같이 도식화하였다. 병원에 입원하는 시간이 많은 건강장애 아동은 병원학교를 이용할 수 있다. 그리고 건강장애 아동이 퇴원한 후 학교로 복귀할 때 학교복귀 준비 프로그램이 제공되어야 하며, 학교복귀 후 장기결석 시 순회지도를 중심으로 하여 교육기회를 계속적으로 제공해야 한다. 통원치료 중이면서 일반학교에 재학 중인 학생에 대해서는 심리·정서적 지원, 자기건강관리를 위한 지원, 학교에서의 섭식관리, 건강장애의 예방 및 악화방지를 위한 환경 조성, 일반학교 교사 및 또래에 대한 지원, 잦은 결석에 대한 관리 등이 지원되어야 한다.

이와 같이 건강장애 아동을 위한 다양한 교육적 및 심리·정서적 지원이 제공되어야 한다. 이 중 건강장애 아동을 위한 대표적인 교육지원 체제인 병원학교와 원격수업 시스템을 소개하고자 한다.

그림 13-1 건강장애 아동을 위한 교육지원 모형

출처: 전국병원학교(http://hospital.s4u.kr).

그림 13-2 **건강장애 아동을 위한 교육전달 체계**

출처: 박은혜, 박지연, 노충래(2005).

1) 병원학교

병원학교란 장기입원이나 통원치료로 인해 학교 교육을 받을 수 없는 학생들을 위해 병원 내에 설치된 파견학급 형태의 학교다. 병원학교는 건강장애로 장기치료를 받고 있는 학생들에게 학업의 연속성 및 또래관계를 유지시켜 학습결손 및 출석 부담감을 최소화시켜 심리적·정서적 안정을 통해 치료의 시너지 효과를 높이는 것을 목적으로 한다.

병원학교의 교육대상은 건강장애의 범주에 해당하는 초·중·고등학생 중 병원학교를 이용하고자 하는 자로서 다음과 같다. 첫째, 건강장애학생이다.

만성질환으로 인하여 3개월 이상의 장기입원 또는 통원치료 등 계속적인 의료적 지원이 필요하여 학교생활 및 학업 수행에 어려움이 있는 학생이다. 둘째, 장기결석학생이다. 건강장애 선정 대상자는 아니지만 3개월 이상 치료를 요하는 화상, 교통사고 등의 심각한 외상적 부상으로 불가피하게 장기결석이 예상되는 학생이다(전국병원학교 홈페이지).

　2023년 4월 기준 건강장애학생은 1,956명으로, 병원학교 및 원격수업시스템을 통해 학업을 지속할 수 있도록 지원하고 있다. 건강장애학생 교육지원을 위해 설치·운영하는 병원학교는 2023년 37개교로, 50명의 인력이 담당하고 있으며, 월 평균 이용 건강장애학생 수는 465명이다(교육부, 2023).

　우리나라 병원학교의 현황은 〈표 13-2〉와 같다.

표 13-2　우리나라 병원학교 현황(2023년 기준)　　(단위: 명)

시도	병원명 또는 병원학교명	월평균 이용 학생 수	담당 인력 수
서울(10)	국립정신건강센터 참다울학교	1	특수교사 1, 일반교사 1, 예술치료사 1
	고려대학교 구로병원 병원학교	4	의료사회복지사 1
	고려대학교 안암병원 병원학교	2	의료사회복지사 1
	삼성서울병원 병원학교	40	일반교사 1
	서울대학교병원 어린이 병원학교	147	일반교사 1, 평생교육사 1
	서울성모병원 병원학교	26	일반교사 1, 의료사회복지사 1
	서울아산병원 병원학교	27	의료사회복지사 1
	연세암병원 병원학교	35	일반교사 1, 심리상담사 1
	원자력병원 병원학교	18	일반교사 1
	한양대학교병원 병원학교 누리봄교실	4	일반교사 1
부산(3)	동아대학교병원 병원학교	4	특수교사 1
	인제대학교부산백병원 병원학교	4	특수교사 1
	인제대학교해운대백병원 병원학교	2	특수교사 1

〈계속〉

시도	병원명 또는 병원학교명	월평균 이용 학생 수	담당 인력 수
대구(4)	경북대학교 병원학교	14	특수교사 1
	계명대학교 동산병원학교	6	특수교사 1
	대동 병원학교	2	특수교사 1
	영남대학교 병원학교	10	특수교사 1
인천(1)	인하대학교병원 병원학교	4	특수교사 1
광주(1)	학마을 병원학교	9	특수교사 1
대전(1)	충남대학교 병원학교	5	특수교사 1
울산(1)	울산다솜 병원학교	5	특수교사 3
경기(5)	고려대학교안산병원 병원학교	1	특수교사 1
	국립암센터 병원학교	9	특수교사 2
	국민건강보험공단 일산병원 병원학교	6	특수교사 2
	파주시티재활요양병원 병원학교	8	특수교사 2
	한서중앙병원 병원학교	3	특수교사 2
강원(1)	강릉아산병원 병원학교	13	특수교사 1
충북(1)	충북대 병원학교	3	특수교사 1
충남(3)	국립공주병원어울림 병원학교	2	특수교사 1
	단국대학교 병원학교	8	특수교사 1
	아람메디컬 병원학교	–	특수교사 1
전북(1)	전북대학교병원 한누리 병원학교	4	특수교사 1
전남(2)	느티나무학교	17	특수교사 1
	여미사랑학교	14	특수교사 2
경남(2)	경상대학교병원어린이 병원학교	1	특수교사 1
	부산대학교어린이 병원학교	6	특수교사 2
제주(1)	제주대학교 병원학교	1	특수교사 1
계	37	465	50

출처: 교육부(2023).

병원학교에서는 배치된 학생에게 교과교육, 재량활동, 방과후활동 등을 제
공하여 지속적인 학교교육을 지원하고 있다. 병원학교의 운영현황을 실제적

으로 살펴보면, 2008년 개교한 부산대학교 어린이 병원학교는 학생의 건강상태와 학습능력을 고려하여 주요 교과를 중심으로 다양한 교육방법을 통하여 개별학생의 요구에 따른 교육을 제공하고 있다. 또한 음악치료, 미술치료, 요리활동 등 전문인력과 자원봉사자를 활용한 다양한 프로그램을 운영하고 있다. 학생의 건강상태를 고려하여 유치원생, 초등학생은 1일 1시간 이상, 중·고등학생은 1일 2시간 이상의 수업이 이뤄지며, 병원학교의 수업 참여는 소속학교의 출석으로 인정된다. 부산대학교 어린이 병원학교의 수업시간표는 다음 〈표 13-3〉과 같다.

표 13-3   병원학교 수업시간표(초등) 예시

시간/요일	월	화	수	목	금
08:40~09:00	수업준비 및 교재연구 (병원 투약 시간)				
09:00~09:40	독서 및 자유선택활동				
09:40~10:20	창의적 체험활동 (자율)	창의적 체험활동 (동아리)	창의적 체험활동 (봉사)	창의적 체험활동 (동아리)	창의적 체험활동 (자율)
10:20~11:20					
11:20~12:00	인지치료		미술치료		운동치료
12:00~13:00	교실정리 및 점심시간				
13:00~13:40	교과	방과후학교 (원예치료)	방과후학교 (보드게임)	방과후학교 (독서치료)	교과
13:40~14:20					
14:20~15:00					
15:00~16:40	직원협의회	상담, 교재 연구 및 교실 정리			

* 위 일과표는 학생의 건강 등 제반 상황에 따라 변동, 수정이 가능함.
출처: 부산대학교 어린이 병원학교(https://kids.pnuyh.or.kr).

2) 원격수업

원격수업은 장기입원이나 통원치료로 인해서 학교교육을 받을 수 없는 학생들이 가정이나 병원에서 인터넷상 실시간 양방향 원격수업을 받음으로써

학습 지체 및 유급 문제를 해소할 수 있도록 만든 지원체계다. 원격수업은 모
니터 화면을 통해 마주 보며 교실에서처럼 수업을 진행하는 실시간 양방향 원
격수업이나 비실시간 녹화수업을 통해 개별학생의 학년 및 학력 수준에 적합
한 개별화된 수업을 제공한다. 이는 장기입원 또는 장기치료로 학습이 지체되
거나 유급 위기에 있는 건강장애 아동의 학습권을 보장하며, 다른 친구 및 교
사와의 교류를 통해 학교생활 적응을 도모한다.

원격수업은 국어, 수학, 사회, 과학, 영어 등 주요 교과목 중심으로 운영되
고 있다. 연령에 따라 초등학생은 주 6~8시간, 중학생은 주 14시간, 고등학
생은 주 16시간 수업이 이뤄지며, 원격수업 시스템을 통한 수업참여는 소속
학교의 출석으로 인정된다.

현재 건강장애 아동 학습지원을 위한 원격수업 시스템은 2023년 기준 3개
기관(꿀맛무지개교실, 꿈사람학교, 스쿨포유)에서 운영 중이며, 이용하는 건강장
애 아동 등은 2,372명이다.

원격수업 시스템의 향후 과제로는, 첫째, 2022 개정 교육과정 기반 건강장
애 아동 원격수업 콘텐츠 개발 확인 및 질 관리 강화, 둘째, AI 기반 맞춤형 학
습지원 고도화, 셋째, 병원학교 유관기관 및 관계자 간 협력체계 운영 활성화
등이다.

표 13-4 원격수업 시스템 운영 기관 현황   (단위: 학급, 명, 일)

원격수업 시스템 명	학급 수	강사 수	전체 학생 수			월평균 이용 학생 수	개별학생 연평균 이용일 ('22. 6. 1.~ '23. 5. 31.)
			건강 장애	기타	계		
꿀맛무지개 교실	14	14	232	74	306	233	47
꿈사랑학교	41	26	639	189	828	705	186
스쿨포유	35	35	997	241	1,238	1,322	174
계	90	75	1,868	504	2,372	-	-

출처: 교육부(2023).

3. 건강장애 아동을 위한 보조공학

이 장에서는 건강장애 아동의 교육적 요구에 따른 보조공학으로 원격수업을 통한 수업참여를 위한 기기를 제시한다(그 밖에 건강장애 아동의 학습을 위한 보조공학기기, 이동과 일상생활을 위한 보조공학기기는 본 교재의 제9장 지체장애 아동을 위한 특수교육공학 참조).

건강장애 아동의 원격수업을 위해 컴퓨터, PC 카메라, 헤드셋, 태블릿 펜이 사용된다.

1) 컴퓨터

건강장애 아동은 원격수업 시스템을 통하여 교육적 지원을 제공받을 수 있다. 인터넷을 통해 실시간 양방향으로 원격수업에 참여하게 되는데, 실시간 수업에 참여할 수 없는 경우에는 비실시간 녹화수업을 수강할 수 있다. 이때 컴퓨터를 이용하여 원격수업이나 녹화수업을 수강할 수 있다([그림 13-3]).

그림 13-3 컴퓨터

2) PC 카메라

　원격수업은 실시간 양방향으로 이뤄지는데, 이때 PC 카메라(웹캠, webcam)가 사용된다. PC 카메라는 개인용 컴퓨터에 다는 화상회의 및 화상 채팅용 카메라다([그림 13-4]). USB, 이더넷(Ethernet), 와이파이(Wireless Fidelity) 등을 통해 컴퓨터나 컴퓨터 네트워크로 실시간으로 이미지를 공급한다. [그림 13-5]와 같이 교과목 담당 교사와 학급의 학생들은 모두 PC 카메라를 통해 실시간으로 원격수업에 참여하게 된다. 원격수업 시스템을 통해 수업에 참여하는 기간에 해당 시·도교육청에서 PC 카메라를 무료로 대여할 수 있다.

그림 13-4　PC 카메라

그림 13-5　원격수업 샘플 동영상

출처: 꿀맛무지개학교(http://health.kkulmat.com).

3) 헤드셋

헤드셋은 원격수업에서 교사와 학생 간, 학생들 간의 의사소통을 위해서 필요한 기기다. 헤드셋은 머리에 걸치고 귀에 압착하는 방식의 수화기와 마이크로폰(약칭: 마이크)이 세트로 된 것이다([그림 13-6]). 마이크로폰을 통해 화자가 청자에게 음성신호를 전달하고, 수화기를 통해 청자가 화자의 음성신호를 전달받을 수 있게 된다. 헤드셋 또한 원격수업 시스템을 통해 수업에 참여하는 기간에 해당 시·도교육청에서 무료로 대여할 수 있다.

그림 13-6　헤드셋

4) 태블릿 펜

태블릿 펜(tablet pen)은 원격수업 시 교사가 판서하거나 학생이 필기한 내용을 공유할 수 있는 기기다([그림 13-7]). 태블릿 펜은 마우스 패드처럼 평평한 형태의 태블릿 판에 펜 등으로 글씨를 쓰거나 그림을 그리면 이를 디지털 정보로 변환하여 컴퓨터나 TV 등으로 보내 주는 입력장치다(한경닷컴, 2005). 태블릿 펜은 원격수업 시스템을 통해 수업에 참여하는 기간에 해당 시·도교육청에서 무료로 대여할 수 있다.

그림 13-7   태블릿 펜

4. 건강장애 아동을 위한 수업설계 및 교수 · 학습지원 방안

이 장에서는 건강장애 아동을 위한 교육지원 내용 및 방법, 그리고 교수 · 학습지원 방안을 살펴보고자 한다.

1) 교육지원 내용

건강장애 아동을 위한 교육지원 내용은 다음과 같다(교육부, 2024).

(1) 건강장애학생 선정 및 무상교육 제공

만성질환 치료를 위한 장기 의료 처치가 요구되어 연간 수업일수 중 3개월 이상 결석 또는 유급의 위기에 처해 있으면서 학교생활 및 학업수행에 어려움이 있어 특수교육 지원이 요구되는 자를 건강장애 아동으로 선정한다. 그리고 해당 학생이 무상교육 혜택 및 순회교육 · 병원학교 · 원격수업 등 다양한 방법을 통해 출석일수를 확보할 수 있게 함으로써 상급 학교 · 학년에 진학하도록 지원한다.

(2) 건강장애학생을 위한 개별화된 교육지원 및 심리 · 정서적 적응 지원

- 개별화교육계획 수립: 개별화건강관리계획은 물론, 병원학교 · 원격수업 시스템 등을 이용한 수업일수 확보계획을 포함하고, 학생의 연령과 학업수준에 따라 학업중심 교육과정과 심리 · 정서적 적응 지원을 균형 · 유지한다.
- 사이버 가정학습 서비스, 원격수업 시스템 시범운영 등을 이용하되, 담임교사, 특수교사, 학부모 도우미, 교사 자원봉사단, 예비교사 등이 일대일 상담 및 지도 등 지속적으로 관리하여 학년별 · 과목별 진도에 따라 학습할 수 있도록 한다.
- 일반학생 봉사점수제 활용, 캠프, 기타 다양한 방법을 통한 심리 · 정서적 적응 지원으로 치료효과를 증진하고 학교생활 적응을 도모한다.

(3) 병원학교 교육과정 운영

- 배치된 특수교사 외 인근학교 교사 자원봉사단(퇴직교원 포함) · 예비교사 도우미, 특수교육지원센터 운영지원 인턴교사 배치 등을 통해 병원학교 교육과정 운영을 지원하고, 방문교육, 사이버 가정학습, 원격수업 시스템을 활용할 수 있도록 조치한다.
- 학사관리: 병원학교의 수업참여를 소속학교의 출석으로 인정하도록 조치한다.
  - 최소 수업시간: 유치원생 · 초등학생 1일 1시간 이상, 중 · 고등학생 1일 2시간 이상

(4) 통원치료 중인 학생에 대한 교육지원 방안

- 건강장애학생으로 선정한 후 통신교육, 가정교육, 출석교육, 체험교육 등 다양한 교육방법을 활용하여 연간 수업일수를 확보하고, 이를 개별화교육계획 수립 시 포함해야 한다.
- 담임교사, 특수교사, 교사 자원봉사단, 예비교사 도우미제 등을 통해 가

정방문 교육 혹은 원격수업 시스템을 적극 활용한다.

- 원격수업 시스템 운영: 인터넷을 통한 실시간 원격수업을 운영하여 개별
학생의 학년 및 학력 수준에 적합한 개별화된 학습을 지원하고, 수업참
여로 인정한다.
※ 건강장애의 특성을 고려하여 방학을 포함해 연중 프로그램으로 신축
성 있게 운영방안을 수립하고, 교육계획 기간 내 원격수업 참여를 출
석으로 인정한다.

2) 교육지원 방법

전국병원학교 홈페이지(http://hoschool.s4u.kr)에서 건강장애 아동의 교육
지원 방법을 다음과 같이 안내하고 있다.

(1) 대상자

건강장애의 범주에 해당하는 초·중·고등학생 중 병원학교 또는 원격수업
을 이용하고자 하는 자(건강장애 항목으로 특수교육대상자 선정 절차를 거쳐야 함)

(2) 입교절차

건강장애 학생의 병원학교 또는 원격수업을 이용하기 위한 입교절차는 [그
림 13-8]과 같다.

- 관련 서류: 교육청에 건강장애로 등록하거나 병원학교(또는 원격수업의
시스템)에 입학 신청을 하는 데 필요한 서류는 지역이나 병원학교에 따라
조금씩 다를 수 있으나 다음과 같은 것들이 포함된다.
  - 특수교육대상자 진단·평가 의뢰서 1부, 건강진단서 1부 등
  - 병원학교 입학 서류: 병원학교 입교신청서(또는 위탁교육신청서) 1부,
  건강진단서 1부 등

학생(학부모)

- 필요서류 구비하여 소속학교로 건강 장애 또는 요보호학생 신청
- 병원학교로 직접 신청하지 않음

소속학교(교사)

- 필요서류 구비하여 해당교육청으로 건강장애 또는 요보호학생 신청
- 입교 희망하는 병원학교를 서류에 표시하여 제출
- 시 · 도교육(지원)청 서식에 따라 작성하고 관련 내용을 추가 · 보완
- 서명이 들어간 관련 서류는 스캔하여 파일로 공문에 첨부
- 요보호학생은 기간이 명시된 진단서와 담임교사 의견서 등 시 · 도교육(지원)청에 제출해야 하는 서류를 공문에 첨부하여 함께 제출

병원학교

- 학부모나 학생에게 수업 기준 및 수업 방법에 대한 안내
- 병원학교 교육과정 안내 및 협의
- 수업 진행
- 입교 승인은 교육청 공문으로 일괄함

시 · 도교육(지원)청

- 건강장애 신청 결과 확정된 병원학교 입교대상자 명단을 첨부하여 병원학교로 공문 발송
- 만성질환 등 건강장애 선정이 확실 시 될 경우 교육감 또는 교육장이 병원학교로 우선배치 공문 발송
- 요보호학생은 서류를 확인하여 기준에 적합하면 병원학교로 입교 공문 발송

그림 13-8　건강장애 아동의 병원학교 입교절차

3) 학교생활을 위한 지원

건강장애 아동은 정기적인 병원치료와 질병 등으로 학교에 자주 결석하게 된다. 이로 인해 학습의 지체를 보이거나 학교생활 적응문제를 보일 수 있다

(박은혜, 이정은, 2004; Brown & DuPaul, 1999; Kline, Silcer, & Russell, 2001). 또한 질병으로 인하여 신체적 제약이 따르거나, 건강상의 문제와 약물로 인하여 주의력 결핍을 보일 수 있다(Brown & Madan-Swain, 1993; Thies, 1999). 따라서 건강장애 아동의 특성을 고려한 교수적 · 물리적 · 사회적 지원이 제공되어야 한다.

건강장애 아동의 학교생활 및 학업을 위한 지원 방안은 다음과 같다(김호연, 2009).

- 필요할 때마다 욕실이나 음료용 수도를 사용할 수 있어야 한다.
- 자주 쉴 수 있는 공간을 마련해 주어야 한다.
- 결석이 잦을 경우에 과제를 적게 내 주거나 대안이 될 수 있는 과제를 내 주어야 한다.
- 대안적인 평가 척도나 체계를 마련해야 한다.
- 학생이 힘들어할 경우에 과제수행을 유보시켜 주고, 학생이 편안하게 쉴 수 있게 안전한 장소를 마련해 주어야 한다.
- IEP 절차상 학교 간호사나 사회복지사 등을 학교에 배치해야 한다.
- 교실환경은 학생을 보호하고, 간호할 수 있도록 마련한다.
- 건강장애에 관하여 학급의 학생들에게 이해시키는 교육을 한다.
- 건강장애 아동이 혹시 의료기기를 사용한다면 이에 대해 시각적인 표시를 해 주어 또래학생들에게 경각심을 심어 주도록 한다.
- 직접 조작해 보고 체험하는 학습 프로그램에 참여시킨다.
- 협력적인 학습을 할 수 있도록 한다.
- 파트너와 함께 작업하도록 한다.
- 지시할 때는 간결하고 명확하게 전달한다.
- 학생들이 수업 중에 자유롭게 이동할 수 있도록 가르친다.
- 학생들의 성취에 대해 자주, 그리고 긍정적인 피드백을 준다.
- 학생들이 자신의 강점을 살리고 성취감을 가질 수 있도록 한다.

┌───┐

이 장의 연구과제

1. 건강장애 영역에서의 보조공학의 필요성에 대해 토론해 보자.

2. 건강장애의 교육적 요구와 그에 따른 보조공학의 쓰임에 대해 발표해 보자.

3. 건강장애 아동을 위한 교육지원 모형을 적용한 IEP 및 수업지도안을 작성해 보자.

└───┘

참고문헌

교육부(2022). 제6차 특수교육발전 5개년 계획(2023~2027).

교육부(2023). 2023년 특수교육 연차보고서.

교육부(2024). 2024년도 특수교육 운영계획.

국립특수교육원(2009). 특수교육학 용어사전.

김원경, 신진숙, 박현옥, 김영걸, 김미숙, 윤광보, 김경화, 김정현, 옥정달, 박정식, 김정연, 곽승철, 한홍석, 박미혜, 변찬석(2023). 특수교육학개론. 경기: 수양재.

김진호, 박재국, 방명애, 서효정, 유은정, 이효신, 한경근 공역(2022). 최신 특수교육(12판). 서울: 시그마프레스.

김혜리(2020). 건강장애학생을 위한 병원학교 관련 연구 동향 분석. 지체·중복·건강장애연구, 63(2), 1-26.

김호연(2009). 장애학생의 이해와 교육시각, 청각, 지체 및 건강장애 중심으로. 경기: 국립특수교육원.

박은혜, 박지연, 노충래(2005). 건강장애학생을 위한 교육 지원 모형 개발. 한국연구재단 연구성과물.

박은혜, 이정은(2004). 건강장애학생의 학교 적응 지원을 위한 기초연구. 특수교육학연구, 39(1), 143-168.

박재국, 박순길, 이미숙, 임혜경, 한경임, 노선옥 공역(2018). 지체·중복장애 및 건강장애 학생 교육. 서울: 학지사.

이미숙(2015). 병원학교 파견 특수교사의 병원학교 운영 경험. 교육인류학연구, 18(2),

129-161.

한경닷컴(2005). 한경 경제용어사전.

한국특수교육학회(2008). 특수교육대상자 개념 및 선별기준. 충남: 한국특수교육학회.

「장애인 등에 대한 특수교육법」

「장애인 등에 대한 특수교육법 시행령」

「장애인 등에 대한 특수교육법 시행규칙」

文部科學省(2004). 學校敎育法75條1項及び學校敎育施行規則73條18項.

Brown, R. T., & Dupaul, G. J. (1999). Introduction to the mini-series: promoting school success in children with chronic medical conditions. *School Psychology Review, 28*(2), 175-181.

Brown, R. T., & Madan-Swain, A. (1993). Cognitive, neuropsychological, and academic sequelae in children with leukemia. *Journal of Learning Disabilities, 26*(2), 74-90.

Hall, T. E., Robinson, K. H., Gordon, D.(2024). *Universal Design for Learning in the Classroom* (2nd ed.). New York: Guilford Publications.

Heward. W. L., etc.(2018). *Exceptional Children: An Introduction to Special Education* (11th ed.). Upper Saddle River, NJ: Person Education, Inc.

Interagency Committee on Learning Disabilities. (1987). Learning disabilities: A report to the U.S. *Congress.* Bethesda, MD: National Institute of Health.

Kline, F. M., Silver, L. B., & Russell, S. C. (2001). *The Educator's Guide to Medical Issues in the Classroom.* Baltimore: Brookes.

Perrin, E., Newacheck, P., Pless, B., Drotar, D. Gortmaker, S., Leventhal, D. J., Perrin, J., Stein, R., Walker, D., & Weitzman, M. (1993). Issues involved in the definition and classification of chronic health conditions. *Pediatrics, 91*(4), 787-793.

Thies, M. K. (1999). Identifying the educational implications of chronic illness in school children. *Journal of School Health, 71*(5), 167-172.

참고사이트

교육부. https://www.moe.go.kr
국립재활원 중앙보조기기센터. https://knat.go.kr
국립특수교육원. https://www.nise.go.kr
꿀맛무지개학교. http://health.kkulmat.com
부산대학교 어린이병원. https://kids.pnuyh.or.kr
서울시 보조기기센터. http://www.seoulats.or.kr
에듀에이블. https://www.eduable.net
전국병원학교. https://hospital.s4u.kr
한국지체 · 중복 · 건강장애교육학회. http://www.kcpmd.net

찾아보기

✎ 인명

✏ 내용

저자 소개

권충훈(Kwon Choonghoon)
경상국립대학교 대학원 교육학박사(교육방법 및 교육과정 전공)
현 광주여자대학교 특수교육과(중등특수교육전공) 교수
kwonch@kwu.ac.kr

박상희(Park Sanghee)
조선대학교 대학원 교육학박사(지적장애아교육 전공)
현 광주여자대학교 특수교육과(초등특수교육전공) 교수
shpark@kwu.ac.kr

박희정(Park Heejung)
대구대학교 대학원 재활과학대학 이학박사(언어치료 전공)
현 광주여자대학교 특수교육과(중등특수교육전공) 교수
parkhj@kwu.ac.kr

강혜진(Kang Hyejin)
부산대학교 대학원 특수교육학박사(학습장애아교육 전공)
현 광주여자대학교 특수교육과(중등특수교육전공) 교수
polehj@kwu.ac.kr

이재욱(Lee Jaeuk)

한국교원대학교 대학원 교육학박사(특수교육 전공)

전 나사렛새꿈학교 교사

현 나사렛대학교 재활자립학부 교수

dm6220@kornu.ac.kr

서문진(Seomun Jin)

대구대학교 대학원 특수교육학 박사 수료(정서·행동장애아교육 전공)

현 지스쿨서울학원 특수교육 대표교수(서진교수)

　　원광대학교 중등특수교육과 겸임교수

soumj02@hanmail.net

신일근(Shin Ilgeun)

조선대학교 대학원 특수교육학과 박사 수료

현 광주여자대학교 특수교육과(초등특수교육 전공) 겸임교수

　　광주 봉선중학교 특수학급 교사

best711@hanmail.net

특수교육공학(2판)
Special Education Technology

2015년 4월 30일 1판 1쇄 발행
2019년 8월 30일 1판 3쇄 발행
2024년 7월 30일 2판 1쇄 발행

지은이 • 권충훈 · 박상희 · 박희정 · 강혜진 · 이재욱 · 서문진 · 신일근
펴낸이 • 김진환
펴낸곳 • ㈜ **학지사**
　　　　　04031 서울특별시 마포구 양화로 15길 20 마인드월드빌딩
대표전화 • 02)330-5114　　　팩스 02)324-2345
등록번호 • 제313-2006-000265호

홈페이지 • http://www.hakjisa.co.kr
인스타그램 • https://www.instagram.com/hakjisabook

ISBN 978-89-997-3086-3 93370

정가 26,000원

출판미디어기업 **학지사**

간호보건의학출판 **학지사메디컬** www.hakjisamd.co.kr
심리검사연구소 **인싸이트** www.inpsyt.co.kr
학술논문서비스 **뉴논문** www.newnonmun.com
교육연수원 **카운피아** www.counpia.com
대학교재전자책플랫폼 **캠퍼스북** www.campusbook.co.kr